카프카 코드

카프카 해석의
코페르니쿠스적 전환

카프카 코드
카프카 해석의 코페르니쿠스적 전환

초판 1쇄 발행 2024년 5월 30일

지은이 정항균

펴낸곳 서울대학교출판문화원
주소 08826 서울 관악구 관악로 1
도서주문 02-889-4424, 02-880-7995
홈페이지 www.snupress.com
페이스북 @snupress1947
인스타그램 @snupress
이메일 snubook@snu.ac.kr
출판등록 제15-3호

ISBN 978-89-521-3227-7 93850

이 연구는 2022년도 서울대학교 미래기초학문분야 기반조성사업의
지원을 받아 수행되었음.

카프카 코드

카프카 해석의 코페르니쿠스적 전환

정항균 지음

서울대학교출판문화원

들어가는 말

대학을 다닐 때 어느 선생님이 카프카에 관한 이차 문헌은 너무 많아서 하루에 여덟 시간씩 읽어도 죽을 때까지 다 읽을 수 없다고 말했던 기억이 난다. 실제로 이미 그 당시부터 독일에서는 카프카로 박사학위논문을 쓰려고 하면 지도교수들이 허락하지 않는 경우가 많았다. 카프카는 작품이 상대적으로 적은 데 반해 너무 많이 연구되어 더 이상 새롭게 연구할 내용이 없다는 인식이 깔려 있었기 때문이다.

그렇다고 그 이후에 카프카에 관한 연구서나 논문이 나오지 않은 것은 아니다. 그사이 카프카의 전 작품과 이에 관한 독문 및 영문 이차 문헌을 모두 소개한 개론서가 두 권이나 출판되었고, 이를 통해 평생 읽어도 카프카에 관한 이차 문헌을 다 읽을 수 없다는 말 역시 카프카에 관한 또 다른 신화에 불과하다는 것이 밝혀졌다. 더욱이 개별 작품에 관한 연구에 국한한다면 관련 논문을 다 읽는 것이 그리 어려운 일도 아니다. 그럼에도 카프카에 관한 연구가 전기적 관점, 정신분석학적 관점, 종교적 관점, 마르크스주의적 관점 등 다양한 시각에서 방대하게 이루어졌으며 그 때문에 새로운 해석이 쉽지 않다는 것은 부인할 수 없는 사실이다.

그런데 이렇게 다양한 관점에서 진행된 카프카 연구에서 공통된 하나의 기조가 엿보인다. 카프카의 작품에는 아버지로 대변되는 가부장 사회의 법과 질서가 등장하고, 병약한 주인공은 이러한 억압적인 사회질서에서 벗어나려 시도하지만 결국에는 무한한 방황이나 죽음 같은 암울한 결말을 맞이한다는 것이다. 물론 이러한 구조를 카프카 작품의 근본적인 토대로 간주하는 관점 내에서도 다양한 해석이 생겨날 수 있겠지만, 한편으로는 하나의 관점만을 지나치게 고수하는 해석이 또 다른 해석의 가능성을 방해할 수 있다는 생각이 든다.

필자도 카프카의 작품을 '아버지의 문학'으로 간주하는 관점을 오랫동안 견지했는데, 이것이 궁극적으로 카프카에 관한 글을 쓰는 것을 가로막았다. 좁은 해석의 영토에서 빈틈을 발견하기 어려웠기 때문이다. 그러다가 동물이라는 주제에 관심을 가지고 연구하면서 카프카를 전혀 다른 관점에서 바라보는 계기를 마련할 수 있었다. 물론 카프카의 작품에 나타난 동물 인물의 중요성은 이미 기존 연구에서 여러 차례 강조되었다. 하지만 이러한 동물이 문자 그대로의 동물을 넘어서는, 인간에 내재한 동물적 강렬함 내지 신체성을 가리킨다는 점은 간과되어 왔다. 마찬가지로 카프카의 작품에서 종종 동물과 비교되는 아이 역시 문자 그대로 성인의 반대 개념으로만 간주되었다. 하지만 필자는 동물-되기에서 힌트를 얻어 카프카의 작품에 등장하는 아이들이 단순히 아이만을 가리키지 않으며, '내' 안의 타자인 아이로서의 속성을 가리킬 수 있음을 알게 되었다. 이러한 인식은 카프카의 작품에서 아이와 연관된 놀이가 갖는 중요성을 깨닫게 해주었다.

하지만 카프카의 작품을 더 이상 '아버지의 문학'으로 보지 않게 한 직접적인 키워드는 무엇보다도 어머니였다. 카프카의 작품에 빈번히 등장하는 모피 외투가 어쩐지 카프카의 사상에서 핵심적인 의미를 가질 것 같다는 예감에, 이전에 읽었던 들뢰즈의 마조히즘에 관한 책을 다시 찾아 보았다. 마조히즘을 단순히 변태적인 성행위로 간주하는 관점을 넘어 가부장적 질서의 전복이라는 맥락에서 재해석한 들뢰즈의 관점이 카프카의 작품을 이해하는 데도 생산적으로 작용할 수 있으리라는 생각이 든 것이다. 이로부터 카프카의 작품에서 매우 미미한 역할만 수행하는 듯한 어머니에 초점을 맞추어 작품을 다시 읽으면서 이전에는 미처 인식하지 못했던 여러 가지 새로운 사실을 발견할 수 있었다. 무엇보다 그러한 독해를 통해 카프카의 작품이 결코 가부장적인 사회의 법과 질서로 고통받는 주인공의 비극적 상황만을 묘사하지 않으며, 오히려 그 상황을 낳은 억압적 질서를 뒤흔들고 전복하는 가모장적 (무)질서를 암시함을 알 수 있었다.

이 책은 동물, 아이, 어머니라는 세 가지 키워드를 중심으로 카프카의 작품에 숨겨진 가모장적 (무)질서의 의미를 밝혀 내는 것을 목표로 한다. 물론 카프카의 작품에 가부장적 사회의 법과 질서에 대한 비판이 나타남은 부인할 수 없는 사실이다. 하지만 그러한 독법 외에 또 다른 독법이 가능하다는 것 역시 부인할 수 없다. 이 책을 통해 이를 입증할 수 있기를 바란다.

독일어와 일본어로 작품을 쓰고 있으며 카프카에게 많은 영향을 받기도 한 다와다 요코는 글쓰기란 어쩌면 비밀을 만들어 내는 것인지도 모른다고 말했다. 우리는 일반적으로 글쓰기가 자아와 세계에 관해 이야기하면서 그것과 관련된 비밀을 밝히고 그것을 이해할 수 있게 만든다고 생각한다. 하지만 다와다 요코는 글쓰기, 특히 문학적 글쓰기는 이와 정반대되는 것을 지향해야 한다고 말한다. 문학적 글쓰기는 종이나 화면에 검은 글씨를 쓰는 것과 더불어 하얀 여백을 만든다. 검은 글자들은 무언가를 지시하며 자아와 세계에 관해 설명하지만, 기표는 기의를 지시하지 못한다. 하지만 검은 글자로 적혀 있지 않으면서도 그 안에서 공명하며 또 다른 해석을 기다리는 눈에 보이지 않는 흔적들, 하얀 여백에 파묻힌 것들이 있다. 카프카의 글쓰기는 하얀 여백에 눈에 보이지 않는 무의식의 흔적을 만들어 가는, 즉 다와다 요코가 말한 의미에서 비밀을 만드는 글쓰기이다. 따라서 독자는 카프카의 소설에서 검은 글자뿐만 아니라 행간의 하얀 여백도 읽고 해석할 것을 요구받는다. 그러한 해석은 분명 쉽지 않은 일이지만 흥미롭고 흥분되는 놀이이기도 하다. 이 책의 독자가 카프카 소설의 하얀 여백을 같이 읽어 나가면서 그 재미를 느낄 수 있기를 바란다.

2024년은 카프카의 사후 100주년이 되는 해이다. 이 뜻깊은 해를 맞이해 카프카에 관한 책을 출판할 수 있어 무척 기쁘게 생각하며, 출판을 허락해 주신 서울대학교출판문화원에 깊은 감사의 마음을 전한다. 아울러 오랫동안 아픈 어머니를 헌신적으로 보살펴 준 아내에게도 이 자리를 빌려 고맙다는 말을 전하고 싶다. 끝으로 올해 1월에 세상을 떠나신 그리운 어머니에게 이 책을 바친다.

2024년 4월

정 항 균

차례

들어가는 말 4

서론 11

I. 「아버지에게 드리는 편지」
아버지의 세계에 저항하는 존재들 39

II. 「시골길 위의 아이들」
아이-되기와 '내' 안의 타자 찾기 49

1. 소설의 단계적 구성과 인칭대명사의 변화 49
2. 동물-되기 58
3. 아이-되기 60

III. 『변신』
가모장적 (무)질서와 아이-되기 71

1. 가부장적 질서에서 가모장적 (무)질서로 71
2. 아이-되기 92
3. 변신의 진정한 의미:
생성적인 가모장적 (무)질서와 아이-되기의 연관성 113

IV. 「시골 의사」
생성에 대한 욕망과 가모장적 (무)질서 117

1. 타나토스와 에로스: 동물 모티브와 생성에 대한 욕망 117
2. 가모장적 (무)질서와 아이-되기 133

V. 「세이렌들의 침묵」
도플갱어와 혼종성 153

1. 「세이렌들의 침묵」에 나타난 긍정성 153
2. 신체언어로서의 침묵의 노래와
   오디세우스와 세이렌들의 양면적 관계 167
3. 혼종성과 변신 모티브:
   오디세우스의 또 다른 자아로서의 세이렌들 177
4. 퍼포먼스 예술가와 시뮬라크르의 예술 184

VI. 「단식 예술가」
신체적 글쓰기와 동물-되기 189

1. 상호텍스트성 189
2. 「팽이」: 동물-되기와 아이-되기 193
3. 『유형지에서』: 신체적 글쓰기와 신체텍스트 읽기 208
4. 「법 앞에서」: 동물-되기와 새로운 법 224

VII. 「굴」
합리성의 자기모순과 타자와의 만남 235

1. 건축가와 연구자: 근대의 합리성에 대한 두 가지 비판 235
2. 동물 243
3. 가모장적 (무)질서와 아이-되기 257

VIII. 『소송』
수수께끼를 풀기 위한 세 개의 키워드 267

1. 일몰과 달빛: 아버지의 법에서 어머니의 법으로 269
2. 놀이하는 아이와 아이-되기 284
3. 동물-되기와 여성-되기 300
4. 야누스적인 법과 문지기 케르베로스 332

결론 337

참고문헌 347
찾아보기 355

서론

카프카의 소설을 읽으면 수수께끼를 푸는 느낌이 든다. 한 줄 한 줄 읽으며 문장의 의미를 이해하려 하지만 매번 해석의 한계에 부딪히는 느낌이다. 그것이 카프카 소설의 매력이지만, 동시에 카프카 연구자로서 그러한 수수께끼를 풀어야 하는 숙명을 피할 수는 없다.

수수께끼를 풀기 위한 열쇠는 과연 존재하는 것일까? 『변신 *Die Verwandlung*』(1912년 집필, 1915년 출판)에서 갑충으로 변한 그레고르 잠자가 자신의 방에 갇혀 있을 때, 회사에서 보낸 지배인이 거실에서 그레고르에게 빨리 문을 열라고 독촉한다. 아버지는 지배인을 진정시키기 위해 가정부를 시켜 열쇠공을 불러오게 한다. 하지만 소설 마지막까지 열쇠공은 나타나지 않는다. 그렇다면 그레고르의 방문은 열리지 않는 것일까? 아니다. 놀랍게도 갑충으로 변신한 그레고르가 스스로 방문을 연다. 지배인의 재촉에 못 이겨 그는 입으로 열쇠를 물고 열쇠 구멍에 열쇠를 꽂은 후 온몸을 돌려 마침내 방문을 여는 데 성공한다.

독자도 주인공 그레고르처럼 수수께끼 같은 카프카 소설의 굳게 닫힌 문을 열 수 있을까? 자신의 방문을 여는 데 성공한 그레고르의 행동이 이에 대한 힌트를 준다. 대부분의 독자는 갑충으로 변신한 그레고르가 입에 열쇠를 물고 온몸으로 열쇠를 돌리며 방문을 연 것을 지배인의 해고 위협에 대한 다급하고 절박한 몸부림 정도로 해석할 것이다. 하지만 이 소설에서 열쇠와 함께 자물쇠 주위를 빙빙 돌고 있는 그레고르의 모습은 독일어로 자물쇠 주위를 '맴돌며 춤춘다'는 말로 표현된다. 다시 말해 그레고르는 자신도 모르게 춤추며 노는 아이처럼 묘사되는 것이다.

카프카의 소설에 등장하는 모든 문장은 이처럼 보는 관점에 따라 해석이 달라지고 심지어 완전히 상반된 해석을 낳기도 한다. 이미지로 떠올리자면 똑같은 장면이 전자에서는 직장을 잃지 않으려는 다급한 몸짓으로, 후자에서는 현기증을 불러일으킬 정도로 미친 듯이 춤추는 도취의 몸짓으로 나타나는 것이다. 지금까지 대부분의 카프카 연구자는 카프카 해석의 다양성을 강조하면서도 전자와 같은 관점만 취해 왔다. 전기적 해석, 정신분석학적 해석, 종교적 해석 등 다양한 해석이 있었지만 그러한 해석들이 바라보는 방향은 한결같았다. 이에 따르면, 카프카 소설의 주인공은 그레고르처럼 가부장적인 아버지의 세계에서 질식하고 병들며 서서히 죽어 간다. 아니면 시골 의사처럼 자신의 집으로 돌아가지 못한 채 한겨울에 말을 타고 배회하거나 시골에서 온 남자처럼 법의 문 안으로 들어가지 못하고 죽음을 맞이한다.

하지만 「아버지에게 드리는 편지Brief an den Vater」(1919년 집필, 1952년 출판)에서 카프카가 자신은 아버지가 점유하지 않은 땅을 찾아 헤맨다고 말한 것처럼, 카프카 작품의 해석에서도 가부장적인 아버지의 세계가 지배하지 않는 영토를 찾아 헤매야 한다. 많은 연구자가 가부장적 세계에 대한 비판이 지배하는 해석의 영토에서 얼마 남지 않은 빈 곳을 찾기 위해 현미경을 들이대지만, 해석의 도구가 되는 이론을 장황하게 설명하고 적용해 보아도 한 줌의 빈 땅조차 찾지 못하는 경우가 많다. 그런데 사실 그 땅은 의외로 광대하고 그 안에 숨어 있는 보물은 여전히 많다. 조금만 시선을 돌리면 열쇠와 함께 돌아가고 있는, 즉 춤추며 놀고 있는 그레고르가 보인다. 카프카의 소설 곳곳에 숨어 있는 미지의 영토는 바로 이러한 시선의 전환과 해석을 통해 발견될 수 있다.

그러나 여기서 생겨날 수 있는 오해를 막기 위해 미리 이야기해 둘 것이 있다. 그레고르의 방문을 열기 위해서는 춤추는 열쇠를 지녀야 하며, 해석자 스스로가 그레고르처럼 변신하고 춤추며 놀 수 있어야 한다. 이때 해석자가 해석의 닫힌 방문을 여는 것은 가능할지라도, 이미 현기증이 날 정도로 빙빙 돌며 춤을 춘 상태라 그가 지각한 것, 즉 해석한 것이 사실을 명확하게 보여 주지는 않는다. 쉽게 말해 하나의 시점에서는 보이지 않다가 다른 시점에서 볼 수 있게 된 것이 반드시 소설의 궁극적 의미를 지시하지는 않는다는 말이다. 또한 그 문을 열고 들어가도 놀랍게도 또 다른 문이 나타난다. 마치 「법 앞에서Vor dem Gesetz」(1915)의 시골에서 온 남자가 설령 법의 문 안으로 들어간다고 하더라도 또 다른 문지기가 문을 지키고 서 있듯이 말이다. 그런데 기존의 해석은 이를 법의 문 안으로 들어가는 데 실패한 것으로 보고 부정적인 결말로 간주한다. 이와 달리 춤추는 벌레와 같은 해석자는 해석의 문 뒤에 또 다른 해석의 문이 나왔을 때 절망하기보다 오히려 그것을 즐길 수 있다. 그러한 문의 개수가 많아질수록 해석의 즐거움은 배가되기 때문이다. 해석자는 점점 더 많은 시점을 취하고 이와 함께 더 자주 변신하면서 더 빠른 스텝을 밟고 춤추며 도취의 황홀경에 빠지게 된다.

해석이 맞아떨어지는 듯싶다가도 조금씩 빗나가는 것은 전적으로 작가, 즉 카프카가 의도한 것이다. 가령 「시골 의사Ein Landarzt」(1917년 집필, 1918년 출판)에 등장하는 마부와 환자 침대 앞에 서 있는 긴 수염을 기른 시골 의사는 디오니소스 신의 추종자인 사티로스를 상징하는 듯 보이지만, 이러한 해석을 완성해 줄 포도주 대신 럼주가 등장함으로써 이야기는 해석자의 예측을 비껴간다. 하지만 이 점이 오히려 독자의 또 다른 상상력을 유발하며 더 많은 해석의 가능성을 열어 준다.

이러한 전제하에 이제 카프카의 소설에 대한 새로운 해석을 가능하게 해줄 세 개의 키워드, 즉 춤추는 열쇠 단어를 제시하고자 한다. 그것은 바로 동물, 어머니, 아이이다.

첫 번째로 동물이라는 키워드를 살펴보자. 카프카만큼 작품에서 동물을 여러 차례 주인공이나 비중 있는 인물로 다룬 작가도 없을 것이다. 카프카는 「학술원에 드리는 보고Ein Bericht für eine Akademie」(1917)와 「굴Der Bau」(1923-1924년 집필)에서 동물을 서술자이자 주인공으로 내세웠고, 『변신』, 「자칼과 아랍인Schakale und Araber」(1917), 「여가수 요제피네 또는 생쥐 종족Josefine, die Sängerin oder das Volk der Mäuse」(1924)에서도 동물을 주인공으로 삼았다. 또한 「시골 의사」나 「단식 예술가Ein Hungerkünstler」(1922) 같은 작품에서는 동물이 주인공은 아니더라도 중요한 비중을 지닌 인물로 등장한다. 이처럼 동물은 카프카의 작품에서 결코 빼놓고 생각할 수 없는 핵심적인 요소 중 하나이다.[1]

「자칼과 아랍인」에서 드러나듯이 카프카는 동물 박해와 인간 중심주의를 비판하기 위해 동물을 소설에 등장시키기도 하지만, 대부분은 동물이 그 자체로보다는 인간에 대한 비유로 쓰인다. 미하엘 뮐러는 「잡종Eine Kreuzung」(1917년 집필)이라는 작품에 등장하는 반은 고양이, 반은 양의 모습을 한 잡종 동물이 아버지와 어머니의 유전자가 뒤섞인 카프카의 모습을 나타낸다고 말한다. 이에 따르면 맹수인 고양이는 왕성한 활동력과 생활력을 지닌 아버지와, 양은 순종적이고 온순한 어머니와 연관된다. "카프카는 자신에게 있는 우월한 모계 유전자 때문에 아버지와 자신을 성격적으로 완전히 다른 사람으로 간주했다. 그들은 공격하는 자와 불안함에 몸을 움츠리고 공격당하는 자, 즉 맹수와 먹잇감의 관계에 있었다."[2]

카프카 연구자들은 카프카의 작품에 등장하는 동물을 주로 이러한 대립적 관점에서 해석했다. 물론 대부분의 해석은 동물 모티브를 카프카의 가족과 연결하는 전기적 관점을 넘어 더 큰 맥락에서 이해하려고 시도했다. 가령 카프카의 소설 『변신』에 등장하는 갑충은 동부 유럽에서 벌레처럼 취급받던 유대인을 상징하는 것으로 해석되었고, 나아가 아감벤의 이론을 적용해 죽여도 처벌받지 않는 무가치한 생명으로서의 호모 사케르로 간주되기도 했다. 반면

---

1 이러한 이유로 카프카의 작품에 나타난 동물 모티브는 다양한 관점에서 연구되어 왔다. 이에 대한 기존의 연구사를 간략하게 정리한 책으로 다음을 참조하시오. Monika Schmitz-Emans: Franz Kafka. Epoche-Werk-Wirkung. München 2010, 167-169쪽.

2 Michael Müller: Kafka und sein Vater. Der Brief an den Vater. In: Bettina von Jagow u. Oliver Jahraus(Hrsg.): Kafka Handbuch. Leben-Werk-Wirkung. Göttingen 2008, 39쪽.

「단식 예술가」의 결말에 등장하는 표범은 깡마른 단식 예술가와 대비되는 인물로 해석되었다. 이에 따르면 표범은 병적인 예술가와 달리 건강하고 활력 넘치며 강인한 생존 능력을 지닌 시민을 상징한다.

희생자와 가해자라는 상반된 상을 지시하는 동물 외에 또 다른 유형으로 「시골 의사」에 등장하는 말이 있다. 자신의 업무에 충실한 시골 의사의 또 다른 자아인 마부와 형제자매 관계에 있는 것으로 간주되는 말은 시골 의사의 무의식적 욕망, 성적충동을 상징하는 것으로 해석된다. 이처럼 말은 갑충과 마찬가지로 아버지보다는 카프카 자신과 연관되는 동물이지만, 연약하고 병든 인간상을 구현하는 갑충과 달리 동물적 생명력과 성적 욕망을 상징하는 것으로 보인다.

카프카의 작품에 등장하는 동물 인물에 대한 이러한 해석은 어느 정도 타당하지만, 동물 유형을 정형화하고 하나의 의미에 한정시켜 해석하는 것은 문제가 있다. 오히려 동물들 역시 보는 관점에 따라 완전히 다른 의미로 해석될 수 있음에 유의해야 한다.

개인의 욕망을 억압하는 가부장적 사회나 냉혹한 경쟁이 지배하는 자본주의 사회에서 무가치한 존재로 간주되는 인간은 동물, 심지어는 벌레에 비유된다. 하지만 벌레가 희생자라는 부정적 의미만 내포하는 것은 결코 아니다. 가령 그레고르 잠자는 손은 없고 다리만 달린 갑충으로 변신한 후 도구적 기능과 목적 지향적인 삶에서 벗어나 놀이에 대한 충동을 갖게 되며, 예술에도 관심을 보이기 시작한다. 또한 시골 의사의 또 다른 자아인 환자의 장밋빛 상처에 들어 있는 벌레는 성적 욕망과 동물적 생명력으로서의 에로스를 가리키기도 한다. 이처럼 카프카의 작품에서는 연약한 동물, 심지어 벌레마저 결코 무가치한 생명이나 사회의 희생자로만 묘사되지 않으며, 놀이와 예술, 동물적 욕망과 생명력을 지닌 존재로 등장한다.

마찬가지로 맹수 역시 상대방을 짓밟고 성공을 추구하는 냉혹한 자본주의 사회 내지 현실적인 시민사회와만 연결되는 것은 아니다. 일반적으로 카프카 연구에서는 소설이 전개되는 가운데 점점 강력한 모습으로 등장하는 동물들의 변화에 크게 주목하지 않는다. 하지만 「시골 의사」에서 시간이 지날수록 히힝 하고 우는 말의 숫자가 늘어난다거나 「굴」에서 쉿 소리를 내며 주인공을 위협하는 존재가 점점 크고 강력한 동물로 상상되는 것에서 알 수 있듯이, 소설 주인공의 내면에 억압된 또 다른 자아를 상징하는 동물이 점차 강력한 모습을 띠는 것은 자아의 무의식적 욕망과 동물적 강렬함이 점점 강화됨을 의미한다. 따라서 「단식 예술가」의 주인공이 죽고 나서 표범으로 변신하는 것은 단일한 자아정체성의 죽음과 이를 통한 다원적 정체성의 생성을 상징한다.

데카르트는 동물을 이성이 결여된 신체적인 존재로만 간주하며 인간과 구분했다. 이러한 근대 철학의 관점에서 인간은 이성적인 존재로 다른 동물 위에 군림하지만, 이로 인해 개념적 언어와 이성으로 파악할 수 없는 신체적인 욕망, 즉 정동의 차원은 소홀히 하게 된다. 카프카의 소설에 자주 등장하는 동물 모티브는 이와 같이 인간의 몸을 억압하는 근대 이성 중심주의에 대한 비판과 연결된다.

『변신』의 그레고르 잠자는 갑충으로 변신한 후에도 인간의 의식을 지닌다. 「굴」의 동물화자 역시 동물이면서도 스스로를 이성적인 존재로 여기며 인간처럼 생각하고 판단한다. 그러나 이들은 자신에게 있는 인간과 동물의 혼종성을 부인하고 인간으로서의 단일한 정체성을 추구한다. 이로 인해 그들의 무의식적인 신체적 욕망은 억압당한다. 마치 「학술원에 드리는 보고」에 등장하는 원숭이 빨간 페터가 생존을 위해 자유를 포기하고 동물적 정체성 대신 인간적 정체성을 추구하는 것처럼 말이다. 원숭이인 빨간 페터는 이러한 노력을 통해 인간으로 변신하는 데 성공하는 것처럼 보이지만, 사실은 자신의 무의식적 욕망을 억누르며 자신의 동물성을 은폐하고 있을 뿐이다.

카프카의 소설에서는 동물이 인간으로 변하는 것이 생존을 위해 자유를 포기하는 것으로 묘사되는데, 이는 인간 우월주의 내지 인간 중심주의에 대한 적나라한 비판이다. 다른 한편 자신과 동물을 철저히 구분하는 인간에게도 여전히 동물적인 잠재성이 남아 있는 것으로 묘사되는데, 그 잠재성은 무의식적인 순간에 신체적인 강렬함으로 발산된다. 이러한 동물로의 변신을 설명하기 위한 이론적 틀로 들뢰즈와 가타리의 동물-되기 개념을 사용할 수 있을 것이다. '동물-되기'란 인간이 동물을 모방하는 것도, 실제로 자신과 다른 동물로 변하는 것도 아니다. 동물-되기는 "자신과 완전히 무관한 외부적인 것으로의 변신을 의미하는 것이 아니라, 자기 자신의 생산을 의미한다. […] 여기서 '자기' 생산을 결코 단일한 정체성을 지닌 어떤 존재의 반복, 즉 동일성의 반복으로 해석해서는 안 된다. 만일 그렇다면 그것은 인간의 자기조직화일 뿐, 결코 인간의 동물-되기가 될 수 없을 것이다. 들뢰즈와 가타리는 동물의 특성을 일차적으로 '무리'로 규정하며, 이러한 무리의 속성을 존재의 다양체적

결정적인 단서를 제공하기도 한다. 나아가 카프카의 소설은 콤마, 세미콜론 등 다양한 문장 부호를 사용하며 길게 이어지는 문장으로 이루어져 있는데, 이러한 텍스트의 형태는 유기적인 신체가 아니라 갈기갈기 찢긴 비유기적 신체를 연상시킨다. 따라서 이러한 텍스트의 형상적 측면에서 '텍스트 신체'가 의미하는 바를 동물 모티브와 연관시켜 해석할 수도 있을 것이다.

두 번째로 어머니라는 키워드를 살펴보자. 카프카의 작품을 이해하기 위한 키워드로 아버지 대신 어머니를 든다면 의아해할 사람이 많을 것이다. 왜냐하면 아버지와의 갈등 관계는 비단 카프카의 전기뿐만 아니라 그의 작품에서도 끊임없이 나타나기 때문이다. 카프카의 작품에는 가부장적인 아버지가 등장하기도 하지만, 그가 대변하는 세계를 나타내는 인물로서 회사 사장이나 상관, 법원 판사나 문지기가 등장하기도 한다. 그 인물들은 개인의 욕망과 자유를 억압하는 금기와 법을 대변한다. 또한 가부장적인 사회의 법은 『소송*Der Process*』(1914-1915년 집필, 1925년 출판)에서처럼 도처에서 우리를 감시하는 규율사회의 질서를 가리키기도 하고, 언제든지 우리를 일상에서 끌어내어 처벌할 수 있는 예외상태의 질서를 가리키기도 한다. 그것은 우리를 끊임없이 위협하고 처벌하는 억압적인 법으로

하는 사건은 발생하지 않더라도 동물에 대한 언급이나 암시는 끊임없이 등장하며, 특히 마지막 장면에서 주인공 K가 죽으면서 내뱉는 "개처럼"이라는 말은 K의 동물-되기를 보여 줄 뿐만 아니라 소설의 해석에 결정적인 단서를 제공한다. 들뢰즈와 가타리는 『소송』의 마지막 부분에 나오는 K의 죽음을 오이디푸스의 삼각형을 재작동시키는 "거짓된 결말"(들뢰즈· 가타리: 카프카, 147쪽)로 간주하며 탈출구 없는 부정적 상황으로 해석하지만, 이는 K의 개-되기를 간과한 잘못된 해석이다.

서 개인의 욕망과 항상 대립 관계에 놓인다.

이처럼 가부장적인 법과 질서를 대변하는 인물들이 카프카의 소설에서 큰 비중을 차지하며 등장하는 데 반해 어머니는 별로 눈에 띄지 않는다. 실제 카프카의 어머니와 마찬가지로 소설 속 어머니 역시 아들에 대한 동정심과 그를 도우려는 의지는 갖고 있지만 결국에는 아버지의 뜻에 따르며 순종하는 인물로 묘사된다. 따라서 카프카의 작품을 아버지의 문학이 아니라 어머니의 문학이라고 부르는 필자의 견해를 이해하기 힘든 사람도 많을 것이다. 하지만 아버지와 가부장적 사회에 대한 투쟁과 가모장적 (무)질서[5]에 대한 카프카의 관심은 그가 막스 브로트의 집에서 알게 된 오토 그로스와 공동으로 잡지를 발간할 계획을 갖고 있었다는 데서 이미 드러난

5 '가모장적 (무)질서'는 필자가 만들어 낸 개념이다. 이 개념이 가부장적 질서와 긴밀한 연관을 맺고 있으며 그에 대한 비판을 담고 있기는 하지만, 과거에 실제로 존재했던 가모장적 사회질서나 미래에 생겨날 또 다른 가모장적 사회질서를 지시하는 것은 아니다. 가모장적 (무)질서는 주체와 대상, 주관적인 내면세계와 객관적인 외부세계의 구분을 넘어서는, 니체의 '자기(Selbst)' 또는 들뢰즈와 가타리의 '욕망(의 기계)'이나 '다양체'와 비슷한 개념이다. 이것은 끊임없이 생성되고 변화하는 것으로서 규칙적으로 배열된 질서와 구분되지만, 그것에 내재한 잠재성이 현실화되어 생성될 때 그것을 형성하는 항들이 특정한 배치를 이루기 때문에 무질서하다고도 말할 수 없다. 이처럼 질서와 무질서 '사이'에 위치한 특성에 착안해 이를 가모장적 (무)질서라고 부르기로 한다.(이 개념을 발음할 때는 '무'와 '질' 사이에 시간적 간격을 두고 읽어야 한다. 이를 통해 그것이 무질서를 지칭하는지 질서를 지칭하는지가 모호하게 되고 또한 말할 때 생기는 시간적 간격으로 인해 무질서와 질서 '사이'라는 특성이 강조되기 때문이다.) 특히 이 개념은 카프카의 소설에 나타나는 주관적인 초자아나 객관적인 가부장적 사회질서와의 대립을 잘 드러낼 뿐만 아니라, 아이를 낳는 어머니의 자궁처럼 자아와 세계를 끊임없이 변신시키고 새로운 주체성과 사회질서를 생성하는 특성도 보여 준다.

다. 오토 그로스는 카프카가 프라하 대학 시절에 강의를 들었던 형법학자 한스 그로스의 아들이다. 사회다윈주의적인 생각을 지녔으며 아들을 강제로 정신병원에 입원시키기까지 한 아버지에 대해 강한 반감을 지녔던 오토 그로스는 표현주의 잡지인 『행동*Die Aktion*』에 가부장적인 세계에 맞서는 혁명을 촉구하는 글을 싣기도 했다. "무의식을 연구하는 심리학의 도움으로 행복을 약속하는 자유로운 미래 속에서 젠더 관계를 바라보고 있는 오늘날의 혁명가는 가장 원초적인 형식의 강간, 아버지와 부권에 맞서 투쟁한다. 도래하는 혁명은 모권을 위한 혁명이다."[6] 카프카는 오토 그로스의 이러한 생각에 깊이 공감하며 얼마 후에 「아버지에게 드리는 편지」를 쓰기도 했다.

아버지의 강력한 권력에 맞선 투쟁과 새로운 가모장적 (無)질서에 대한 암시는 카프카의 모든 작품에 나타난다. 설령 처음에는 카프카의 작품에서 어머니가 주변 인물로만 등장하며 미미한 역할을 하는 것처럼 보일지라도, 자세히 들여다보면 가부장적 질서의 이면에 더 근원적인 질서로서의 가모장적 (無)질서가 꿈틀거리고 있음을 확인할 수 있다. 표면적으로 어머니는 가족 내에서 가장 미약한 존재로서 아버지에게 순종하고 그를 돕는 조력자의 역할에 머무는 것처럼 보이지만, 다른 한편 어머니가 등장하는 맥락이 무의식 및 꿈의 영역과 연결되어 있다는 사실에 주목할 필요가 있다. 바

6 Otto Gross: Von geschlechtlicher Not zur sozialen Katastrophe. Mit einem Textanhang von Franz Jung. Hrsg. und kommentiert v. Kurt Kreiler. Frankfurt a.M. 1980, 15쪽 이하(Joachim Pfeiffer: Franz Kafka. Die Verwandlung/Brief an den Vater. München 1998, 97쪽에서 재인용).

로 이러한 무의식의 영역에서 어머니는 아버지보다 더 강력한 힘을 행사한다. 또한 「시골 의사」나 「굴」 등에서 드러나듯이, 카프카의 작품에는 인물이 자궁을 상징하는 공간(돼지우리, 굴)을 빠져나옴으로써 출산을 연상시키는 장면이 자주 등장한다. 이러한 장면 역시 생성에 대한 욕망을 허용하는 가모장적인 (무)질서의 맥락에서 이해할 수 있다.

물론 유아기로 퇴행한 듯한 주인공이 어머니의 자궁을 상징하는 공간으로 돌아가려는 것을 오이디푸스 콤플렉스의 맥락에서 해석할 수도 있다. 즉 아버지의 막강한 권력에 짓눌려 어머니의 자궁 속에 있던 어린 시절로 돌아가려는 퇴행의 성향이 나타난다는 것이다. 하지만 프로이트의 정신분석학 이론에 따라 아이와 어머니의 공생 관계를 퇴행의 맥락에서만 바라보는 해석에서 벗어날 필요도 있다. 이 책에서는 카프카의 작품에서 어머니가 갖는 전복적이고 해방적인 의미를 이해하기 위해 특히 들뢰즈의 마조히즘 해석과 크리스테바의 페미니즘적 정신분석 이론을 활용할 것이다.

첫 번째로 카프카와 마조히즘 이론의 연관성을 지적하기에 앞서 카프카의 소설에 등장하는 모피 외투 모티브를 살펴볼 필요가 있다. 모피 외투는 카프카의 다양한 소설에 등장하는데, 예를 들면 『변신』, 「시골 의사」, 「법 앞에서」에서는 명시적으로, 「자칼과 아랍인」에서는 암시적으로 등장한다. 마조히즘 이론의 창시자인 레오폴트 폰 자허마조흐가 쓴 『모피 외투를 입은 비너스*Venus im Pelz*』(1870)에는 모피 외투를 입은 여성이 남성을 채찍질하는 장면이 자주 등장한다. 보통 마조히즘은 폭력을 당하는 데서 쾌감을 느끼는 피학증으로 해석된다. 하지만 들뢰즈는 자허마조흐의 마조히즘 개념을 변태적인 성행위의 맥락에서 끌어내어 그것에 전복적이고 해방적인 의미를 부여한다.[7] 이러한 해석에 따르면, 가모장적 (무)질서를 대변하는 모피 외투를 입은 여성은 가부장적 질서를 대변하는 남성을 채찍으로 때림으로써 그 질서를 파괴한다. 따라서 엄밀히 말하면 마조히즘에서의 쾌감은 매를 맞으며 느끼는 쾌감이 아니라, 그러한 매질을 통해 억압적인 질서가 파괴된 후에 생겨날 새로운 질서에 대한 기대에서 생겨나는 쾌감이다.[8] 가부장적인 사회의 엄격한 법과 달리 가모장적인 법은 계약적인 성격을 지니며 일반적인 법보다 더 유연한 모습을 보인다. 가모장적 법은 더 이상 욕망을 억압하는 금지의 법이 아니라 욕망을 허용하는 법이다. 그러나 여기서 욕망은 성적인 욕망보다는 다양한 생성에의 욕망을 의미한다. 즉 어떤 틀에 얽매이지 않고 경계를 뛰어넘으며 새로운 것의 생성을 허용하는 법이 바로 가모장적인 법인 것이다. 이러한 가모장적

---

7 들뢰즈는 『자허마조흐 소개. 냉정과 잔혹(*Présentation de Sacher-Masoch. Le froid et le cruel*)』(1967)이라는 책에서 마조히즘의 해방적 성격을 강조하지만, 정작 가타리와 공동으로 쓴 『카프카. 소수적인 문학을 위하여(*Kafka. Pour une littérature mineure*)』(1975)에서는 카프카의 『변신』에 나오는 모피 제품을 입은 여성을 마조히즘의 맥락과 연결시켜 해석하지 않는 오류를 범한다. 오히려 들뢰즈와 가타리는 그레고르가 모피 제품을 걸친 여성의 사진이 들어 있는 액자 위에 몸을 밀착시키는 구절을 어머니에 대한 그레고르의 근친상간적 욕망이라는 맥락에서만 해석하며, 그레고르가 '아버지-어머니-아이'라는 오이디푸스적 삼각 구도에서 벗어나지 못한 것으로 간주한다. 이들은 어머니를 이러한 부정적 맥락에서만 바라봄으로써 카프카의 작품에서 어머니가 갖는 중요성을 간과하며, 오이디푸스적 근친상간의 대상인 어머니와 대립하는 분열적 근친상간의 대상으로서의 여동생의 해방적 역할과 기능만 내세운다(들뢰즈·가타리: 카프카, 157-158쪽 참조).

8 질 들뢰즈: 매저키즘. 이강훈 옮김. 인간사랑 2007, 79쪽 및 106쪽 참조.

인 (무)질서가 카프카의 작품에서 어떻게 구현되는지는 본문에서 구체적인 텍스트 분석을 통해 보여 줄 것이다.

두 번째로 크리스테바의 페미니즘적 정신분석 이론을 통해 카프카의 소설에 나타난 어머니의 의미를 살펴볼 것이다. 크리스테바는 어머니와 공생 관계에 있던 아이가 출생 후 언어와 규범을 배우면서 라캉적인 의미에서 상징계로 들어선다고 말한다. 이러한 상징계는 가부장적인 아버지의 법을 의미하기도 한다. 하지만 아이가 상징계에 들어선 뒤에도 어머니와 맺은 공생 관계의 흔적은 완전히 사라지지 않는다. 확고한 경계에 기반을 둔 상징계에서 아이와 공생 관계에 있던 어머니의 몸은 역겹고 혐오스러운 아브젝트, 즉 비체卑體로 간주되며 배척되지만, 언제든지 일순간 무의식적으로 솟아올라 견고한 자아정체성과 상징계의 질서를 뒤흔들고 전복할 수 있다. 이러한 혐오스러운 몸으로 간주되는 아브젝트에 대해 주체는 거부 반응을 보이며 그로부터 분리되려고 하지만 불가능함을 느끼는데, 이러한 반응을 아브젝시옹이라고 부른다. 그 때문에 아브젝시옹은 아브젝트로부터 분리되려는 단순한 거부 반응이 아닌 경계를 뒤흔드는 전복적 의미도 갖는다.[9]

물론 카프카가 자신보다 훨씬 뒤에 나온 크리스테바의 이론을 알 수는 없었겠지만, 이 이론은 가부장적 질서에 대한 카프카의 비판과 가모장적 (무)질서에 대한 그의 구상을 이해하는 데 도움이 된다. 크리스테바의 이론에서 상징계의 단계에 있는 주체가 다시 무

9 박주영: 영원히 지워지지 않는 흔적. 줄리아 크리스테바의 모성적 육체. 실린 곳: 비평과 이론 9권 1호(2004), 208-209쪽 참조.

의식 속에 있는 아브젝트를 불러내며 아브젝시옹을 경험할 때, 이는 단순히 전오이디푸스 단계로의 퇴행을 의미하지 않는다. 오히려 이것은 확고한 경계 구분에 바탕을 둔 상징계와 가부장적 질서를 뒤흔드는 전복적이고 해방적인 의미를 갖는다. 앞서 언급했듯 카프카의 소설에는 출산을 연상시키는 장면이 자주 등장하는데, 엄밀히 말하면 여기서의 자궁은 어머니의 자궁이 아니라 주체 자신의 자궁이다. 가령 「시골 의사」에서 시골 의사의 돼지우리에서 말과 마부가 등장하는 장면이나 환자의 상처에서 벌레가 모습을 드러내는 장면은 일종의 출산 장면을 연상시킨다. 이때 출산의 주체는 어머니가 아니라 주인공 자신이다. 즉 주체가 자신의 자궁에서 지금까지 억압되었던 다양한 잠재적 주체성을 생성해 내는 것이다.

따라서 가모장적인 (무)질서는 이러한 맥락에서 이해되어야 한다. 카프카의 작품에서 가모장적 (무)질서란 결코 가부장적인 아버지 대신 또 다른 권력자로서의 어머니가 지배하는 사회를 의미하는 것이 아니다. 아버지와 어머니, 남자와 여자의 이분법적인 구분 자체는 여전히 상징계의 질서에 머물러 있으며, 따라서 어머니가 지배하는 사회란 권력의 주체가 그저 아버지에서 어머니로 이동한 것에 지나지 않는다. 반면 가부장적인 사회질서를 전복하고 이를 통해 다양한 생성에의 욕망을 열어 주는 '생성적인' 가모장적 (무)질서에서는 더 이상 이러한 이분법적인 구분과 확고한 경계가 존재하지 않는다. 따라서 아버지와 어머니, 남자와 여자의 대립 구도와 경계 역시 허물어진다. 카프카의 소설에서 이러한 가모장적인 (무)질서를 대변하는 어머니는 『선고*Das Urteil*』(1912)나 『변신』에서 드러나듯이 아버지와 대립 관계에 있는 것이 아니라 서로 긴밀히 연결되어 있다. 마치 크리스테바의 이론에서 어머니의 몸이 아이의 몸과 명확히 구분되지 않으며 경계 초월적인 공생 관계를 이루는 것처럼 말이다. 정리하자면, 카프카의 소설에 드러나는 가모장적인 (무)질서란 과거 실재했던 가모장 사회와는 구분되는 것으로, 확고한 경계와 질서를 넘어섬으로써 다양한 생성을 가능하게 한다.

19세기 스위스의 법학자이자 고대 연구가인 바호오펜은 『모권 *Das Mutterrecht*』(1861)에서 인류의 사회적 발전은 모성과 연관이 있으며, 여성 지배가 이루어지기 전인 난혼제[10]에서 출발해 결혼과 모계 상속 체제를 통해 여성이 실질적인 지배권을 갖는 가모장 사회를 거쳐 현재의 가부장 사회에 이르게 되었다고 말한다. 바호오펜은 초기 인류 사회에 나타난 모권을 인정하면서도 가부장 사회를 가모장 사회보다 발달한 사회 체제로 간주하며, 이러한 사회질서의 변천을 진보라고 주장한다.[11] 반면 한 세기 후인 20세기에 여성 미술사 교수 멀린 스톤은 『하느님이 여자였던 시절*When God was a Woman*』(1976)에서 가모장 사회에서 가부장 사회로의 이행이 결코 자연스럽게 이루어진 것이 아님을 강조하며, 폭력적인 가부장 사회가 평화로운 가모장 사회를 어떻게 공격했으며 공식적인 역사에서 그 흔

---

10 바호오펜은 문란한 성생활이 만연한 난혼제에서 여성이 성적 자유를 누리기보다는 오히려 육체적인 힘을 믿고 그들을 함부로 대하는 남성에 의해 성적인 착취를 당한다고 주장한다. 여성은 성적 착취를 당하는 동물적인 자연의 상태에서 벗어나 가정과 국가에서 자신의 위치를 공고히 하기 위해 결혼 제도와 실정법의 지배를 필요로 한다는 것이다. 요한 야콥 바호오펜: 모권 1. 고대 여성지배의 종교적 및 법적 성격 연구. 한스 유르겐 하인리히스 엮음. 한미희 옮김. 나남 2013, 184쪽 참조.

11 바호오펜: 모권 1, 89-90쪽 및 183-186쪽 참조.

적을 없애기 위해 어떤 수단을 사용했는지를 상세히 기술한다.[12] 이처럼 그녀는 바흐오펜과 달리 가부장 사회로의 이행을 결코 역사적 진보로 간주하지 않으며, 오히려 가부장 사회에서 이루어지는 여성에 대한 억압과 차별에 주목한다.

카프카는 자신의 작품에서 모성과 연관된 과거 난혼제와 가모장 사회의 특성을 적극적으로 형상화하며 현대의 가부장적 사회질서를 비판하지만, 이것이 남성과 여성의 명확한 구분을 전제로 하는 과거 가모장 사회로의 회귀를 목표로 하는 것은 아니다. 오히려 그는 과거의 난혼제와 가모장적 사회질서를 현대적으로 재해석해 생성에의 욕망을 허용하는 탈경계적인 (무)질서를 꿈꾼다. 카프카는 난혼제의 접속적이고 카오스적인 특성을 성적인 차원보다는 생성적인 욕망의 차원에서 재해석하며 그 긍정성을 살려 낸다. 카프카가 과거의 가모장 사회를 자허마조흐적인 의미에서 가부장적 질서를 파괴하는 채찍을 든 여성과 연결시키며 그 긍정성을 살려 냄에 따라, 난혼제는 성적인 무질서와 혼란이라는 의미 차원을 초월해 크리스테바적인 의미에서 경계를 넘어 모든 것과 접속하며 창조적 생성을 실현하는 모성과 연결됨으로써 긍정적 의미를 획득한다. 이처럼 카프카는 과거의 난혼제와 가모장 사회에 비판적 거리를 두면서도 그 의미를 현대적으로 재해석하며 그 긍정성을 부각한다. 하지만 이렇게 구상된 탈경계적이고 창조적인, 즉 '생성적인' 가모장적 법은 외적인 사회질서와 관련된 법, 즉 성문법이나 실정법

---

12 멀린 스톤: 하느님이 여자였던 시절. 정영목 옮김. 뿌리와이파리 2005, 77쪽 참조.

을 의미하지 않는다. 카프카는 자신의 소설에서 기존의 "사회구조와 법질서를 전면적으로 바꾸는 거시혁명"[13]을 구상하거나 이상적이고 새로운 사회질서에 대한 구체적인 생각을 제시하지 않는다. 오히려 그가 추구하는 것은 "미시적인 차원의 분자혁명",[14] 즉 개인의 내면에서 생성적인 욕망을 허용하고 그가 새로운 주체성을 생산할 수 있도록 하는 내적인 법의 수립이다.

세 번째로 아이라는 키워드를 살펴보자. 언뜻 보면 카프카의 작품을 이해하는 키워드로 아이를 든 것이 의아하게 여겨질 수도 있을 것이다. 왜냐하면 표면적으로 카프카의 작품에는 아이가 그리 많이 등장하지 않기 때문이다. 아이가 비중 있는 역할로 등장하는 작품으로는 『관찰/고찰*Betrachtung*』의 단편 「시골길 위의 아이들Kinder auf der Landstraße」(1903년 집필, 1913년 출판)과 「팽이Der Kreisel」(1920년 집필)가 있고, 그 밖에 『소송』이나 「사냥꾼 그라쿠스Der Jäger Gracchus」(1917년 집필) 같은 작품에서도 아이의 등장이 눈에 띈다. 하지만 전반적으로 카프카는 작품에서 아이를 주된 서술 대상으로 다루지 않는다.

그러나 카프카의 작품을 좀 더 꼼꼼히 살펴보면 의외로 아이가 주변 인물로 꽤 많이 등장할 뿐만 아니라, '유치한kindisch'이나 '천진난만한kindlich' 같은 아이와 연관된 표현이 자주 사용됨을 알 수 있다. 심지어 「단식 예술가」에서처럼 새끼, 즉 '어린' 동물이 등장하는

13 정항균: 동물이야기. 카프카의 「자칼과 아랍인」에 나타난 동물과 동물-되기 연구. 실린 곳: 카프카연구 41집(2019), 36쪽.

14 정항균: 동물이야기, 36쪽.

경우도 있다. 특히 주목해야 할 것은 그네 타기나 팽이 돌리기 같은 아이들의 놀이가 때로는 명시적으로, 때로는 암시적으로 묘사된다는 사실이다. 이러한 '놀이하는 아이'는 카프카의 작품을 이해하는 데 매우 중요하다.

카프카의 작품에서 아이 내지 아이와 관련된 표현은 우선은 부정적인 맥락에서 등장하는 것처럼 보인다. 전기적인 차원과 연결시켜 보면 이러한 부정적인 아이의 상은 카프카 자신 및 그의 아버지와 관련된다. 카프카는 성인이 되어서도 독신으로 살며 가정을 꾸리지 못해 미성숙한 아이처럼 평가되곤 했는데, 카프카의 소설에도 종종 미성숙한 성인이 주인공으로 등장한다. 한편 그의 작품에는 카프카의 아버지처럼 직업적인 성공을 거두고 정상적인 시민가정을 영위하기는 하지만, 타인과 소통하지 못하며 자신만 생각하는 이기적이고 유치한 아이 같은 인물도 등장한다.

하지만 아이에게 이러한 부정적 의미만 부여되는 것은 아니다. 예를 들면 「시골길 위의 아이들」에서 주인공 '나'가 만나는 아이들은 자유롭고 활력이 넘친다. 그 아이들은 집 안에 갇혀 바깥세상과 단절된 채 살아가는 주인공과 대립된다. 카프카 연구에서 자유롭고 순진무구한 아이는 목적 지향적인 삶에 매몰되어 구속된 삶을 살아가는 성인 주인공과 명백한 대조를 이루며 유토피아적인 세계와 연결된 인물로 해석되곤 한다. 하지만 이러한 해석은 카프카의 작품에서 아이가 단순히 아이 자체를 가리키기보다는 어른의 내면에 억압되어 있는 아이적 속성을 지시한다는 사실을 간과한다. 앞에서 카프카의 작품에 나타나는 동물로의 변신, 즉 동물-되기의 중요성을 강조했다면, 여기서는 아이-되기의 중요성을 강조할 수 있을 것이다. 다시 말해 카프카에게 중요한 것은 생물학적인 의미에서의 아이가 아니라 나이와 상관없이 아이적인 속성을 발산하는 행위이다.

이러한 맥락에서 니체의 철학에서 중요한 의미를 갖는 아이의 특성을 살펴볼 필요가 있다. 카프카는 니체의 『차라투스트라는 이렇게 말했다*Also sprach Zarathustra*』(1883-1885년 집필)를 읽었는데, 그 영향이 특히 아이 모티브와 관련해 그의 작품 곳곳에서 발견된다. 니체는 『차라투스트라는 이렇게 말했다』의 '정신의 세 가지 변신에 관하여'라는 장에서 정신의 발전을 각각 낙타, 사자, 아이의 세 단계로 설명한다.[15] 첫 번째 단계에 등장하는 낙타는 언제나 명령에 복종하며 "예"라고 말하는데, 이는 중세 기독교 시대에 신을 주인으로 모시던 인간을 연상시킨다. 두 번째 단계에 등장하는 사자는 자신의 의지를 주장하며 명령에 더 이상 복종하지 않고 "아니요"라고 외치며, 이로부터 근대적인 자아의 의지를 확인할 수 있다. 또한 여기서는 신 중심주의에서 인간 중심주의로의 변화도 나타난다. 세 번째 단계는 놀이하는 아이의 단계이다. 여기서는 두 번째 단계에서 주창된 자아와 의지 개념이 모두 허구임이 폭로된다. 단일한 자아정체성은 허구적으로 구성된 것에 불과하고, 개인의 의지라는 것도 그가 파악할 수 없는 더 큰 의지의 지배를 받을 뿐이다. 그것은 개인의 의지가 아니라 좁게는 정신에 선행하는 무의식적인 몸의 의지이고, 넓게는 세상의 모든 것이 서로 연결된 채 작동한다는 의미에서 자아의 확장된 형태인 관계적 자아[16]의 의지 내지 우주적인 의지

15 Friedrich Nietzsche: Also sprach Zarathustra. München 1999, 29-31쪽 참조.

이다. 아이는 관계적 자아에 의한 우주의 운동, 즉 우주적인 생성과 파괴의 운동을 운명처럼 받아들이며 "예"라고 긍정한다.

카프카의 소설은 주인공의 죽음으로 끝나는 경우가 많은데, 자세히 살펴보면 그러한 죽음 뒤에 또 다른 존재로의 변신, 특히 아이나 동물로의 변신이 이루어진다. 여기서 죽음은 생물학적인 죽음의 의미만 지니는 것이 아니라, 2단계의 사자로 대변되는 근대적인 자아정체성의 죽음을 의미하기도 한다. 이러한 단일한 자아정체성이 해체되어야 비로소 3단계의 아이처럼 다양한 생성의 놀이를 할 수 있다.

니체는 정신의 세 번째 변신 단계에 등장하는 아이의 특성을 특히 놀이와 연결하는데, 놀이는 미학적 영역, 곧 예술과 연결되며 아이로 하여금 모든 것을 미학적으로, 즉 시점주의적으로 바라보게 하고 다양한 생성을 가능하게 한다. 니체는 진리와 비진리, 선과 악의 이분법에서 벗어나 진리와 도덕을 미학으로 환원할 것을 요구했

---

16 포스트휴머니즘의 대표적인 사상가인 로지 브라이도티는 관계적 자아를 다음과 같이 정의한다. "분자생물학의 발전이 우리에게 물질이 자기조직적(자기생성적)이라는 것을 가르쳐 준 반면, 일원론적 철학은 그것이 구조상 관계적이며 이를 통해 수많은 환경과 연결되어 있음을 가르쳐 주었다. 이러한 인식을 종합하면 지적인 생명력이나 자기조직능력은 개인적·인간적 자아의 내적 제어루프로 제한되는 것이 아니라, 모든 살아 있는 물질에 존재하는 힘으로 정의된다. 왜 물질이 지적인가? 왜냐하면 물질은 그 자신의 정보표시줄을 세워 놓는 동시에 사회적·심리적·생태적 환경과 다양하게 상호 작용하는 정보에 의해 조종되기 때문이다. 이러한 복합적인 역학적 장과 데이터의 물결 속에 있는 주체성에 무슨 일이 일어나는가? 그것은 이 모든 요소의 축적작용으로 생겨난, 확장된 관계적 자아가 된다." Rosi Braidotti: Posthumanismus. Leben Jenseits des Menschen. Frankfurt a.M. 2014, 65쪽(정항균: 동물-되기, 166쪽 번역 참조).

다. 이러한 미학적 태도는 모든 것을 하나의 시점이 아니라 다원적인 시점에서 바라보는 시점주의를 의미한다. 카프카의 작품에서도 놀이하는 아이 모티브는 빈번히 등장한다. 가령 『변신』에서 갑충으로 변한 그레고르 잠자는 가족에게 배척당하며 서서히 몰락하는 것처럼 보이지만, 텍스트의 또 다른 층위에서는 그의 놀이성향이 지속적으로 언급되며 강조된다. 이러한 그의 놀이성향은 궁극적으로 그가 경계를 넘어서서 또 다른 존재로 변신하는 것을 가능하게 한다.

카프카의 작품에 놀이하는 아이 모티브가 반복적으로 등장한다는 것 외에 주인공이 어떤 종류의 놀이를 하는지에도 주목할 필요가 있다. 로제 카이와는 『놀이와 인간*Les Jeux et les hommes*』(1958)이라는 책에서 놀이의 유형을 아곤Agôn, 알레아Alea, 미미크리Mimicry, 일링크스Ilinx로 분류한다. 아곤은 동등한 조건에서 경쟁하는 놀이로, 체스나 당구가 이에 해당한다. 알레아는 승패가 놀이하는 사람에게 달려 있지 않고 운에 의해 결정되는 놀이인데, 주사위 놀이나 룰렛이 이에 속한다. 미미크리는 놀이하는 사람이 다른 인격을 가장하며 그것에 어울리게 행동하는 놀이이다. 가령 아이들이 소꿉장난을 하며 어른 흉내를 내거나 가면을 쓰고 가장행렬에 참여하는 것이 이 놀이 유형에 속한다. 끝으로 일상적인 지각을 뒤흔들며 기분 좋은 현기증을 유발하는 도취의 놀이인 일링크스가 있다. 일링크스에는 공중에서 떨어지는 번지 점프나 발뒤꿈치를 축으로 해서 빠르게 빙빙 도는 팽이놀이 또는 스포츠카 레이싱처럼 속도를 즐기는 놀이가 속한다.[17]

17 로제 카이와: 놀이와 인간. 가면과 현기증. 이상률 옮김. 문예출판사 2018, 40-57

카프카의 작품에 주로 등장하는 놀이 유형은 바로 일링크스다. 카프카 소설의 주인공들은 그네를 타거나 빙글빙글 돌며 춤을 추거나 높은 곳에서 아래로 떨어지는 놀이를 한다. 이러한 놀이는 모두 일상적인 지각을 뒤흔들며 현기증을 불러일으키는데, 현실적이고 이성적인 주인공은 이를 통해 아이처럼 신체적 에너지를 발산하며 도취 상태에 빠진다. 따라서 일링크스는 카프카 소설의 주인공이 도구적인 이성에 의해 억압된 자신의 무의식적 욕망을 표출하고 신체적 에너지를 발산하며 동물-되기를 수행할 수 있게 만든다.

이처럼 동물, 어머니, 아이라는 키워드로 카프카의 작품을 읽으면 그의 작품이 결코 절망적이고 비극적인 상황만 묘사하지 않는다는 것을 알 수 있다. 비단 자아의 죽음을 통한 다원적 정체성의 생성뿐만 아니라 개별 생명체의 죽음을 넘어 지속되는 온생명[18]의 차원에서도 카프카의 작품은 긍정성을 띤다. 이러한 긍정성은 카프카의 작품에 등장하는 웃음 모티브와 관련해서도 확인된다. 카프카의 작품에 등장하는 웃음이 단지 블랙 유머의 성격만 지니는 것은 아니다. 카프카의 단편소설 「가장의 근심Die Sorge des Hausvaters」(1920)에서 오드라데크의 웃음은 다음과 같이 묘사된다. "그것은 그저 폐 없

쪽 참조.

18 장회익은 생명을 단순히 개별 생명체로만 보아서는 안 된다고 강조한다. 왜냐하면 어떤 생명체도 그 자체로 존재할 수는 없기 때문이다. 그 때문에 그는 개별 생명체로서의 낱생명과 그것이 생명을 보존하는 데 필요한 외부적 조건으로서의 보생명을 구분한다. 나아가 그는 지구상에 존재하는 것들이 서로 긴밀하게 연결되어 전체로서 생명 현상을 만들어 내고 또 유지하는 것을 온생명이라고 부른다. 장회익: 물질, 생명, 인간. 그 통합적 이해의 가능성. 돌베개 2014, 85-87쪽 참조.

이 만들어 낼 수 있는 웃음이다. 그 웃음소리는 마치 낙엽이 바스락거리는 소리처럼 들린다."[19] 이 구절에서 주목할 것은 우선 'Blätter'라는 단어이다. 이 단어는 '나뭇잎'이라는 의미도 있지만 '종이'라는 의미도 가진다. 그렇다면 오드라데크의 웃음은 종이, 즉 책에서 조용히 들려오는 웃음이라고 할 수 있다. 이러한 생각을 카프카의 작품 전체에 적용하면, 결국 빠져나올 수 없는 미로 같은 세계에서 무한히 반복되는 주인공의 무의미한 행위나 그의 죽음을 형상화한 작품에 사실은 웃음이 숨겨져 있음을 알 수 있다.

또 한 가지 주목할 것은 이러한 웃음이 '폐'를 지니지 않고도 만들어 낼 수 있는 웃음이라는 사실이다. 작가인 카프카뿐만 아니라 그의 많은 소설 속 주인공들이 병, 특히 폐 질환을 가지고 있다. 그러나 이러한 주인공의 상처에는 죽음만 들어 있는 것이 아니라 새로운 것을 생성하고 창조하는 생명력도 들어 있다. 카프카에게 죽음이 단순히 물리적인 의미에서의 죽음이 아닌 단일한 자아정체성의 죽음을 의미한다면, 그러한 죽음은 오히려 잠재된 다양한 자아를 생성해 내기 위한 필수적인 과정이라고 말할 수 있을 것이다. 즉 한 개인은 타인과 구별되는 자신만의 독특한 정체성을 갖는 존재가 아니라, 자아와 타자의 이분법을 넘어 아무도 아닌 동시에 모든 것이 될 수 있는 존재이다. 따라서 폐 없이 터뜨리는 오드라데크의 웃음은 죽음에 이르는 병에서 생명력을 끌어내고 억압적인 자아정체

19 Franz Kafka: Die Sorge des Hausvaters. In: ders.: Drucke zu Lebzeiten. Hrsg. v. Wolf Kittler, Hans-Gerd Koch u. Gerhard Neumann. Frankfurt a.M. 2002, 284쪽: "[E]s ist aber nur ein Lachen, wie man es ohne Lungen hervorbringen kann. Es klingt etwa so, wie das Rascheln in gefallenen Blättern."

성을 파괴해 자아를 해방하기 위한 전복적인 웃음이다.

또한 오드라데크의 그 웃음은 개별적인 인간의 신체에서 나오는 웃음이 아니며, 더 큰 차원과 연결된다. 오드라데크는 인간의 형상을 하고 있지만 동시에 사물의 특성도 지닌다. 즉 그는 생물과 무생물의 경계를 넘나드는 혼종적인 존재이다. 이처럼 생물과 무생물의 경계를 넘어서 대상을 더 큰 생명의 범주에서 바라보는 관점은 모든 것이 서로 연결되어야 생명으로 존재할 수 있다는 온생명의 관점과 연결된다. 개별 생명체는 물이나 공기 같은 물질이 없다면 결코 생명으로 존재할 수 없을 것이다. 반대로 생명체의 특성이 끊임없이 스스로를 생성하고 조직하는 것이라면, 사물 역시 어떻게 다른 사물들과 연결되고 배치되느냐에 따라 끊임없이 변화하고 새로운 의미를 획득할 수 있으므로 생명체와 유사한 특성을 띠게 된다. 나아가 자아는 개별 생명체의 좁은 경계에서 벗어나 인간뿐만 아니라 사물과도 연결되며 자신을 무한히 확장하고 생성해 낼 수 있는 관계적 자아가 된다. 이를 니체의 개념으로는 '자아Ich'가 아닌 '자기Selbst', 즉 우주적 자아가 되는 것이라고 할 수 있다. 이러한 관점에서 보면 개별 생명체로서의 자아가 죽더라도 그것은 더 크고 우주적인 연관 체계에 편입됨으로써 살아남는다. 소설의 제목에 등장하는 '가장'으로 추정되는 서술자는 오드라데크가 자신보다 더 오래 살고 자신의 후대까지도 살아남을 것을 걱정하는데, 이는 오드라데크가 개별 생명체로서의 인간을 넘어선, 보다 포괄적인 의미에서의 생명을 가리킴을 암시한다. 이러한 관계적 자아 내지 우주적 자아로서의 오드라데크가 짓는 웃음은 개별적인 인간이 폐를 통해 만들어 내는 웃음이 아니라, 개별 생명체의 죽음을 뛰어넘어 더 큰 체계 속에서 새로운 생성과 변화를 만들어 내는 온생명에 대한 긍정이라고 할 수 있을 것이다.

지금까지 동물, 어머니, 아이라는 세 가지 키워드가 왜 카프카의 작품을 새롭게 이해하기 위한 핵심 요소인지 그리고 이러한 키워드를 통해 어떻게 카프카의 작품을 긍정적인 맥락에서 읽을 수 있는지 설명했다. 본문에서는 카프카가 아버지에게 보낸 편지와 그의 대표적인 중·단편소설 여섯 작품(「시골길 위의 아이들」, 『변신』, 「시골 의사」, 「세이렌들의 침묵」, 「단식 예술가」, 「굴」) 그리고 그의 장편소설 『소송』을 구체적으로 분석하며 이러한 테제를 입증하고자 한다. 이를 통해 지금까지 감춰졌던 카프카 작품의 또 다른 면모를 밝혀낼 수 있을 것이다.

I 「아버지에게 드리는 편지」 아버지의 세계에 저항하는 존재들

「아버지에게 드리는 편지」를 이해하기 위해서는 우선 그것이 쓰인 과정을 살펴보아야 한다. 카프카는 1917년 발병한 폐결핵 때문에 종종 요양을 가곤 했다. 1918년에 요양차 방문했던 쉘레젠 마을에서 그는 마찬가지로 폐병 때문에 요양을 온 서른 살의 율리 보리체크라는 여성을 만났다. 카프카는 율리 보리체크와 약혼했지만 그의 결혼 계획은 아버지의 강한 반발로 무산되었다. 카프카의 아버지는 그녀의 아버지가 제화공이자 유대교 예배당 사환이라는 사실을 탐탁지 않게 여겼던 것이다. 더구나 그는 스스로 가난을 딛고 자수성가했기 때문에 사회 하층 계급의 여성을 며느리로 받아들이고 싶어 하지 않았다. 심지어 그는 카프카에게 욕정을 풀고 싶다면 차라리 사창가에 가라고 말해 마음에 깊은 상처를 입혔다. 이처럼 육체적·정신적으로 큰 고통에 시달리던 카프카는 1919년 다시 쉘레젠 마을을 찾아 휴식을 취하며 마음의 안정을 되찾았는데, 그로 인해 이 시기에 위의 편지 외에도 다양한 글을 써 내려갈 수 있었다.[1] 아버지에게 쓴 것

1 Müller: Kafka und sein Vater, 42쪽 및 Pfeiffer: Franz Kafka, 90-91쪽 참조.

이지만 실제로 그에게 발송되지는 않았던 이 편지에서 카프카는 자신을 짓누르던 거대한 존재인 아버지와 정신적으로 대결하는데, 이러한 문학적 편지를 통해 그는 "일종의 자기 치유"[2]를 할 수 있었고 나아가 아버지와의 권력관계를 현실과 다르게 바꿀 수 있었다.

카프카는 「아버지에게 드리는 편지」에서 이 편지를 쓴 이유로 크게 두 가지를 든다. 첫 번째로 카프카는 '자신을 두려워하는 이유가 무엇인지'를 묻는 아버지의 질문에 두려움 때문에 직접 그 앞에서 대답할 수 없어 편지를 쓴다고 말한다. 편지를 쓰는 두 번째 이유는 질문에 대한 대답이 너무 복잡해서 말로 간추려 답할 수가 없기 때문이다. 카프카는 평생 엄격한 아버지와의 관계에 시달리며 자신의 문학작품에서 그에 대한 두려움과 예속성을 형상화했는데, 「아버지에게 드리는 편지」는 소설과 달리 편지 형식을 취한다는 점에서 눈여겨볼 필요가 있다.

보통 편지의 분량은 한두 페이지, 길어야 서너 페이지 정도이다. 그러나 카프카의 편지는 100페이지가 훨씬 넘는다. 이렇게 많은 분량은 이미 이 편지가 자신의 속마음을 솔직히 고백하며 상대방과의 진솔한 소통을 추구하는 편지와는 차이가 있음을 암시한다.[3] 또한 카프카는 이 편지에서 단순히 자신의 속마음을 모두 고백

---

2 Pfeiffer: Franz Kafka, 91쪽.

3 "카프카의 「아버지에게 드리는 편지」는 종종 실제로 존재할 수도 있었던 자서전의 초석으로 읽히곤 한다. 하지만 이러한 주장은 이 편지를 자전적 문서로 읽지 않고 글쓰기와 자신의 자아 구상의 구성적 측면에 주목할 때만 의미가 있다." Oliver Jahraus: Kafka. Leben, Schreiben, Machtapparate. Stuttgart 2014, 120쪽 이하.

하기보다는 때로 특정 정보를 보류하고 때로는 아버지의 시점을 취하는 등 허구적인 요소를 끌어들임으로써 허구와 사실의 경계를 무너뜨린다. 비록 현실 세계의 카프카는 거인처럼 느껴지는 아버지에게 순종하며 숨 막히는 삶을 살아야 했을지라도, 아버지와의 관계로 인해 어쩔 수 없이 쓰였지만 자신의 주도하에 진행되는 이 편지에서 그는 아버지를 자신의 지배하에 두며 권력관계를 전복한다. 또한 이 편지에서 그는 모든 문제를 단순하게 바라보는 이분법적 사고를 지닌 아버지와 달리 자신이 앞에서 말한 것의 타당성을 곧바로 제한하거나 반박하며 절대적 진리를 유보하는 개방적 글쓰기를 추구한다. 이러한 문학적 형식[4]을 통해 간접적으로 아버지의 세계와 가치관을 비판하는 것이다. 이처럼 카프카는 이 편지에서 내용적·형식적으로 아버지 또는 아버지로 대변되는 세계와 대결하며 그로부터의 자유와 해방을 추구한다.

카프카는 이 편지에서 자신의 아버지인 헤르만 카프카를 오직 성공만 추구하고 약자를 멸시하는 독선적이고 전제군주적인 인물로 묘사한다. 그런데 이를 동시대 표현주의의 아버지 세대에 대한 비판과 연관시켜 살펴보면 아버지에 대한 카프카의 비판은 개인적인 차원을 넘어 사회적·정치적 의미를 획득한다. 특히 자연에서의 적자생존 논리를 사회에 적용해 무자비한 권력투쟁을 정당화한 사회다윈주의는 이러한 가부장주의적 사고의 사회적·정치적 차원을

4 파이퍼는 카프카가 이 편지에서 사용한 문학적 기법들을 이렇게 요약한다. "시점의 왜곡, 허구성과 사실성의 혼합, 상호 반영과 텍스트 부분들의 자기 지양, 과장." Pfeiffer: Franz Kafka, 92쪽.

잘 보여 준다.[5]

"아버지는 만물의 척도가 되며, 글쓰기 역시 전적으로 아버지에게 집중하는 것처럼 보인다: 내(카프카, 필자 주) 글쓰기의 주제는 당신(아버지, 필자 주)이었습니다. 마치 아버지가 본래 카프카 문학의 유일한 주제인 것처럼 말이다."[6] 물론 이 편지의 핵심 내용이 아버지를 중심으로 전개되는 것은 사실이지만, 그것과 대립축을 이루는 존재들도 그에 못지않게 중요한 역할을 하고 있다는 사실은 쉽게 간과된다. 그 존재들이 바로 동물, 아이, 어머니이다.

카프카는 이 편지에서 아버지가 빈번히 자신이 못마땅하게 여기는 존재들을 벌레나 동물로 격하하며 욕설을 퍼붓는 일화를 이야기한다. 가령 그는 카프카가 소중히 여긴 유대인 배우 이착 뢰비를 "독충"[7]에 비유했고, 자신의 집에서 일하는 가정부를 "짐승 같은 것"(B 155)이라고 불렀으며, 자신의 가게 점원에게는 "저런 병든 개는 뒈져 버려야 해."(B 173)라며 욕설을 퍼붓기도 했다. 여기서 벌레나 동물은 인간의 존엄성을 빼앗긴 비인간적 존재를 가리키는 비방이나 욕설로 사용되며 부정적 의미를 지닌다.

그런데 흥미로운 것은 아버지만 자신이 못마땅하게 여기는 존재를 동물로 지칭하는 것이 아니라, 카프카도 자신을 벌레로 지칭한다는 사실이다. 카프카는 자신의 글쓰기가 아버지로부터의 완전

---

5 Pfeiffer: 같은 책, 95쪽 참조.

6 Pfeiffer: 같은 책, 94쪽 참조.

7 Franz Kafka: Der Brief an den Vater. In: ders.: Nachgelassene Schriften und Fragmente II. Hrsg. v. Jost Schillemeit. Frankfurt a.M. 2002, 154쪽. 이하 동일 문헌 인용 시 (B 쪽수)로 표기.

한 해방을 가져다주지는 못하더라도 어느 정도의 독립을 가능하게 해주었다면서 이렇게 쓴다. "비록 몸의 뒷부분이 발에 짓밟혀 앞부분을 움직여 겨우 몸을 빼내 옆으로 옮기게 된 벌레가 연상되기는 했지만 말입니다."(B 192) 여기서 카프카는 자기 몸의 일부가 아버지의 발에 짓밟혔지만 일부는 자신의 글쓰기를 통해 그에게서 벗어날 수 있게 되었다고 말하면서 글쓰기의 저항적·해방적 성격을 언급하는데, 동시에 글쓰기를 통해 자신이 일종의 벌레로 '변신'하게 되었음을 말하기도 한다. 언뜻 보면 벌레로의 변신은 아버지가 무가치하게 여긴 자신의 글쓰기에 대한 폄하를 의미하는 것처럼 보이지만, 다른 한편으로는 기존의 모습과 다른 낯설고 새로운 세계로 들어선 카프카의 상황을 암시하기도 한다. 카프카는 『변신』에서 벌레로의 변신을 일상적인 삶에서 쓸모없어진 자신의 소외된 존재뿐만 아니라 자유롭게 천장을 돌아다니고 평소에 귀 기울이지 않던 여동생의 음악에 귀를 기울이게끔 만든, 즉 놀이와 예술에 대한 감각을 일깨워 준 특별한 전환을 의미하는 것으로 묘사한다. 이러한 점에서 카프카의 작품에서 형상화된 동물로의 변신이 갖는 중요성과 그 긍정적 의미가 「아버지에게 드리는 편지」에서도 이미 나타나고 있다고 말할 수 있을 것이다.

두 번째로 주목해야 할 인물은 아이이다. 카프카는 편지의 초반부에서 주로 자신의 유년기에 대해 서술하는데, 이 이야기는 종종 어린 카프카의 시점에서 서술된다. 동시에 그는 어른이 된 현재의 시점에서 과거에 자신이 내린 평가나 해석을 정정하며 유년기의 자신이 지녔던 관점의 한계를 지적하곤 한다. 이러한 서술 태도는 카프카가 유년기의 아이를 아직 정신적으로 성숙하지 못한, 지속적으로 교육되어야 할 존재로 간주하는 것처럼 보인다. "왜냐하면 당시에 도움닫기를 시작했던 그 소년은 그 상태 그대로 머물러 있고, 아버지의 눈에는 오늘날에도 세상 경험은 조금도 늘지 않은 채 세월만 20년이 흘러 초라한 모습일 테니까요."(B 206) 카프카는 어른이 되어서도 여전히 아이 같은 모습인데, 이는 아버지에게 부정적으로만 보인다.

그러나 다른 곳에서 카프카는 아버지가 치러야 했던 바깥세상과의 싸움을 자신은 "성년의 나이에 뒤늦게 어린아이의 힘으로 치러내야 합니다."(B 171)라고 말한다. 어른이 되어서도 아이다움을 유지하는 것이 과연 부정적인 의미만 지닐까? 카프카가 결혼을 회피하며 아버지로 대변되는 가부장적인 어른의 세계로 편입되기를 거부하고 아이로 남기로 결심한 것은 곧 아버지가 내리는 단순하고 이분법적인 가치 평가와 모든 것을 유용성의 관점에서만 바라보는 시각에 대한 거부와 저항을 의미한다. 그것은 니체가 『차라투스트라는 이렇게 말했다』의 '정신의 세 가지 변신에 관하여'라는 장에서 제시한 세 번째 변신 단계에 등장하는 아이가 지닌 덕목을 떠오르게 한다. 즉 선악의 피안에서 모든 것을 시점주의적으로 바라보는 '놀이하는 아이'가 카프카의 작품에서도 중요한 의미를 갖고 등장하며, 어른에게 아이로 변신할 것을 요구하는 것이다.

세 번째로 주목할 인물은 어머니이다. 「아버지에게 드리는 편지」에서 카프카의 어머니는 큰 비중으로 등장하지 않지만, 한 구절에서 카프카는 자신의 어머니에 대해 비교적 상세히 서술한다. 카프카는 어머니가 한편으로는 아버지와의 관계로 괴로워하는 자신을 위로하고 보호해 주지만 결국은 다시 아버지의 세계에 순응하고 편입하도록 내모는 몰이꾼 역할을 한다며 어머니와 아버지의 긴밀한 관계를 이야기한다. 여기에서 어머니는 카프카가 아버지로부터 독립해 완전히 해방되는 것을 가로막는 은밀한 장애물로 묘사된다. 다른 한편 카프카는 어머니가 아버지와 자신 모두에게 원망을 받으며 모든 스트레스를 받아 내는, 고통받는 희생자의 역할을 감내해야 했다며 그녀에게 동정의 시선을 보내기도 한다.

그런데 흥미로운 것은 어머니가 가해자의 공범이자 희생자라는 상반된 상을 부여받는 것에 그치지 않는다는 사실이다. "어머니는 아버지 때문에 우리한테서 엄청난 고통을 받으셨지요. 또한 우리 때문에 아버지한테서 엄청난 고통을 받기도 하셨고요. 물론 어머니가 우리를 감싸기만 하며 교육을 그르친 면이 있어 아버지의 교육 방식이 옳았던 경우도 있었다는 것은 별개로 해야 하겠지요. 비록 어머니의 이러한 그릇된 교육마저 때로는 아버지의 체제에 대한 조용하면서도 무의식적인 반대 시위일 수도 있지만요."(B 176 이하) 여기서 카프카가 어머니의 그릇된 교육 방식을 지적하면서 스쳐 지나가듯이 한 말, 즉 그녀의 그릇된 교육 방식마저 "무의식적인 반대 시위"일 수도 있다는 말은 의미심장하다. 왜냐하면 카프카의 소설에는 가부장적인 아버지의 법과 질서에 맞서는 가모장적인 법에 대한 암시가 빈번히 등장하기 때문이다. 여기서 어머니는 크리스테바의 이론에서처럼 아이와 어머니가 공생 관계를 이루는 출생 이전의 자궁 세계, 즉 무의식의 세계를 지시하는데, 이는 명확한 구분과 경계에 기반을 두는 아버지의 상징적 질서와 법을 파괴하는 의미를 갖는다.[8] 이런 의미에서 카프카가 이 편지에서 어머니의 교육 방식을 "무의식적인 반대 시위"로 지칭하는 것은 현실에서 카프카의 어머니가 아버지의 조력자이자 몰이꾼으로 기능하는 것과 달리 그의 작품에서는 무의식의 차원에서 가부장적인 세계를 뒤흔들고 심지어 전복할 수 있는 존재로서의 역할과 의미를 지님을 보여준다.

카프카의 작품에서 아버지로 대변되는 가부장적인 세계를 전복하기 위해서는 두 가지 변신이 필요하다. 하나는 동물로의 변신이고 다른 하나는 아이로의 변신이다. 여기서 동물로의 변신이란 실제로 인간이 동물로 변신한다는 실체적 의미에서의 변신이 아니라, 합리적이고 개념적인 사고에 의해 억압되어 온 동물적·신체적 강렬함을 발산하는 강도强度적인 의미에서의 변신을 의미한다. 이러한 동물-되기를 통해 인간의 단일한 자아정체성은 파괴되고 다원적인 주체성의 표출이 가능해진다. 아이로의 변신 역시 어른이 실제로 아이가 된다는 의미가 아니라, 니체가 아이의 속성으로 간주한 순수함(선과 악의 피안에 있다는 의미에서)과 놀이(세계를 미학적 시선, 즉 시점주의적으로 바라본다는 의미에서)의 정신을 지니며 아이의 면모를 드러냄을 의미한다. 이러한 변신은 가부장적인 질서에 균열을 가져온다. 또한 그로 인해 카프카가 자신의 작품에서 은밀히 암시하는 가모장적인 (무)질서로의 전환이 가능해진다. 이러한 가모장적인 법은 가부장 사회의 법처럼 욕망을 억압하지 않으며, 오히려 생성에 대한 욕망을 허용한다. 카프카는 자신의 작품에서 단순히 가부장적인 사회질서 내에 포획되어 그로부터 빠져나오지 못하는 주인공의 비극만을 그려 내는 것이 아니라, 변신을 통한 다양한

8 박주영: 영원히 지워지지 않는 흔적, 219쪽 참조.

주체성의 실현과 이를 가능하게 하는 생성적인 가모장적 (무)질서를 꿈꾼다.

II 「시골길 위의 아이들」 아이-되기와 '내' 안의 타자 찾기

1. 소설의 단계적 구성과 인칭대명사의 변화

「시골길 위의 아이들」은 카프카의 단편집 『관찰/고찰』[1]에 나오는 첫 번째 단편소설이다. 여기에 실린 단편들은 얼핏 보면 서로 아무런 연관이 없는 독립적인 이야기처럼 보이지만, 자세히 살펴보면 다양한 모티브가 반복해서 나오고 이야기들이 서로 특별한 관계를 맺으며 연관성을 보인다는 것을 알 수 있다.[2] 여기서 이 단편집에 실린 여러 소설 간의 연관성이나 반복적으로 나타나는 모티브를 모두 다룰 수는 없지만, 「시골길 위의 아이들」에서 특히 중요한 모티

---

1 이 단편집의 제목 'Betrachtung'은 '관찰'과 '고찰'의 의미를 모두 담고 있다. 이 단편집에 실린 대부분의 작품에는 시각적 행위로서 관찰이 빈번히 나타날 뿐만 아니라 그러한 관찰을 바탕으로 하는 고찰이 이루어진다. Gerhard Kurz: Lichtblicke in eine unendliche Verwirrung. Zu Kafkas *Betrachtung*. In: Heinz Ludwig Arnold(Hrsg.): Franz Kafka. München 1994, 58-59쪽 참조.

2 쿠르츠는 이 단편집에 실린 소설들에 반복해서 나타나는 모티브를 쭉 열거하는데, 예를 들면 창문 모티브, 인디언·미국 모티브, 아이·소녀·소년 모티브, 전사적인 것과 투쟁 모티브, 말·승마 모티브가 있다. Kurz: Lichtblicke in eine unendliche Verwirrung, 57쪽 참조.

브로 등장하는 동물 모티브와 아이 모티브를 중점적으로 다루며 이 소설의 결말이 지닌 양가적 의미를 살펴보고자 한다.

「시골길 위의 아이들」의 줄거리는 크게 세 단계로 나누어진다. 첫 번째 단계에서는 서술자이자 주인공인 '나'가 부모님의 집에서 홀로 시간을 보낸다. '나'는 부모님의 정원에서 나뭇잎 사이로 집 바깥의 광경을 바라보거나 들려오는 소리를 듣는데, 대체로 무심한 반응을 보이며 심지어는 불쾌한 심기를 드러내기도 한다. 두 번째 단계는 한 아이가 '내' 방의 창문턱을 넘어와 다른 아이들이 와 있다며 '나'를 불러내는 상황이다. 그 후 '나'는 이전에 가지고 있던 소극적인 태도를 버리고 아이들과 함께 시골길 위를 뛰어다니며 활기를 되찾는다. 세 번째 단계에서 '나'는 다른 아이들과 헤어져 집으로 돌아가려다가 길을 틀어 남쪽에 있는 어떤 도시로 떠난다. '나'의 마을에서는 그 도시에 피로를 모르며 잠들지 않는 바보들이 산다는 소문이 떠돈다.

이렇게 이 소설을 세 단계로 구분해 보았지만 더 세분하자면 다섯 단계로 나눌 수도 있다. 이러한 단계 구분은 특히 주인공을 가리키는 인칭대명사의 변화를 통해 명확히 드러난다.[3] 이 소설은 다섯 단계로 구분할 때 비로소 중심적인 사건과 변화가 더 분명하게 드러나기 때문에 아래에서는 이러한 구분을 통해 이 소설을 좀 더

3 나이마이어는 엥겔과 아우에로흐스가 편찬한 카프카 개론서에서 「시골길 위의 아이들」에 관한 부분을 쓰면서 이 작품에 나타나는 인칭대명사의 변화에 주목하지만, 그러한 변화가 무엇을 의미하는지는 구체적으로 다루지 않는다. Barbara Neymeyr: Betrachtung. In: Manfred Engel u. Bernd Auerochs(Hrsg.): Kafka Handbuch. Leben-Werk-Wirkung. Stuttgart 2010, 124쪽 참조.

자세히 분석해 보고자 한다.

첫 번째 단계에서 주인공은 '나'로 등장한다. '나'가 지금 어떤 상황에 처해 있으며 그의 심리 상태가 어떤지는 첫 번째 문단에서부터 명확히 드러난다.

> 나는 마차가 정원의 격자 울타리 옆을 지나가는 소리를 들었다. 또한 이따금 살랑거리는 나뭇잎 사이로 마차가 보이기도 했다. 한여름에 마차의 바퀴와 손잡이의 나무가 얼마나 심하게 삐걱거리던지! 들판에서 돌아오는 일꾼들이 내는 웃음소리는 부끄러울 정도였다.[4]

정원의 격자 울타리는 감옥을 연상시키며, 주인공이 집 안에 갇힌 듯한 인상을 불러일으킨다. 이것은 집으로 대변되는 내부세계와 집 밖의 외부세계 간의 명확한 경계와 구분을 암시하기도 한다. 그런 상황에서 '나'는 외부세계를 그저 나뭇잎 '사이'로 볼 뿐인데, 이를 통해 '나'의 시야가 매우 제약되어 있음을 알 수 있다. 또한 '나'는 바깥의 지나가는 마차가 내는 소리에 신경질적으로 반응하고 일꾼들이 내는 웃음소리 역시 창피하게 여긴다. 이로부터 '내'가 바깥 세상에 적대적인 태도를 보이며 거리를 두고 있음을 알 수 있다.

그다음 문단에서 '나'는 작은 그네에 앉아 쉬고 있는데, 이때 "우리의 작은 그네"(K 9)라는 구절에서 처음으로 '우리'라는 표현

---

4 Franz Kafka: Kinder auf der Landstraße. In: ders.: Drucke zu Lebzeiten, 9쪽. 이하 동일 문헌 인용 시 (K 쪽수)로 표기.

이 사용된다. 그다음에 곧 부모님의 정원이라는 말이 나오므로 앞의 '우리'가 부모님을 포함한다고 추측할 수 있다. 그러니까 주인공인 '나'는 부모님의 세계인 집에 속해 있으며 그들의 세계에서 '우리'라는 소속감을 느끼는 것이다. 이 정원에서 '나'는 아이들이 뛰어다니거나 농부들이 곡물을 실은 마차를 타고 지나가는 모습을 바라본다. 하지만 다른 한편으로 앞의 '우리'라는 표현은 부모님이 아니라 책의 제목에 등장하는 아이들을 가리킬 수도 있다. 특히 '작은 그네'는 부모님보다는 아이들과 더 잘 어울리는 놀이 수단이기 때문에 '우리'가 '나'와 아이들을 가리킨다고도 볼 수 있다. 이에 따르면, '내'가 속한 집과 바깥 세계를 구분하는 '나'의 시각에도 불구하고 이미 '나'의 집에 타자인 아이들이 들어와 있으며 그 경계가 견고하지 않음이 암시된다.

그러고 나서 '나'는 지나가는 새를 바라보며 홀로 그네를 타는데, 처음에는 힘이 없어 살살 그네를 타기 시작하지만 날이 어두워지고 공기가 점차 차가워지자 더욱 힘차게 그네를 탄다. 앞에서는 '내'가 그네에 가만히 앉아 있었다면, 가볍게 그네를 타다가 마침내 힘차게 그네를 타는 모습에서 '내'가 점점 활력을 찾아 가는 것을 확인할 수 있다.

그 후 집에 들어와 홀로 저녁 식사를 하고 있는데 밖에서 어떤 사람이 '나'를 보고는 대화를 나누려고 이런저런 질문을 던진다. 처음에 '나'는 먼 산을 보거나 허공을 쳐다보며 무관심한 태도를 취한다. 심지어 한 아이가 창문턱을 넘어와 다른 아이들이 왔으니 같이 가자고 제안할 때는 한숨을 쉬기까지 한다. 이처럼 첫 번째 단계에서 '나'는 아직 자신이 속해 있는 부모님의 집이라는 내부세계에 갇혀 타인과의 소통 및 접촉을 꺼리는 모습을 보인다.

두 번째 단계는 '내'가 아이의 제안에 따라 집 앞으로 나가 자신을 찾아온 아이들을 만나는 장면으로 시작한다. 여기서부터는 '나' 대신 '우리'라는 대명사가 사용되며, 아이들과 주인공인 '나'가 서로 어울린다. 1단계의 시간적 배경이 저녁이었다면, 이때는 "낮도 밤도 아니었으며"(K 10 이후) 시간적 흐름이 폐기된다. 이처럼 직선적으로 흘러가는 시간의 흐름이 멈추었다는 것은 이후의 이야기가 현실적이라기보다는 비현실적인 사건, 특히 꿈속에서 벌어지는 무의식의 흐름을 나타냄을 보여 준다.[5]

'우리'는 때로는 옷의 단추가 부딪힐 정도로 가까이, 때로는 서로 일정한 거리를 두고 달리는데, 이로부터 이들이 아직 완전히 가까워지지는 않았음을 짐작할 수 있다. 한편으로 '우리'는 서로 치고 받으며 전쟁놀이를 하고, 나중에는 지쳐서 풀밭에 드러눕는다.

세 번째 단계에서는 '우리'라는 의미의 대명사 'wir'가 일반적인 사람들을 지칭하는 대명사 'man'으로 바뀐다.

> 우리는 풀 속에서 온기도 냉기도 느끼지 못했다. 그저 피곤해졌을 뿐이었다. 오른쪽으로 뒹굴고 손을 귀 밑에 넣으면, 잠이 몰려왔다. 다시 한번 턱을 치켜들고 몸을 일으켜 세우려 했지만, 그럴

5 베르크는 한 아이가 서술자의 창문을 넘어 들어와 다른 아이들과 놀자고 할 때부터 이미 꿈속의 환상 세계가 시작된다고 말한다. 창문을 넘어서는 이행은 현실 세계에서 꿈의 세계로의 이행을 암시한다는 것이다. Daniel Berg: Franz Kafka: "Kinder auf der Landstrasse". Erschliessung und Verständnis. Bochum 1995, 10쪽 및 39쪽 참조.

수록 더 깊은 잠의 수렁[6]에 빠져들었다.[7]

여기서 'wir'가 자연스럽게 'man'으로 넘어가는데, 눈에 띄는 것은 바로 이러한 변화의 출발점이 피로이며 그로 인해 잠에 빠져든다는 것이다. 그러고 나서 다른 아이들이 이들을 불러 어디 있었냐며 우편 마차가 지나간 것을 모르냐고 묻자 '나'는 모른다고 대답한다. 그러자 아이들은 '내'가 잠을 잤다고 말하지만, '나'는 그럴 리가 없다며 그 사실을 부인한다.

이처럼 '내'가 의식하지 못한 채 한순간 잠이 들어 있는 동안, '우리wir'라는 집단의식은 사라지고 그 대신 익명의 사람들을 지칭하는 'man'이 나타난다. 여기서 'man'을 '우리'로 번역할 수는 없으며, 사실상 'man'을 주어로 하는 문장 대신 수동문의 형태로 번역해야 한다. 이 같은 실질적 주어의 사라짐은 동시에 행동 주체의 사라짐을 의미하기도 하는데, 이는 무의식이 지배하는 꿈의 세계에서 주체가 지배력을 상실하는 것에 상응한다고 할 수 있다. 특히 턱을 치켜들고 몸을 일으켜 세우려고 하지만 더 깊은 잠의 수렁에 빠져드는 장면에서는 의식적이고 정신적인 존재인 '자아Ich'의 의지가

---

6 본래 'Graben'은 도랑을 의미하지만, 여기서는 깊은 잠에 빠진다는 함의를 갖기 때문에 '잠의 수렁'으로 번역했다. 다만 도랑이라는 독일어 단어 'Graben'에는 무덤을 의미하는 단어 'Grab'이 들어 있으며, 이것이 작품 해석에 있어서 중요한 의미를 지니기 때문에 도랑이라는 일차적 의미를 특별히 강조하고자 한다.

7 "wir spürten nicht Wärme, nicht Kälte im Gras, nur müde wurde man. Wenn man sich auf die rechte Seite drehte, die Hand unters Ohr gab, da wollte man gerne einschlafen. Zwar wollte man sich noch einmal aufraffen mit erhobenem Kinn, dafür aber in einen tieferen Graben fallen."(K 11)

아니라 니체가 말하는 신체적인 존재인 '자기Selbst'의 의지가 관철되고 있음이 드러난다.[8]

네 번째 단계에서는 다시 '우리wir'라는 대명사가 사용되며, 아이들이 2단계에서보다 더 활력을 지닌 모습으로 등장한다. 또한 이들 사이의 관계도 더 밀접해진다. 이제는 '우리'가 달리는 속도가 빨라질 뿐만 아니라 심지어 '우리'의 몸이 공중에 뜨는 듯한 느낌이 들기도 한다. 이처럼 더 이상 억누를 수 없는 생동감이 '우리' 모두를 지배한다. 그렇게 하나가 된 '우리'는 멀리서 지나가는 열차를 보고 함께 유행가를 부르기 시작한다. 이때 '우리'의 목소리가 서로 뒤엉키면서 기분 좋은 혼란이 일어난다. 그러한 목소리의 뒤섞임을 낚싯줄에 걸린 상태로 묘사하는 부분에서 잠시 '우리wir'에서 'man'으로의 인칭대명사 변화가 일어난 후, 다시 '우리wir'가 같이 노래하는 장면이 나온다.

이처럼 네 번째 단계에서는 잠을 자고 나서 '우리'가 두 번째 단계에서보다 더 강한 결속력으로 하나가 되어 노래를 부르고 함께 달리는 모습이 나타난다. 하지만 이러한 결속은 곧 마지막 단계에서 주인공인 '내'가 이들과 작별할 때 해체된다. 그로 인해 '우리' 대신 다시 첫 번째 단계에서처럼 '나'라는 인칭대명사가 사용된다. 마

---

8 "신체는 큰 이성이고 하나의 감각을 지닌 다수성이며, 전쟁인 동시에 평화이고, 가축 떼인 동시에 목동이다. 나의 형제여, 네 신체의 도구는 네가 '정신'이라고 부르는 네 작은 이성이기도 하다. 그것은 네 큰 이성의 작은 도구이자 장난감이다. […] 그 도구와 장난감은 감각과 정신이다. 그것들 뒤에는 자신이 놓여 있다. […] 자신은 지배하는 자인데, 자아의 지배자이기도 하다." Nietzsche: Also sprach Zarathustra, 39쪽 이하.

을 어른들이 깨어 있고 어머니들이 잠자리를 준비하고 있다는 말이 나오면서 마치 '내'가 부모님이 기다리는 집으로 돌아갈 것처럼 암시되지만, 예상과 달리 '나'는 부모님의 집으로 돌아가는 대신 갑자기 길을 틀어 피곤을 모르며 잠들지 않는 바보들이 살고 있는 남쪽의 도시로 발걸음을 내딛는다. 이로써 '나'는 다시 마을에서 아이들과 형성했던 집단의식과 결속을 버리고, 소문으로만 알고 있는 새로운 미지의 세계를 향해 떠나기로 결심한다.

마지막 단계에서 '내'가 친구들과 작별하기 직전에 "벌써 시간이 되었다."(K 13)라는 문장이 등장한다. 이 문장은 처음에는 '집으로 돌아갈 시간이 되었다'는 의미로 생각되지만, '내'가 집이 아닌 미지의 곳으로 떠나가기 때문에 '벌써 떠나갈 시간이 되었다'는 문장의 축약처럼 보인다. 한편으로 이 문장과 더불어 '나'는 아이들과 작별하게 되는데, 아이들과의 만남으로 몽환적 세계가 시작되었기 때문에 이 구절은 "이제 꿈에서 깨어날 시간이다." 내지 "이제 현실로 돌아갈 시간이다."라는 말처럼 들리기도 한다.[9] 따라서 이 문장 바로 다음에 '나'라는 1인칭 대명사가 등장하는 것은 '내'가 아이들과 결별하고 몽환적 세계에서 빠져나오게 되었음을 암시한다.

기존의 연구에서는 이 결말을 답답하고 숨 막히는 부모님의 집에 갇혀 살던 '내'가 아이들의 도움으로 더 넓은 세상으로 나와 억압되어 있던 활력을 발산하고 아이들과 공동체적인 감정을 느끼지만, 그러한 마을에서의 공동체 의식에 제약이 있음을 느끼고 마지막에는 전통적 관습에 얽매이지 않는 더 넓은 세계, 즉 유토피아적

9 Berg: Franz Kafka: "Kinder auf der Landstrasse", 22-24쪽 참조.

인 남쪽의 도시로 출발하는 것으로 해석한다.[10] 물론 이러한 해석이 일면 타당하기는 하지만, 이 소설을 이러한 관점으로만 해석한다면 그 속에 숨겨진 함의를 놓치게 될 것이다. 무엇보다 이러한 해석은 다음과 같은 점에서 문제가 있다. 이 해석에 따르면 주인공인 '나'는 억압적인 부모님의 세계를 떠나 마을 아이들과 함께 뛰놀며 소속감과 공동체 의식을 형성하지만, 협소한 시골 마을이 지닌 제약성 때문에 이들과 헤어지고 더 넓은 도시의 유토피아적인 세계로 향한다. 이렇게 되면 이 소설은 마치 교양소설처럼 보인다. 즉 이 소설의 주인공인 '내'가 협소한 부모님의 세계에서 빠져나와 바깥세상에서의 경험을 통해 어떻게 사회적 존재가 되고 더 완성된 존재로 발전하는지가 이 소설의 중심 테마인 듯 보이는 것이다. 하지만 카프카가 정말 자신의 소설에서 교양소설에서 나타나는 인물의 발전 과정을 제시했는가는 의문이다. 왜냐하면 그의 소설은 일반적으로 자아정체성의 형성과 발전이 아니라 단일한 정체성의 해체를 다루기 때문이다. 또한 이러한 해석은 주인공을 지시하는 인칭대명사의 변화과정에서 등장하는 'man'이 무엇을 의미하는지, 그리고 마지막에 왜 그것이 다시 'ich'로 돌아오는지를 설명하지 못한다. 이러한 인칭대명사의 변화와 소설의 결말을 올바로 이해하기 위해서는 이 소설에 등장하는 동물과 아이의 의미를 제대로 파악해야 한다. 왜냐하면 이들은 우리가 일상에서 만나는 동물 및 아이와 다른 의미를 갖고 있으며, 그러한 의미에 대한 올바른 파악이야말로 이 소설을 제대로 이해하기 위한 핵심적인 열쇠이기 때문이다.

10 Neymeyr: Betrachtung, 125쪽 참조.

2. 동물-되기

먼저 이 소설에 나오는 동물 모티브를 살펴보자. 앞에서 살펴본 5단계 구성에 따르면, 부모님 집에 있던 주인공은 처음에는 외부세계에 무관심하고 그것과 의식적으로 거리를 두며 외부세계가 자신의 세계에 침입하는 것을 불쾌하게 여기는 반응을 보인다. 또한 그는 그네에 앉아서 날아가는 새를 그저 시선으로만 쫓는 등 수동적으로 반응한다. 심지어 새들이 날아가는 것을 보고도 자신이 추락해서 그렇게 보인다고 생각할 정도이다. 이처럼 날아가는 새들은 주인공인 '나'와 무관하게 여겨진다. 이 단계에 등장하는 동물은 기껏해야 촛불이 꺼져 연기가 날 때 잠시 이리저리 돌아다니는 모기떼뿐이다. 그래도 잠깐이지만 이러한 모기떼가 등장한다는 것은 '나'에게 미약하지만 어떤 동물적인 요소가 남아 있음을 짐작하게 한다.

두 번째 단계에서 '내'가 다른 아이들과 함께 시간을 잊고 시골길에서 뛰어다닐 때 이러한 동물적 요소는 더욱 강화된다. 뛰어다니는 '우리'의 모습은 "열대 지방의 동물들처럼 입에서 불을 뿜어 대는 듯"(K 11)이 보이기 때문이다. '우리'는 "옛날 전쟁에서 싸우던 경기병들처럼"(K 11) 서로를 쫓고 밀쳐 내며 전쟁놀이를 하기도 한다. 하지만 이러한 힘은 오래 지속되지 못하며, 결국에 '우리'는 지쳐서 다시 길가에 있는 도랑의 풀밭으로 "자진해 떨어지게 된다."(K 11) 이처럼 이들은 뛰어다니고 도약하는 모습을 보이다가도 점차 그러한 힘이 약해지고 결국 피로에 지쳐 잠이 든다.

잠시 잠든 후 다시 깨어난 '우리'는 서로 한층 더 가까워지고 활력을 얻는다.

> 우리는 더 밀착해서 함께 달렸고, 많은 아이가 서로에게 손을 내밀었다. […] 한 아이는 인디언들이 전쟁을 알릴 때 사용하는 구호를 외쳤고, 우리는 전례 없이 빠른 속보로 달리기 시작했는데, 우리가 뛰어다닐 때 바람이 우리의 엉덩이를 들어 올렸다. 어떤 것도 우리를 멈출 수 없었다.(K 12)

앞에서 '우리'가 갑옷을 걸친 경기병에 비유되었다면, 이제는 인디언들이 사용하는 전쟁 구호를 외치며 원시사회의 인간에 근접한 더 자유로운 모습을 보인다. 또한 "우리는 전례 없이 빠른 속보로 달리기 시작했는데"라는 구절에서 말이 빠르게 달리는 것을 가리키는 용어인 '속보Galopp'가 사용됨으로써 '우리'가 말로 변신하고 있음이 암시된다. 1단계에서 커튼을 부풀어 오르게 할 정도로만 그리고 3단계에서도 여전히 살살 불던 바람이 이제는 "우리의 엉덩이를 들어 올려" 몸이 공중에 뜨게 할 정도로 강하게 불기 시작하는데, 이때의 비상은 1단계에서 '내'가 추락하는 감정을 갖는 것이나 2단계에서 '우리'가 도랑의 풀밭으로 쓰러지는 것과 대조를 이룬다. 아울러 이때의 공중 부양은 소설 초반부에서 '내'가 날아가는 새를 그저 눈으로 쫓기만 했던 것과 달리 스스로 새로 변신해 나는 상황을 보여 주기도 한다. 이처럼 이 소설의 4단계에서는 '우리'가 직접적으로 동물에 비유되지 않으면서도 몇몇 단어의 사용을 통해 '우리'의 동물-되기가 은밀히 암시된다. "자신의 목소리를 다른 목소리와 섞으면, 마치 낚싯바늘에 걸린 것처럼 느껴진다."(K 13)라는 문장에서 물고기로의 변신이 암시되기도 한다. 이러한 물고기로의 변신은 경계가 그어진 대지에서 벗어난 유동적인 삶을 가능하게 한다는 점에서 앞에서 말한 새로의 변신과 공통점을 지닌다.

카프카의 소설에서 동물로의 변신은 억압적인 통일적 정체성의 파괴와 새로운 다원적 정체성의 실현을 의미한다. 이 소설의 서술자이자 주인공인 '나'는 아이들과 만나면서 몽환적인 세계에 들어서고 현실 세계에서 억압되었던 동물적인 신체성을 발산하며 동물-되기를 수행한다. 반면 마지막 5단계에서 '내'가 다시 아이들과 작별하고 몽환적 세계에서 빠져나온 후에는 더 이상 동물에 대한 언급이 등장하지 않는다.

3. 아이-되기

제목에 드러나듯이 「시골길 위의 아이들」에서는 아이들이 중요한 인물로 등장한다. 작품 초반에 주인공인 '나'는 정원에서 아이들이 빠른 걸음으로 지나가는 소리를 듣는다. 또한 지팡이를 든 신사가 산책할 때 마주 오던 소녀들이 인사를 하며 옆으로 비켜 주는 광경도 바라본다. 이처럼 작품 초반에 '나'는 아이들의 모습을 보거나 그들이 뛰어다니는 소리를 듣지만, 그들과 어울리지는 않는다. 그러나 한 아이가 집으로 찾아와 '나'를 다른 아이들에게로 데려간 후에 이들과 함께 어울리며 어린아이다운 활력을 발산한다.

이러한 활력은 특히 앞에서도 잠시 언급한 그네를 타는 장면을 통해 드러난다. '나'는 부모님의 정원에 있을 때 처음에는 그네에 그저 앉아 있기만 하지만 점차 약한 힘으로 그네를 밀기 시작하다가 그 후에는 좀 더 힘차게 그네를 탄다. 그러나 아이들과 함께 집 밖으로 나간 후에는 더 이상 그네에 대한 언급이 등장하지 않는다. 그런데 흥미롭게도 4단계에서 아이들이 함께 노래를 부를 때 그네를 암시하는 단어가 등장한다. "우리는 달리는 기차보다 더 빨리 노래를 불렀고, 목소리로는 충분하지 않아 팔을 위아래로 흔들었다."(K 13) 이 문장은 '그네Schaukel'라는 단어가 들어 있는 '위아래로 흔들다schaukeln'라는 단어를 통해 마치 팔을 그네처럼 위아래로 흔드는 모습을 연상시킨다. 이것은 아이들의 몸이 일종의 그네가 되었음을 의미한다. 여기서 놀이하는 아이는 놀이기구로 변하며, 주체와 대상의 경계를 허문다. 또한 아이들은 그네처럼 팔을 위아래로 흔들며 무아지경에 빠지는데, 이러한 도취의 놀이를 통해 억압적인 의식의 속박에서 벗어나 자신의 무의식적 욕망을 자유롭게 발산할 수 있게 된다.

여기서 한 가지 강조해야 할 점은 부모님의 집에서 빠져나와 시골길 위에서 다른 아이들과 함께 놀던 '나', 즉 체험 자아는 어린아이이지만, 그의 이야기를 서술하는 서술자 '나'가 어린아이라는 증거는 텍스트에 나타나지 않는다는 것이다.[11] 특히 주인공이 아이들과 함께 놀기 시작하던 2단계에서 시간의 흐름이 멈추고 무의식적인 꿈의 세계가 펼쳐지는 것처럼 묘사되는 것은 어른인 서술자 '나'가 현실에서 동경해 왔던 자유를 꿈속에서 아이들과의 놀이를 통해 실현하는 것으로 볼 수 있다. 따라서 이 소설에서는 어른이 된 서술자 '나'가 현재의 우월한 시점에서 과거 어린 시절의 자신에 대해 이야기하기보다는 오히려 반대로 이러한 서술을 통해 아이-되

11 베르크는 서술자가 아이라는 것을 자명한 사실로 전제하며 해석하는데(Berg: Franz Kafka: "Kinder auf der Landstrasse", 17쪽), 이러한 관점으로는 서술자의 아이-되기의 진정한 의미를 파악할 수 없다.

기를 실현하며 어른의 관점에서 벗어나고 있다고 말할 수 있을 것이다. 그렇다면 위에서 주인공 '나'가 아이들과 함께 그네처럼 팔을 위아래로 흔들며 노래 부른 것은 니체적인 의미에서 놀이하는 아이로 변신한 것으로 볼 수 있을 것이다.

이러한 맥락에서 「시골길 위의 아이들」의 주인공 '나'가 아이들과 함께 '우리'라는 정체성을 지닌 것을 집단적 정체성이나 어떤 공동체적 소속감과 연결시켜 해석하는 것은[12] 아이가 지닌 의미를 이해하는 데 충분하지 못하다. 오히려 이 소설에 복수로서 존재하는 아이들은 독립적인 인물들이라기보다는 주인공인 '내' 안에 들어 있는 다양한 타자들을 지시한다. 아이들이 시골길 위를 달리는 2단계 장면에서 이러한 서술이 나온다. "몇몇 아이들은 길가의 도랑으로 들어갔다. 그들은 어두운 둑 앞에서 사라지자마자 이미 **낯선 사람들**(필자 강조)처럼 다시 들판의 길 위에 서서 아래를 내려다보고 있었다."(K 11) 이 구절에서 아이들은 '낯선 사람들'로 묘사되는데, 여기서 아이들의 타자적인 면모를 알 수 있다. 그러한 속성은 이미 앞에서 설명했듯이 주인공 '나'의 정원에서 등장하는 "우리의 작은 그네"라는 표현에서도 나타난다. 또한 이 아이들은 무리로 돌아다니고 그 이름이 알려져 있지 않다. 이러한 특성은 데리다적인 의미에서의 절대적 타자[13] 또는 들뢰즈와 가타리적인 의미에서의 다양체를 지시한다. 즉 그들은 주인공 '나'에게 알려지지 않은 '내' 안의 낯

12 나이마이어의 해석이 대표적이다. Neymeyr: Betrachtung, 124-125쪽 참조.

13 데리다는 성이나 이름, 사회적 위상을 지닌 이방인과 구분되는 "이름 없는 미지의 절대적 타자"(자크 데리다: 환대에 대하여. 남수인 옮김. 동문선 2004, 70-71쪽)에 대한 절대적 환대를 요청한다.

선 타자를 가리킨다.

이러한 맥락으로부터 2단계에서 3단계로 넘어가는 과정에서 인칭대명사가 'wir'에서 'man'으로 바뀌는 이유를 알 수 있다. 함께 전쟁놀이를 하고 시골길을 뛰어다니던 '우리'는 이내 지쳐 도랑에서 자신도 모르게 잠이 든다. 여기서 여러 차례 등장하는 '도랑Graben'은 '무덤Grab'이라는 단어를 내포하며 죽음의 함의를 지닌다. 특히 행동하던 주체인 '우리'가 익명의 'man'이 되어 해체를 경험하고 "더 깊은 잠의 수렁(도랑)에 빠질 때in einen noch tieferen Graben fallen"(K 12) 이는 점점 무덤 속으로 빠져드는 듯한 인상을 불러일으킨다. 더욱이 그들이 "아픈"(K 12) 듯 누워 있는 것으로 묘사되어 죽음의 인상은 더욱 강화된다. 여기서 죽음은 아직까지 완전한 아이-되기를 이루지 못한 '내'가 자아정체성의 죽음을 경험하며 새롭게 태어나기 위한 전제 조건이 된다. 또한 앞에서 잠들기 전의 상황을 묘사할 때 'man'은 '나'와 아이들 모두, 즉 '우리'를 지시하는 것처럼 보이지만, 나중에 주인공이 "내가 잠을 잤다고?"(K 12)라고 '나'의 잠듦만을 언급할 때는 앞의 'man'이 '나'만을 지시하는 것처럼 보이기도 한다. 이처럼 'man'은 '우리wir'와 '나ich' 가운데 어느 하나로 환원되지 않으며 양자 사이에서 부유하는데, 이로써 '나'와 '우리' 사이의 경계도 허물어진다. 이는 결국 '나'가 곧 '우리'와 동일함을 가리키며, '나'가 단일한 정체성을 지닌 자아가 아니라 아이들을 내포하는, 들뢰즈와 가타리가 말한 의미에서의 다양체임을 보여 준다.

이처럼 주인공인 '내'가 '자아의 죽음'을 경험한 후에 다시 'man'에서 '우리'로의 변화가 일어나고, '우리'는 이전보다 더 활력 넘치는 모습을 보인다. 더욱이 '우리'가 그네처럼 팔을 위아래로 흔들

때 비로소 앞에서 완성하지 못한 아이로의 변신이 완전히 이루어짐을 알 수 있다. 나아가 '내'가 아이들과 함께 부르는 노래의 의미 역시 오직 이러한 맥락에서만 이해될 수 있다. "우리는 우리의 목소리로 인해 혼잡한 상황에 빠졌지만 오히려 거기서 편안함을 느꼈다. 자신의 목소리를 다른 목소리와 섞으면, 마치 낚싯바늘에 걸린 것처럼 느껴진다."[14] 기차보다 더 빠른 속도로 함께 노래를 부르는 아이들의 목소리는 서로 뒤섞여 혼란스럽지만 그것은 오히려 편안함을 불러일으킨다. 이는 바흐친이 말한 내적 독백 내지 축소 대화를 연상시킨다. 바흐친은 도스토예프스키의 『죄와 벌*Преступление и наказание*』(1867)에서 인물의 내면에서 이루어지는 내적 대화를 통해 한 인물 속에 다성성이 존재할 수 있음을 강조한다. "따라서 대표적 주인공으로 등장하게 될 이 모든 인물은 이미 라스꼴니꼬프의 의식 속에 반영되어 완전히 대화화된 그의 내적 독백 속으로 들어갔다. 그것도 그들 자신의 '진리'와 인생에서 그들의 입장을 보유한 채 들어간 것이었다. 라스꼴니꼬프는 또한 이들과 더불어 근본적이고 긴장된 내적 대화, 최후의 문제와 최종적 해결의 대화 속으로 들어갔던 것이다. […] 라스꼴니꼬프의 내적 독백은 축소 대화의 훌륭한 표본이 되고 있다. 그 대화의 모든 말은 두 개의 목소리를 가지고 있으며 각각의 그 말소리 속에서 목소리들의 논쟁이 벌어지고 있다. 실제로 인용문이 시작되는 곳에서 라스꼴니꼬프는 두냐를 평가

---

14 "**wir** kamen mit unseren Stimmen in ein Gedränge, in dem uns wohl war. Wenn **man** seine Stimme unter andere mischt, ist man wie mit einem Angelhaken gefangen."(필자 강조)(K 13)

하고 설득시키는 억양으로 그녀의 말을 재생시키며 그녀의 억양 위에다 자신의 억양 즉 아이러닉하고 격분에 찬 경고성 억양을 올려놓는다. […] 대화는 각자의 말 내부로 침투해 있으며 거기서 목소리들의 투쟁을 야기하고 또 목소리들 속으로 끼어들려고 한다. 그것이 축소 대화이다."[15] 정성욱은 카프카의 『선고』를 분석한 논문에서 카프카의 작품에서도 도스도프예스키의 『죄와 벌』과 유사한 내적 독백이 나타나지만, 그것이 외면화된 인물들의 대화처럼 나타난다는 점에서 차이가 있음을 지적한다. 즉 게오르크라는 인물의 내면에 억압되어 있던 타자의 목소리들이 그의 아버지에 의해 대리되어 나타나는데, 마치 그들이 현실 세계에서 실제로 대화를 나누듯이 내적 독백이 외면화되어 등장한다는 것이다.[16]

이러한 인식은 「시골길 위의 아이들」에도 적용될 수 있다. 특히 서술자 '나'가 아이들과 만나는 장면부터가 꿈의 세계로의 이행을 나타낸다면, 그들의 대화나 목소리의 뒤섞임은 사실 서술자인 '나' 자신의 내적 독백이라고 할 수 있다. 앞에서 말한 것처럼 주인공 '나'와 아이들이 자아와 자아 속 타자들의 관계를 이룬다면, 결국 '나'의 목소리는 하나가 아니라 다성적인 것이 된다. 하지만 그러한 목소리의 뒤섞임, 즉 혼잡은 더 이상 '나'에게 위기로 여겨지지 않으며 오히려 편안함을 불러일으킨다. 이는 '내'가 내 안의 다양한 목소리, 곧 다원적 정체성을 인정하고 있음을 의미한다. 그다

15 미하일 바흐찐: 도스또예프스끼 창작론. 김근식 옮김. 중앙대학교출판부 2003, 96쪽.

16 정성욱: 카프카의 「선고」와 「단식 예술가」에 형상화된 '주체의 죽음'이 갖는 의미 비교. 서울대학교 석사학위논문 2021, 35쪽 참조.

음 문장에서는 일회적으로 'wir'가 다시 'man'으로 변한다. "자신의 목소리를 다른 목소리와 섞으면, 마치 낚싯바늘에 걸린 것처럼 느껴진다."[17] 여기서 다시 'man'이 '우리'를 가리키는지 '나'를 가리키는지가 모호해진다. 또한 이 문장에서 부문장의 'man'은 행위 주체로 등장하며 자신의 목소리를 다른 목소리와 섞고 있지만, 주문장에서는 낚싯바늘에 걸린 듯한 상태에 처해 있을 뿐만 아니라, 상태수동문의 형태로 나타난다. 이로써 다성적인 목소리를 내는 'man'이 개인적인 의지를 가진 행위 주체가 아니라 더 큰 무의식적인 욕망의 지배를 받는 존재임을 알 수 있다. 특히 '붙잡힌'이라는 의미를 지닌 'gefangen'이라는 단어는 행위 주체로서의 'man'이 감옥에 갇힌 듯한 느낌을 주기도 한다. 다른 한편 낚싯바늘이라는 단어를 통해 'man'은 물고기로 변신하는데, 이로써 다성적인 목소리를 낸다는 것이 곧 동물로의 변신과 연관이 있음을 알 수 있다.

이 문장 후에는 'man'이 잠깐 'wir'로 바뀌었다가 다시 'ich'로 바뀌면서 주인공이 현실 세계로 돌아갈 준비가 서서히 시작된다. "우리는 숲을 등 뒤로 하고 멀리 여행을 떠나는 사람들의 귀에 대고 노래를 불렀다. 마을에 있는 어른들은 아직 깨어 있었고, 어머니들은 밤에 잘 수 있도록 잠자리를 정돈하고 있었다."(K 13) 여기서 마을에서 기다리고 있는 어른들이 언급됨으로써 '내'가 집으로 돌아갈 것이 기대되지만 예상과 달리 '나'는 길을 틀어 미지의 남쪽 도시로 향한다.

---

17 "Wenn man seine Stimme unter andere mischt, ist man wie mit einem Angelhaken gefangen."(K 13)

이러한 주인공의 여행은 양가적으로 해석될 수 있다.

남쪽의 도시를 향해 떠나는 '나'의 여행은 한편으로는 5단계에서 다시 '나'로 돌아온 주인공이 몽환적인 세계에서 벗어나 의식적이고 현실적으로 행동하는 것처럼 보인다. 주인공이 남쪽 도시로 향함을 서술하는 문장은 다음과 같다. "내가 남쪽의 도시를 향해 나아갔다."[18] 이 문장에서 사용된 'hinstreben'이라는 단어에는 특정한 목적의식을 가지고 어떤 곳을 향해 나아간다는 의미가 담겨 있다. 즉 목적 지향적인 '나'의 주체적이고 의식적인 선택이 표현된다. 이는 이전의 몽환적 단계에서 '내'가 무의식적 욕망을 발산하면서 아이들과 어울리고 자신의 정체성을 뒤섞으며 확장해 나가던 상황과 대립한다.

다른 한편으로는 여행을 떠나는 '내'가 몽환적 세계 및 아이들과의 결속을 완전히 끊어 버린 것은 아니라는 해석도 가능하다. 특히 "벌써 시간이 되었다."라는 문장 직전에 주인공이 사는 마을에서 "어머니들은 밤에 잘 수 있도록 잠자리를 정돈하고 있었다."(K 13)라는 문장이 나오는데, 여기서 등장하는 잠자리, 즉 침대라는 단어는 카프카의 소설에서 언제나 꿈과 연결된 장소로 등장한다는 점에 주목할 필요가 있다. 아울러 위의 구절에서 아버지 대신 어머니가 언급된 것도 눈에 띈다. 왜냐하면 현실과 꿈의 경계를 허물어뜨리고 다양한 생성을 가능하게 하는 공간의 상징인 자궁에서 아이와 어머니는 공생적 관계를 맺는데, 이러한 차원에서 꿈의 세계를 준비하는 어머니에 대한 언급은 위계질서와 경계 구분에 기반을 둔

---

18 "Ich strebte zu der Stadt im Süden hin,"(K 13)

가부장적 질서를 전복하는 가모장적 (무)질서를 암시하는 듯 보이기 때문이다.

그렇다면 주인공이 떠나는 여행의 목적지인 남쪽 도시는 어떻게 평가할 수 있을까? 우선 주인공의 마을에 돌고 있는 그 도시에 대한 소문을 살펴보자.

> "생각해 봐! 거기에는 잠들지 않는 사람들이 있어!"
> "왜 그들은 잠들지 않지?"
> "피곤하지 않기 때문이지."
> "왜 피곤하지 않은데?"
> "그들이 바보이기 때문이지."
> "왜 바보는 피곤하지 않지?"
> "바보가 어떻게 피곤할 수 있겠어!"[19]

4단계에서 강물이 바위와 나무에 부딪히는 풍경의 묘사 뒤에 다음과 같은 묘사가 뒤따른다. "멀리 수풀 뒤에서 기차가 달려오는데, 객실은 모두 조명이 켜져 있었고, 유리창은 안전하게 내려져 있었다."(K 13) 여기서 문명의 이기인 기차와 조명, 유리가 자연과 대

---

19 "Dort sind Leute! Denkt Euch, die schlafen nicht!"
"Und warum denn nicht?"
"Weil sie nicht müde werden."
"Und warum denn nicht?"
"Weil sie Narren sind."
"Werden denn Narren nicht müde?"
"Wie könnten Narren müde werden!"(K 14)

조를 이루며 등장한다. 주인공이 향하는 도시 역시 이러한 문명의 산물이다. 또한 그곳에서는 잠을 자지 않으며 피곤한 줄 모르고 일에 몰두하는 도시인의 모습이 등장한다. 이러한 도시인들은 바보로 불린다. 이와 같은 맥락에서 주인공이 유토피아적인 희망을 안고 떠나는 남쪽의 도시는 부정적인 장소로 나타난다.

그러나 이와 완전히 상반되는 해석도 가능하다.[20] 앞의 도시는 '남쪽'에 있는 도시이다. 2단계에서 주인공이 열대의 동물처럼 입에서 불을 뿜으며 아이들과 함께 달리는 장면이 묘사된 바 있다. 이러한 맥락에서 동물적인 것을 발산하는 열대가 남쪽과 연결될 때, 남쪽에 있는 도시는 차갑고 냉정한 도시의 성격을 상실한 도시로 생각해 볼 수 있다. 또한 남쪽 도시의 사람들이 더 이상 잠을 자지 않으며 지칠 줄 모르고 왕성하게 활동한다는 것은, 앞서 '잠드는 것'이 자아정체성의 죽음과 연결되었다는 점과 함께 살펴볼 수 있다. 1단계에서 집에서 저녁 식사를 하던 주인공은 "벌써 피곤한"(K 10) 모습을 보이고, 2단계에서 뛰어놀던 주인공과 아이들 역시 곧 "피로해져서"(K 11) 잠이 든다. 이러한 맥락에서 피로는 동물적인 생명력

---

20 "어른들의 규범, 그들이 밤마다 하는 의식, 순응적이지 않은 도시인들에 대한 그들의 유보적 태도를 무시하면서 1인칭 서술자는 자신을 '남쪽의 도시로' 이끄는 은밀한 충동을 따른다. 이러한 행동의 계기는 모든 현실적 기대를 깨부수는 상상들이다. 이 이야기의 열린 결말은 잠들기 전에 들려주는 메르헨적인 낯섦을 지닌 이야기의 환영 속으로의 출발을 묘사하고 있다. 이러한 이야기는 그 이야기를 들려주는 마을 어른들의 의도와 달리 이제 갑작스럽게 유토피아적인 아우라를 발산한다." Neymeyr: Betrachtung, 125쪽.

그러나 이러한 해석은 시골과 도시에 대해 양가적인 태도를 취하는 카프카의 입장을 간과함으로써 남쪽에 사는 도시인들을 지나치게 긍정적으로만 묘사하며 남쪽의 도시를 유토피아로만 간주하는 오류를 범한다.

의 결핍과 연결된다. 그렇게 생각하면, 남쪽 도시의 주민들이 피로를 알지 못한다는 것을 이들의 왕성한 동물적 생명력에 대한 증거로 해석할 수 있을 것이다. 더욱이 이들이 'Narren'으로 불릴 때 이 단어가 지닌 양가적 의미를 생각해야 한다. 'Narr'는 한편으로 '바보'를 의미하지만, 다른 한편으로 '광대'를 의미하기도 한다. 가령 축제에서 광대가 변장 내지 변신을 한 모습으로 일상생활의 질서를 전복시키는 역할을 수행하듯이, 여기서의 '광대들' 역시 그러한 전복적 인물로 간주될 수 있다. 맥락에서 이러한 광대들이 사는 남쪽 도시는 문자 그대로 기존의 가부장적인 질서가 전복된 이상적인 장소를 의미할 수도 있다.

III 『변신』 가모장적 (무)질서와 아이-되기*

1. 가부장적 질서에서 가모장적 (무)질서로

카프카의 『변신』은 자본주의 사회의 도구적 이성과 목적 지향적인 삶에서 벗어나려는 욕망을 지닌 그레고르 잠자가 벌레로 변신한 후 결국 죽음을 맞이하는 이야기이다. 가족의 생계를 유지하기 위해 오직 일에만 매달리는 주인공 그레고르는 어느 날 침대에서 갑충으로 변한 자신의 모습을 발견한다. 비록 그레고르가 하루아침에 집안에서 쓸모없는 존재가 되어 버렸을지라도, 처음에는 여동생 그레테가 그를 배려하고 돌보며 여전히 가족의 일원으로 대한다. 어느 날 아버지가 안 계신 틈을 타서 여동생이 어머니와 함께 그레고르의 방에 있는 가구를 밖으로 옮긴다. 이때 어머니는 그림 액자 위에 달라붙은 그레고르를 보고 기절한다. 이에 격노한 아버지는 그레고르에게 사과를 던져 맞히는데, 이로 인해 그레고르는 점점 쇠약해진다. 그레고르가 죽음에 이르게 된 계기는 그가 여동생의 바이올

---

* 이 글은 『독일현대문학』 59권(2022)에 게재된 필자의 논문을 수정·보완한 것이다.

린 연주에 이끌려 거실로 나오다가 하숙인들과 마주친 사건이다. 그레고르의 흉측한 모습에 놀란 하숙인들이 방세 환불을 요구하며 집을 나가겠다고 하자, 여동생은 더 이상 이 벌레를 오빠로 부를 수는 없다며 '그것'을 집에서 몰아내야 한다고 주장한다. 그날 새벽 그레고르는 숨을 거두고 그의 죽음에 마음이 홀가분해진 세 가족은 실로 오랜만에 함께 산책을 떠난다.

벌레로 변해 쓸모없는 존재가 된 그레고르는 철저히 사회에서 배제될 뿐만 아니라 가족에게조차 버림받는다. 또한 그동안 자신의 욕망을 억누르고 살아온 그레고르는 모피 제품을 걸친 여성의 그림이 들어 있는 액자에 달라붙어 어머니를 놀라게 하는데, 그 때문에 아버지는 사과를 던져 그에게 상처를 입힌다. 프로이트적인 관점에서 보면, 이 장면은 그레고르가 어머니에 대한 욕망을 품은 죄로 아버지에게 거세당하는 처벌을 받는 것으로 해석될 수 있다. 이러한 해석은 사과가 그의 몸에 박힌 후 그의 눈이 보이지 않게 된 것으로도 뒷받침되는데, 왜냐하면 실명은 종종 거세의 비유로 사용되기 때문이다.[1] 더욱이 처음에는 그레고르를 배려하며 돌보던 여동생이[2] 시간이 흐르면서 점점 그를 방치하기 시작하다가 끝내 그를 인

1 카이저는 이 소설에 나타나는 아버지와 아들의 갈등을 오이디푸스 콤플렉스의 맥락에서 해석한다. Hellmuth Kaiser: Franz Kafka Inferno. In: Imago. Zeitschrift für Anwendung der Psychoanalyse auf die Natur- und Geisteswissenschaften 17(1931), 55쪽 참조.

하지만 그레고르가 어머니보다는 여동생에게 더 직접적인 욕망을 드러낸다며, 프로이트적인 독법을 도식적으로 적용하기보다는 주인공의 삶을 욕망의 억압 자체로 해석하는 것이 더 적절하다는 입장도 있다. Schmitz-Emans: Franz Kafka, 180쪽 참조.

간이 아닌 괴물로 간주할 뿐만 아니라 어머니에게 등을 돌리고 아버지에 대한 은밀한 욕망을 보이며[3] 엘렉트라 콤플렉스적인 면모를 드러낼 때, 이 소설에 나타나는 가부장적 질서에 대한 비판[4]은 더욱 두드러진다.

카프카는 『변신』을 통해 한 가정에서 일어나는 사건과 가족관계를 다루고 있지만, 이는 개인적인 차원에 머물지 않으며 사회 비판적이고 정치적인 의미를 획득한다. 이 작품에서 그레고르와 아버지의 갈등이 단순히 아버지와 아들의 갈등이라는 가족 내의 문제가 아님은 가족 외에도 특정한 사회질서를 대변하는 은행 지배인이나 하숙인 같은 인물들이 등장한다는 사실에서 드러난다. 또한 그레고

---

2 그러나 여동생이 그레고르가 변신한 직후부터 그의 방에 들어오자마자 질식하겠다는 표정으로 창문을 열어젖힌다든지 서둘러 남은 음식을 빗자루로 쓸어 담아 양동이에 버린다든지 하는 점에서 그녀의 배려와 헌신에 이미 혐오와 배제가 뒤섞여 나타나고 있음을 알 수 있다. Karlheinz Fingerhut: Die Verwandlung. In: Michael Müller(Hrsg.): Franz Kafka. Romane und Erzählungen. Stuttgart 2015, 50-51쪽 참조.

3 『변신』에 등장하는 그레고르의 여동생은 카프카의 막냇동생인 오틀라와 많은 점에서 닮아 있다. 오틀라는 카프카와 사이가 각별했으며 항상 그의 편에 섰지만, 카프카가 『변신』을 집필하던 시기인 1912년 10월 초에 그와 갈등에 빠진다. 그녀는 카프카에게 매제인 카를 헤르만과 함께 운영하는 석면 공장에 좀 더 많은 관심을 갖고 적극적으로 참여할 것을 요구하며 아버지 편에 서는데, 이로 인해 카프카는 깊은 마음의 상처를 입는다. Fingerhut: Die Verwandlung, 111쪽 참조.

4 기존의 연구는 대부분 이 소설을 아버지와 아들의 갈등이라는 관점에서 살펴보았는데, 이에는 카프카가 『변신』을 유사한 주제를 다룬 『선고』 및 「화부」와 함께 '아들들(Die Söhne)'이라는 제목으로 모아 출판하기를 원했다는 전기적 사실의 영향도 있다. Sandra Poppe: Die Verwandlung. In: Engel u. Auerochs(Hrsg.): Kafka Handbuch, 168쪽 참조.

르의 아버지는 은행 사환으로 일하며 위계적인 사회질서에 예속되어 있다. 이로써 그는 가부장적인 질서에 예속된 동시에 그러한 질서를 구현하는 인물로 등장한다.

『변신』이 한 개인의 욕망을 억압하는 가부장적 질서를 비판하는 것은 사실이지만, 이는 이 소설을 형성하는 한 측면에 지나지 않는다. 이러한 소설 전개의 이면에는 이와 완전히 상반되는 또 다른 이야기가 숨어 있다. 그것은 바로 가부장적 사회질서를 뒤흔들고 전복하는 가모장적 (무)질서에 관한 이야기이다. 이러한 관점에서 보면 이 소설은 결코 그레고르 잠자의 비극적인 죽음으로 끝나지 않으며 오히려 행복한 결말을 보여 준다.

1) 어머니의 양면성

그레고르가 외판원으로 일하며 열심히 돈을 벌어 오던 시절에 아버지는 무기력하게 집에서 하루하루를 보낸다. 하지만 그레고르가 갑자기 갑충으로 변하고 난 뒤 아버지는 은행 사환으로 일하기 시작하면서 집에서 입던 잠옷을 벗어 버리고 잠자리에서조차 금단추가 달린 유니폼을 입는다. 이러한 복장 변화와 함께 아버지는 그레고르를 처벌하는 막강한 권력을 지닌 거대한 존재가 된다.

그레고르의 여동생은 부모를 대신해 오빠를 돌보며 이전의 철부지 아이 같던 모습에서 벗어나 집에서 없어서는 안 될 존재로 부상한다. 특히 그레고르와 관련된 문제에 있어서 그녀는 절대적인 권력과 결정권을 지닌 것으로 묘사되는데, 한번은 어머니가 그녀의 허락 없이 양동이로 물을 부어 그레고르의 방을 청소했다가 발각되자 그녀는 어머니에게 고함을 지르며 발작적 울음을 터뜨린다. 또한 여동생은 그레고르가 그녀의 음악을 들으러 거실로 나와 하숙인들을 놀라게 했을 때, 그를 더 이상 인간이 아닌 쫓아내야 할 대상으로 간주한다. 그때 그녀는 주로 아버지와만 소통하며 어머니 곁을 떠남으로써 어머니와 적대적 관계에 놓여 있는 듯한 인상을 풍긴다. "'우리는 저것으로부터 벗어나야만 해요.'라고 여동생은 아버지에게만 말했는데, 어머니는 기침하느라 아무 말도 듣지 못했기 때문이다."[5] 또한 여동생이 뒤돌아 자신의 방으로 가려는 그레고르의 동작을 오해하고 예민하게 반응할 때도 그녀는 어머니와 거리를 두고 아버지와 연합하는 모습을 보인다.

> "그가 또 시작이에요!" 그리고 그레고르로서는 전혀 이해할 수 없는 두려움을 드러내며 여동생은 심지어 어머니 곁을 떠나 단호하게 의자를 박차고 일어났는데, 그 모습은 마치 그녀가 그레고르 옆에 남아 있느니 차라리 어머니를 희생시키고자 하는 것처럼 보였다. 그러고는 그녀는 아버지 뒤로 달려갔다. 단지 그녀의 행동 때문에 흥분한 아버지 역시 자리에서 일어나 어머니 앞에서 여동생을 보호하려는 듯이 팔을 반쯤 치켜들었다.(V 191)

여동생이 아버지와 한패가 되어 가부장적 질서의 구축에 적극적으로 참여하는 반면,[6] 어머니는 기껏해야 수동적으로만 이러한

---

5 Franz Kafka: Die Verwandlung. In: ders.: Drucke zu Lebzeiten, 190쪽. 이하 동일 문헌 인용 시 (V 쪽수)로 표기.

6 물론 집안에서 아버지의 권력이 절대적인 것은 아니며 그레고르의 문제와 관련해서는 오히려 여동생의 발언권이 더 큰 것이 사실이지만, 여동생의 권력이 아

질서에 동참하는 듯 보인다. 그레고르가 벌레로 변한 후 입은 상처는 아버지와 여동생에게서 비롯된 것이다. 그레고르가 출근하지 않자 회사에서 보낸 지배인이 벌레로 변한 그레고르를 발견하고 기겁해서 도망칠 때, 아버지는 지팡이를 집어 들고 그레고르를 방으로 내몬다. 이때 도망가다 문틈에 옆구리가 낀 그레고르는 옆구리에 찰과상을 입는다. 또한 어머니가 실신했을 때 아버지는 사과를 던져 그레고르의 등에 깊은 상처를 입히기도 한다. 반면 여동생은 그레고르에게 직접적으로 상처를 입히지는 않지만, 어머니가 실신했을 때 약을 찾으러 갔다가 뒤쫓아 온 그레고르를 보고 놀라 약병을 떨어뜨리고 그 파편으로 인해 그레고르가 얼굴에 상처를 입는다. 이처럼 아버지와 여동생이 직간접적으로 그레고르의 신체에 상처를 입히는 반면, 어머니는 이러한 책임에서 벗어나 있다.

그럼에도 어머니는 그레고르가 집에서 완전히 배제되는 것을 적극적으로 만류하는 것처럼 보이지는 않는다. 가령 어머니는 그레고르가 회복될 때를 대비해 그의 방에서 모든 가구를 빼내서는 안 된다는 입장이지만, 여동생의 강력한 주장에 결국 그녀의 뜻을 따르며 가구를 옮기는 데 협조한다. 또한 아버지가 그레고르에게 사과를 던져 그를 죽이려 할 때, 치마가 벗겨지며 미끄러진 어머니가 아버지 위로 넘어져 두 사람이 하나가 되는데, 이 장면 역시 어머니가 아버지의 질서 속으로 순응하며 편입하는 듯한 인상을 준다. 이

버지의 가부장적 권력과 맞서거나 충돌하지는 않는다. 여동생은 오히려 그레고르에 대한 반감이나 분노를 표명할 때 아버지의 동의와 협조를 구하며 그의 힘에 의존하는 모습을 보인다.

는 현실에서 카프카가 자신의 어머니는 자신을 걱정하면서도 결국에는 자신에게 아버지의 뜻을 따를 것을 종용함으로써 자신을 굴욕적 현실에 순응하게 했다고 말한 것과도 상응한다.

그럼에도 이 소설 속 어머니는 카프카의 전기에 등장하는 어머니와 다르다. 우선 주목해야 할 점은 어머니가 아버지나 여동생과 달리 그레고르에게 한 번도 적대적이었던 적이 없으며 오히려 그를 보고 싶어 하거나 심지어 보호하고자 한다는 사실이다. 가령 그녀는 그레고르가 벌레로 변신하고 나서 2주 동안 그를 보지 못하는데, 마침내 그를 볼 수 있게 되자 대단히 기뻐한다. 물론 나중에 그의 모습을 보고 실신하기는 하지만 말이다. 또한 아버지가 사과를 던져 그레고르의 생명을 위협할 때도 그녀는 그레고르의 목숨만은 살려 달라며 애원하기도 한다. 바꿔 말하면 그레고르에게 상처를 입히고 그의 목숨을 위협한 사람이 여동생과 아버지라면, 동정심을 갖고 그를 보호하려 한 사람은 어머니인 것이다.

나아가 어머니와 그레고르 사이의 공통점이 발견되기도 한다. 그레고르는 자신이 입사한 후 5년 동안 한 번도 결근한 적이 없으며 건강하다고 말하지만, 사실은 갑충으로 변하기 이전에도 전적으로 건강했다고는 말할 수 없다. 아버지가 사과를 던지며 그를 쫓던 장면은 그레고르의 시선에서 다음과 같이 묘사된다. "왜냐하면 아버지가 한 걸음 걷는 동안, 그는 수없이 움직여야 했기 때문이다. 이미 호흡곤란증세가 나타나기 시작했는데, 그는 이전에도 완전히 믿을 만한 폐를 갖고 있지는 못했다."(V 170) 눈에 띄는 것은 어머니 역시 폐가 좋지 않아 천식에 시달리고 있으며 여러 차례 호흡곤란 증세를 보인다는 사실이다. 그래서 심지어 집 안에서 돌아다니는 것조차 그녀에게는 쉽지 않다. 이처럼 연약한 어머니와 갑충으로 변신한 후 입은 상처로 연약해진 그레고르 사이에는 어떤 공통점이 발견된다. 이로부터 이들 사이에 신체적 질병을 넘어 더 근원적인 차원의 어떤 특별한 연관성이 존재하는 것은 아닌지 추측할 수 있다. 이러한 연관성은 어머니의 또 다른 면모를 통해 확인된다.

어머니가 의식적이고 이성적인 세계와 거리가 먼 무의식의 세계와 연결되어 있다는 것은 그녀가 실신하는 모습이나 잠드는 모습에서 암시된다.

> 하지만 그레테가 말을 하자 어머니는 불안해하며 옆으로 비켜섰고, 꽃무늬 벽지 위에 들러붙어 있는 거대한 갈색의 점을 보며 그녀가 본 것이 그레고르였다는 것을 미처 의식하기도 전에 거친 목소리로 떠나갈 듯 "맙소사, 맙소사!"라고 외쳤고 모든 것을 포기하려는 듯이 두 팔을 벌린 채 소파 위로 쓰러진 후 미동도 하지 않았다.(V 166)

어머니는 "미처 의식하기도 전에" 벽지에 달라붙은 거대한 벌레를 보고 "거친 목소리로 떠나갈 듯" 외쳤는데, 여기서 어머니가 평소와 달리 무의식적으로 거친 동물적 면모를 드러내고 있음을 알 수 있다. 어머니가 의식을 잃고 실신한 것 역시 주목할 필요가 있는데, 이는 그녀가 무의식의 세계로 들어서는 것을 의미한다.

그레고르가 여동생의 음악을 듣기 위해 거실로 나왔다가 하숙인들과 마주치게 된 사건 이후 여동생은 그레고르의 조그만 행동에도 극도로 예민하게 반응한다. 그레고르가 거실에서 힘겹게 자기 방으로 돌아갈 때, 어머니는 기진맥진해 의자에 누워 잠이 든다. 죽기 전 그레고르의 마지막 시선은 잠든 어머니를 스쳐 지나간다. 여기서 그녀의 잠이 지닌 중요성이 한층 부각된다.

무의식과 꿈이 그레고르의 고유 영역인 것은 결코 아니다. 이는 소설 마지막 부분에서 잘 드러난다. 잠자 부부는 아무런 말 없이 "거의 무의식적으로 시선을 교환하며 서로 소통했고"(V 200) 딸이 생기를 되찾고 젊음을 드러내 보일 때 "그들의 새로운 꿈이 입증되는 것처럼"(V 200) 느낀다. 소설 첫 부분에서 그레고르가 "불안한 꿈에서"(V 115) 깨어난 것과 상반되게 여기서는 "새로운 꿈"이 언급된다. 이를 통해 잠자 부부가 무의식적인 차원에서 교류할 뿐만 아니라 새로운 꿈을 꾸며 또 다른 변신과 생성의 가능성을 보고 있음을 확인할 수 있다.

위의 인용문에서 눈에 띄는 것은 아버지와 어머니가 더 이상 대립적인 구도가 아니라 상호 협력적인 관계로 나타난다는 사실이다. 이들의 긴밀한 연관성은 파출부가 그레고르의 시체를 발견한 후 그들에게 이 사실을 알리는 장면에서 잘 드러난다.

> 그 후 잠자 부부가 각자의 침대에서 재빨리 빠져나왔다. 잠자 씨는 이불을 어깨에 두르고, 잠자 부인은 잠옷만 입은 채 방에서 빠져나왔다. […] 그레테는 마치 전혀 잠을 자지 못한 것처럼 완전히 옷을 갖춰 입고 있었다.(V 194 이하)

아버지와 어머니가 잠자 부부로 함께 지칭되는 데서 알 수 있듯이, 이들은 여기서 하나의 세계에 속한 듯한 모습을 보여 준다.

그들이 침대에서 막 빠져나왔으며 그래서 제대로 옷을 갖춰 입지 못한 채 이불을 걸쳤거나 잠옷만 입은 상태라는 것도 이들이 무의식의 세계에서 완전히 벗어나 있지 않음을 보여 준다. 반면 그레테는 전혀 잠을 자지 못한 듯 옷을 차려입고 있다. 하지만 어머니가 그레테를 불러 부부의 침실로 데려가고 파출부가 그 문을 닫고 대신 창문을 완전히 여는 장면에서 이들 간의 관계에 뭔가 새로운 변화가 생겨나고 있음을 짐작할 수 있다.

그러고 나서 하숙인들은 파출부를 따라 그레고르의 방에 들어가 그의 시체를 발견한다. 그 순간 침실 문이 열리며 잠자 씨가 아내와 딸을 대동하고 나타나 하숙인들에게 당장 집을 떠날 것을 요구한다. 그레고르의 변신으로 집안 사정이 어려워져 들이게 된 하숙인들은 여러 면에서 그레고르와 대비를 이룬다. 그들은 왕성한 식욕을 지니며 육식을 하는 데 반해 그레고르는 변신 후 식성이 변했으며, 마지막에는 점차 식욕을 잃고 뼈와 가죽이 들러붙을 정도로 앙상한 모습을 보인다. 또한 그레고르가 먼지 구덩이 방에서 더럽고 혐오스러운 모습으로 나타나는 반면, 세 명의 하숙인들은 질서와 청결을 특별히 강조한다. 하숙인들은 그레고르와 달리 여동생의 음악을 전혀 이해하지 못하며 무관심한 태도를 보이기도 한다. 이처럼 청결과 질서를 강조하고 육식을 하며 유용성을 벗어난 세계에 무관심한 하숙인들은 도구적 이성에 예속된 시민 세계를 대변한다. 그레고르의 아버지도 처음에는 이러한 세계에 예속되어 있는 듯하지만, 그레고르가 죽고 나서 어머니와 함께 침실에서 나온 후로는 이전과 완전히 달라진 모습을 보인다.[7] 처음에 아버지는 하숙인들에게 비굴할 정도로 굴종적인 태도를 보이다가 이제는 이들에게 당장 나갈 것을 명령하며 이들과 대립한다. 특히 그가 하숙인 중 한 명에게 자신의 의사를 명확히 말할 때 의미심장한 구절이 이어진다. "이 신사는 우선은 말없이 그 자리에 서서 바닥을 내려다보았는데, 마치 그의 머릿속에서 사물이 새로운 질서로 재편된 것처럼 보였다."(V 196 이하) 하숙인들이 중요하게 여긴 질서는 여기서 새로운 질서로 재편되며, 이는 가부장적 질서에서 가모장적 (無)질서로의 이행을 의미한다. 마지막에 파출부가 그레고르의 시체를 치운 후 그의 부모에게 걱정할 필요가 없다며 "이미 다 잘 정리되었어요Es ist schon in Ordnung."(V 198)라고 말하는데, 이 문장은 '그것Es', 즉 그레고르가 이미 새로운 '질서 속에in Ordnung' 있다는 말로도 해석이 가능하다.

2) 막강한 권력자로서의 어머니

『변신』은 그레고르 잠자가 벌레로 변신하는 것으로 시작한다. 이어서 그의 방에 대한 묘사가 나오는데, 특히 눈에 띄는 것은 그가 변신하기 얼마 전에 만든 액자에 들어 있는, 잡지에서 오려 낸 여성의 그림이다.

이 그림은 모피 모자와 모피 목도리를 하고 똑바로 앉아, 자신의

7 아버지의 이러한 변화가 갑작스러운 것은 아니다. 왜냐하면 그가 집에서조차 늘 입고 있어 더럽혀진 제복을 통해 그가 가부장적인 질서 속으로 더럽고 혐오스러운 아브젝트적 요소를 침투시켜 그 질서를 뒤흔들고 있음이 암시되기 때문이다. 이로써 그는 점차적으로 가부장적 질서를 대변하는 인물에서 가모장적 (무)질서의 하수인으로 옮겨 간다.

아래팔 전체가 그 안에 감춰져 있는 무거운 모피 토시를 그림을 바라보는 사람을 향해 들어 올리고 있는 한 여성을 묘사하고 있었다.(V 115 이하)

카프카의 작품에는 모피 외투를 입은 인물이 빈번히 등장한다. 여기서는 모피 외투는 아니지만 모피 모자, 모피 목도리, 모피 토시를 한 여성이 등장한다. 이러한 모피 제품을 걸친 여성은 자허마조흐의 『모피 외투를 입은 비너스』에 등장하는 여성 인물을 떠오르게 한다.[8] 이러한 모피 외투를 입은 여성은 가부장적인 사회를 대변하는 남성을 채찍으로 때림으로써 그러한 사회질서를 파괴하고 새로운 가모장적인 사회질서를 열어 주는 해방적 여성을 상징한다. 그레고르가 나중에 여동생과 어머니가 자신의 방에 있는 가구를 밖으로 옮길 때 가장 집착하며 빼앗기지 않으려고 한 것이 바로 이 여성의 그림이 들어 있는 액자이다. 이것은 그레고르가 이 그림 속 여인이 대변하는 가모장적 (무)질서와 긴밀히 연관되어 있음을 암시한다.

박은주는 디디에 앙지외에 기대어 아이가 어머니와 기분 좋게 피부를 접촉하는 단계로부터 '만지기 금지'라는 사회적 터부를 경

---

8 올리버 야라우스는 모피 제품을 입은 여성이 자허마조흐의 소설과 연관될 수 있다고 언급하면서도 카프카의 소설에서 마조히즘이 갖는 구체적인 의미를 제대로 밝히지는 못한다. Jahraus: Kafka, 242쪽 참조.
로버트슨은 자허마조흐의 『모피 외투를 입은 비너스』의 주인공 이름이 그레고르라는 사실을 언급하며 이 작품과 카프카의 『변신』 사이의 연관성을 암시하지만 이 문제를 자세히 다루지는 않는다. Ritchie Robertson: Kafka. Judentum Gesellschaft Literatur. Stuttgart 1988, 108쪽 참조.

험하면서 피부를 타인과 나를 구분해 주는 경계면으로서 인지하는 단계로 넘어간다고 말한다. "『변신』에서도 그레고르의 모피 여인에 대한 애착은 바로 '만지기 금지' 이전 단계에서의 애착 욕동(혹은 매달리기 욕동), 즉 어머니와의 공통 피부로의 유토피아적 융합에 대한 욕망으로 해석할 수 있다. 하지만 『변신』에서 모피 여인과의 융합을 동경하고 그것과의 접촉을 기분 좋게 경험한 그레고르는 마침내 그 그림을 빼앗기게 되고 모피-어머니와 분리된다. 결국 '만지기의 금지와 터부'라는 가부장적인 법이 작동한 것이다."[9] 또한 위의 그림에서 여성의 아래팔이 무거운 모피 토시에 감춰져 있다는 사실이 눈에 띄는데, 이러한 팔의 사라짐은 마찬가지로 팔이 없고 다리만 무수히 많은 그레고르의 변신 상태와 유사하다. 인간의 팔이 무언가를 제작하는 도구로서 유용성과 관련이 있다면, 팔이 사라진 인간은 곧 유용성의 세계에서 벗어나 있음을 의미한다. 이러한 점에서 모피 토시를 한 여성의 팔이 사라진 것은 그녀 역시 그레고르와 마찬가지로 목적 지향적이고 유용성만을 추구하는 세계와 대립하는 세계에 속해 있음을 암시한다.

그렇다면 위의 그림에서 묘사된 모피 제품을 걸친 여성으로 대변되는 강력한 어머니가 과연 이 소설에서도 나타나는가? 앞에서 그레고르의 어머니는 전반적으로 연약하며 자신의 의견을 강력히 내세우기보다는 아버지와 딸의 의견을 따르고 양보하는 여성으로

---

9 박은주: '피부': 문화적 기호와 육체성이 교차하는 경계면. 카프카의 「변신」과 「유형지에서」 분석. 실린 곳: 독일현대문학(구 뷔히너와 현대문학) 38호(2012), 36쪽.

등장한다. 하지만 이 소설에는 어머니의 숨겨진 또 다른 모습이 다른 인물로 구현되어 나타난다.

『변신』에는 그레고르의 어머니와 여동생을 제외하고 세 명의 여성 인물이 더 등장한다. 먼저 안나라고 불리는 가정부가 있다. 그레고르가 변신한 후 자신의 방에서 문을 열고 나오지 않자 어머니는 딸인 그레테를 불러 의사를, 아버지는 가정부인 안나를 불러 열쇠공을 데려오게 한다. 이때 그레테와 안나는 "두 처녀"(V 131)로 함께 묶여 불림으로써 연관성이 드러난다. 하지만 이들 간의 차이도 분명히 드러나는데, 우선 그레테를 부른 사람은 어머니이고 안나를 부른 사람은 아버지라는 사실이다. 나중에 살펴보겠지만 사실 그레테는 표면적으로는 어머니보다 아버지와 더 긴밀히 연결되어 있고 아버지의 세계에 속해 있는 듯 보이지만, 더 근본적으로는 어머니의 세계에 속해 있다. 이런 면에서 그레테는 양면성을 지니는데, 어쩌면 그레테와 가부장적인 세계의 연결성을 안나라는 가정부가 구현하고 있다고도 할 수 있을 것이다. 그레고르가 벌레로 변한 후 가정부는 어머니에게 이 사실을 아무에게도 누설하지 않겠다고 약속하며 제발 자신을 해고해 달라고 간청한다. 그래서 그녀가 해고된 후 "이제 여동생은 어머니와 연합해 요리를 해야만 했다."(V 151) 안나라는 가정부가 변신한 그레고르에 대해 얼마나 알고 있는지는 알 수 없지만, 그녀는 그의 존재 자체만으로도 견딜 수 없어 그 집을 떠난다. 처음에 그레테는 벌레로 변한 오빠를 돌보며 신경을 쓰지만 나중에는 그를 역겨워하며 벗어나려 하는데, 이러한 그녀의 모습이 사실은 이미 가정부 안나를 통해 선취된 것이다.

첫 번째 가정부가 해고되고 얼마 안 있어 두 번째 가정부가 고용된다. 열일곱 살인 그레테와 비슷한 나이의 두 번째 가정부는 이전 가정부에 비해 더 용감하기는 하지만, 마찬가지로 그레고르를 직접 대면할 용기는 없어 부엌이라는 차단된 공간 안에서만 일한다. 하지만 살림 규모를 축소해야 했던 잠자 가족은 그녀를 해고하고, 대신 아침저녁에만 와서 일해 줄 파출부를 고용한다.

그런데 이 세 번째 여성, 즉 파출부는 앞의 두 여성에 비해 현저히 나이가 많을 뿐만 아니라 건장한 체구에 대담한 성격을 지닌다는 점에서 이들과 구분된다. 그녀가 하는 일 외의 다른 일은 모두 어머니가 도맡아 함으로써 역할 분담이 이루어지는데, 이러한 점에서 두 사람은 체격이나 성격에 있어 대조를 이룸에도 불구하고 어떤 면에서는 한 쌍인 듯한 느낌을 준다.

특히 이 파출부가 그레고르를 대하는 태도에 주목할 필요가 있다. 이전의 두 가정부와 달리 파출부는 그레고르를 두려워하지도 혐오하지도 않는다. 비록 어머니가 그레고르를 직접 돌보지는 못하지만 그녀의 또 다른 자아처럼 등장하는 파출부가 그를 돌보며 그와의 긴밀한 연관성을 드러낸다. 또 한 가지 주목할 점은 파출부가 남편이 없는 '과부'라는 사실이다. 이는 그녀가 가부장적 세계에 속하지 않은 인물임을 암시한다. 이러한 맥락에서 그녀가 독일어로 'Bedienerin'으로 지칭된다는 점에 주목할 필요가 있다. 그레고르의 아버지는 그레고르가 벌레로 변한 후 "은행 사환Diener der Bankinstitute"(V 169)으로 취직하는데, 여기서 '사환Diener'이란 단어의 동사형인 'dienen'은 '근무하다'라는 뜻 외에 '섬긴다'라는 뜻을 갖고 있다. 실제로 아버지는 집에서도 유니폼을 입은 채 늘 상관의 명령을 기다리는 듯한 태도를 보인다. 비록 그레고르의 아버지가 이 소설에서 막강한 권력자처럼 등장하더라도 사실은 권력의 사다리 말단부에 위치할 뿐이다. 반면 파출부를 지칭하는 단어인 'Bedienerin'의 동사형은 'bedienen'인데, 이 단어는 '모시다, 시중들다'라는 의미 외에도 재귀대명사와 함께 사용되면 '사용(이용)하다'라는 의미를 갖는다. 따라서 그레고르의 아버지가 누군가를 섬기며 명령을 받드는 존재라면, 파출부는 그를 이용하고 그에게 지시하는 존재이다. 물론 'bedienen'이라는 동사는 '사물'을 사용하거나 이용한다는 의미로 쓰이지만, 그레고르의 아버지가 권력의 장에서 하나의 기능을 수행하는 사물적 위치를 점한다는 사실을 고려한다면, 권력자인 파출부가 그를 하나의 사물 내지 기능으로 사용한다는 해석이 가능하다. 그리고 파출부가 어머니의 숨겨진 또 다른 모습을 지시한다면, 결국 아버지는 어머니의 막강한 권력에 예속된 존재에 불과함을 알 수 있다.

파출부의 막강한 힘은 그레고르와의 힘겨루기 장면에서도 여실히 드러난다. 그레고르는 파출부가 자신을 "늙은 똥벌레"(V 179)로 부르는 것에 화가 나서 공격하려는 듯 그녀에게 몸을 돌리지만, 그녀는 이에 겁을 집어먹기는커녕 오히려 의자를 들어 그에게 던질 듯한 제스처를 취하며 그를 제압한다. 또한 그녀는 하숙인들이 입주하면서 가져온 가구를 놓기 위해 집에 있던 쓸모없는 가구를 그레고르의 방 안으로 옮기는데, 이러한 운반은 그레고르의 방을 쓸모없는 잡동사니들로 채워진 공간, 즉 무용한 공간으로 변신시킨다. 그레고르는 그 잡동사니 사이를 돌아다니며 즐거워하고 이를 통해 쓸모없는 공간은 놀이 공간으로 변한다. 앞에서 어머니가 그레고르가 다시 인간으로 돌아올 경우를 대비해 그가 사용하던 가구를 방에 그대로 놔두려 한 것과 달리, 파출부는 오히려 불필요한 가구를 이 방에 들여옴으로써 방의 성격을 완전히 변화시킨다. 즉 파출부는 가구 운반을 통해 그레고르를 목적 합리성의 세계에서 놀이의 세계로 옮겨 놓는다.

외판원이었을 때 음악에 전혀 관심이 없던 그레고르는 벌레로 변신한 후 갑자기 음악에 관심을 갖는다. 그는 여동생이 하숙인들과 부모님 앞에서 바이올린을 연주할 때 그 소리에 매료되어 자신도 모르게 거실로 나갔다가 하숙인들에게 발각된다. 여기서 벌레로 변신한 그레고르의 예술적 성향과 놀이충동을 확인할 수 있는데, 이러한 길을 열어 준 사람이 바로 파출부라는 사실이 의미심장하다. 왜냐하면 파출부가 거실 문을 조금 열어 두어 그레고르가 여동생의 연주를 들을 수 있게 만들었기 때문이다. 즉 파출부는 그레고르가 예술의 세계를 접할 수 있게 만들어 준 장본인인 것이다.

이 소설에서 파출부가 지닌 중요성은 죽은 그레고르를 처음 발견한 사람이 바로 그녀라는 사실에서도 드러난다. 그녀는 그레고르의 시체를 발견하고도 결코 두려워하지 않으며 그의 가족에게 이 사실을 곧바로 알린다. 특히 눈에 띄는 구절은 그녀가 그레고르의 시체를 치우고 나서 이를 가족에게 말하는 장면이다.

> 파출부는 이 가족에게 커다란 행운을 알려 주어야 하지만 자신에게 상세히 질문할 때만 그렇게 하겠다는 듯한 태도로 미소를 지으며 문에 서 있었다. 잠자 씨가 그녀가 근무하는 시간 내내 못마땅해한, 그녀의 모자 위에 거의 똑바로 서 있는 작은 타조 깃털이 사방으로 살랑거렸다. 파출부가 가장 존경하던 잠자 부인이 "무

슨 일이시죠?" 하고 물었다. 그러자 파출부는 "예."라고 대답하고는 밝게 웃느라 곧바로 말을 이어갈 수 없었다. "그러니까 옆방에 있는 그 물건을 어떻게 치워야 할지를 두고 염려하실 필요는 없어요. 이미 다 정리가 되었거든요."[10]

파출부가 가장 존경한 사람이 잠자 부인이라는 데서 이미 파출부와 어머니 간의 긴밀한 연관성이 드러난다. 가부장적인 아버지가 못마땅해한 모자 위의 타조 깃털은 파출부가 강렬한 동물적 생명력, 즉 신체성을 구현하는 인물임을 보여 준다.[11] 이는 그녀가 도구적 이성에 따라 행동하고 가부장적 질서를 대변하는 그레고르의 아버지와 대립하는 긍정적 인물임을 의미한다. 따라서 그녀가 죽은 그레고르의 시체를 치우고 이를 마치 '커다란 행운'인 양 잠자 가족에게 보고할 때, '커다란 행운'이라는 말은 액면 그대로 받아들여야 한다. 즉 그레고르의 죽음은 커다란 행운이며 결코 단순한 비극적 죽음이 아니다. 마치 모피 외투를 입은 여성이 가부장적인 남성을

---

10 "Die Bedienerin stand lächelnd in der Tür, als habe sie der Familie ein großes Glück zu melden, werde es aber nur dann tun, wenn sie gründlich ausgefragt werde. Die fast aufrechte kleine Straußfeder auf ihrem Hut, über die sich Herr Samsa während ihrer ganzen Dienstzeit ärgerte, schwankte leicht nach allen Richtungen. 'Also was wollen Sie eigentlich?' fragte Frau Samsa, vor welcher die Bedienerin noch am meisten Respekt hatte. 'Ja', antwortete die Bedienerin und konnte vor freundlichem Lachen nicht gleich weiter reden, 'also darüber, wie das Zeug von nebenan weggeschafft werden soll, müssen Sie sich keine Sorge machen. Es ist schon in Ordnung.'"(V 198)

11 파출부가 쓴 타조 깃털이 달린 모자는 그레고르가 집착한 액자 속 여인이 쓴 모피 모자와 연결되며 파출부가 가모장적 (무)질서를 대변하는 여성임을 보여 준다.

채찍질하며 자유와 해방을 도모하듯이, 남편이 죽고 없는 파출부는 모순적인 상태 속에서 여전히 이전의 의식에서 완전히 벗어나지 못한 그레고르에게 죽음이 또 다른 생성을 위한 기회이자 커다란 행운이라고 보는 것이다.

이것은 또한 파출부가 짓는 웃음을 통해서도 뒷받침된다. 카프카의 소설에서 중요한 의미를 지니는 '웃음'은 암울한 상황을 견디게 하거나[12] 억압에서 해방시켜 주는 특성을 지닐 뿐만 아니라 소설의 긍정적 결말을 지시하는 기능을 갖기도 한다. 위의 인용문에서 "예"라는 긍정의 말과 더불어 파출부가 웃으며 잠자 부인에게 '걱정'할 필요가 없다고 말할 때, 이는 카프카의 또 다른 단편소설 「가장의 근심」에 나오는 아버지의 걱정을 연상시킨다. 이 둘을 연결시켜 보면 어머니는 걱정할 필요가 없는 반면 아버지에게는 걱정거리가 생긴 것이다. 이는 가부장적 질서의 위기와 가모장적 (무)질서의 도래를 의미한다. 위의 인용문에서 "Es ist schon in Ordnung."이라

---

12 목승숙은 그레고르의 죽음을 대하는 파출부의 기이한 웃음을 다음과 같이 해석한다. "웃어 대며 죽은 그레고르의 시신을 치운 사실을 깔끔히 정돈했다고 아무렇지도 않게 전하는 가정부의 그로테스크한 반응은 유대인들의 블랙 유머와 닮아 있다. 당황스럽고 무거운 그레고르의 죽음은 희극적인 장식을 달아 그나마 견딜 만한 것으로 묘사된다." 목승숙: 카프카의 「변신」과 유대 유머. 실린 곳: 카프카 연구 34집(2015), 69쪽.

여기서 목승숙은 그레고르의 죽음 자체는 비극적이지만 그것을 다루는 방식은 희극적이어서 죽음의 암담함을 견뎌 내고 부정적인 것을 조금이나마 덜 부정적인 것으로 받아들일 수 있게 만든다고 말한다. 이처럼 이 소설에 나타난 웃음의 의미에 주목하고 그것을 강조한 것은 전적으로 타당하다. 하지만 여기서 한 걸음 더 나아가 그레고르의 죽음 자체가 부정적인 성격만을 지니는 것은 아니며 파출부의 웃음이 전복적이고 해방적인 웃음의 성격을 갖는다는 점을 지적할 필요가 있다.

는 문장은 일차적으로 '이미 다 정리되었다'는 의미를 갖지만, 'es'를 가주어가 아니라 그레고르를 가리키는 '물건Zeug'을 지시하는 것으로 보면 '그것은 이미 질서 속에 있다'로 해석할 수 있다. 즉 그레고르는 죽음과 함께 이미 (새로운) 질서로 들어간 셈인데, 이는 가부장적 질서에서 가모장적 (무)질서로의 이행을 의미한다. 이러한 의미에서 파출부가 터뜨린 웃음은 가부장적 사회질서를 뒤흔드는 전복적이고 해방적인 웃음이라고 할 수 있을 것이다.

쓸모없는 인간이 된 그레고르처럼 「가장의 근심」에 나오는, 물건인 동시에 인간의 모습을 한 오드라데크가 터뜨리는 웃음은 폐 없이 낼 수 있는 웃음이다. 그레고르와 그의 어머니 모두 폐가 건강하지 않다는 점을 고려한다면, 이들이 내는 웃음 역시 오드라데크처럼 폐 없이 내는 웃음이라고 볼 수 있다. 아버지가 아침 식사를 하는 식탁 맞은편에는 그레고르가 군 시절 찍은 사진이 걸려 있다. 사진 속 그레고르는 "아무런 걱정 없이 웃고 있었는데"(V 135), 여기서 군복을 입은 그레고르는 제복을 입은 아버지처럼 단순히 규율과 질서 속에 편입된 인간만을 가리키는 것이 아니라, 전쟁 사회였던 원시사회의 전사를 가리키기도 한다. 근심에 시달리는 가장과 달리 아무런 걱정 없이 웃고 있는 사진 속 그레고르는 그에게 내재한 긍정성과 전사적 속성을 보여 준다.[13] 클라스트르는 유목적인 원

13 그레고르의 전사적 모습은 그가 여동생의 바이올린 연주를 듣고 그녀를 자신의 방으로 데려와 계속 음악을 듣고 싶다는 욕망을 표출할 때도 드러난다. 그때 그는 하숙인들을 "공격자들"(V 186)로 칭하며 이들에게 맞서 싸울 것을 다짐한다. 또한 외판원으로서 끊임없이 이동 중인 그의 모습 역시 유목민으로서의 원시사회 전사의 특징을 보여 준다.

시사회의 전사가 타 종족과의 전투를 통해 종족의 인구수를 조절함으로써 자신의 집단이 위계적인 계급사회, 즉 국가로 발전하는 것을 막는다고 말한다.[14] 다시 말해 전사는 위계적인 사회질서와 계급사회의 형성을 막는 역할을 하며 들뢰즈와 가타리가 말한 의미에서의 '전쟁-기계'[15]로 등장하는데, 카프카의 작품에서도 군인이나 전사는 탈영토화를 수행하는 전쟁-기계로 등장하곤 한다. 이러한 맥락에서 벽에 걸린 그레고르의 군인 사진은 자신의 방에 걸린 모피외투를 입은 여성의 그림과 한 쌍을 이루며, 그것을 바라보는 아버지와 그가 대변하는 가부장적 사회를 위협하는 전복의 상징이 된다.

잠자 씨는 파출부가 그레고르의 시체를 치운 과정을 자세히 묘사하려는 것을 가로막으며 그녀를 해고하겠다고 말하지만, "그는 아내로부터도 딸로부터도 대답을 듣지 못했다. 왜냐하면 파출부가 이제 좀 안정을 되찾는 듯한 그들을 다시 심란하게 만든 것처럼 보였기 때문이다."(V 199) 비록 파출부가 그레고르의 어머니와 여동

---

14 삐에르 끌라스트르: 폭력의 고고학. 변지현·이종영 옮김. 울력 2009, 292-297쪽 참조.

15 계급사회를 형성하는 조직화된 국가(장치)에 맞서 들뢰즈와 가타리는 '전쟁-기계'라는 개념을 제시한다. "또한 전쟁기계는 국가장치와 대립될 뿐만 아니라 좁은 의미에서 물질적으로 치러지는 전쟁의 의미를 넘어서기도 한다. 그래서 들뢰즈와 가타리는 니체가 '사유를 전쟁기계로 만든다'며 격언 대신 잠언의 형태를 사용하는 것을 전쟁기계로 부르기도 한다. 이처럼 전쟁기계가 된 사유는 주체의 속성이나 전체의 표상에서 벗어난 이중적인 의미에서의 생성을 가리킨다. 즉 그것은 동일성의 주체나 개념화된 사고에서 벗어나 무한히 생성해 내는 사유를 지시한다. 그래서 들뢰즈와 가타리는 "예술적, 과학적, '이데올로기적' 운동이 잠재적인 전쟁기계가 될 수 있다"고 말하는 것이다." 정항균: 아비뇽의 여인들 또는 폭력의 두 얼굴. 서울대학교출판문화원 2017, 73쪽.

생을 심란하게 만든 것처럼 묘사됨에도 불구하고 그녀가 앞의 두 가정부와 달리 명확한 해고 통지를 받지 않는 점이 눈에 띈다.[16] 아버지가 그녀를 해고하겠다고 말하지만 어머니와 딸은 이에 대해 아무런 대답도 하지 않는데, 이는 결국 그녀가 계속 그들의 집에 낯선 타자로 남아 영향력을 행사할 것임을 암시한다. 이로써 파출부로 대변되는 막강한 권력을 지닌 여성이 아버지의 지배 권력을 벗어나 있을 뿐만 아니라 정반대로 그를 자신의 지배하에 두고 이용하고 있음을 알 수 있다.

2. 아이-되기

1) 예술적 생성 공간으로서의 어머니의 자궁과 아이-되기

그레고르의 직업은 외판원이다. 그는 옷감 견본을 들고 유목민처럼 사방을 돌아다닌다. 이 소설에서 옷 모티브는 대단히 중요한 의미를 지니는데, 그런 점에서 그레고르가 옷감을 판매하는 직업을 갖고 있다는 점이 눈에 띈다. 옷감과 관련된 단어인 'Textil'은 'Text'와 어원이 같기 때문에 문학작품에서 옷을 만드는 것은 자주 문학 창작에 비유되곤 한다. 이러한 맥락에서 그레고르가 옷감을 판매한다는 것은 그가 예술, 특히 문학의 영역과 무관하지 않음을 암시한다.

---

16 대부분의 연구가 카프카와 그의 가족에 집중하며, 그 때문에 두 명의 어린 가정부나 나이 든 파출부에 대해서는 거의 언급하지 않는다. 울프 아브라함은 그레고르 집안 내의 착취 구조를 언급하면서 "가족의 수치에 대한 증인이 더 이상 남아 있지 않도록 파출부는 해고된다."(Ulf Abraham: Die Verwandlung. In: Jagow u. Jahraus(Hrsg.): Kafka Handbuch, 425쪽)라고 썼지만, 이는 텍스트를 꼼꼼히 읽지 않은 데서 비롯된 착오이다. 잔드라 포페 역시 똑같은 오류를 범한다. Poppe: Die Verwandlung, 173쪽 참조.

아버지는 은행 사환으로 일하면서 집에서도 근무복을 입는다. 그는 제복을 통해 가부장적 질서를 대변한다. 반면 무의식의 세계를 대변하는 어머니는 그레고르가 벌레로 변한 후 아버지의 제복과 대비되는 속옷을 만드는 일을 시작한다. 속옷은 은밀한 신체적 부위와 접촉하므로 성적·무의식적 세계와 관련된다. 어머니는 양장점에 팔 고급 속옷을 만들기 위해 밤늦게까지 바느질을 하는데, 바느질은 텍스트를 직조하는 과정의 비유로 해석할 수 있다. 더욱이 "어머니는 낯선 사람들의 속옷을 만들기 위해 자신을 희생했는데"(V 176)라는 표현에서 낯선 사람이 자아 속의 타자를 지칭하는 것으로 해석한다면, 그녀의 바느질은 곧 자아 속에 숨어 있는 억압된 타자들을 해방하기 위한 글쓰기라고 말할 수 있을 것이다.

그레고르는 어두운 방에 홀로 남아 여러 상념에 잠기는데, 그의 머릿속에는 사장이나 지배인, 점원들 외에도 다양한 사람들이 "낯선 사람들 내지 이미 잊힌 사람들과"(V 177) 뒤섞여 나타난다. 이처럼 그레고르도 어머니와 마찬가지로 자신이 망각한 낯선 타자들을 불러낸다. 또한 그레테가 점점 청소를 소홀히 하자 그레고르의 방에는 먼지가 뭉쳐 다니고 심지어 "그는 실, 머리카락, 음식 찌꺼기를 자신의 등과 옆구리에 달고 이리저리 끌고 다녔다."(V 184) 그레고르가 자기 몸의 일부분으로 끌고 다닌 대상은 모두 의미심장한 것들이다. 크리스테바는 어머니와 공생 관계에 있던 아이가 출생 후 상징계, 즉 가부장적인 법과 질서로 들어서면서 점차 어머니의 몸을 혐오스러운 대상으로 간주하기 시작한다고 말한다. 그녀는 이처럼 질서와 경계를 강조하는 가부장적 세계에서 억압받는 혐오스러운 대상을 '아브젝트'[17]라고 부르는데, 먼지로 뒤덮인 채 몸에 음식 찌꺼기를 달고 다니는 그레고르가 바로 이를 구현한다. 또한 머리카락은 인간 신체의 일부이면서도 잘려 나가면 신체에서 벗어나기 때문에 경계를 어지럽히는 아브젝트의 특성을 지닌다. 마지막으로 실은 옷감을 만드는 재료로서 그레고르의 작가적 정체성과 연결된다. 즉 어머니가 실로 바느질을 해 옷을 만들어 내듯이, 그레고르도 자신의 신체를 이루는 실을 이용해 신체적 글쓰기를 하는 것이다. 이러한 글쓰기는 혐오스러움을 유발하는 동시에 경계를 위반하는 아브젝시옹[18]의 글쓰기이다.

이 소설에서 글쓰기가 주제로 다루어지고 있다는 암시는 곳곳에 등장한다. 특히 흥미로운 것은 아버지와 어머니 그리고 여동생이 그레고르가 죽고 나서 하루 동안 휴식을 갖기 위해 각각 상사에게 결근에 대한 허락을 구하는 편지를 쓰는 장면이다. 하필 이들이

---

17 "육중하고도 갑작스러운 이질성이 출현한다. 전에는 나의 불투명하고 잊혀졌던 삶 속에 친근하게 존재했던 그 이질성은, 이제는 나와 분리되어서 혐오스러워지고 나를 집요하게 공격한다. 내가 아니다. 그것도 아니다. 그리고 더 이상은 아무것도 아니다. '무엇인지 알 수 없는 어떤 것'이다. […] 아브젝트와 아브젝시옹은 바로 그런 내 존재의 축, 문화의 도화선, 그곳에 존재한다." 줄리아 크리스테바: 공포의 권력. 서민원 옮김. 동문선 2001, 22쪽.

18 "'아브젝트가 더럽고 천한 역겨운 것을 의미하는 것이라면, 아브젝시옹은 아브젝트에 대한 주체의 반응을 의미한다. […] 아브젝트가 토할 것 같은 역겨운 것이라면, 아브젝시옹은 육체적이면서 상징적인 가장 강력한 느낌이다. 크리스테바의 말을 빌리면, 아브젝시옹은 거리 두기를 원하는, 외부의 위협에 대한 개인의 저항을 의미한다.'(박주영: 영원히 지워지지 않는 흔적. 줄리아 크리스테바의 모성적 육체, 207-208쪽) 즉 상징계 내에 있는 주체를 위협하는 것을 경계 밖으로 내던지며 그것과 분리되고자 하지만 분리될 수 없다는 느낌이 아브젝시옹이라면, 그렇게 배제되고 내던져진 더럽고 혐오스러운 것이 아브젝트인 것이다." 정항균: 다와다 요코. 몸과 사잇공간의 시학. 서울대학교출판문화원 2021, 100-101쪽.

글을 쓰는 동안 파출부가 방에 들어와 오전 일이 끝났으니 가겠다고 말하는 것, 혹은 그녀가 그레고르의 시체를 처리한 뒤 이미 다 정리되었다고 말할 때 잠자 부인과 그레테가 계속해서 편지를 쓰고 있는 것으로 미루어 여기서의 글쓰기가 어머니의 또 다른 모습인 파출부와 관련이 있음이 암시된다.

그렇다면 어머니의 글쓰기란 과연 무엇인가? 파출부가 거실 문을 열어 두어 그레고르가 여동생의 바이올린 연주를 들을 수 있게 했음을 앞서 언급한 바 있다. 즉 어머니의 또 다른 자아인 파출부가 그레고르를 예술의 세계로 이끈 것이다. 단식 투쟁을 하듯 아무것도 먹지 않고 있던 그레고르에게 음악은 마치 그가 찾던 궁극의 음식처럼 보인다. "음악에 감동할 줄 아는 그가 짐승이란 말인가? 그 음악을 들었을 때 마치 그가 동경하던 미지의 음식으로 향하는 길이 열린 것처럼 여겨졌다."(V 185) 우리말로 '미'가 味와 美를 모두 가리킬 수 있듯이, 독일어 단어 'Geschmack'도 맛과 미적 취향을 모두 의미할 수 있다.[19] 그렇다면 미지의 음식에 대한 동경은 곧 미지의 예술에 대한 동경과 같다고 할 수 있을 것이다. 따라서 그레고르가 카프카의 또 다른 단편소설 주인공인 단식 예술가처럼 굶주리고 병들어 죽을 때, 이는 단순한 비극적 죽음이 아니며 미지의 예술을 추구하는 과정을 의미한다.

이러한 미지의 예술은 좁은 의미의 예술, 즉 제도로서의 예술을 넘어서며 주어진 경계를 넘어서서 무언가를 끊임없이 생성하고 창조하는 '삶의 예술'을 의미한다. 그러한 예술은 동시에 생성적인

---

19 정항균: 동물이야기, 26쪽 참조.

가모장적 (무)질서와도 긴밀히 연결된다. 왜냐하면 아이와 어머니가 공생 관계에 있는 '자궁'이야말로 무한한 생성과 창조의 공간이기 때문이다. 그런데 이 소설에서도 자궁을 의미하는 단어 'Schoß'가 세 차례 등장한다. 첫 번째는 파출부가 그레고르를 처음 보았을 때의 장면으로, 그녀는 "무릎에 손을 모으고 놀라서 서 있었다."[20] 그레고르와의 첫 번째 대면에서 어머니의 또 다른 자아를 상징하는 파출부와 관련해 'Schoß'라는 단어가 등장한 것은 의미심장하다. 무릎에서 아랫배에 이르는 부분을 지칭하는 이 단어는 우리말로는 주로 무릎, 품 등으로 번역되지만, 또한 'Mutterschoß'라는 단어의 줄임말로 자궁이나 모태를 의미하기도 한다. 카프카의 소설에서는 늘 숨어 있는 함의를 읽어 내는 것이 중요한 만큼 'Schoß'라는 단어에 함축된 자궁이라는 함의를 읽어낼 수 있어야 한다.

두 번째는 그레테가 하숙인들을 위해 바이올린을 연주하다가 그레고르가 나타나 하숙인들이 혼비백산하자 그들을 달래기 위해 "악기를 어머니의 품에 두고"[21] 가는 장면이다. 여기서 악기는 그레테의 손에서 어머니의 '품Schoß', 즉 자궁으로 옮겨지는데, 이는 예술적 창조의 장소가 사실은 어머니의 자궁임을 암시한다.

마지막으로 연주하던 여동생을 자기 방으로 데려가 계속 음악을 들으려는 그레고르의 시도가 실패로 돌아간 후 'Schoß'라는 단어가 등장한다. 바이올린이 호흡곤란을 겪고 있는 "어머니의 떨리는 손가락에서 빠져나와 그녀의 품에서 떨어져 쿵 하는 소리를 냈

---

20 "die Hände im Schoß gefaltet staunend stehen geblieben."(V 179)

21 "das Instrument auf den Schoß gelegt."(V 187)

지만, 이러한 바이올린 소리조차 그를 놀라게 하지는 않았다."[22] 이때 바이올린 소리는 더 이상 악보에 따라 연주하는 여동생의 아름다운 연주가 아니며, 호흡곤란에 시달리는 어머니의 품에서 떨어진 악기 자체의 소리로 등장한다. 마치 카프카가 기표를 통한 기의의 전달에 주목하기보다는 문자의 형상성을 강조하며 물질적·신체적 글쓰기를 수행하는 것처럼, 여기서도 바이올린이라는 악기, 즉 물질 자체의 소리가 어머니의 음악으로 연주되는 것이다. 더욱이 그것은 어머니의 품, 정확히는 자궁에서 생겨나는 신체적 음악이며, 자궁이라는 공간에서 어머니가 아이를 품고 또 낳듯이 신체적 예술을 통해 다양한 의미의 생성과 창조가 가능해진다.

2) 놀이와 아이-되기

그레고르는 갑충으로 변신함으로써 가족으로부터 점점 외면당하고 소외되지만, 다른 한편 전에 없던 능력이나 새로운 관심을 갖게 되는 등의 긍정적인 변화도 보여 준다. 그 가운데 하나가 바로 놀이에 대한 관심이다.

그레고르는 출근하기 위해 침대에서 일어나야 한다는 생각에 몸을 흔들어 침대에서 빠져나오려 하는데, 이 장면은 다음과 같이 묘사된다.

22 "Nicht einmal die Violine schreckte ihn auf, die, unter den zitternden Fingern der Mutter hervor, ihr vom Schoß fiel und einen hallenden Ton von sich gab."(V 189)

> 그레고르의 몸이 벌써 침대에서 절반쯤 빠져나왔을 때 -그런데 이 새로운 방법은 힘든 일이라기보다는 차라리 놀이에 가까웠다. 그는 항상 그저 간헐적으로 그네를 타듯 이리저리 몸을 흔들기만 하면 되었다-, 누군가가 그를 도와주러 온다면 이 모든 게 얼마나 간단히 해결될까 하는 생각이 들었다.(V 123 이하)

몸을 흔들어 침대에서 빠져나오려는 그레고르의 시도는 그네 놀이에 비유된다. 그레고르는 심지어 시간이 지날수록 침대에서 빠져나오기 위해 더 강하게 몸부림치며 몸을 흔들어서 거의 균형을 잡기 힘든 지경이 되는데, "그럴수록 그의 작은 다리들은 더 바쁘게 춤추기 시작했다."(V 124) 이제 벌레로 변한 그레고르는 일종의 춤을 추고 있는 셈이다. 직장을 잃을 처지에 처한 그의 심각한 상황과 반대로 무의식적인 차원에서 그의 신체는 가볍게 춤추며 자신의 욕망을 발산하고 있다. 특히 지배인이 거실에서 그레고르에게 방문을 열라고 독촉하자 그레고르는 입으로 열쇠를 물고 온몸을 이용해 문을 여는데, 그 순간 그레고르의 춤이 절정에 달한다. "열쇠가 점점 돌아가면서 그는 자물쇠 주위를 빙빙 돌며 춤을 추었다."(V 133) 열쇠와 함께 몸 전체가 돌아가는 춤은 로제 카이와가 '일링크스'라고 부른 도취의 놀이에 해당한다. 카이와는 아이들이 팽이처럼 스스로 빙빙 돌며 현기증을 불러일으키는 놀이를 일링크스의 대표적인 놀이 형태로 꼽는데, 이러한 도취의 놀이는 무엇보다 의식의 끈을 풀어 무의식적 욕망을 분출하는 효과를 갖는다.[23]

---

23 카이와: 놀이와 인간, 52-54쪽 참조.

앞서 그레고르가 침대에서 그네를 타는 것처럼 몸을 흔들거나 열쇠와 함께 빙빙 돌면서 춤추는 장면은 일종의 놀이로 해석될 수 있지만, 그레고르 자신은 적어도 의식적으로는 이를 놀이로 인식하지 못한다. 오히려 출근에 대한 압박과 지배인의 독촉으로 인해 쫓기는 상황에서 행해지는 그러한 행위들은 표면적으로 극도의 스트레스 상황을 묘사한다. 하지만 그가 자신의 모습에 적응하고 변화된 신체를 어느 정도 다루고 통제할 수 있게 되면서는 의식적으로 놀이에 대한 충동을 드러낸다.

> 곧 식사는 그에게 더 이상 아무런 즐거움도 주지 못했다. 그래서 그는 기분 전환을 위해 벽과 천장을 이리저리 기어다니는 습관을 갖게 되었다. 특히 천장 위에 매달리는 것을 좋아했다. 그것은 바닥 위에 누워 있는 것과는 완전히 달랐다. 더 자유롭게 숨 쉴 수 있었기 때문이다. 가벼운 진동이 몸을 관통했다. 그레고르가 그 위에 있을 때 느꼈던 거의 행복하기까지 한 기분 전환 상태에서 자신도 전혀 예상하지 못하게 천장에서 몸을 떼어내 바닥에 찰싹 소리를 내며 떨어지는 일도 있었다. 하지만 그는 물론 이전과 달리 자신의 몸을 완전히 통제하고 있었고 그래서 그렇게 심하게 떨어져도 다치지 않았다.(V 159)

지상의 무게에서 벗어나 자유로워지려는 경향은 앞에서 언급한 그레고르의 춤에서 나타난다. 춤은 가벼운 스텝을 통해 몸이 지상에서 어느 정도 떨어지는 것을 가능하게 한다. 하지만 지상에서 벗어나 더 높은 곳으로 향하려는 그레고르의 충동은 천장에 매달리는 놀이를 통해서야 비로소 충족된다. 이때 그레고르는 방바닥에서는 느낄 수 없었던 자유와 행복을 맛본다. 또한 천장에서 바닥으로 떨어지는 것 역시 현기증을 불러일으키는 도취의 놀이, 즉 일링크스에 해당한다. 이처럼 놀이는 그레고르를 놀이하는 아이로 만들며 목적 지향적인 삶에서 벗어나게 해준다.

하지만 그레고르의 놀이충동은 아버지가 던진 사과에 맞아 깊은 상처를 입게 되면서부터 약해지기 시작한다. 그레고르는 이 상처로 인해 제대로 움직일 수 없게 되며, "늙은 상이용사처럼"(V 172) 방을 가로지르는 데도 많은 시간이 걸린다. 물론 파출부가 쓸모없는 가구를 그레고르의 방으로 옮길 때 그가 일시적으로 그 사이를 자유롭게 돌아다니며 재미있어하기도 하지만, "그렇게 돌아다닌 후에는 죽을 정도로 피곤하고 슬퍼져 다시 몇 시간 동안 꼼짝도 할 수 없었다."(V 181) 이 시점에 그의 놀이는 이미 방바닥이라는 공간에 한정될 뿐만 아니라 일시적인 재미를 가져다줄 뿐, 궁극적으로는 피로와 슬픔으로 끝이 난다. 그레고르의 놀이충동이 사라지는 것은 동시에 그가 벌레로 변신하면서 갖게 된 아이의 모습을 상실한다는 것을 의미한다. 또 다른 구절에서 파출부는 그레고르를 "늙은 똥벌레야"(V 179)라고 부르는데, 여기서도 그레고르의 노화를 확인할 수 있다. 그 밖에도 그가 아버지가 던진 사과에 상처를 입고 나서부터 음식을 거의 먹지 않는다는 것과 시력이 극도로 나빠진 것 역시 노화의 징후로 간주된다. 그가 입은 상처와 노화는 결국 그의 죽음으로까지 이어진다.

그러나 그레고르가 마지막까지 자신의 놀이성향과 아이의 면모를 완전히 상실하지 않는다는 점에 주목할 필요가 있다. 파출부가 그레고르의 시체를 발견했을 때 우선은 "그가 의도적으로 그렇게 움직이지 않고 거기에 누워 모욕당한 자를 연기하고 있다고 생각했다. 그녀는 그에게 온갖 이성적 능력이 있다고 믿었던 것이다."[24] 그레고르의 가족이 그가 벌레로 변한 후 인간의 언어와 사고를 상실했을 것으로 굳게 믿고 있는 반면, 파출부는 그에게 여전히 인간적 능력, 즉 이성이 있다고 여긴다. 이러한 점에서 그녀는 그레고르에 대해 다른 사람과 완전히 다른 관점을 보여 준다. 특히 눈에 띄는 것은 그레고르가 모욕당한 자의 연기를 하고 있다는 위의 문장에서 'spielen'이라는 단어가 사용된다는 점이다. 왜냐하면 여기서 '연기하다'라는 의미로 사용된 이 단어는 원래 '놀이하다'라는 의미를 갖기 때문이다. 더욱이 이 단어는 나중에 파출부가 자신이 그레고르의 시체를 치웠다며 그레고르의 어머니에게 걱정할 필요가 없다고 말할 때[25] 사용한 '물건Zeug'이라는 단어와 연결된다. 원래 'Zeug'는 쓸모없는 물건을 가리킬 때 사용되는 단어로, 벌레로 변한 후 유용성을 상실한 그레고르의 상태를 지시하며 그를 가치 없는 사물로 비하하는 듯한 인상을 불러일으킨다. 하지만 이 단어가 앞의 'spielen'과 결합되면 '장난감Spielzeug'이라는 단어가 되는데, 이를 통해 그레고르에게 유희적 특성과 아이의 면모가 다시 살아난다. 즉 그는 자신의 죽음을 통해 오히려 놀이하는 아이의 특성을 갖

---

24 "Sie dachte, er liege absichtlich so unbeweglich da und spiele den Beleidigten; sie traute ihm allen möglichen Verstand zu."(V 194)

25 "옆방의 그 물건을 어떻게 치워야 할지에 대해서는 고민하실 필요 없어요.(also darüber, wie das Zeug von nebenan weggeschafft werden soll, müssen Sie sich keine Sorge machen.)"(V 198)

게 되는 것이다. 앞에서 살펴본 것처럼 그레고르는 그네나 팽이처럼 이리저리 흔들리고 빙빙 돌면서 도취 상태에 빠질 때 놀이의 주체이자 대상(장난감)이 되는데, 이러한 일링크스의 놀이에서는 자아의 죽음이 선포되고 주체와 대상의 이분법적 구분이 지양된다. 이는 병들고 노화한 그레고르, 즉 단일한 정체성에 갇혀 살던 그레고르가 자신의 자아를 파괴하고 다원적인 정체성을 지닌 놀이하는 아이로 새롭게 태어나는 것을 의미한다.[26]

이 소설에서 죽음이 비극적인 의미만 갖지는 않는다는 것을 밝히기 위해 그레고르와 그레테의 관계를 살펴볼 필요가 있다. 이 소설의 결정적인 장면마다 그레고르는 그레테에게 근친상간의 욕망을 드러내곤 한다. 가령 그레테가 어머니와 함께 그레고르의 방에서 가구를 치울 때, 그레고르는 모피 제품을 걸친 여인의 그림을 지키려 하며 그것마저 가져가려 한다면 그레테의 얼굴로 뛰어들 것이

---

26 권혁준은 '타자'라는 주제로 『변신』을 분석하며 인간이자 동물로서 그레고르가 지닌 혼종성에 주목한다. "혼종적 존재에 대한 묘사를 보면, 카프카는 인간을 복수의 주체로 구성된 분열된 존재로 파악하고 있음을 알 수 있다. 한 인간 속에 여러 다양한 주체가 있어 사물을 관찰하는 시선이 다르며 서로 대립해 나타날 수 있다. 통일적 존재로서의 인간상은 부정되고, 다양한 주체가 이데올로기적으로 또는 문화적으로 규정된 각 입장을 취하여 말하고 행동하는 것이다." 권혁준: 카프카 텍스트에서의 타자의 형상화. 『변신』과 『학술원에 드리는 보고』를 중심으로. 실린 곳: 카프카연구 32집(2014), 58쪽.

그런데 그레고르는 의식적 차원에서는 이러한 혼종성을 인정하기보다 오히려 인간으로서의 정체성을 고수하며 자신의 동물성을 부정하는 태도를 취한다. 다만 무의식적인 행동을 통해서 동물성을 드러낼 뿐이다. 이러한 관점에서 보면 소설 마지막의 그의 죽음은 인간으로서의 통일적인 정체성을 고수하려는 그레고르의 죽음을 지시하며, 이를 통해 억눌려 있던 그의 무의식의 타자들, 즉 다원적 주체성이 생겨난다.

라고 생각한다. 이 부분은 언뜻 보면 여동생에 대한 그레고르의 공격적 태도를 드러내는 것으로 읽히지만, 다른 한편 그 안에 내포된 성적 함의도 간과할 수 없다. 또 다른 결정적 장면인 그레테의 바이올린 연주 장면에서도 그레고르는 그녀를 자기 방으로 데려가 자신이 오래전부터 준비해 온, 그녀를 음악 학교에 입학시킬 계획을 이야기한 후 그녀의 목에 키스하겠다고 생각한다. 여기서는 더욱 분명하게 그레고르의 근친상간적 욕망이 표현된다.

그레고르와 그레테의 관계를 카프카의 또 다른 단편소설인 「시골 의사」에 등장하는 시골 의사와 하녀 로자의 관계와 비교해 보면 흥미로운 지점들이 발견된다. 시골 의사의 또 다른 자아인 환자의 상처 속에 벌레가 들어 있다면, 그레고르의 또 다른 자아인 벌레 속에는 상처가 들어 있다. 또한 시골 의사가 자신의 집에 있는 하녀에게 오랫동안 무관심하다가 그의 또 다른 자아인 마부를 통해 그녀를 로자로 부르며 성적 욕망을 드러내는 것처럼, 그레고르 역시 인간이었을 때 아마도 겉으로는 무관심했을 여동생에게 벌레로 변신한 후에는 성적 욕망을 드러낸다. 특히 그레테가 그레고르 방의 가구를 치우는 장면, 즉 그레고르가 그녀에게 성적 욕망을 은밀히 드러내는 장면에서 그녀가 여동생이 아닌 '그레테'라는 이름으로 등장한다는 사실에 주목할 필요가 있다.

또 한 가지 주목해야 할 점은 「시골 의사」에 등장하는 환자의 상처 속에 벌레가 들어 있으며 그것이 '장밋빛rosa'을 띠고 있다는 점인데, 이로써 환자의 상처는 같은 이름을 지닌 하녀 로자와 연결된다. 결국 이는 환자인 소년이 자신 안에 로자라는 여성을 내포하고 있음을 의미한다. 이로써 그는 성적인 경계를 은밀히 넘어선다.

그렇다면 혹시 『변신』에서도 마찬가지로 그레고르 속에 그레테가 들어 있으며, 이로써 그레고르 역시 남성성과 여성성이 뒤섞인 혼종적 존재가 되는 것은 아닌지 살펴볼 필요가 있다.

우선 여동생의 이름이 그레테인 점이 눈에 띈다. 왜냐하면 그녀는 오빠 그레고르와 이름 앞부분('그레Gre-')이 똑같기 때문이다.[27] 만일 그레테가 현실에서는 그레고르의 여동생으로 등장하지만 동시에 그레고르의 내면에 숨겨진 여성적 자아를 나타낸다면, 이 자아는 누구에 의해 호명되어야 할까? 그것은 바로 확고한 경계를 허물고 무한한 생성을 가능하게 하는 자궁을 지닌 어머니일 것이다. 흥미로운 것은 이 소설에서 실제로 어머니가 그레테의 이름을 두 번 부른다는 사실이다. 첫 번째는 그레고르가 벌레로 변신한 후 짐승 같은 소리를 내자 어머니가 울면서 그레고르가 아픈 것 같다며 "그레테! 그레테!"(V 131)라고 불러 의사를 데려오게 한 부분이다.[28] 그 이후 의사는 오지 않고 그레테도 한동안 '여동생'으로 지칭되다

---

27 야라우스와 야고는 『소송』의 주인공인 요제프 K(Josef K.)와 「여가수 요제피네 또는 생쥐 종족」의 주인공인 요제피네(Josefine)의 이름이 유사함을 강조하며, 요제피네가 카프카의 다른 소설에 나오는 주인공들의 계열에 포함된다고 말한다. Oliver Jahraus u. Bettina von Jagow: Kafkas Tier- und Künstlergeschichten. In: dies.(Hrsg.): Kafka Handbuch, 548-549쪽 참조.

두 사람의 이름에 모두 'Josef'가 들어가고 요제프가 회사원인 반면 요제피네가 예술가라는 설정은 『변신』에서 이름에 공통적으로 'Gre-'가 들어가는 그레고르와 여동생 그레테가 각각 회사원과 연주자라는 설정과 일치한다. 물론 전자는 서로 다른 작품의 주인공들이지만, 카프카가 이 두 인물의 이름을 정하는 데 있어 그레고르와 그레테의 관계를 염두에 두었을 것으로 추정된다.

28 그레고르의 어머니가 딸을 시켜 '의사'를 불러오게 하는 장면도 「시골 의사」를 연상케 한다. 또한 그레고르의 가족 구성원은 「시골 의사」에 등장하는 환자의 가족 구성원(아버지, 어머니, 여동생)과 정확히 일치한다.

가 가구를 옮기는 장면에서 그레테라는 이름으로 등장한다. 하지만 아버지가 그레고르에게 사과를 던져 심각한 상처를 입힌 후 그녀는 다시 여동생으로 지칭된다.

그러다가 여동생이 다시 그레테라는 이름으로 등장하는 것은 파출부가 그레고르의 시체를 발견한 후 소리쳐 그의 죽음을 잠자 가족에게 알리고 난 다음이다. 물론 시점 이론의 관점에서 보면 그레고르가 죽었기 때문에 더 이상 사건이 그의 시점에서 서술될 수 없으므로 아버지, 어머니, 여동생 대신 각각 잠자 씨, 잠자 부인, 그레테로 등장하게 된 것으로 설명할 수 있다. 하지만 다른 한편 하필이면 그레고르가 죽은 직후 그녀가 다시 그레테로 등장하게 된 점에 주목해야 한다. 더욱이 그때 잠자 부인이 "그레테, 잠시 우리 방으로 가자."(V 195)라고 말하며 그녀의 이름을 두 번째로 호명한다는 사실이 눈에 띈다. 그러고서 그레테는 어머니의 '침실'로 들어간다. 그레고르가 죽기 얼마 전 "자신이 사라져야 한다는 그의 생각이 아마 여동생의 생각보다 더 단호했을 것이다."(V 193)라며 그 스스로 죽음을 원했음이 암시된다. 따라서 그의 '자발적' 죽음 이후에 그와 이름이 유사한 그레테가 이름으로 등장하고 어머니가 그녀를 호명한 것은 의미심장하다. 왜냐하면 그레테가 마침내 자신의 이름으로 등장한 것이 그레고르의 죽음을 전제로 하기 때문이다. 즉 그레고르가 죽고 나서 자신의 여성적 자아인 그레테로 변신한 것으로 볼 수 있다.

「시골 의사」의 주인공의 또 다른 자아인 환자의 상처 속에는 죽음을 암시하는 상처뿐만 아니라 생명력을 상징하는 장미꽃, 즉 로자도 들어 있다. 즉 타나토스와 에로스가 함께 들어 있는 것이다.

그렇다면 그레고르의 상처 속에도 타나토스 외에 에로스, 즉 생명력이 숨어 있다고 생각할 수 있지 않을까? 이러한 맥락에서 소설의 결말을 읽어 보면 기존의 해석[29]과 완전히 다른 해석이 가능해진다.

> 서로 대화를 나누는 동안 점점 활기가 넘치는 딸을 보면서 잠자 부부는 거의 동시에 최근에 그녀가 자신의 뺨을 창백하게 만들었던 온갖 고통에도 불구하고 정말 아름답고 생기 있는 처녀로 피어났다는 생각이 들었다. 점점 말이 없어지고 거의 무의식적으로 시선을 교환하며 서로 소통하던 그들은 이제 그녀를 위해 착실한 남자를 찾아 주어야 할 때가 되었다고 생각했다. 전차가 목적지에 도착했을 때 딸이 승객 중 제일 먼저 자리에서 일어나 젊은 신체를 쭉 뻗었을 때, 이러한 행동은 그들에게 자신들의 새로운 꿈과 좋은 의도를 입증해 주는 것처럼 여겨졌다.(V 200)

---

29 기존 연구에서는 잠자 가족에게 짐과 같았던 그레고르가 죽은 후 가족이 다 함께 홀가분한 마음으로 소풍을 떠나는 것을 일종의 풍자로만 해석했다. 특히 「단식 예술가」의 마지막에 등장하는 활력 넘치는 표범처럼 이 소설에서도 여동생이 활력을 뿜어낼 때, 이러한 시민적 활력과 생명력은 오히려 풍자의 대상이 된다는 것이다. Fingerhut: Die Verwandlung, 56쪽 참조.

파이퍼도 카프카가 소시민적인 가족의 행복을 묘사하는 비더마이어적인 목가적 결말을 반어적 거리를 두고 서술하고 있다고 말한다. Pfeiffer: Franz Kafka, 59-60쪽 참조.

야라우스는 소설의 마지막 부분을 섹슈얼리티의 관점에서 해석한다. 그는 여동생에 대한 근친상간적 욕망을 지닌 그레고르가 죽은 후 마침내 부모님이 여동생의 시민적인 결혼을 생각할 수 있게 되었으며, 그녀의 팽팽하고 젊은 신체 역시 이러한 결혼 계획과 관련된 에로틱한 몸짓으로 나타난다고 주장한다. Jahraus: Kafka, 246-247쪽 참조.

앞의 인용문에서 그레테가 “정말 아름답고 생기 있는 처녀로 피어났다는”이라는 구절은 그녀를 꽃처럼 묘사하며 「시골 의사」에 등장하는 하녀 ‘로자Rosa’를 연상시키는데, 왜냐하면 환자의 ‘장밋빛 rosa’ 상처가 꽃 모양을 띠기 때문이다. 따라서 꽃처럼 피어난 로자에 대한 (시골 의사의 또 다른 자아인) 마부의 욕망은 꽃처럼 피어난 그레테에 대한 그레고르의 욕망에 상응한다. 또한 환자의 상처가 꽃 모양이며 그 안에 로자를 내포하고 있듯이, 벌레로 변신한 그레고르의 상처에는 활짝 핀 꽃처럼 생명력 넘치는 그레테가 들어 있다.[30] 여기서 꽃이 미학적인 것을 상징함을 고려할 때, 로자에 대한 마부의 욕망과 마찬가지로 그레테에 대한 그레고르의 욕망도 단순히 근친상간적인 성적 욕망의 의미로 제한되지 않으며 오히려 미학적인 생성에 대한 욕망,[31] 여기서는 성적 정체성의 경계를 넘어 강도적인 의미에서 여성으로 변신[32]하려는 욕망을 나타낸다.

---

30 갑충으로 변한 그레고르가 자기 방 밖으로 나온 모습을 처음 본 아버지는 깜짝 놀라 그를 방으로 내몰며 지팡이로 내리치는데, 그로 인해 그레고르는 심하게 상처를 입고 피를 흘린다. 여기서 그의 상처와 피는 「시골 의사」에 등장하는 환자의 장밋빛 상처에 상응하며 타나토스와 에로스, 즉 죽음과 생명을 모두 담고 있다.

31 “이러한 맥락에서 장미라는 꽃을 상징하는 로자에 대한 마부의 욕망을 단순히 성적인 욕망으로 환원해서는 안 된다. 오히려 로자에 대한 마부의 욕망은 통일적인 자아를 해체하고 다원적인 정체성을 생성해 내려는 욕망, 모든 것을 시점주의적으로 바라보며 다원적인 세계를 만들어 내려는 미학적인 생성에 대한 욕망을 가리킨다.” 정항균: “기뻐하라, 환자들아. 의사가 너희 침대에 눕혀져 있으니”. 「시골의사」에 나타난 생성에의 욕망과 모계사회의 질서. 실린 곳: 독어독문학(구 독일문학) 162권(2022), 344-345쪽.

32 이것은 그레고르가 실제로 여자로 변신하는 것이 아니라, 자신 안의 여성적 속성을 발산하며 남성과 여성의 성적 경계를 허무는 것을 의미한다.

점점 기력이 쇠약해져 죽은 그레고르와 반대로 여동생 그레테는 점점 활기가 넘치고 생기를 되찾는다. 부모님이 거의 '무의식적으로' 시선을 주고받으며 그녀를 위해 찾아 주려 한 착실한 남자는 바로 '그레고르'이다. 그레고르가 착실한 남성의 표본이기도 하지만, 나아가 그가 죽고 나서 그의 정체성이 파괴된 자리에 들어서야 할 사람이 그레테이기 때문에 그녀를 위해 그를 찾아 주어야 하는 것이다. 위의 구절이 단순히 걱정에서 벗어난 그레테의 신랑감을 찾아 주는 의미에 국한되지 않는다는 사실은 부모님의 '무의식적인' 시선 교환과 그들의 새로운 '꿈'이라는 단어를 통해 뒷받침된다. 이러한 무의식과 꿈은 그레고르의 죽음과 그레테의 활력이 현실적인 차원의 해석 이상의 의미를 지님을 의미한다. 즉 그것은 그레고르의 노쇠한 남성적 자아가 해체된 후 젊고 여성적인 또 다른 자아가 생성되었음을 보여 주는 것이다. 맨 마지막에 그레테의 '젊은 신체'가 강조되는 것도 이러한 맥락에서 이해할 수 있다. 그레고르의 죽음과 그레테의 탄생은 그레고르의 여성-되기와 아이-되기라는 두 가지 변신의 차원과 모두 연결된다. 따라서 이 소설의 제목인 '변신'은 그레고르가 벌레로 변신한 것뿐만 아니라, 그레고르가 그레테로 변신한 것을 가리키기도 한다.[33] 더욱이 이 소설은 그레고르가 이미 변신한 상태에서 시작되고 그레고르가 벌레로 변신하는 사건 자체는 일어나지 않기 때문에, 이 소설 내에서 일어난 유일한 변신하는

33 '변신'이라는 제목이 무엇을 지시하는지에 대한 또 다른 해석도 존재한다. "한 인간이 어느 날 아침 침대에서 벌레로 변한 자신의 모습을 발견한다는 사실이 아니라, 그로 인해 그의 가족에게 매장된 사람의 주변부적 삶이 '변신'이라는 제목을 받을 만한 것이다." Fingerhut: Die Verwandlung, 68쪽.

그레고르의 그레테로의 변신뿐이다.

이러한 주장을 뒷받침하기 위해 마지막으로 그레테가 지닌 아이의 모습과 소설 마지막에서 아이 모티브가 강조되는 구절을 살펴보고자 한다. 열일곱 살밖에 되지 않은 그레테는 집안에서 그레고르를 돌보는 유일한 사람으로서 시간이 지날수록 점점 큰 발언권을 가지며 어른처럼 행동한다. 그녀는 어머니보다는 아버지와 더 긴밀히 연결된 듯한 모습을 보이고 거의 아버지에 필적하는, 아니 아버지를 능가하는 권력을 휘두른다. 이렇게 보면 그녀는 아이의 세계보다는 어른의 세계에 속한 인물처럼 보인다. 하지만 이 소설에는 은연중 그녀의 아이 같은 모습을 언급하는 부분들이 나온다.

그레고르가 변신한 후 2주 동안 부모는 그레고르의 방에 들어가지 못한다. 심지어 어머니가 그레고르를 보려 해도 딸이 아버지와 합세해 말리며 그의 방에 들어가지 못하게 한다. 그레고르는 이러한 행동을 용인하면서도 마음속으로 어머니가 일주일에 한 번쯤은 자신을 보러 올 수 있지 않을까 생각한다. 이러한 그레고르의 시선으로 그레테의 유아적 특성이 언급된다.

> 그녀(어머니, 필자 주)는 여동생보다 모든 것을 훨씬 잘 이해했다. 여동생은 용기는 있었지만 아직 아이일 뿐이었고 본래는 어쩌면 아이 같은 경솔함 때문에 그런 힘든 임무를 떠맡았는지도 모른다.(V 159)

여기서 그레고르는 자신을 돌보는 그레테를 아직 세상 물정을 잘 모르는 철부지 아이로 깎아내리는데, 이처럼 표면적으로는 아이를 폄하하는 것처럼 보이지만 심층적으로는 오히려 그러한 아이-되기의 긍정성을 암시하는 서술은 카프카의 소설에서 빈번히 발견된다.

그레테가 지닌 아이의 특성은 그녀가 바이올린을 연주할 때 그레고르가 나타나 하숙인들을 놀라게 해서 그녀가 분노하는 장면에서도 잘 드러난다. 그레테는 이제 더 이상 이 괴물을 오빠의 이름으로 부를 수 없다며 그것으로부터 벗어나야 한다고 말하는데, 그러자 "아버지는 동정심과 눈에 띄는 이해심을 가지고 '얘야, 하지만 우리가 무얼 해야 하겠니?'라고 말했다."[34] 이처럼 무심하게 들어간 '아이Kind'라는 단어는 소설 마지막 장면에서 그레테가 "젊은 신체 ihren **jungen** Körper"(필자 강조)(V 200)를 쭉 뻗는 모습으로까지 연결된다. 이는 「단식 예술가」에서 단식 예술가가 죽고 나서 활력 넘치고 탱탱한 몸을 지닌 "어린 표범einen **jungen** Panther"(필자 강조)[35]으로 변신하는 장면과 유사하다.[36]

소설 마지막에서 언급되는 그레테의 '젊은 신체'가 지닌 중요성은 아버지가 아내와 딸과 함께 쫓겨난 하숙인들을 바라보는 장면에서도 나타난다.

---

34 "'Kind' sagte der Vater mitleidig und mit auffallendem Verständnis, 'was sollen wir aber tun?'"(V 190)

35 Franz Kafka: Ein Hungerkünstler. In: ders.: Drucke zu Lebzeiten, 349쪽. 이하 동일 문헌 인용 시 (H 쪽수)로 표기.

36 그레테의 "젊은 신체"에서 '젊다'는 말은 '늙은(alt)'이라는 말과 대조될 뿐만 아니라, 젊은 성인보다는 어린아이와 연결되기도 한다. 왜냐하면 카프카는 자신의 소설에서 인간의 무의식적인 신체성의 강렬한 발산을 동물로의 변신으로 표현하곤 하는데, 동물과 관련해 'Jungtier'라는 말은 '새끼'를 의미하며 '젊다'는 뜻이 아니라 '어리다'는 뜻을 갖기 때문이다. 따라서 카프카가 사람 내지 사람의 신체와 관련해 사용하는 'jung'이라는 표현은 종종 '아이'라는 함의를 내포하곤 한다.

그들은 난간에 기댄 채 세 신사가 어떻게 느리지만 계속해서 긴 계단을 내려오는지, 층마다 계단이 구부러지는 곳에서 사라졌다가 잠시 후 다시 나타나는지를 바라보았다. 그들이 아래로 내려갈수록, 그들에 대한 잠자 가족의 관심은 사라졌다. 그리고 한 푸줏간 아이가 머리에 광주리를 짊어지고 자부심에 찬 자세로 그들을 향해, 이어서 그들을 지나 걸어 올라올 때, 곧 잠자 씨는 두 여성과 함께 난간을 떠났고, 모두 한결 가벼운 마음으로 집으로 돌아갔다.[37]

위의 인용문에서 세 하숙인을 가리키는 단어 'Herr'는 영어의 'Mister'처럼 성인 남성을 부를 때 사용되는 호칭이기도 하다. 아이-되기 모티브와 관련해 생각하면 여기서 어른을 지시하는 단어가 사용되는 것이 눈에 띄는데, 더욱이 이 세 신사, 즉 어른들이 계단 아래로 내려간다는 사실이 의미심장하다. 반면 계단 위로 올라오는 인물은 '푸줏간 아이Fleischergeselle'이다. 물론 이 단어를 '푸줏간 점원' 정도로 해석할 수도 있지만,[38] 'Geselle'라는 단어에 '젊은이'나

37 "[A]n das Geländer gelehnt, sahen sie zu, wie die drei Herren zwar langsam, aber ständig die lange Treppe hinunterstiegen, in jedem Stockwerk in einer bestimmten Biegung des Treppenhauses verschwanden und nach ein paar Augenblicken wieder hervorkamen; je tiefer sie gelangten, desto mehr verlor sich das Interesse der Familie Samsa für sie, und als ihnen entgegen und dann hoch über sie hinweg ein Fleischergeselle mit der Trage auf dem Kopf in stolzer Haltung heraufstieg, verließ bald Herr Samsa mit den Frauen das Geländer, und alle kehrten, wie erleichtert, in ihre Wohnung zurück."(V 197 이하)

38 정윤희는 아감벤의 예외상태와 호모 사케르라는 개념을 이용해 멜빌의 「필경사

'아이'라는 뜻이 있기 때문에 이러한 번역도 가능하다. 또한 '푸주한'을 의미하는 'Fleischer'에는 '살Fleisch'이라는 단어가 들어 있으므로 살, 즉 신체와 아이(내지 젊은이)의 조합은 '젊은 신체'를 쭉 뻗은 그레테와 연결될 수 있다. 더욱이 푸줏간 아이가 계단을 내려가고 있는 세 명의 신사를 지나 계단 위로 올라올 때, 잠자 가족은 마침내 '가벼운 마음'이 되어 집으로 다시 들어간다. 가부장적인 어른의 세계를 지시하는 이 세 명의 하숙인이 계단 밑으로 내려가 마침내 완전히 사라져 버리는 것은 아직까지 그런 세계에서 완전히 벗어나지 못한 그레고르의 죽음과 상응하는 면이 있다. 반면 그러한 가부장적 질서의 몰락과 더불어 그와 대비되는 아이가 계단 위로 올라오며 마침내 이들보다 위에 서 있게 되는데, 이러한 모습을 본 잠자 가족은 안심하고 그곳을 떠난다. 이는 잠자 부부가 아이로 대변되는 생명력을 구현하는 그레테의 활기찬 모습을 보고 기뻐하는 것과 비슷하다. 이처럼 이 소설은 결코 비극적인 결말로 끝나지 않으며, 시선을 달리하면 그레고르의 죽음과 그의 또 다른 자아인 여성

바틀비」와 카프카의 『변신』을 분석한다. 여기서 정윤희는 『변신』에서 파출부가 잠자 가족에게 그레고르의 시체를 처리했다고 말한 후 푸줏간 점원이 머리에 들것을 이고 계단을 올라오기 때문에 이 두 장면이 서로 연관성이 있을 것으로 추정한다. 그리고 이로부터 푸줏간 점원이 그의 시체를 처리했을 가능성을 암시하며 이를 벌거벗은 생명으로서의 그레고르의 지위를 보여 주는 것으로 해석한다. "그레고르의 시체가 도축장 폐기물과 함께 처리되었을지 모르는 가능성은 더더욱 그레고르의 죽음이 벌거벗은 생명의 죽음과 다르지 않음을 명징하게 드러내 준다." 정윤희: 잠재성의 소유자들과 시대를 위한 전언. 아감벤의 논의에 의거한 「필경사 바틀비」와 「변신」 분석. 실린 곳: 카프카연구 30집(2013), 87쪽. 이러한 해석은 설득력이 있으며 이 장면이 지닌 양가성의 한 측면을 잘 보여 준다.

적이고 아이 같은 그레테의 탄생, 즉 또 다른 변신을 통해 긍정적으로 끝난다는 것을 알 수 있다.[39]

3. 변신의 진정한 의미: 생성적인 가모장적 (무)질서와 아이-되기의 연관성

들뢰즈와 가타리는 『카프카. 소수적인 문학을 위하여』에서 『변신』의 결말을 이렇게 해석한다. "[오이디푸스의] 과장되고 도착적인 이용은 모든 종류의 폐쇄를 퇴치하기에는 충분치 못하고, 동물적인 선과 같은 다른 삼각형들을 덮치는 가족 삼각형이 재구성되는 것을 퇴치하기에는 충분치 못하기 때문이다. 이런 의미에서 『변신』은 재오이디푸스화의 표본적인 이야기이다. 동물-되기 안에서 진행되는 그레고르의 탈영토화 과정은 어떤 시기에 차단된다. […] 그는 [아버지가] 던진 사과에 의해 재오디푸스화되고, 등에 박힌 사과로 인해 죽을 수밖에 없다. 이와 나란히, 좀 더 복잡하고 악마적인 삼각형 속에서 가족의 탈영토화는 더 나아갈 곳을 잃어버린다. 즉 아버지는 세 사람의 하숙인 관료를 쫓아내고, 오이디푸스적 삼각형의 가족주의적 원칙으로 되돌아가며, 가족은 그 자체로 평온하게 다시 폐쇄된다."[40] 들뢰즈와 가타리는 카프카의 소설에 나타난 동물-되기

39 많은 연구자는 이 소설이 메르헨과 공통점을 보이기도 하지만 메르헨과 달리 원래 상태로 돌아오는 변신이나 구원 같은 해결책을 제시하지 못하고 있음을 지적한다. "그러한 메르헨에서의 희망은 '현실의 시험'에 내맡겨진다." (Fingerhut: Die Verwandlung, 58쪽)라는 것이다. 이처럼 아이러니로 인해 이 소설의 결말을 메르헨적이라고 보기는 어렵지만, 그렇다고 해서 그 결말이 단순한 현실 풍자만을 보여 주는 것은 아니며, 오히려 메르헨과는 다른 의미에서 긍정적 면모를 보인다는 사실을 간과해서는 안 될 것이다.

의 해방적 의미를 올바로 인식하면서도 이 소설의 마지막에 묘사된 카프카의 죽음을 동물-되기의 종결이자 새로운 변신 가능성의 차단으로 해석한다. 이들은 이 소설에서 통일된 자아의 붕괴를 알리는 동물-되기가 자신들이 사용하는 개념인 절대적 탈영토화로까지 나아가지 못하고 있다고 말한다. 들뢰즈와 가타리는 동물-되기보다 더 유연하고 효과적으로 탈주할 수 있는 것은 여성-되기이고, 그보다 한 걸음 더 나아간 것이 아이-되기인데 이러한 연속적 되기와 변신이 『변신』에서는 이루어지지 못하며, 동물-되기가 다시 폐쇄적인 가족구조로 회귀하고 만다고 말한다.[41] 들뢰즈와 가타리의 이론은 분명 카프카의 작품을 긍정적으로 해석할 수 있는 가능성을 열어 주지만, 정작 그러한 가능성을 실현하지는 못하며 카프카 소설의 결말을 부정적인 맥락에서만 해석한다. 하지만 앞에서 살펴보았듯이, 그레고르는 동물-되기를 넘어 여성-되기와 아이-되기를 실현하고 있으므로 그의 죽음은 결코 모든 되기의 종결이 아닌 오히려 또 다른 시작이라고 할 수 있을 것이다.

카프카의 소설 『변신』의 제목은 그레고르가 벌레로 변하는 것을 가리키는 듯 보인다. 하지만 이 변신 자체가 중요한 것이 아니라 그러한 변신 후 그의 가족이 어떻게 반응하며 그를 대하느냐에 따라 벌레로의 진정한 변신이 완성된다며, 변신의 의미를 인간적인 관계 속에서 이해하려는 해석이 있다.[42] 또는 그레고르가 벌레로 변

40 들뢰즈· 가타리: 카프카, 40-41쪽.

41 "예컨대 『변신』에서 동물-되기의 실패가 유난히 그렇다(가족적 블록의 재구성). 여성-되기는 이미 그 유연성과 증식에서 훨씬 더 풍부한 것처럼 보인다. 어린이-되기는 이보다 더 나아간다." 들뢰즈· 가타리: 같은 책, 199쪽.

신한 후 아버지가 무력한 존재에서 거인으로 변하는 과정이나, 여동생이 아무짝에도 쓸모없는 철부지 아이에서 그레고르를 돌보고 그에 대한 결정권을 갖는 주체적인 모습으로 변하는 과정을 변신과 결부하는 해석도 있다.[43] 그러나 변신의 본래적 의미가 '신체가 변하는 것'이라고 한다면, 이러한 두 가지 경우 모두 엄밀한 의미에서 제목에 등장하는 변신과는 아무런 관계가 없다.

그레고르가 벌레로 변신하는 사건이 이 소설에서 중요한 의미를 갖는다는 사실을 부정할 수는 없지만, 그러한 벌레로의 변신이 소설 시작 전에 이미 일어났다는 점을 감안한다면 이 소설에서 진정한 변신이 일어나는 것은 소설의 시작이 아니라 마지막 부분, 즉 그레고르가 죽고 나서 그레테로 변신하는 장면이다. 이 소설에서 그레고르는 그레테에 대한 근친상간적 욕망뿐 아니라, 자신 속에 들어 있는 여성적 자아로의 변신에 대한 욕망도 갖는다. 그리고 이것은 성적인 욕망이 아니라 남성과 여성의 경계를 넘어서 새로운 주체성을 만들어 내려는 생성에 대한 욕망이다. 또한 단식과 상처로 병들고 점점 노쇠해 결국 죽음을 맞이하는 그레고르는 역설적으로 소설 마지막까지 놀이하는 아이의 모습을 드러내기도 하는데, 그레테로의 변신 역시 이러한 아이-되기의 맥락에서 이해할 수 있다.

또 다른 변신은 어머니와 관련된다. 이 소설에서 사건이 전개되면서 진정한 권력자로 등극하는 것은 사실 아버지와 여동생이 아

---

42 Fingerhut: Die Verwandlung, 68쪽 참조.

43 Fingerhut: 같은 책, 52쪽 및 Poppe: Die Verwandlung, 172-173쪽 참조.

니라 어머니이다. 표면적으로 어머니는 아들에 대한 동정과 사랑에도 불구하고 아버지와 딸의 지시에 따르며 순종하는 수동적인 모습으로 나타나지만, 심층적으로는 가부장적 질서를 뒤흔들고 전복하는 가모장적 (무)질서를 대변한다. 더욱이 그녀가 자신의 또 다른 면모를 보여 주는 파출부로 등장하는 것은 그레고르의 경우와 마찬가지로 그녀가 자아분열을 통해 자신의 도플갱어로 변신했음을 보여 준다. 다만 이러한 변신은 하나의 자아에서 다른 자아로의 이행이 아니라, 두 개의 서로 다른 자아가 병존하며 도플갱어로 등장하는 것이다.

아이-되기와 가모장적 (무)질서는 서로 긴밀히 연관된다. 크리스테바적인 의미에서 어머니의 자궁 속에 있는 아이와 어머니의 공생 관계는 출생 이후 아이가 들어서게 되는 가부장적인 법과 상징적 질서의 위력에도 불구하고 결코 사라지지 않으며, 예기치 못한 순간 갑자기 튀어나와 그러한 질서를 뒤흔들어 놓기 때문이다. 따라서 아이로의 변신은 퇴행이 아니라 오히려 전복적인 의미에서의 역행을 의미한다. 또한 이러한 가모장적 (무)질서는 결코 남성과 여성의 대립을 전제로 한 여성 우위의 사회를 의미하는 것이 아니며, 오히려 그러한 이분법적 질서를 허물고 다양한 생성을 가능하게 하는 생성적 체계를 의미한다. 여기서 어머니의 자궁은 비유적 의미를 지닐 뿐인데, 왜냐하면 모든 것을 미학적 시선으로 바라보는 아이는 자신의 자궁에서 끊임없이 새로운 것을 생성하기 때문이다. 이러한 의미에서 아이-되기는 생성적인 가모장적 (무)질서와 연결된다.

IV 「시골 의사」 생성에 대한 욕망과 가모장적 (무)질서*

1. 타나토스와 에로스: 동물 모티브와 생성에 대한 욕망

「시골 의사」는 시골 의사가 젊은 환자를 치료하러 갔다가 그가 불치병에 걸렸음을 확인한 후 그 집을 서둘러 떠나지만 자신의 집으로 돌아오지 못한 채 마차를 타고 영원히 배회한다는 내용이다. 이러한 줄거리는 환자를 구하러 갔다가 자신의 구원을 생각해야 하는 처지에 놓인 시골 의사의 비극적 상황을 보여 주는 것처럼 보인다. 이러한 첫인상이 과연 사실에 부합하는지를 판단하기 위해 이 작품을 좀 더 자세히 분석해 보자.

시골 의사는 멀리 떨어진 마을에 사는 어느 중환자를 치료하기 위해 마차를 타고 떠나려 하지만, 간밤에 자신이 갖고 있던 말이 과로로 죽어 낭패에 빠진다. 그때 갑자기 한 낯선 남자가 돼지우리에서 기어 나온다. 그리고 그가 "어이, 형제여, 어이, 자매여!"[1]라고 외

* 이 글은 『독어독문학』 162권(2022)에 게재된 필자의 논문을 수정·보완한 것이다.

1 Franz Kafka: Ein Landarzt. In: ders.: Drucke zu Lebzeiten, 253쪽. 이하 동일 문헌 인용 시 (L 쪽수)로 표기.

치자, 두 마리의 튼튼한 말이 우리에서 나온다. 말은 일반적으로 성적인 메타포로 많이 사용되며, 이 경우에는 더욱이 그것이 돼지우리라는 지저분한 공간에서 나타남으로써 음탕하고 불결한 성적 욕망의 의미가 더욱 강조된다.[2] 또한 이 두 마리의 말은 "옆구리가 튼튼하고 힘센 동물"(L 253)로 묘사되어 성적인 특성이 더욱 부각된다. 말이 등장한 비현실적 상황을 고려하면 그것이 실제 말을 가리키기보다는 시골 의사의 무의식적인 욕망을 상징한다고 볼 수 있을 것이다.

말이라는 동물과 형제자매 관계에 있는 마부의 비현실적 등장 역시 그가 현실 세계에 속한 인물이 아니라 시골 의사의 욕망을 상징하는 또 다른 자아임을 암시한다.[3] "사람들은 자신의 집에 어떤 물건을 쌓아 놓고 있는지 모르는 법이지요."(L 253)라는 하녀의 말은 비단 돼지우리에서 갑자기 튀어나온 말뿐만 아니라 마부에게도 해당된다. 이는 마부가 원래 시골 의사에 내재하지만 그에 의해 억압되어 낯설어진 타자로서의 또 다른 자아임을 암시한다. 그는 의식적으로 접근할 수 없으며 이름이 알려지지 않은 존재로서, 시골 의사의 무의식적 욕망을 나타낸다.

시골 의사는 하녀에게 치근덕거리는 마부에게 "너 짐승 같은 놈아."(L 254)라고 욕하며 그를 통제하려 하지만, 곧 그가 자신이 어찌할 수 없는 "이방인"(L 254)임을 깨닫는다. 말을 '짐승'이라고 폄

---

2 야라우스는 이 소설에서 말이 강력한 힘을 지니고 문틈이나 창문 같은 사잇공간을 침투하는 모습으로 자주 등장한다는 사실에 주목해 말을 성적인 힘과 생식에 대한 메타포로 해석한다. Jahraus: Kafka, 352-362쪽 참조.

3 Jahraus: 같은 책, 371-372쪽 참조.

하하는 데서 시골 의사가 인간 중심적인 생각을 지니고 있을 뿐만 아니라 자신의 동물적 욕망을 억누르고 있음을 알 수 있다. 이 소설에서 마부는 독일어로 'Pferdeknecht'로 표현되는데, '말Pferd'과 '노예Knecht'가 합쳐진 이 단어는 마부가 의사가 아닌 '말'이라는 동물에게 예속된 존재임을 암시한다. 또한 마부는 동물처럼 "네발로 기어 돼지우리를 빠져나온다."(L 253) 여기서 동물은 문자 그대로의 동물을 넘어서 인간에게 내재된 강렬한 신체성으로서의 동물성을 가리킨다. 따라서 거칠고 힘센 마부는 의사와 달리 이성적인 존재라기보다는 동물적인 생명력을 지닌 존재라고 할 수 있다. 이러한 마부는 의사의 지시에 따르지 않는 반면, 의사는 자신의 의도와 달리 말이 이끄는 마차에 이끌려 눈 깜짝할 사이에 환자의 집에 당도한다.[4]

앞에서 말한 동물 모티브는 의사가 환자의 몸에서 발견한 상처와 관련해서도 찾아볼 수 있다.

> 그의 오른쪽 옆구리, 허리 부근에 손바닥 크기만 한 상처가 벌어져 있었다. 장밋빛에, 다양한 음영을 띤 채, 안쪽 깊숙한 곳은 어둡고, 가장자리로 갈수록 밝아지며, 부드럽고 오돌토돌하고, 피가 고르지 않게 뭉쳐 있으며, 마치 땅 위의 광산처럼 열려 있었다. [···] 두께와 길이가 내 작은 손가락 크기만 하고 자신의 몸에서

---

4 하지만 무의식적 차원에서는 의사 스스로 이러한 여행에 대한 욕망을 지닌 것으로 보인다. 장혜순은 자신의 의무를 충실히 이행하는 모범적 시민인 시골 의사가 갑자기 등장한 마차에 "기쁜 마음으로"(L 254) 올라타려고 하는 데서 "모범시민의 사명감 밑에 억눌려진 숨겨진 욕망"(장혜순: 이미지로 읽는 카프카의 「시골의사」. 실린 곳: 카프카연구 16집(2006), 62쪽)의 표출을 확인한다.

> 나온 피로 얼룩져 장밋빛이 된 벌레들이, 상처의 내부에 들러붙은 채, 작은 하얀 머리와 수많은 작은 다리를 꿈틀거리며 빛을 향해 나온다. 가엾은 소년아, 너를 구할 수가 없구나. 나는 네 커다란 상처를 발견했다. 너의 옆구리에 생긴 이 꽃 때문에 너는 파멸하겠구나.(L 258)

젊은 환자의 몸속에서 꿈틀거리는 벌레는 카프카의 『변신』에 등장하는 벌레와 비슷하다. 이 벌레는 손은 없고 작은 다리만 엄청나게 많이 달려 있다. 인간은 다른 동물과 달리 직립 보행을 통해 손을 자유자재로 사용할 수 있는데, 이로부터 도구적인 인간의 특성이 생겨난다. 도구적인 인간은 합리적인 이성을 통해 자연을 개발할 뿐만 아니라 심지어 그것을 지배하고 있다고 생각하지만 오히려 자신의 내적 자연, 즉 욕망을 억압하는 대가를 치른다. 따라서 환자의 상처에서 발견된 벌레는 손의 결여를 통해 그가 도구적이고 목적 지향적인 인간의 모습에서 벗어나 있음을 보여 준다.

눈에 띄는 것은 환자의 옆구리에 상처가 있다는 점이다. 「학술원에 드리는 보고」에서 원숭이 빨간 페터는 총에 맞아 허리에 상처를 입는다. 인간에게 포획된 후 빨간 페터는 살아남기 위해 자신의 동물적 본성을 억누르며 인간 사회에 적응하려고 노력한다. 앞에서 언급한 상처는 동물(적 본성을 지닌 인간)이 인간 사회에 동화되기 위해 규범을 배우면서 생긴 상처로, "신체에 대한 폭력과 신체의 사회적 규범화"[5]를 상징한다. 마찬가지로 「시골 의사」에서 젊은 환자의

5 Jahraus: Kafka, 378쪽.

옆구리에 난 상처 역시 그가 자신에게 강요된 사회적 규범에 순응하면서 생긴 상처로 간주될 수 있으며, 이런 점에서 병약한 환자는 성적 에너지로 충만한 마부와 대립한다. 크레머는 이러한 맥락에서 젊은 환자를 "그의 거세된 또 다른 자아"[6]로 간주한다.

하지만 시민적인 삶을 충실히 수행해 온 시골 의사의 또 다른 자아인 병약한 환자가 활력이 넘치는 마부와 대립되는 것만은 아니다. 오히려 이 둘은 서로 맞닿는 측면이 있는데, 이를 이해하기 위해서는 환자의 상처에 들어 있는 타나토스와 에로스[7]의 의미를 자세히 살펴보아야 한다.

우선 눈에 띄는 것은 환자의 침대이다. 마부가 튀어나온 더러운 돼지우리와 환자의 침대는 언뜻 보면 서로 대립되는 듯 하지만, 환자의 침대가 "깃털 침대"(L 255)로 묘사되므로 환자에게도 동물적 특성이 부여됨을 짐작할 수 있다. 나아가 환자의 상처에는 벌레가 들어 있다. 벌레가 기어다니는 혐오스러운 모습은 돼지우리에서 튀어나온 마부 및 말과 연결되며 동물적 욕망을 지시한다. 그것은 이성적인 인간이 억압한 무의식적인 욕망이다. 이러한 동물적인 무의식적 욕망의 특성으로 인해 상처는 질병 및 죽음과만 연결되지 않고 역설적으로 생명력을 지시하기도 한다. 또한 이 상처의 '장밋빛rosa'은 마부가 욕망하는 대상인 하녀 '로자Rosa'와 연결된다. '장밋빛'을 띠는 이 상처가 '꽃'으로 지칭될 때 그것은 아름다움의 영역,

---

6 Detlef Kremer: Ein Landarzt. In: Müller(Hrsg.): Franz Kafka, 210쪽.

7 히벨도 이 상처에 들어 있는 타나토스와 에로스의 공존에 대해 언급한다. Hans H. Hiebel: Franz Kafka. Form und Bedeutung. Würzburg 1999, 173쪽 참조.

즉 미학적인 것과 관련을 맺는다.[8] 앞에서 벌레가 손이 없는 비도구적인 존재임을 강조했다면, 꽃 모양의 상처 속에 벌레를 지닌 환자는 예술가처럼 모든 것을 미학적 관점에서 바라보며 끊임없이 생성하고 창조하는 존재라고 할 수 있다. 카프카는 「아버지에게 드리는 편지」에서 자신을 벌레로 묘사하며 작가로서 글을 쓰기 위해 벌레로 변신할 필요성을 역설했다.[9] 이러한 의미에서, 「시골 의사」에서 벌레가 들어 있는 상처를 지닌 환자는 곧 벌레로 변신한 작가를 의미한다.

니체는 진리와 도덕을 미학으로 환원할 것을 요구했는데, 여기서 미학이란 모든 것을 시점주의적으로 해석하는 것을 의미한다. 달리 말해 선과 악, 진리와 비진리의 이분법을 벗어난 미학적 시선을 통해 세계를 바라볼 것을 요구하는 것이다. 그러한 인간은 삶의 행위 예술가로서 자신의 통일적인 정체성을 해체하고 자신에게 잠재된 다양한 주체성을 실현할 수 있다. 이러한 맥락에서 장미라는 꽃을 상징하는 로자에 대한 마부의 욕망을 단순히 성적인 욕망으로 환원해서는 안 된다.[10] 로자에 대한 마부의 욕망은 성적인 의미

---

8 Juliane Blank: *Ein Landarzt*. Kleine Erzählungen. In: Engel u. Auerochs(Hrsg.): Kafka Handbuch, 230쪽 참조.

카프카가 이 소설에서 미학적 차원을 강조한다는 것은 시골 의사가 환자의 집에 타고 간 마차를 처음 보고 한 말에서도 잘 드러난다. "나는 이렇게 아름다운 마차를 타본 적이 지금까지 한 번도 없었다."(L 254)

9 Kafka: Der Brief an den Vater, 192쪽 참조.

10 야라우스는 로자에 대한 마부의 욕망을 오직 성적인 욕망의 관점에서만 보고 있다. 그 때문에 그는 시골 의사가 집으로 돌아가지 못하고 로자가 마부의 폭력에 노출된 것을 부정적으로만 해석한다. Jahraus: Kafka, 371-380쪽 참조.

야고도 마부와 젊은 환자가 모두 남성적 욕망을 구현하지만, 결국 의사는 이

를 넘어 통일적인 자아를 해체하고 다원적 정체성을 생성해 내려는 욕망, 모든 것을 시점주의적으로 바라보며 다원적인 세계를 만들어 내려는 미학적인 생성에 대한 욕망을 가리키기도 한다.[11] 들뢰즈와 가타리는 욕망을 개인적인 차원을 넘어서는 무한한 생성에 대한 욕망으로 해석했는데, 로자에 대한 마부의 욕망 역시 같은 차원에서 이해해야 할 것이다. 이와 같이 로자에 대한 마부의 욕망을 새롭게 해석해야만 비로소 이 작품이 결코 비극적인 결말로 끝나지 않음을 이해할 수 있다.

「시골 의사」에 대한 기존의 연구에서 동물과 관련된 욕망은 종종 언급되곤 했지만, 그럼에도 이러한 욕망이 무엇을 의미하는지,

---

러한 욕망을 충족시키지 못하고 성적 욕망의 은폐된 구조 앞에서 도주한다고 말한다. 이처럼 야고는 마부와 젊은 환자의 욕망을 성적인 욕망과만 연결시키며, 의사는 성적 욕망이 충족되지 않은 한편 사회적인 존재로서의 책임도 더 이상 떠맡지 않으려 하기 때문에 불행하게 세상을 배회할 수밖에 없다고 말한다. Bettina von Jagow: *Der Landarzt*-Band. In: Jagow u. Jahraus(Hrsg.): Kafka Handbuch, 508-509쪽 참조.

11 김태환은 무의식의 논리를 따르는 마부가 로자라는 인물을 생성해 내었음을 강조한다. "현실 논리의 테두리 안에서 생각한다면, 하녀는 처음부터 로자였고, 낯선 사내가 모종의 경로를 통해 그 이름을 알아낸 것이라고 보아야 할 것이다. 하지만 무의식의 시나리오가 작성되는 대로 즉각 꿈세계가 나타난다는 꿈의 즉흥성에 대한 가정은 이와는 다른 해석을 가능하게 한다. 무의식은 말지기의 입을 통해 하녀를 로자로 명명하였고 하녀는 그 이후에 비로소 로자가 된다. 즉 로자라는 이름은 무의식에서 연원하여 꿈자아(시골 의사, 필자 주)의 의식에 이식된 것이다."(김태환: 꿈은 어떻게 만들어지는가. 카프카의 「시골의사」에 대한 (비)프로이트적 독해. 실린 곳: 카프카연구 38집(2017), 24쪽 참조).

이러한 생각을 조금 더 발전시켜 보면, 시골 의사와 달리 그에게 잠재된 또 다른 자아인 마부는 하녀를 하녀로만 바라보지 않고 다른 관점에서 그녀에게 접근하며 로자라는 존재를 생성해 낸 것으로 해석할 수 있다. 여기서도 단일한 정체성의 해체로 생겨난 마부의 생성적이고 창조적인 욕망이 확인된다.

또 그러한 동물의 등장을 구체적으로 어떻게 이해해야 하는지는 심도 있게 분석되지 못했다. 이 소설의 수수께끼 같은 장면들을 이해하기 위해서는 동물 모티브에 더 주목할 필요가 있다. 시골 의사는 처음 환자를 보았을 때 환자가 건강하다고 확신한다.

> 나는 어머니의 뜻에 따르고, 한 마리 말이 방의 천장을 향해 큰 소리로 히힝거릴 때 내 젖은 수염에 소스라치게 놀라는 소년의 가슴에 머리를 갖다 댄다. 그리고 내가 알고 있던 사실이 입증된다. 소년은 건강한 것이다.(L 256)

앞에서 마부가 말과 형제자매 관계에 있고 시골 의사의 또 다른 자아라고 말했는데, 그렇다면 말 역시 시골 의사에게 내재한 욕망을 가리킨다고 할 수 있다. 앞의 인용문에서 한 마리 말이 히힝거리며 울 때 의사는 소년의 상처를 발견하지 못하며 그가 건강하다고 오진한다.[12] 여기서 한 마리의 말만 히힝 소리를 내며 우는 것은 아직 시골 의사의 내면에 들어 있는 동물적 강렬함이 충분히 발산되지 못했음을 의미한다. 그 때문에 시골 의사의 또 다른 자아인 환자의 상처나 그 안에 들어 있는 벌레, 즉 동물이 나타나지 않는 것이다.[13] 하지만 말이 스스로 고삐를 느슨하게 풀고 환자의 방 창문

12 처음에 시골 의사가 환자를 진단했을 때는 상처가 보이지 않았지만 그렇다고 그가 건강하다고 말할 수는 없었다. 왜냐하면 환자의 병은 마음의 병이기 때문이다.

13 김태환에 따르면, 의사가 처음에 보지 못한 상처를 나중에 발견하는 것이 아니라 "무의식은 처음에 꿈자아에게 비교적 멀쩡한 소년을 보여 주고, 꿈자아가 이에 반응하여 소년을 침대에 두고 가버리려 하자, 이번에는 소년의 누나가 흔드

으로 머리를 넣어 그를 바라보는 모습에서, 의사의 또 다른 자아인 환자의 동물적인 잠재성이 서서히 깨어나고 있음을 알 수 있다.

환자는 자신의 방에 들어온 의사에게 "의사 선생님, 저를 죽게 내버려두세요."(L 255)라고 속삭인다. 여기서의 죽음을 물질적인 죽음으로 이해하면 뒤에서 그가 갑자기 다시 삶에 애착을 보인 이유를 제대로 설명할 수 없다. 그러한 관점에서 보면 그저 환자가 병이 없을 때는 죽고 싶어 하다가 실제로 죽을병에 걸리니 그제야 삶에 집착한다는 표면적인 해석만 가능할 뿐이다. 하지만 죽음에 대한 환자의 이러한 동경을 근대의 해부학적 시선을 지닌 이성적인 외과의사의 죽음 내지 그가 지닌 단일한 정체성의 죽음으로 해석한다면, 뒤따르는 그의 삶에 대한 욕망 역시 더 잘 이해할 수 있다. 단일한 자아의 죽음은 다원적인 정체성을 생성하기 위한 전제 조건이기 때문이다.

또한 주목해야 할 것은 소년뿐만 아니라 시골 의사도 자신의

는 피 묻은 손수건을 통해 다가올 것을 암시한 뒤 결국 거대하고 끔찍한 상처를 만들어 낸다. 진단이 번복된 것이 아니라 꿈세계 자체가 번복된 것이다. 원래 상처가 있었던 것이 아니라 무의식에 의해 상처가 새로 생성되었다는 것은 의사에게 환자의 병을 인정할 마음이 들고 나서 실제로 상처가 발견된다는 설정 속에도 암시되어 있다."(김태환: 꿈은 어떻게 만들어지는가, 31쪽)

환자의 상처가 의사의 오진 후에 발견된 것이 아니라, 무의식의 영향을 받아 비로소 생겨난 것이라는 김태환의 주장은 일리가 있다. 여기서 환자의 상처를 야기한 무의식의 영향 강화는 울음소리를 내는 말의 수적 증가, 즉 시골 의사의 동물적 자아의 강화를 통해 나타난다.

다른 한편 시골 의사가 환자를 처음 진료할 때 정말 환자의 상처를 발견하지 못했을 가능성도 배제할 수는 없다. 왜냐하면 이 소설에는 눈 모티브가 지속적으로 나오고 있고 외과의사의 해부학적인 시선 역시 패러디되기 때문이다.

신세를 한탄하며 은밀히 죽음에 대한 소망을 피력한다는 것이다.

> 나는 이 지역에 파견된 의사이기에 저 변두리까지, 거기까지 가기에는 과하다 싶은 생각이 들 지역에까지 가서 내 의무를 다할 것이다. 박봉이지만 가난한 사람에게 인색하지 않으며 그들을 기꺼이 도와주곤 한다. 나는 로자를 보살펴야 한다. 그러니 소년의 말이 옳을지도 모르며 나 역시 죽고 싶다.(L 256 이하)

위의 인용문에서 자신의 의무를 다하는 선량한 모범시민인 '나' 역시 죽음에 대한 소망을 피력한다. 그런데 이 말을 문자 그 자체가 의미하는 죽음을 넘어 단일한 자아정체성의 죽음으로 이해한다면 그의 죽음과 함께 다원적인 정체성의 새로운 생성을 기대할 수 있다. 이처럼 의사와 그의 또 다른 자아인 환자 모두 죽음에 대한 소망을 피력할 때, 비로소 환자의 몸에는 생명력의 원동력인 상처가 생겨나고 의사 역시 이를 발견할 수 있게 된다.

의사가 환자의 몸을 다시 살펴보며 내린 두 번째 진단과 이에 대한 환자의 반응은 앞에서와 상반된다. 이번에는 의사가 환자의 몸에서 회복 불가능한 병을 발견하는 반면, 환자는 삶에 대한 소망을 피력한다. 앞과 대비되는 이러한 상황을 제대로 이해하기 위해 이와 관련해 등장하는 동물 모티브를 좀 더 자세히 살펴볼 필요가 있다.

> 아, 이제 두 마리 말이 모두 히힝 하고 운다. 아마 더 높은 곳의 지시를 받은 말의 울음소리가 진찰을 쉽게 할 수 있도록 만들어 줄

것이다. 그리고 나는 이제 발견한다. 그래, 그 소년은 병든 것이다. 그의 오른쪽 옆구리, 허리 부근에 손바닥만 한 상처가 벌어져 있었다.(L 258)

위의 인용문에서 눈에 띄는 것은 앞에서와 달리 이제 '두 마리' 말이 히힝 하고 운다는 사실이다. 이처럼 히힝 소리를 내며 우는 말이 한 마리 더 추가되었다는 사실은 바로 시골 의사의 내면에 억압되어 있던 동물적 강렬함이 더욱 강하게 분출되고 있음을 의미한다. 그 동물적이며 강렬한 신체성이 이성적인 외과의사의 해부학적 시선으로는 포착할 수 없던 환자의 상처를 볼 수 있게 만들어 준 것이다. 또 한 가지 주목할 것은 이 두 마리의 말이 "더 높은 곳의 지시"를 받아 울음소리를 낸다는 점이다. 앞에서는 말 한 마리가 방의 천장을 바라보며 우는 데 그쳤다면, 이제는 두 마리의 말이 더 높은 곳의 지시를 받아 행동한다.[14]

"더 높은 곳의 지시"라는 표현을 통해 말이 어떤 종교적 맥락과 연관된 것이 아닌가 추측할 수 있다. 돼지우리에서 말과 함께 마부가 튀어나온 것이나 환자의 옆구리에 난 상처는 예수의 출생이나 십자가를 짊어진 예수의 고난을 연상시킨다. 또한 환자의 누이가 흔들고 있는 피에 젖은 손수건은 십자가를 짊어지고 가는 예수의 땀과 피를 닦아 주던 성녀 베로니카의 손수건을 연상시킨다.[15] 하지

---

14 말들이 맨 처음에 돼지우리에서 나올 때는 고개를 치켜드는 대신 낙타처럼 머리를 숙이고 있는 것으로 묘사된다. 이는 소설이 전개되면서 시골 의사의 무의식 속에서 동물적 강렬함이 점점 강하게 발산됨을 보여 준다.

15 Walter H. Sokel: Franz Kafka. Tragik und Ironie. München u. Wien 1964, 269

만 기독교에 관한 이러한 암시는 말이나 마부가 기독교와 연관성을 지님을 입증하기보다는 오히려 그것을 패러디하기 위해 사용된 것으로 볼 수 있다. 왜냐하면 마구간이 아니라 돼지우리에서 금욕적인 기독교의 예수 대신 욕망의 상징인 마부가 튀어나오고, 환자의 옆구리에 난 상처 역시 종교적인 박해 및 고난과는 무관하며 오히려 그 안에서 꿈틀거리는 벌레로 대변되는 욕망과 관련이 있기 때문이다.

하지만 기독교와의 연관성이 부정된다고 해서 두 마리의 말이 지닌 종교적 특성이 완전히 사라지는 것은 아니다. 시골 의사는 자신의 말이 죽고 없을 때 "신들"(L 255)이 부족한 말을 보내 주었다고 말하는데, 이로부터 일신교가 아닌 다신교가 이 소설에 나타나는 신성과 관련이 있음을 추측할 수 있다. 카프카는 독자가 이 소설을 종교적인 맥락에서 읽도록 유도한다. 왜냐하면 합창단이 노래를 부르고 의사의 옷이 벗겨지는 가운데 그가 희생제물로 바쳐지는 것처럼 보이기 때문이다.

합창단이 중요한 역할을 했던 그리스 비극의 기원은 디오니소스 축제로 거슬러 올라간다. 그런데 오늘날의 비극을 가리키는 개념인 "'tragodía'라는 단어는 '숫염소trágos'와 '노래oidé'의 합성어이며 '숫염소의 노래'로 번역될 수 있다."[16] 따라서 'tragodía'는 "숫염소를 희생제물로 바칠 때 부르는 노래"[17]이다. 염소가 디오니소스 제

쪽 및 280쪽 참조.

16 Richard Weihe: Die Paradoxie der Maske. Geschichte einer Form. Paderborn 2004, 124쪽.

의에서 희생제물로 바쳐지던 동물이라는 사실을 고려하면, 「시골 의사」에 등장하는 합창단 역시 디오니소스와 연관된 것으로 추측할 수 있다.

디오니소스 축제와 합창의 긴밀한 연관성은 그리스 비극의 이전 형태가 디오니소스의 추종자인 사티로스로 변신한 합창단의 합창으로만 이루어져 있다는 점에서도 잘 드러난다. 즉 그리스 비극의 이전 형태에는 오직 합창단만이 등장했으며 그 합창단의 구성원은 사티로스로 변장한 사람들이었다.[18] 사티로스는 대체로 인간의 모습을 하고 있지만, "말의 꼬리와 귀, 종종 또한 말발굽"[19]을 지닌 것으로 묘사된다. 음탕한 남성으로 등장하는 사티로스의 이러한 모습은 네발로 기어서 돼지우리를 나올 뿐만 아니라 자신이 말과 형제자매 관계에 있는 것처럼 말하는 마부를 떠올리게 한다. 또한 「시골 의사」에서 합창단이 환자의 침대 앞에서 노래를 부르기 전에 비현세적인 말들이 더 높은 곳의 명령을 받은 듯 히힝 하고 우는데, 이러한 말의 울음소리 역시 이후의 합창을 선취하며 디오니소스 신과 연결된다. 염소 및 황소와 더불어 말은 디오니소스의 신성한 동물 중 하나로 간주되므로,[20] 이러한 점에서도 높은 곳을 향해 히힝 소리를 내며 우는 말은 디오니소스 신과의 연관성을 드러낸다.

물론 앞에서 시골 의사가 환자의 침대에 눕혀질 때 희생제물이 되는 것은 숫염소가 아니라 인간이라고 반박할 수도 있을 것이다.

---

17 같은 곳.

18 Weihe: Die Paradoxie der Maske, 126쪽 참조.

19 Weihe: 같은 책, 105쪽.

20 Weihe: 같은 책, 106쪽 참조.

하지만 이 장면을 자세히 살펴보면 시골 의사와 숫염소 사이의 연관성이 암시된다. 그 연관성을 보여 주는 것은 다름 아닌 시골 의사의 수염인데, 그의 수염은 환자의 어머니가 그를 환자의 침대로 데려갈 때 처음으로 언급된다. 한 마리의 말이 환자의 방 천장을 쳐다보며 크게 소리 내어 우는 동안 의사는 환자의 가슴에 머리를 갖다 대고, 이때 환자는 의사의 땀에 젖은 수염 때문에 소스라치게 놀란다. 여기서 왜 환자가 의사의 수염 때문에 소스라치게 놀라는지 궁금증이 생기는데, 이는 수염에 내포된 동물적 욕망과 관련이 있다. 그의 수염은 숫염소의 수염, 나아가 사티로스의 염소수염을 상기시키며, 특히 그것이 젖어 있다는 것은 시골 의사의 성적 욕망을 암시한다. 나아가 합창단이 의사가 치료하지 못하면 그를 죽이라는 가사의 노래를 부를 때, 그는 이렇게 묘사된다. "그러고 나서 나는 옷이 벗겨졌고, 수염에 손가락을 갖다 대고 머리를 숙인 채 사람들을 조용히 쳐다본다."(L 259) 희생제의를 떠올리게 하는 이 장면에서 또다시 시골 의사의 수염이 언급된다. 더욱이 앞서 디오니소스 제의에서 숫염소가 희생제물로 바쳐졌다고 했는데, 마찬가지로 희생제물로 바쳐지는 듯한 시골 의사의 수염이 강조됨으로써 그는 숫염소라는 동물적 지위를 갖게 된다. 나아가 시골 의사의 벌거벗은 모습과 염소수염은 반인반수인 사티로스를 연상시키며 그에게 내재된 동물적 특성을 암시한다.[21]

디오니소스에게 동물은 보조 정령인 동시에 신 자신의 다양한

21 사티로스는 헬레니즘 문화 이후 숫염소의 특징을 갖는 것으로 묘사된다. 그래서 뿔과 수염이 달린 채 벌거벗은 모습으로 등장하곤 한다.

정체성이므로 디오니소스의 전신은 샤먼이라고 할 수 있다.[22] 특히 시베리아의 샤먼이 유명한데, 이런 맥락에서 이 소설의 눈보라 치는 추운 날씨가 눈에 띈다. 샤먼은 제의에서 정신적 여행을 떠날 때 자유롭게 동물로 변신하기도 하고 희생제물로 바친 동물의 생명을 상징적으로 되살리는 의식을 집행하기도 한다. 인간과 동물의 경계를 넘나들고 죽음과 삶을 상징적으로 교환하는 샤먼은 명확한 경계와 위계질서를 토대로 하는 농경사회와 대립되는 원시 유목사회에 존재한다. 이 소설에서도 이러한 유목사회에 대한 암시가 나온다. 가령 소설 초반부에 돼지우리에서 나온 두 마리의 말이 "잘생긴 머리를 낙타처럼 숙이며"(L 253) 등장하므로, 낙타 같은 말을 우리에서 끌고 나온 마부는 사막의 유목민과 같은 특성을 지닌다고 할 수 있다.[23]

물론 카프카가 이 소설을 통해 그리스 시대나 원시사회에서처럼 디오니소스 신이나 동물 신을 숭배하도록 요구하는 것은 아니다. 다만 디오니소스 신이나 샤먼이 다양한 동물로 변신해 인간과 동물의 경계를 허물고 삶과 죽음을 상징적으로 교환하며 동물을 신성시한 것처럼, 카프카는 이성 중심적이고 통일적인 자아정체성을 강조하는 현대사회에서 그로 인해 억압된 다양한 내적 욕망과 정동을 들뢰즈와 가타리가 말한 동물-되기, 즉 강렬한 신체성의 발산을 통해 해방하려 하며, 이러한 의미에서 동물에 대한 신성화를 추

---

22 Weihe: 같은 책, 106쪽 참조.

23 단편소설 「시골 의사」가 두 번째 소설로 실려 있는 소설집 『시골 의사』에는 말이나 기수를 모티브로 다루는 작품이 많이 등장한다. 그 가운데 하나인 「낡은 책장(Ein altes Blatt)」에는 말을 타는 유목민이 등장한다.

구하는 것이다. 소설 마지막에서 "현세적인 마차와 비현세적인 말들"(L 261)이 언급되는 것도 이러한 맥락에서 이해할 수 있을 것이다.

합창단은 의사가 환자를 치유하지 못하면 그저 의사일 뿐이니 그를 죽이라고 요구하는데, 이러한 살인 역시 근대적 이성을 상징하는 의사[24]의 죽음, 곧 단일한 정체성과 이성의 죽음을 암시하는 것으로 볼 수 있다. 이처럼 숨 막히는 이성과 도구적 이성의 세계에서 벗어나 그 세계를 대표하는 의사를 죽여야만 병에 걸린 환자의 진정한 치유와 다원적인 정체성의 탄생이 가능해진다.

이러한 맥락에서 의사가 젊은 환자의 불치병을 확인했을 때 왜 환자가 앞에서와 달리 살고 싶다고 말했는지를 이해할 수 있다. 여기서 "젊은 환자는 자신의 상처 속의 생명에 완전히 현혹되어 '저를 살려 주시겠어요'라고 흐느끼며 속삭인다."(L 258) 여기서 주목할 점은 환자의 상처가 단순히 질병의 의미만을 갖지 않고 오히려 '생명'과 연결된다는 점이다. 환자의 상처 안을 기어다니는 벌레가 의사 안에 숨어 있는 동물적 욕망을 가리킨다고 한다면, 이러한 동

24 "마치 근대의 계몽주의가 전제주의의 어둠을 계몽의 빛으로 밝혀 개선하려고 하듯이, 임상의학의 외부적 관찰과 해부학의 내부적 시선은 어둠 속에 가려져 있던 질병의 원인을 가시화하여 치료하려고 한다."(정항균: 메두사의 저주. 시각의 문학사. 문학동네 2014, 340-341쪽.) 그 때문에 특히 "의사의 해부학적 시선은 근대의 시선을 대변하는 것으로 문학작품에서 형상화되곤 한다."(정항균: 메두사의 저주, 341-342쪽.) 외과의사로 등장하는 시골 의사 역시 이러한 근대적 시선을 대변하기는 하지만, 병을 고칠 수 없는 그의 무능력이나 의사 자신이 환자로 바뀌는 역설적 상황으로 인해 오히려 근대의 이성이 지닌 한계를 드러내는 인물로 나타난다.

물적 욕망은 단일한 자아정체성을 파괴하는 생성에 대한 욕망 내지 강렬한 생명력을 나타낸다. 따라서 환자는 이제 자신의 병으로 인해 단일한 자아정체성의 죽음을 경험한 후 숨겨진 다양한 주체성을 탄생시키는 새로운 삶에 대한 욕망을 표출하고 있는 것이다.

2. 가모장적 (무)질서와 아이-되기

크레머는 잘못 울린 종소리에 집을 나왔다가 다시는 집으로 돌아갈 수 없게 된 시골 의사의 상황을 명백히 절망적인 것으로 규정한다.[25] 대부분의 해석은 이러한 관점을 견지하지만 과연 정말 그런지 이 소설을 좀 더 꼼꼼히 읽어 볼 필요가 있다.

먼저 말 두 마리와 마부가 튀어나오는 돼지우리라는 공간에 대한 소설 초반의 묘사를 살펴보자. "이 돼지우리는 오래전부터 사용되지 않았으며"(L 253), "그 안에 있는 희미한 전등은 한 줄에 대롱대롱 매달려 흔들거리고 있었다."(L 253) 이는 『선고』에서 게오르크 벤데만의 어머니가 죽은 후 오랫동안 방치된 아버지의 어두운 방에 대한 묘사와 유사하다. 여기서 아버지의 방은 어머니의 자궁을 연상시키는 무의식의 세계를 상징하는 것으로 해석되며,[26] 이러

25 Kremer: Ein Landarzt, 212쪽 참조.

26 "아버지의 방은 '작은 복도를 지나'야 갈 수 있는 '어두워서 견디기 어려울 지경'인 공간인데, 아버지는 창문도 닫고 지내기 때문에 공간의 폐쇄성과 어두컴컴함이 더욱 강조된다. […] 공포 영화에서 보이는 밝은 공간과 어두운 공간의 대비에서 어두운 공간에 해당하는 아버지의 방은 크리드가 말하는 원초적 장면이 벌어지는 공간, 즉 어머니의 공간이라 할 수 있다. 그렇다면 우리는 아버지를 드라큘라 백작이나 〈에일리언〉에 등장하는 괴물과 같은 '원초적 어머니의 대리자'라 할 수 있을 것인데 […]" 정성욱: 카프카의 「선고」와 「단식 예술가」에 형상화

한 해석은 「시골 의사」에 등장하는 돼지우리에도 적용될 수 있다. 왜냐하면 그곳의 "낮은 칸막이 공간에 한 남자가 쪼그리고 앉아 있기"(L 253) 때문이다. 마치 태아가 어머니의 자궁에 들어 있듯이 한 남자, 즉 마부 역시 좁은 공간에 쪼그려 앉아 있다. 또한 마부가 '형제자매'로 부른 두 마리의 말이 "그것들이 꽉 채우고 있던 문구멍"(L 253)으로부터 빠져나오는 것은 자궁에서 빠져나온 아이의 출생을 연상시킨다. 이처럼 오랫동안 방치되고 문도 부서져 있던 돼지우리는 이제 제대로 기능하기 시작하며 의미 있는 공간으로 변한다. 이는 어머니의 자궁으로 대변되는 가모장적 세계가 이 소설의 지배적인 공간으로 등장하게 되었음을 의미한다.

크리스테바에 따르면, 어머니와의 공생 관계에서 벗어난 아이는 언어를 습득하고 사회적 규범과 질서를 배우면서 아버지의 세계로 들어간다. 이때 그는 어머니의 몸을 혐오스럽고 역겨운 비체(卑體), 즉 아브젝트로 간주하며 억압하고 경계에서 배제하려 하지만, 이러한 아브젝트는 결코 사라지지 않고 그의 무의식 속에 살아남아 아버지로 대변되는 상징적 질서를 위협하고 심지어 그것을 전복한다.[27] 「시골 의사」에 등장하는 돼지우리 역시 그 지저분함 및 자궁과의 연관성으로 인해 아브젝트의 특성을 지니는데, 이러한 아브젝트의 속성은 혐오스러움을 자아내는 마부나 벌레가 들어 있는 환부에서도 나타난다. 이 소설에서 마부와 환자는 모두 의사가 대변하는 가부장적 사회질서를 뒤흔들고 전복하는 역할을 수행하는 동시

된 '주체의 죽음'이 갖는 의미 비교, 37-38쪽.

27 박주영: 영원히 지워지지 않는 흔적, 221쪽 참조.

에 아브젝트로서 가모장적 세계와 연결되어 있다.

시골 의사는 자신의 의사와 상관없이 마부의 신호로 움직인 마차에 이끌려 환자의 집에 도착한다. "눈보라는 그쳤다. 주위에는 달빛이 비친다. 환자의 부모님이 집에서 서둘러 나온다."(L 255) 여기서 특히 환자의 집 주변을 비추고 있는 달빛에 주목할 필요가 있다. 왜냐하면 달빛은 시골 의사가 도착한 환자의 집이라는 새로운 공간을 규정하는 중요한 구성 요소이기 때문이다. 이는 반복해서 등장하는 달빛 내지 달에 대한 언급에서 확인할 수 있다. 오늘날 인류는 열두 달을 1년으로 계산하는 태양력을 사용하지만, 과거에는 이와는 다른 계산법을 사용했다. "우리는 모계 문화권에서는 1년을 12달이 아닌 13달로 나누었다는 사실을 알 수 있다. 각각의 달이 28일로 이루어져 있었기 때문이었다. 모계 시대에는 월경의 주기가 특히 중요했기 때문에, 심지어는 달의 주기가 신성한 특성을 부여받기도 했다. […] 그러다가 가부장제로 이행하는 과정에서 13은 그 지위를 박탈당하게 되었던 것이다."[28] 이처럼 모권사회와 연관된 달이 환자의 집 주변을 비추고 있다는 사실은 그의 집이 가모장적 (무)질서가 지배하는 공간임을 암시한다.

시골 의사를 환자의 집으로 데려온 말들이 더 높은 곳의 지시를 받고 울음소리를 내는 장면 역시 디오니소스와 사티로스가 아닌 모권사회적인 맥락과 연관시켜 이해할 수도 있을 것이다. 인류의 초기 역사에서 말은 암말이나 여자 기수로 묘사된 대지의 여신과 관련이 있었고, 고대 그리스에서도 말은 아르테미스, 데메테르, 헤

28 오토 베츠: 숫자의 감춰진 비밀. 배진아·김혜진 옮김. 푸른 영토 2009, 162-163쪽.

카테 같은 달의 여신에게 바쳐졌다.[29] 따라서 달빛이 비치는 환자의 집에서 말들이 더 높은 곳을 바라보며 히힝거리는 것은 가모장 사회 여신들과의 뚜렷한 연관성을 보여 준다.

환자의 집에 들어선 시골 의사는 우선 환자 가족에 대한 자신의 우위를 의식하며 자신의 권력을 끊임없이 확인하려 든다. "부모님은 말없이 몸을 앞으로 숙이고 내 판결을 기다린다."(L 255) 여기서 시골 의사는 자신이 마치 판결을 내리는 재판관인 것처럼 인식하는데, 이는 나이 든 그가 가부장적인 질서와 가치를 구현하며 그러한 세계의 법정을 대변하고 있음을 보여 준다.

하지만 그의 우위는 이내 깨지고 만다. 핀셋을 들고 촛불에 비춰 보던 그의 시선 대신 이제 고삐가 느슨해진 두 마리의 말이 열린 창문에 머리를 들이밀고 환자를 바라본다. 다시 말해 욕망에 찬 말의 시선이 과학적이고 이성적인 의사의 시선을 대신해 환자를 바라보며 그에게 숨겨진 욕망을 일깨운다. 또 한 가지 눈에 띄는 것은 "더워서 내가 몽롱한 상태가 되었다고 믿는 환자의 누이가 내게서 모피 외투를 벗기도록 내가 내버려둔다."(L 256)라는 사실이다. 앞

---

29 Friedrich Schröder: Die weiße Schlange. Annäherung an ein Ursymbol in einem Märchen der Gebrüder Grimm. Stuttgart 2013, 45쪽 참조.

그러나 원래 헤카테 여신은 달의 여신이 아니라 대지모신이자 태양의 여신이었다. 태양신과 대지의 신이 각각 남성과 여성으로 분리된 고대 그리스 신화와 달리, 헤카테 여신에게서는 이 두 신이 하나로 결합된다. 대지모신인 헤카테는 밤에는 태양을 자신의 품에 받아들였다가 아침에 다시 바깥세상에 내놓는다. 헤카테 여신은 이후에 아르테미스 여신과 동일시되거나 비교되면서 달의 여신의 특성을 갖게 된다. Thomas Lautwein: Hekate. Die dunkle Göttin. Rudolstadt 2009, 34쪽과 36-37쪽 참조.

에서 마부가 두 마리의 말을 형제자매라고 불렀는데, 이때 말이 누이와도 연결될 수 있음에 주목해야 한다. 시골 의사의 집에서 마부가 남성적 욕망을 상징하며 하녀를 겁탈하려 한다면, 환자의 집에서는 환자의 누이가 의사의 옷을 벗기며 여성적 욕망을 발산한다. 이로써 단순히 욕망의 대상으로만 여겨지던 여성이 욕망의 주체로 나타난다.

여기서 '모피 외투'는 중요한 의미를 갖는다.[30] 자허마조흐의 『모피 외투를 입은 비너스』에서 모피 외투를 입은 여인은 가부장적 질서를 대변하는 남성을 채찍질함으로써 그 질서를 파괴하고 해방적인 가모장적 (무)질서를 열어 주기 때문이다. 흥미로운 것은 「시골 의사」에 모피 외투뿐만 아니라 채찍도 등장한다는 것이다. 마부가 하녀의 뺨에 자기 뺨을 갖다 대어 상처가 나자 의사는 "채찍을 맞고 싶으냐willst du die Peitsche?"(L 254)라고 말하지만,[31] 곧 그가 이방인이라는 사실을 깨닫고 한발 물러선다. 그런데 위의 독일어 문장은 '채찍을 갖고 싶으냐?'로 해석될 수도 있다. 이 경우에는 오히려 시골 의사 자신이 채찍에 맞고 싶다는 뜻으로 해석되어 그의 마조히즘적 성향을 지시한다. 또한 이 소설에서는 마부가 시골 의사보다 더 강력한 존재로 등장하기 때문에 시골 의사가 마부를 채찍질하기보다는 마부가 시골 의사를 채찍질하는 것이 더 개연성이 높을

30 소설 마지막에 시골 의사가 환자의 집을 도망치듯이 빠져나올 때 "옷, 모피 외투, 가방"(L 260)을 재빨리 챙기는 것으로 묘사된다. 모피 외투 역시 옷에 포함됨에도 여기서 특별히 이를 따로 언급하는 것은 모피 외투가 이 소설에서 갖는 특별한 의미를 암시한다.

31 이로써 시골 의사는 가부장적 폭력을 행사하려 한다.

것이다. 따라서 가부장적 질서를 대변하는 시골 의사가 어머니의 자궁에서 나온, 즉 가모장적 (무)질서의 대리자인 마부에 의해 채찍질당하는 것은 가부장적 질서의 파괴 내지 전복을 의미하는 것으로 해석할 수 있다.

이러한 해석은 「시골 의사」와 함께 단편집 『시골 의사』에 들어 있는 또 다른 단편 「낡은 책장Ein altes Blatt」(1920)에 의해 뒷받침된다. 이 소설에서는 화자인 내가 살고 있는 수도에 북방의 유목민들이 침입한다. 이들은 깨끗하고 잘 정돈된 도시를 돼지우리로 만들어 버리는데, 이는 돼지우리에서 튀어나온 「시골 의사」의 마부를 떠오르게 한다. 또한 수도에 살고 있는 정주민인 화자의 민족은 북방에서 온 유목민들로 인해 "사나운 말들에 짓밟히거나 아니면 채찍질당하며 상처 입을"[32] 위험에 처한다. 이 소설에서는 「시골 의사」의 마부에 해당하는 유목민들이 정주민들을 채찍질하는 명시적인 주체로 등장하는데, 이로부터 마부 역시 시골 의사에게 채찍질당하는 존재가 아니라 오히려 반대로 그를 채찍질하는 존재임을 유추할 수 있다.

이 소설에서 채찍이 갖는 이러한 의미에 기반해, 모피 외투 역시 단순한 권력의 상징이 아니라[33] 가모장적 (무)질서 및 권력의 상징으로 간주되어야 할 것이다. 「시골 의사」에서 환자의 누이는 시골 의사의 모피 외투를 벗기며 근친상간적 욕망을 드러내고(그녀의

32 Franz Kafka: Ein altes Blatt. In: ders.: Drucke zu Lebzeiten, 264쪽.

33 야라우스는 모피 외투를 단순히 권력이나 섹슈얼리티에 대한 상징으로 해석하는데, 이러한 해석은 이 소설 전반에 깔려있는 가모장적 (무)질서를 간과한다. Jahraus: Kafka, 375쪽 참조.

오빠인 환자는 시골 의사의 또 다른 분열된 자아이기 때문), 시골 의사 역시 그것을 은근히 허용함으로써 무의식적으로 가부장적인 질서와 규범에 도전한다. 또한 가모장적 (무)질서와 법의 상징인 모피가 그녀의 손에 들어감으로써 이 집에서의 가모장적 (무)질서는 더욱 강화된다. 물론 의사는 환자의 아버지가 권하는 럼주를 거부하며 여전히 이성적인 모습을 보이지만, 이번에는 "환자의 어머니가 침대 맡에 서서 나를 그리로 이끈다. 나는 그녀의 뜻에 따르고, 한 마리 말이 방의 천장을 향해 큰 소리로 히힝거릴 때 내 젖은 수염에 소스라치게 놀라는 소년의 가슴에 머리를 갖다 댄다."(L 256) 카프카의 소설에서 특별한 의미를 갖는 침대라는 공간에 어머니가 의사를 데려가는 것은 의미심장하다. 이는 이성적인 의사를 꿈과 환상의 공간으로 데려간 사람이 바로 어머니, 즉 모권사회의 대변자임을 의미한다. 바로 그 순간 욕망의 상징인 말이 히힝 하고 운다는 점도 눈에 띈다. 즉 경계를 뛰어넘어 새로운 것을 생성해 내려는 욕망이 서서히 작동하기 시작하는 것이다. 물론 아직까지는 한 마리의 말만 소리 내어 울고 시골 의사가 환자의 상처를 발견하지 못했지만, 의사가 이 가모장적인 공간에서 점점 주도권을 잃고 있음을 알 수 있다. 그 때문에 그는 자신도 어린 환자처럼 죽고 싶다고 말한다.

하지만 시골 의사는 다시 집에 두고 온 로자를 생각하며 가방과 '모피 외투'를 달라고 손짓한다. 그런데 "환자의 아버지는 손에 든 럼주 냄새를 킁킁거리며 맡고 있고, 아마도 내게 실망한 어머니는 […] 눈에 눈물이 가득한 채 입술을 깨물고 있으며, 누이는 피로 흥건한 손수건을 흔든다."(L 257 이하) 여기서 술잔을 든 아버지는 더 이상 가부장적인 아버지가 아니라 『선고』에서처럼 어머니와 동맹을 맺은 아버지이다. 특히 그가 동물처럼 킁킁거리며 냄새를 맡을 때 동물적인 욕망의 세계와 결부된 아버지의 모습을 확인할 수 있다. 또한 어머니는 환자를 치료하는 대신 모피 외투를 챙겨 떠나려는 시골 의사에게 실망을 감추지 못한다.

나아가 어머니는 실망에 차 자신의 입술을 깨무는데, 이 행동은 마부가 하녀 로자의 뺨을 깨물어 난 두 줄의 상처와 연결된다. 뒤에서 살펴보겠지만, 환자의 장밋빛 상처 역시 어머니와 긴밀히 연결되어 있다. 크레머는 어머니의 이빨을 '이빨 달린 질vagina dentata' 및 거세 모티브와 연결시킨다.[34] 그런데 이를 남성을 거세시키는 여성에 대한 공포 및 여성에 대한 남성의 편견이라는 관점에서 살펴보아서는 안 된다. 정반대로 카프카는 여기서 '이빨 달린 질'을 통해 가부장적 사회질서를 공격함으로써 오히려 다양한 창조적 생성을 가능하게 하고자 한다. 여기서 이빨이 공격의 의미를 갖는다면 질은 창조적 생성과 연결된다. 따라서 마부가 하녀의 뺨을 깨물어 상처를 내는 것을 단순히 여성에 대한 성폭력의 관점에서만 바라보아서는 안 된다. 마부의 깨묾과 어머니의 깨묾은 서로 연결되며, 로자에 대한 마부의 욕망은 궁극적으로 어머니의 세계에서 비롯된 것이기 때문이다. 이는 마부가 자궁을 상징하는 돼지우리에서 나온 것

---

34 Kremer: Ein Landarzt, 205쪽 참조.
그러나 크레머는 이 거세 모티브를 가모장적 (무)질서와 연결시키지 못하고 단지 성적인 맥락에서만 이해하는 한계를 보인다.
신화에서 대지의 여신 가이아는 우라노스의 폭력과 전횡에 화가 나서 아들인 크로노스에게 그를 거세해 죽일 것을 명한다. 이에 따라 크로노스가 낫으로 아버지를 거세한 사건은 가모장적 질서에 의한 가부장적 질서의 전복을 의미한다.

을 통해서도 입증된다. 더욱이 이 두 줄의 이빨 자국은 마부가 돼지 우리에서 데리고 나온 두 마리의 말에 상응하는데, 그렇다면 로자의 뺨에 새겨진 상처는 말로 대변되는 동물적 생명력의 표현인 셈이다. 따라서 그것은 결코 가부장적 폭력의 흔적이 아니며, 정반대로 가모장적 권력에 의해 가부장적 질서가 무너진 후 생겨난 다양한 창조적 생성의 흔적이라고 말할 수 있을 것이다. 이는 시골 의사가 환자의 침대에 누워 환자의 상처가 별것 아니라며, 모두가 허리에 도끼질을 당하고 싶어 하지만 그러지 못한다고 말하는 것에서도 드러난다. 여기서 도끼질은 크로노스가 낫으로 아버지의 남근을 잘라 거세한 사건을 연상시키며,[35] 이를 통해 도끼질은 다시 어머니의 '이빨 달린 질'과 연결된다. 또한 시골 의사가 하필이면 두 번의 도끼질을 언급한 것에도 주목할 필요가 있다. 이로써 두 번의 도끼질은 두 줄의 이빨 자국 및 두 마리의 말과 연결된다. 이는 한편으로 도끼질을 통해 가부장적 질서를 파괴하는 것을 의미하지만 다른 한편으로는 역설적이게도 그러한 상처로부터 새로운 생성과 창조가 가능해짐을 의미하기도 한다.

환자의 상처와 가모장적 (무)질서의 연관성은 상처에 대한 구체적인 묘사를 통해 암시된다. 이 상처는 "땅 위의 광산처럼 열려 있다."(L 258)라고 묘사되는데, 크레머는 이 광산을 에테아 호프만의 소설 「팔룬의 광산Die Bergwerke zu Falun」과 연결하며 그것을 "위대한 어머니 자연의 자궁인 심연의 어둠으로 유혹하는 질"[36]로 해석

35 Kremer: 같은 책, 207쪽 참조.

36 같은 곳.

한다. 그렇다면 여기서 환자의 상처는 어머니의 자궁과 연결되어 있다고 볼 수 있다. 더욱이 그 상처 안에 들러붙어 있던, 작은 머리와 다리를 지닌 벌레들이 꿈틀거리며 빛을 향해 나오려 하는 것에서 다시 한번 아이의 출생이 연상된다. 특히 벌레의 머리와 다리가 축소형 어미 '-chen'을 통해 표현됨으로써 벌레가 아이와 연결된다.

여기서 흥미로운 점은 어머니가 아니라 환자가 자신의 상처 안에 자궁을 갖고 거기서 여러 마리의 벌레, 즉 동물을 출산하고 있다는 것이다. 따라서 카프카가 지시하는 어머니와 아이의 공생 관계는 유아적 단계로의 퇴행이 아니라 이분법적 구분에 기반을 둔 가부장적 질서를 뒤흔들며 마치 어머니의 자궁에서처럼 자신에게 잠재된 무수히 많은 주체성을 생성하고 창조해 내는 것을 의미한다. 카프카의 소설에 나타나는 아이-되기 역시 이러한 맥락에서 이해할 수 있을 것이다.

의사가 환자의 상처를 발견하고는 그를 더 이상 구할 수 없다고 생각하는 반면, 환자 가족은 기뻐하며 의사가 열심히 진찰한다는 소식을 서로에게 알린다. 이때 눈에 띄는 것은 "열린 문틈으로 달빛이 비친다."(L 258)라는 문장이다. 이것은 달빛으로 상징되는 가모장적 (무)질서가 타나토스뿐만 아니라 에로스를 담은, 즉 창조와 생성의 힘을 가진 환자의 상처를 발견하도록 돕고 있음을 의미한다.

상처가 발견되자 환자는 의사에게 자신을 구해 달라고 부탁한다. 그러나 의사는 그것을 무리한 요구로 간주하며 서둘러 이 집을 떠나려 한다. 이때 학교 합창단이 의사의 옷을 벗기면 그가 치료(구원)할 것이며, 구원하지 못하면 그저 의사일 뿐이니 죽이라는 가사의 노래를 부른다. 그리고 사람들은 그를 들어 올려 침대에 누워 있는 환자 옆에 같이 눕힌다. "그리고 모두 방을 떠나고, 문이 닫히고, 노래는 멈추고, 구름이 달을 가린다. […] 창의 구멍 속에서 말의 머리가 그림자처럼 흔들거린다."(L 259) 이 구절에서 달이 구름에 가려지고, 말의 머리가 '그림자'처럼 움직임으로써 가모장적 (무)질서가 약화되고 동물적 생명력 역시 현실적 힘을 상실하고 있음을 짐작할 수 있다. 이는 시골 의사가 환자를 구원할 수 없으며 오직 자기의 구원만을 생각하고 있다는 표현을 통해서도 드러난다. 즉 의사는 환자 곁에 누웠지만 진정으로 환자로 변신할 생각을 하지 않으며, 환자가 말하듯이 그의 '임종의 침상'을 비좁게 할 뿐이다.

「시골 의사」에서 가모장적 (무)질서와 연관된 어머니와 뗄 수 없는 관계에 있는 것이 아이이다. 이 소설에서는 노인과 아이에 대한 언급이 빈번히 나타나며 그 대립 구도가 부각된다. 시골 의사의 정확한 나이는 알 수 없지만 그는 스스로를 "노인"(L 261)으로 부른다. 이 소설의 마지막 부분에서 시골 의사는 자신이 환자를 치료할 수 없을 뿐만 아니라 이제는 자신의 구원을 생각할 때임을 깨닫고 마차를 몰고 집으로 떠난다.

> 나는 말 위에 올라탔다. 고삐는 느슨하게 질질 끌리고, 한 마리 말은 다른 말과 거의 연결되지 않은 채, 마차는 그 뒤를 우왕좌왕 쫓아가고, 맨 뒤에서 모피 외투가 눈에 파묻힌 채 끌려가고 있었다. 내가 "힘차게!"라고 말했지만, 말들은 힘차게 달리지 않았다. 우리는(필자 강조) 노인들처럼 아주 느리게 눈으로 뒤덮인 벌판을 지나갔다.(L 260 이하)

이 인용문에서 우선 눈에 띄는 것은 시골 의사인 서술자가 자신을 '나'라는 1인칭 단수 명사가 아니라 '우리'라는 복수 명사로 표현하고 있다는 것이다. 여기서 쓰인 '우리'에는 시골 의사 자신과 두 마리의 말이 포함된다. 그러나 이 두 마리의 말은 서로 연결되지 않은 상태이며, 힘차게 달리라는 시골 의사의 명령을 따르지 않고 느리게 달린다. 이때 느리게 달리는 말들 역시 '노인'으로 묘사됨으로써 앞에서와 달리 강한 생명력을 상실했음을 알 수 있다. 즉 환자의 집을 떠나자 말은 활력을 잃는다.

또한 시골 의사는 입고 있던 모피 외투를 마차로 던졌지만 외투가 너무 멀리 날아가 마차 끝에 걸리고 마차가 달릴 때 눈밭에 질질 끌린다. 즉 모피 외투가 그의 손이 닿지 못하는 곳에 놓인 것이다. 처음에 환자의 집으로 떠날 때 시골 의사가 모피 외투를 걸친 것은 그가 자신도 모르게 가모장적 (무)질서의 영향권에 들어왔음을 의미하며,[37] 실제로 그는 그러한 가모장적 권력이 지배하는 환자의 집에 도착한다. 하지만 그가 환자의 집을 나옴으로써 모피 외투는 이제 더 이상 그의 손이 닿을 수 없는 곳에 놓인다. 이는 그가 가모장적 (무)질서의 영역 밖으로 내쫓겼음을 의미한다.

또 한 가지 주목할 점은 시골 의사가 말을 몰고 가려 할 때 외치는 '힘차게Munter'라는 말이다. 이 말은 소설 초반에 마부가 마차

---

37 정확히는 "모피 외투에 싸여"(L 252)라고 묘사되는데, 이는 시골 의사가 모피 외투를 입었다기보다는 누군가에 의해 모피 외투 속으로 들어가게 된 듯한 인상을 준다. 여기서 시골 의사가 자신도 모르게 모피 외투로 대변되는 가모장적 (무)질서의 영향을 받고 있음을 보여 준다. 아마도 이 모피 외투가 돼지우리에서 마부와 말을 불러내는 원인이 되었을 것이다.

를 출발시킬 때 외치는 말이기도 하다. 두 군데 모두 이 말이 대문자로 쓰이는데, 이 단어는 비슷한 철자의 '어머니Mutter'라는 단어를 연상시킨다. 'Munter'가 'Mutter'의 오기라는 해석은 결코 자의적이지 않다. 왜냐하면 작품 마지막에 나오는 아이들의 노래 역시 "착오로 가사가 잘못된 노래"(L 261)로 지칭되며 텍스트의 오류를 지시하고 있기 때문이다. 마부가 어머니를 연상시키는 단어 'Munter'를 외치며 마차를 한순간에 이동시키는 데서 알 수 있듯이 마부는 가모장적인 (무)질서의 일원이다. 하지만 똑같은 말로 말을 움직이려는 시골 의사의 시도는 실패로 돌아가는데, 여기서 그가 아직 가부장적인 질서에서 가모장적인 (무)질서로 완전히 이행하지 못했음을 알 수 있다.

비록 시골 의사가 환자의 집을 떠나고 자신의 집에 도착하지 못한 채 세상을 방황하고 있을지라도, 이러한 상황이 절망적인 것만은 아니다. 첫 번째로 위의 인용문에서 서술자인 나는 '우리'라는 말로 말과 자신의 경계를 허문다. 다시 말해 그는 자신도 모르게 동물적 정체성을 자신의 정체성 속으로 끌어들이고 있는 것이다. 두 번째로 시골 의사가 집에서 출발할 때는 마차에 올라타지만, 환자의 집을 떠날 때는 말 위에 올라탄다. 이로써 그와 말 사이의 간격은 훨씬 좁혀진다. 더욱이 그가 사티로스처럼 벌거벗은 모습으로 말을 타는 모습은 그의 동물적 특성을 더욱 부각시킨다. 나아가 이로써 그는 말을 타는 기수가 되는 셈이며, 이는 그가 「낡은 책장」에 등장하는 북방의 유목민으로 변신할 잠재력을 갖고 있음을 의미한다. 이 북방의 유목민들은 말을 타고 황궁이 있는 수도를 침공하며 그곳의 질서를 짓밟는데, 여기서 정주민의 질서를 파괴하며 경계를 무너뜨리는 유목민의 탈경계적 성격이 분명히 드러난다. 또한 마지막 장면에서 말들은 고삐가 풀려 있고 서로 거의 연결되어 있지 않다. 이는 말들이 언제든지 자유롭게 뛰어오를 수 있음을 의미한다. 앞에서 모권사회를 상징하는 달이 사라진 것이 아니라 구름 속에 가려져 있다고 했는데, 바꿔 말하면 이는 언제든지 달이 구름을 뚫고 다시 튀어나올 수 있음을 의미한다. 마찬가지로 소설 마지막에서 말은 활력을 잃고 느리게 가고 있지만, 그것이 다시 활력을 얻어 역동적으로 내달릴 수 있는 잠재력은 사라지지 않는다.

또한 늙은 시골 의사와 대비되는 젊은 환자의 가족은 집에 남아 있으며, 아이들은 떠나가는 시골 의사를 뒤로 하고 남아서 새로운 노래를 부른다. "우리 뒤에서 새롭지만, 착오로 가사가 잘못된 아이들의 노래 소리가 오랫동안 들렸다. '기뻐하라, 환자들아. 의사가 너희 침대에 눕혀져 있으니!'"(L 261)

시골 의사는 환자의 집을 떠났지만, 아이들은 의사가 환자들의 침대에 눕혀져 있다고 노래한다. 이는 아이들이 착오로 가사가 잘못된 노래를 불렀음을 보여 준다. 그렇다면 환자들이 구원을 기대하며 기뻐하는 것은 착각일 뿐이며, 그들 역시 소설 마지막의 의사처럼 "속은"(L 261) 것일까?

이 작품의 비극적 결말은 독자가 오로지 시골 의사의 시선에서 작품을 해석할 때만 생겨난다. 시골 의사는 자신이 배회하는 동안 집에서 구역질 나는 마부가 로자를 차지하고 그로 인해 로자가 희생양이 될 것을 걱정한다. 하지만 희생제물은 동물을 사냥하고 속죄하는 원시적인 제의에서 드러나듯이 신성한 숭배의 대상이기도 하다. 왜냐하면 희생제의를 통해 동물 신은 삶과 죽음을 상징적으로 교환하고 죽은 동물 대신 새로운 동물을 보내 주기 때문이다. 또한 마부가 로자를 차지하는 것 역시 강간이나 겁탈 같은 성적인 맥락뿐만 아니라 로자(또는 장밋빛 상처)가 상징하는 꽃과 관련된 미학적인 생성의 맥락에서도 이해되어야 한다. 이러한 미학적 시선은 세상을 시점주의적으로 바라보며 이분법적인 경계를 파괴하고 이를 통해 다양한 생성을 가능하게 한다.

집으로 돌아가려는 시골 의사의 시선에서는 집 안과 집 밖, 고향과 타지, 나와 타자가 명확히 구분된다. 따라서 낯선 마부가 집주인이 되어 로자를 차지하는 것은 그의 관점에서 보면 주거 침입이며 소유물의 강탈이다. 하지만 이러한 이분법적인 사고방식을 벗어나면 낯선 타자인 마부가 시골 의사의 집에 거주하는 것은 오히려 긍정적인 의미를 지닌다. 왜냐하면 그것은 곧 자신 속에 들어 있는 타자의 존재에 대한 인정과 긍정을 의미하기 때문이다. 또한 단일한 자아를 해체함으로써 생겨나는 낯선 타자로서의 마부만이 장미라는 꽃으로 상징되는 로자를 차지해 자신과 세계를 미학적으로 바라보고 생성해 낼 수 있다. 따라서 이러한 상황은 시점주의적인 미학적 세계관을 거부하는 시골 의사에게만 비극적이며, 역설적으로 그가 집에 돌아가지 못하고 영원히 방황하는 것은 마부와 마찬가지로 시골 의사의 또 다른 자아를 형성하는 젊은 환자에게도 기쁜 일인 것이다. 다만 여기서 전제되어야 할 것은 이성적이고 가부장적인 시골 의사가 떠나는 대신 환자로 변신한 시골 의사는 환자의 침대에 남아야 한다는 것이다.

이제 노래를 부른 아이들과 그 노래에 등장하는 환자에 대해 좀 더 자세히 살펴보기로 하자. 니체는 『차라투스트라는 이렇게 말했다』에서 '정신의 세 가지 변신'에 관해 이야기하며, 아이로의 변신을 가장 높은 단계로 설정했다. 여기서 아이는 도덕의 피안에 있는 순수한 존재이자 자아를 잊고 놀이에 빠진 모습으로 등장한다. 즉 아이는 단일한 자아정체성을 극복하고 모든 것을 미학적인 시점에서 바라보는 존재를 의미한다. 카프카의 소설에서 빈번히 등장하는 아이 역시 자아정체성의 죽음과 새로운 다원적 정체성의 탄생을 알리는 전환점에 등장하곤 하므로 니체의 차라투스트라를 연상시키는 아이와 긴밀히 연결된다고 볼 수 있다.

이러한 점을 염두에 두고 작품 마지막에 아이들이 새로운 노래를 불렀다는 점에 주목해야 할 것이다. 또한 착오로 가사가 잘못되었다는 말도 부정적으로만 볼 필요는 없는데, 왜냐하면 이 소설에서 실수나 잘못을 부정적인 의미로 사용하는 것은 서술자인 시골 의사이기 때문이다. 그는 가령 환자에게 "너의 잘못은 조망할 수 있는 시선이 없다는 것이지."(L 260)라고 말하는데, 이러한 비판은 실제로는 설득력이 없다. 왜냐하면 시골 의사 자신도 모든 것을 조망할 수 있는 시선을 가지고 있지 않기 때문이다. 그 밖에도 이 소설의 "마차가 우왕좌왕한다."라든지 "야간 벨 소리가 잘못 울린다." 같은 말에서 착각이나 실수를 내포하는 단어가 사용되기도 한다(L 261). 이러한 표현이 부정적 함의를 띠는 것 역시 서술자인 시골 의사의 시선에서 비롯된 것이다.

반대로 착오로 잘못된 가사를 갖게 된 아이들의 노래는 긍정적 의미를 지닌다. 왜냐하면 의도하지 않은 잘못된 노래 내지 텍스트만이 무의식적인 욕망의 글쓰기를 실현할 수 있기 때문이다. 우선 착오로 잘못 부른 노래의 가사는 "의사가 너희 침대에 눕혀져 있으니Der Arzt ist Euch ins Bett gelegt"로 추정된다. 왜냐하면 의사는 더 이상 환자 곁에 누워 있지 않으며 이미 환자의 집을 떠났기 때문이다. 더 나아가 이 문장은 사실 문법적으로도 맞지 않다.[38] 위의 독일어 문장은 '의사는 너희 침대에 눕혀졌으니Der Arzt ist Euch ins Bett gelegt worden'나 '의사는 너희 침대에 누워 있으니Der Arzt liegt in Eurem Bett'라고 해야 할 것이다. 이처럼 이 문장은 내용적으로도 문법적으로도 맞지 않는다.

그런데 이러한 실수를 단순한 오류가 아니라 의도적인 오류, 즉 아이들의 놀이로 해석할 수도 있다. 노래를 부르는 사람들이 앞에서는 '학교 합창단'으로 지칭되었다가 여기서 갑자기 아이들로 바뀐 것은 이러한 언어 놀이의 측면을 강조하기 위함이다. 다시 말해 아이들은 언어적 규칙, 즉 문법을 가지고 일종의 놀이를 한 것이다. 라캉은 언어로 들어서는 것을 법질서 속으로 들어서는 것과 동일시했는데, 그렇다면 아이들이 문법적 질서를 훼손하는 것은 기존의 법질서, 곧 가부장적인 법질서의 파괴를 의미한다. 하지만 단순히 이러한 언어유희의 차원을 지적하는 것을 넘어 의도적 오류의 심층적 의미에 대해 생각해 볼 필요가 있다. 위 문장은 의사가 환자의 침대에 눕혀지는 동작과 의사가 원래부터 환자의 침대에 누워 있는 상태가 혼합된 것으로 볼 수 있다. 소설적 현실에서는 의사가 가족과 마을 어른들에 의해 환자의 침대에 눕혀진 것으로 보이지만, 사실은 원래부터 그 침대에 누워 있었음을 지시한다. 다만 시골 의사

---

38 물론 이를 마지막에 'worden'이 생략된 문장으로 해석할 수도 있는데, 이 문장의 이러한 애매한 성격은 카프카가 의도한 것으로 보인다.

가 그러한 사실을 의식하지 못했을 뿐이다. 따라서 사실 시골 의사는 말을 타고 환자의 집을 떠났다고 해도 환자의 침대에 언제든지 다시 눕혀질 수 있고 더 근원적으로는 원래부터 누워 있었던 셈이며, 이로써 위의 잘못된 문장은 착오 속에 진실을 담게 된다. 또한 구름에 가려진 달이 언제든지 구름을 뚫고 나올 수 있듯이, 환자의 침대를 떠난 시골 의사 역시 언제든지 다시 침대에 눕혀지고 이를 통해 그 자신이 원래부터 침대에 누워 있었음을 깨달을 수 있다. 환자의 침대에 누워 있다는 것은 단순히 억압적인 현실에서 받은 상처와 질병만을 지시하지 않으며, 환자의 상처 안에 들어 있는 타나토스와 에로스의 공존에서 드러나듯이 자아정체성의 죽음을 통한 다원적 정체성의 생성을 의미한다. 이를 통해 달로 상징되는 생성적이고 창조적인 모권사회의 질서와 연결될 수 있다. 따라서 시골 의사가 지금은 낙원에서 추방당한 상태이더라도 그에게는 사실 잠재적으로 늘 낙원이 있었으며(침대에 누워 있었으며) 또한 매 순간 낙원으로 들어갈 수 있는 것이다(침대에 눕혀질 수 있는 것이다).[39]

또한 위의 가사에서 환자를 단수가 아니라 복수로 표현한 것도 흥미롭다. 왜냐하면 독자가 알고 있는 환자는 한 명뿐이기 때문

39 신학적인 물음을 집중적으로 다룬 취라우 아포리즘(Die Zürauer Aphorismen, 1917-1918년 집필, 1931년 막스 브로트가 지은 '죄, 희망, 고통, 그리고 진정한 길에 대한 고찰'이라는 제목으로 출판됨)에서 카프카는 다음과 같이 썼다. "낙원에서의 추방은 본령에 있어서는 영원하다. 즉 낙원에서의 추방은 확정된 것이고 세상에서의 삶은 피할 수 없지만, 그 추방 과정의 영원함은 우리가 지속적으로 낙원에 머무를 수 있을 뿐만 아니라 실제로 그곳에 지속적으로 존재하는 것을 가능하게 만들어 준다. 우리가 여기서 그것을 알든 모르든 상관없이 말이다." Kafka: Nachgelassene Schriften und Fragmente II, 127쪽.

이다. 앞에서의 '우리'가 시골 의사 외에 두 마리의 말까지 포함한다면, 이와 대칭되는 것으로 보이는 '너희들'은 과연 누구를 의미할까? 그것은 환자 일반을 가리키는 복수 명사일까 아니면 시골 의사의 또 다른 자아들, 즉 그에게 내재된 잠재적인 특이성(주체성)들을 가리키는 것일까? 이 소설에서 의사는 마부, 환자, 로자(장밋빛 상처로 환자 속에 들어 있기 때문)로 자아분열을 경험한다. 얼핏 보면 마부는 환자와 대립되는 듯 보이고 로자도 환자와 무관한 듯 보이지만, 사실은 앞에서 살펴본 바와 같이 둘 다 환자와 긴밀히 연결되어 있으며 어떤 의미에서는 그들 역시 환자이기도 하다.[40] 왜냐하면 환자는 병과 죽음뿐만 아니라 아름다움과 생명력도 갖고 있기 때문이다. 시골 의사가 사실은 단일한 정체성을 지닌 존재가 아니라 다원적인 정체성을 지닌 다양체라고 한다면, 그는 아이들이 던지는 주사위에 따라 매번 새로운 주체성(환자, 마부, 로자, 말, 벌레)으로 실현될 수 있다. 이러한 의미에서 얼핏 보면 착오로 잘못 쓰인 듯한 가사가 오히려 사태를 더 정확히 표현하고 있다고 말할 수 있을 것이다.

따라서 의사에게 잠재된 특이성으로서 호명되기를 기다리고 있는 환자들은 결코 슬퍼할 이유가 없으며, 오히려 아이들의 노래 가사에서처럼 '기뻐해야 할' 충분한 이유가 있다. 아직도 근대적인 이성적 사고와 가부장적인 법질서에서 완전히 벗어나지 못한

---

40 환자의 상처 속에 로자가 들어 있기 때문에 환자는 여성성과 남성성을 동시에 지니는 셈인데, 이는 아직 남성적 정체성을 확고히 지니지 못한 소년 환자가 성적 경계를 허물어뜨리고 있음을 의미한다. 장혜순: 이미지로 읽는 카프카의 「시골의사」, 67쪽 참조.

시골 의사가 세계를 영원히 방황하고 있기는 하지만, 그에게는 여전히 자신에게 내재된 상처를 발견하고 상징적 죽음과 새로운 탄생, 즉 단일한 정체성의 죽음을 통한 다원적 정체성의 생성을 이루어 낼 잠재력이 존재하기 때문이다. 다시 말해 그는 환자의 집을 떠났지만, 여전히 환자의 침대에 누워 있으며 새롭게 눕혀져야 한다. 더욱이 그러한 환자들이 복수로 등장할 때 그 수와 더불어 그 힘은 더욱 강해지며, 이는 시골 의사가 무의식의 차원에서 끊임없이 자신을 분열시키며 다양한 주체성을 생성해 내고 있음을 의미한다.

V 「세이렌들의 침묵」 도플갱어와 혼종성

1. 「세이렌들의 침묵」에 나타난 긍정성

1) 괴물로서의 세이렌과 아이로서의 오디세우스

「세이렌들의 침묵Das Schweigen der Sirenen」(1917년 집필, 1931년 출판)[1]에 대한 기존의 해석들은 오디세우스와 세이렌들의 대립 구도에서 출발한다. 오디세우스와 세이렌을 바라보는 방식은 다양하지만, 그러한 차이에도 불구하고 이들의 관계를 대립적인 대결 구도로 본다는 점은 공통적이다.[2]

---

1 이 제목은 카프카 자신이 아니라 그의 친구인 막스 브로트에 의해 붙여진 것이지만, 관례에 따라 본 책에서는 이 제목을 사용하고자 한다. 본문 인용은 비평본 팔절판 노트 G를 따르나 텍스트 해석에 필요한 부분에 있어서는 브로트의 판본도 참조했다.

2 먼저 카프카가 어리숙한 오디세우스와 무기력한 세이렌들을 대립시키며, 이 소설에서 호메로스의 신화를 탈신화적으로 새롭게 쓰고 있다는 해석이 있다. 오디세우스는 호메로스의 서사시에서와 달리 자신의 간계와 지혜로 자연의 위협을 극복하고 자연을 지배하는 영웅이 아니라 어리숙하고 유치한 인물로 등장하고, 세이렌들도 지나가는 뱃사람의 생명을 위협하는 전근대적 자연이 아니라 대중의 무관심에 봉착해 애원하는 듯한 현대적 예술의 상징으로 나타난다는 것이다(오순희: 괴테와 카프카 문학의 오디세우스와 사이렌 형상연구. 주

그런데 「세이렌들의 침묵」에 나타난 오디세우스와 세이렌들이 정말 주체와 대상의 대립 관계에만 머물러 있는가? 혹시 이들이 자아와 자아 속의 (절대적) 타자라는 도플갱어 관계를 맺고 있는 것은 아닐까? 또한 본문과 부록에 등장하는 오디세우스는 각각 한 가지 특성만을 지니며 서로 대립하거나 또는 일치하는 것일까? 아니면 이들은 본문과 부록 모두에서 양가적인 특성을 지니며 보다 입체적이고 복합적인 모습을 띠는 것일까?

이러한 질문에 답하기 위해 오디세우스와 세이렌이 공통으로 갖는 혼종적 특성에 주목할 필요가 있다. 세이렌은 인간과 물고기의 혼합 형태인 인어의 모습을 띠기도 하지만, 더 근원적으로는 인

체와 예술의 관계에 대한 근대문학의 접근방식에 관하여. 실린 곳: 카프카 연구 15집(2006), 35-36쪽, 39쪽, 43쪽 참조). 또한 오디세우스가 인간의 내적 충동을 상징하는 세이렌들의 유혹에서 벗어나는 데는 성공했지만 궁극적으로 이를 이겨 낸 주체로서의 자기애의 유혹에서는 벗어나지 못한 것으로 보는 해석도 있다(Irving Wohlfarth: Das Unerhörte hören. Zum Gesang der Sirenen. In: Manfred Gangl u. Gérard Raulet(Hrsg.): Jenseits instrumenteller Vernunft. Kritische Studien zur Dialektik der Aufklärung. Frankfurt a.M. u. New York 1998, 272쪽 참조). 그러나 여기서도 오디세우스와 세이렌들의 대결 구도는 자명한 것으로 전제된다. 또 다른 해석은 카프카가 이 소설에서 신화적 모순성을 미메시스적인 방식으로 흉내 내면서 신화를 해체하고 있는 것으로 간주한다. 가령 오디세우스가 세이렌들의 연기를 미메시스적으로 흉내 냄으로써 그들의 신화적 위협에서 벗어난다는 것이다(Norbert Rath: Mythos-Auflösung. Kafkas *Das Schweigen der Sirenen*. In: Christa Bürger u.a.(Hrsg.): Zerstörung, Rettung des Mythos durch Licht. Frankfurt a.M. 1986, 96-97쪽 참조). 이러한 해석에서도 여전히 오디세우스와 세이렌들의 대립 구도는 유지된다. 그 밖에 오디세우스를 카프카의 아버지 같은 권력자로 간주하며, 인간과 동물의 혼종성을 지니며 동물의 지위로 격하되는 사회적 약자로서의 세이렌들과 그를 대립시키는 해석도 있다(Sokel: Franz Kafka, 215-220쪽 및 김연수: 카프카의 서사전략과 사이렌 신화변용. 유혹하는 사이렌? 실린 곳: 독일언어문학 89집(2020) 참조).

간과 새가 뒤섞인 모습이었다.[3] 예로부터 세이렌은 이러한 기괴한 혼종성 때문에 괴물로 간주되었다. 고대부터 근대까지 괴물은 신체적인 기형과 인간과 동물의 혼종성이라는 두 가지 특성에 의해 정의되어 왔지만 근본적으로 인간의 범주에서 벗어나지는 않았다.[4] 괴물은 생명을 위협하는 낯선 이방인을 나타내곤 했는데, 낯선 이방인을 괴물로 표상함으로써 그를 차별하거나 심지어 공격하는 것을 정당화할 수 있었기 때문이다. 근대 이후에도 괴물 담론은 완전히 사라지지 않았다. 특히 식민지 피지배자들을 완전한 인간으로 간주하지 않고 그들에게 인간과 동물의 중간자적인 지위, 즉 괴물의 지위를 부여함으로써 인종 차별의 토대를 마련하기도 했다. 카프카의 소설에서도 사람들은 세이렌을 오디세우스를 공격할 수 있는 괴물로 간주하지만, 그들의 혼종적인 괴물로서의 특성은 반대로 그들이 사회에서 배제되고 차별받는 존재임을 지시하기도 한다. 이러한 맥락에서 세이렌들의 노래는 한탄의 성격을 지닌다.[5]

---

3 Rudolf Simek: Monster im Mittelalter. Die phantastische Welt der Wundervölker und Fabelwesen. Köln 2019, 90-91쪽: "원래 세이렌은 하피처럼 여성의 머리 및 상체와 새의 하체 및 다리를 지니고 있었다. 하지만 이미 고대에 세이렌은 때때로 꼬리지느러미를 지니고 있었으며, 중세 이후에는 이것이 지배적인 묘사 방식이 되었다."

4 Simek: Monster im Mittelalter, 18쪽 참조.

5 김연수는 카프카가 로베르트 클롭슈토크에게 보낸 편지를 바탕으로 그가 세이렌에 대해 지녔던 이미지가 유혹하는 존재가 아니라 한탄하는 존재임을 강조한다. "이 편지의 묘사에 따르면, 세이렌들은 언급된 소녀의 편지처럼 '유혹적인 밤의 목소리'를 가지고 있지만, 그들은 자신들의 노래로 사람들을 유혹하려는 것이 아니라, 그들 자신의 존재 자체에 대한 '한탄'의 소리가 그들의 노래소리로 들리게 하는 것이라고 카프카는 설명한다. […] 다시 말해 세이렌들은 자연적인 존재 조건 자체가 '인간과 동물의 혼종적인 상태'이다. 이런 부분이 세이렌들로

과거에는 괴물이 낯선 이방인에 대한 표상으로 주로 외적인 모습과 관련해 정의되었다면, 현대에는 내적인 심리적·정신적 차원과 연관해 정의되거나 때로는 압도적인 능력을 지닌 사람을 지칭하기도 한다. 그래서 현대에는 괴물이 항상 부정적인 의미만 지니지는 않는다. 특히 포스트구조주의나 포스트휴머니즘 이론에서는 인간의 단일한 정체성을 비판하며 혼종적인 모습을 지닌 괴물을 다양한 주체성을 실현하는 역동적이고 열린 자아와 연결해 오히려 긍정적으로 바라보기도 한다.[6] 이러한 맥락에서 괴물은 폐쇄적이고 배타적인 자아정체성을 파괴하고 자신에게 내재된 다양한 주체성을 실현시킬 수 있는 전복적이고 창조적인 존재를 지시한다.

카프카의 소설에서도 동물과 인간 사이에 위치한 존재로서의 괴물은 인간의 존엄성을 상실한 무가치한 존재를 넘어 미학적인 놀이를 실현하고 다원적인 정체성을 지닌 존재를 가리키기도 한다. 이러한 맥락에서 「세이렌들의 침묵」에 등장하는 세이렌들을 단순

하여금 이 인간 사회에서, 이승의 세계에서 '한탄'의 소리를 노래하게 하는 것이다. […] 즉 카프카의 세이렌 노래는 동물과 인간의 혼종적 존재 깊은 곳에서 우러나는 한탄의 소리, 삶의 애환 섞인 노래라는 것이다." 김연수: 카프카의 서사 전략과 사이렌 신화변용, 169쪽(그리스 괴물을 칭하는 '사이렌'은 모두 '세이렌'으로 바꾸어 인용했음).

6 "정체성의 다각화라는 맥락에서, 서구에는 보수주의자들의 동정심을 거절하는 철저한 '괴물들'이 존재한다. 예를 들어 '퀴어' 문화는 낙인찍기를 거부할 뿐 아니라, 변태성욕들을 분류할 수 있는 가능성마저 흔들어 버리려고 한다. 자신의 정체성을 하나로 정의하는 것에 반대하고 자신을 구성하는 다양한 요소들을 받아들이려는 태도는 결국 괴물 개념을 파괴시키고 말 것이다. 만일 괴물성이 개인의 정체성을 형성하는 데 사용된다면, 과연 그것을 여전히 괴물성이라고 부를 수 있을까?" 스테판 오드기: 괴물. 가깝고도 먼 존재. 김주경 옮김. 시공사 2012, 94쪽.

히 사회의 지배 세력에 의해 차별받고 배제되는 희생자로만 보는 시각을 넘어서, 근대적인 자아정체성을 비판하며 창조적인 생성을 지향하는 역동적인 존재로 바라보는 시각이 필요할 것이다. 따라서 합리적이고 이성적인 오디세우스의 내면에 숨어 있는 예술적·동물적 요소의 발현으로서의 세이렌의 특성에 주목해야 한다.

또한 같은 맥락에서 「세이렌들의 침묵」에 등장하는 오디세우스의 복합적인 면모에 주목할 필요가 있다. 기존의 연구에서는 오디세우스를 근대의 이성적 인간이나 카프카의 아버지를 닮은 가부장적인 인물로 해석했다. 조켈은 「세이렌들의 침묵」에 나오는 오디세우스에게서 "아버지라는 권력형 인물"[7]을 발견하며 이렇게 썼다. "아버지에게는 단단한 자기 신뢰의 무한한 토대가 함께 주어져 있다. 그러한 자기 신뢰는 그가 항상 옳게 만들 수 있었는데, 그 이유는 그에게는 자신이 부당하다고 상상하는 것이 불가능했기 때문이었다. 그래서 그에게는 죄의식이 전혀 없었고, 그는 카프카가 그에 대해 구상한 신화적인 상속에서도 그러했다. 그는 순진무구한 사람이었으며, 더 정확히는 죄와 무죄의 피안에 있는 인물, 다시 말해 재판관이었다. 자기 신뢰, 순진무구함 그리고 권력이 아버지에게서 천하무적으로 결합되어 있는 것을 발견할 수 있었던 것이다."[8] 이러한 아버지의 모습은 카프카가 쓴 「아버지에게 드리는 편지」에서도 잘 나타난다. 거기서 아버지는 다른 가족에게는 식사 예절을 엄격히 지킬 것을 요구하면서도 스스로는 그것을 무시하고 전혀 지키지

---

7 Sokel: Franz Kafka, 217쪽.

8 같은 곳.

않는 모습을 보인다. 즉 그는 법의 피안에 서 있는 재판관처럼 등장하는 것이다.[9]

조켈이 말한 것처럼 자기 분열적이고 끊임없이 회의하는 카프카의 전형적인 주인공들과 달리 이 소설에 등장하는 오디세우스는 자기 행위의 타당성을 의심하지 않고 남의 말을 듣지 않는 확신에 찬 재판관 같은 인물이라는 점에서 카프카의 아버지와 연결될 수 있다. 남의 말을 잘 듣지 않는 전제군주적인 면모나 자기중심적인 유아적 면모는 오디세우스와 카프카의 아버지가 갖는 공통점이다. 또한 오디세우스가 자신의 몸만 묶는 것이 아니라 귀까지 막아 세이렌들의 유혹적인 아름다운 노래를 듣지 않으려 한 것은 생존을 최우선으로 생각하는 평범한 소시민적 태도를 가리킬 수도 있지만,[10] 예술에 무관심하며 유용성만 추구하는 현실적인 카프카의 아버지와 연관되기도 한다. 여기서 나아가 오디세우스는 전기적인 맥락을 넘어 사회의 타자들을 억압하고 배제하는 가부장적인 법질서

---

9 Kafka: Der Brief an den Vater, 155-156쪽 참조.

10 "세이렌의 위험한 노래를 듣겠다는 오디세우스의 선택은 영웅적이다. 그는 세이렌의 노래를 들으면 강렬한 충동에 빠진다는 것, 그리고 그 속에 파멸의 위험이 있다는 것을 알고 있었다. 하지만 세이렌의 노래가 줄 쾌락을 맛보고 싶었기 때문에, 몸을 묶은 채 귀를 열어 두고 충족될 수 없는 충동의 고통을 감수하기로 결심한다. […] 그런데 카프카의 오디세우스는 이런 평범한 사람들보다도 더 소심한 모습을 보여 준다. 그는 귀를 막음으로써 체험을 포기하지만 그것만으로도 안심하지 못하고 돛대에 스스로를 쇠사슬로 묶는다. 이중의 안전장치를 한 것이다. […] 이러한 의미에서 카프카는 오디세우스를 영웅에서 소시민으로 전락시킨다고 말할 수 있다." 김태환: 오디세우스와 사이렌. 카프카의 서술과 비밀의 이중구조. 실린 곳: 카프카연구 13집(2005), 57쪽.

노르베르트 라트도 유사한 맥락에서 이렇게 쓴다. "자기보존의 절대적 계율 하에서 예술의 향유는 무용하거나 불가능해진다." Rath: Mythos-Auflösung, 88쪽.

전반을 가리키는 것으로도 해석될 수 있다.

하지만 「세이렌들의 침묵」에 등장하는 오디세우스가 과연 자신의 목적만을 추구하는 이기적인 근대인이나 소통을 거부하고 유치하게 행동하며 전횡을 일삼는 가부장만을 가리키는 것일까? 또한 오디세우스가 보이는 유치한 행동이 부정적인 맥락에서만 이해되어야 하는 것일까?

일반적으로 근대의 인간은 합리적인 정신을 지닌 어른의 모습으로 묘사된다. 계몽주의적인 시각에서 아이는 교육을 통해 발전해야 할 미성숙한 존재이며 완전한 인간이 아니다. 헤겔을 비롯한 철학자들이 관심을 가진 것은 어른의 정신으로서의 이성이었으며, 아이의 욕망과 정신세계는 프로이트에 이르러서야 본격적인 학문의 관심사가 되지만 그것을 바라보는 시선은 여전히 어른의 시선이었다. 아이에 대한 이와 같은 근대적 시선은 니체에 의해 획기적으로 바뀐다. 니체는 『차라투스트라는 이렇게 말했다』의 '정신의 세 가지 변신에 관하여'라는 장에서 아이를 가장 높은 정신의 단계에 위치시키며, 아이에 대한 기존의 계몽주의적인 시각을 전도시킨다. 물론 이 책에서 최고의 정신을 지닌 존재로 언급되는 아이는 아이 자체보다는 아이의 속성을 가리키는 것으로 보아야 하겠지만, 어쨌든 이러한 가치 전도는 카프카의 작품에서 빈번히 등장하는 아이-되기를 이해하는 데 있어서 매우 중요하다.

「세이렌들의 침묵」에 등장하는 오디세우스 역시 단순히 합리적인 정신을 소유한 어른의 모습으로만 등장하지 않는다. 오히려 이러한 어른의 모습과 대비되는 어린아이의 모습이 소설 곳곳에서 나타난다.

작품 도입부에서 서술자는 이미 오디세우스가 자신의 생존을 위해 사용한 두 가지 수단, 즉 밀랍과 사슬을 "유치한 수단들kindische Mittel"[11]이라고 부르며 오디세우스의 어린아이 같은 모습을 암시한다. 또 다른 구절에서는 그러한 수단에 축소형 어미 '-chen'을 붙여 "Mittelchen"(SS 40)으로 표현하며 이러한 성격을 더욱 강조한다. 하지만 이러한 폄하하는 말은 그러한 유치한 수단들이 구원에 소용이 있을 수 있다는 것을 '증명'하려는, 합리적인 사고를 지닌 서술자의 시각에서 비롯된 것처럼 보인다. 실제로 서술자는 자신의 주장을 증명하기 위해 콜론(:) 이후에 나오는 일종의 본문에 해당하는 내용에서 오디세우스가 단순한 수단을 사용해 세이렌들의 치명적인 침묵을 이겨 낸 요인을 설명하고 있는 듯 보이지만,[12] 소설 마지막에 그것과 정반대되는 내용, 즉 사실은 오디세우스가 세이렌들이 노래를 부르지 않고 침묵하고 있다는 사실을 알면서도 마치 모르는 듯 행동했을 수도 있다는 모순적인 이야기를 하며 앞선 자신의 증명 시도 자체를 뒤흔드는 모습을 보인다.[13] 이것은 합리적인 서술

---

11 Kafka: Nachgelassene Schriften und Fragmente II, 40쪽. 이하 동일 문헌 인용 시 (SS 쪽수)로 표기.

12 나아가 웰베리는 여기서 콜론 앞에 나오는 내용, 즉 "불충분한 심지어 유치한 수단도 구원에 사용될 수 있다는 것에 대한 증명:"(SS 40)이라는 구절이 텍스트 전체의 일부인지 아니면 증명하려는 내용 앞에 나오는 일종의 제목인지, 또 여기서 콜론이 정말로 양자를 분류하는 기능을 갖는지 아니면 단지 그러한 제스처에 지나지 않는지 불분명하다고 지적하고 있다. David E. Wellbery: Seiltänzer des Paradoxalen. Aufsätze zur ästhetischen Wissenschaft. München u. Wien 2006, 177쪽 참조.

13 프랑크 바그너는 이 소설의 도입부가 구체적인 사례를 통해 추상적이고 보편타당한 진실을 입증하려는 '교훈적인 우의'의 형식을 취하는 듯 보이지만, 소설 마

태도를 취하는 듯한 서술자의 모습이 일종의 속임수에 지나지 않으며 이와 상반되는, 끊임없이 상대화하며 절대적 진리를 폐기하는 서술 태도가 그 안에 숨어 있음을 보여 준다. 이러한 맥락에서 노르베르트 라트는 이 소설에서 로고스 속에 이미 신화가 들어 있고, 신화 속에 다시 로고스가 들어 있는 구조가 나타난다고 말한다.[14]

또 다른 관점에서 보면 오디세우스의 그러한 태도는 '유치한kindisch' 것이 아니라 '천진난만한kindlich' 것일 수도 있다. 실제로 서술자는 오디세우스의 행동을 '순수하다unschuldig'고 함으로써 앞의 '유치한'이라는 평가를 상쇄한다. 오디세우스는 밀랍이나 사슬 같은 수단이 세이렌의 유혹에서 벗어나는 데 아무 소용이 없다고 널리 알려졌음에도 개의치 않고 이러한 수단들을 완전히 신뢰하며 자신의 행동을 밀고 나간다. 이를 남의 말을 듣지 않고 고집을 부리는 아버지의 행동과 비교할 수도 있겠지만, 반대로 일반적인 의견에 거리를 두며 보편성으로 포괄할 수 없는 복잡한 현실을 몸으로 부딪혀 입증하려는 태도로 해석할 수도 있을 것이다.

나중에 오디세우스가 세이렌들의 침묵의 노래를 들으며 그들의 신체언어에 귀 기울일 때, 이는 그가 보편적인 개념어 밑에서 작동하는 신체언어의 특이성[15]에 몰두하고 있음을 보여 준다. "자

지막에서는 오히려 그와 정반대의 모습을 드러내고 있음을 지적한다. Frank D. Wagner: Antike Mythen. Kafka und Brecht. Würzburg 2006, 15쪽 및 28쪽 참조.

14 가령 서술자는 유치한 수단이 구원에 도움이 될 수 있다는 것을 증명하기 위해, 즉 로고스적 목적을 위해 신화라는 서사를 이용한다. 그런데 나중에 부록에서 밝혀지듯이 이러한 신화에는 다시 지극히 합리적인 인물인 오디세우스, 즉 로고스가 등장한다. 이런 식으로 로고스 안에 신화가 들어 있고 신화 속에 로고스가 들어 있는 것이다. Rath: Mythos-Auflösung, 86쪽 참조.

신이 사용한 하찮은 수단들에 대한 순수한 기쁨in unschuldiger Freude über seine Mittelchen"(SS 40)을 지닌 채 말이다. 여기서 사용된 '순수한 unschuldig'이라는 표현은 니체가 『차라투스트라는 이렇게 말했다』에서 '아이'의 특징으로 간주한 '순수함Unschuld', 즉 '죄Schuld'와 도덕의 피안에 있는 모습과 연결된다.[16] 또한 행복이나 기쁨 같은 단어가 등장하는 것도 이 소설의 근저에 깔린 긍정성을 암시한다.

이와 관련해서 "불충분한, 심지어 유치하기까지 한 수단들unzulänglich, ja kindische Mittel"(SS 40)이라는 표현에 들어 있는 강조의 'ja'를 원래 맥락에서 끌어내어 니체가 말한 아이의 또 다른 속성인 '신성한 긍정das heilige Ja-Sagen'과 연결시킬 수도 있을 것이다. 왜냐하면 'ja'라는 단어가 'kindisch' 바로 앞에 사용된 것은 결코 우연이 아니기 때문이다. 여기서 아이와 긍정성이 서로 연결된다. 니체가 『차라투스트라는 이렇게 말했다』에서 언급하는 '신성한 긍정'이란 주인에게 맹목적으로 순종하는 노예 같은 낙타의 예속적 긍정과 다르고, 자신의 강한 자아를 내세우고 복종을 거부하며 비판만 일삼는 근대적인 인간을 구현하는 사자의 부정과도 다르다. 그것은 개

15 "특이자와 다양체의 관계는 특수자와 보편자의 관계와는 전혀 다르다. 특수자란 보편성을 드러낼 수 있는 어떤 개별자를 의미한다. 즉 특수자란 전형성을 보여 주는 개체이다. 반면 특이자는 다양체의 본질적, 보편적 속성을 드러내 주는 전형적인 것이 아니라, 다질적인 항들로 이루어진 잠재적인 다양체가 요소들의 구체적인 배치를 통해 현실화할 때 실현되는 것이다. 이렇게 실현된 특이자는 다른 어떤 것과도 같지 않은 고유성을 지니며, 매 순간 변화하고 생성되는 '각각'의 다양체를 규정하는 것이다." 정항균: 동물이야기, 20쪽.

16 카프카의 작품에 나타난 니체 철학의 흔적에 대한 연구로는 다음을 참조하시오. 정항균: 같은 글, 25-26쪽.

인의 단일한 정체성을 의미하는 '자아Ich'에 대한 긍정이 아니라, 그러한 통일된 자아를 파괴함으로써 나와 타자의 경계를 허물고 우주적인 것을 내 안에 포함할 수 있게 된 '자신Selbst'에 대한 긍정을 의미한다.[17] 그것은 브라이도티가 말한 개방적인 관계적 자아[18]에 대한 긍정이다. 따라서 니체가 여기서 말한 신성한 긍정은 형이상학적인 의미에서의 신에 대한 긍정이 아니라 초인과 연결될 수 있는 디오니소스 신에 대한 긍정을 가리킨다. 즉 신성한 긍정은 통일적인 자아의 죽음과 함께 펼쳐지는 다원적인 정체성에 대한 긍정을 의미한다.

이러한 맥락에서 앞에서의 'ja'와 'kind'의 연결, 즉 다원적인 정체성에 대한 아이의 신성한 긍정은 오디세우스가 자신의 단일한 정체성을 파괴하고 자신에게 내재된 아이나 동물적 속성을 발산하며 세이렌들로 변신하는 것과 연결된다. 또한 니체가 정신의 최고 단계에 올려놓은 아이는 진리와 도덕을 미학으로 환원하며 모든 것을 시점주의적 관점에서 바라보는 놀이하는 아이인데, 이와 마찬가지로 「세이렌들의 침묵」의 오디세우스 역시 삶을 미학적인 관점에서 바라보며 퍼포먼스 예술가의 면모를 보여 주는 놀이하는 아이[19]로

---

17 니체는 아이가 도덕의 피안에서 창조적인 놀이를 수행하기 위해서 이러한 '신성한 긍정'이 필요하다고 말한다. Nietzsche: Also sprach Zarathustra, 31쪽 참조.

18 Braidotti: Posthumanismus, 65쪽 참조.

19 웰베리는 호메로스의 텍스트에서 듣기와 운동의 부자유를 의미하는 '사슬'과 듣지 못함과 운동의 자유를 의미하는 '밀랍'이 일종의 구분 기능을 갖는 반면, 카프카의 텍스트에서는 그러한 구분 기능을 상실한다고 말한다. 웰베리는 "카프카의 텍스트가 수행하는, 밀랍과 사슬을 가지고 하는 놀이는 바로 텍스트 요소들을 가지고 하는 놀이이다."라고 주장하며, 오디세우스에게 "놀이하는 아이의

등장한다. 오디세우스의 이러한 예술가로서의 면모는 이 장의 마지막 절에서 다룰 것이다.

2) 가부장적인 질서에서 가모장적인 (무)질서로

괴물로서의 세이렌과 놀이하는 아이로서의 오디세우스가 갖는 긍정성을 이해하기 위해서는 카프카가 자신의 소설에서 가부장적인 법질서를 뒤흔드는 가모장적인 요소를 서술하고 있음을 인식하는 것이 중요하다. 카프카의 다른 소설에서와 마찬가지로 「세이렌들의 침묵」에서도 가부장적인 질서가 오디세우스를 통해 구현되며 소설 속의 세계를 지배하고 있는 것처럼 보인다. 더욱이 그가 세이렌들의 위협에서 벗어나 승리하는 듯한 모습을 보일 때 이러한 인상은 더욱 강화된다. 하지만 이 소설은 결코 가부장적인 법과 질서의 승리로 끝나지 않는다. 앞에서 말한 것처럼 오디세우스는 단순히 가부장적인 법을 대변하는 아버지의 상으로만 등장하지 않으며, 동시에 순진무구한 태도로 삶을 긍정하는 아이의 상으로 나타난다. 이와 관련해 오디세우스가 배를 타고 바다를 지나간다는 사실에 주목할 필요가 있다. 바닷물은 어머니의 양수와 연결될 수 있기 때문이다. 이러한 해석이 과장된 것이 아니라는 사실은 카프카의 또 다른

특징"이 나타남을 강조한다. Wellbery: Seiltänzer des Paradoxalen, 179쪽.

그러나 웰베리는 여기서 암시한 오디세우스의 아이 같은 측면이 어떤 의미를 지니며 텍스트 전체 해석에 어떤 영향을 미칠 수 있을지에 대해서는 깊이 있게 다루지 않는다.

놀이하는 아이는 카프카의 「팽이」나 「사냥꾼 그라쿠스」 같은 작품에서도 반복적으로 등장하는데, 이는 이러한 인물 유형이 카프카에게 중요한 의미를 지니고 있음을 보여 준다.

소설 『선고』를 통해서도 드러난다.

『선고』에서 게오르크 벤데만이 승승장구하던 시절 아버지는 어두컴컴한 방에 고립되어 무력한 모습을 보인다. 게오르크가 자신의 약혼 사실을 러시아에 사는 친구에게 편지로 알리려 할 때도 아버지는 러시아 친구를 알지 못한다고 말한다. 그러나 나중에는 아버지가 갑자기 거인처럼 강력한 모습이 될 뿐만 아니라 러시아 친구를 잘 알고 있는 것은 물론 그와 소식을 주고받아 왔다고 말하며 게오르크에게 익사형을 선고한다. 여기서 러시아 친구는 게오르크의 내면에 있는 억압된 또 다른 자아를 상징한다. 그런데 아버지가 게오르크의 숨겨진 자아와 동맹을 맺고 있을 때 그는 더 이상 가부장적인 법과 질서의 대변자가 아니라, 오히려 게오르크의 어머니와 긴밀히 연결되어 그녀의 하수인 노릇을 하고 있음이 드러난다.[20] 즉 그는 가모장적인 (무)질서와 법의 영향하에 있는 것이다. 이러한 상황에서 아버지가 익사형을 선고한 것은 게오르크의 죽음이라는 부정적 의미보다는 오히려 게오르크의 단일한 정체성의 죽음과 새로운 다양한 주체성의 탄생이라는 의미를 갖는다. 또한 익사형을 선고받아 강물에 뛰어든 게오르크는 어머니의 양수 속에 뛰어든 것으로도 볼 수 있는데,[21] 이는 결국 그가 크리스테바가 말한 의미에서

20 "다음으로 아버지를 어머니의 대리자라고 볼 수 있는 근거를 아버지와 어머니의 관계에서 찾을 수 있다. 아버지는 어머니의 죽음으로 인한 슬픔 때문에 사업에서 한발 물러날 정도로 어머니에 대한 애정이 깊다는 것을 알 수 있다. 또한 아버지의 방은 '돌아가신 어머니의 추억이 담긴 여러 가지 물건들로 꾸며져 있'으며 아버지는 '어머니가 자기 힘을' 자신에게 주었다고 말을 한다. 다시 말해 아버지의 배후에는 어머니의 흔적이 도사리고 있는 것이다." 정성욱: 카프카의 「선고」와 「단식 예술가」에 형상화된 '주체의 죽음'이 갖는 의미 비교, 38-39쪽.

어머니와 공생 관계에 있던 출생 이전의 시기로 돌아가 확고한 자아정체성의 경계를 파괴함을 의미한다. 그리하여 어머니의 자궁으로 대변되는 무의식의 세계에서 새로운 다양한 주체성이 생성될 수 있는 것이다.[22]

이와 마찬가지로 오디세우스 역시 아이로 변신해 어머니의 자궁 속을 상징하는 바다를 항해한다. 이로써 그는 다양한 생성에 대한 욕망을 억압하는 가부장적인 법질서에서 벗어나 그러한 욕망을 허용하는 가모장적인 (무)질서로 이행할 수 있게 된다. 이 과정에서 그가 만나는 세이렌들은 『선고』의 러시아 친구에 해당하는, '내' 안의 낯선 타자를 가리킨다. 카프카는 1921년 11월에 클롭슈토크에게 보낸 편지에서 이렇게 썼다. "세이렌들은 또한 노래를 부르기도 했습니다. 그들이 유혹하려 했다고 생각한다면, 이는 부당한 처사입니다. 그들은 자신들에게 발톱만 있을 뿐, 생산적인 자궁은 결여되어 있다는 것을 알고 있었습니다. 그들은 그것에 대해 큰 소리로 한탄했지만, 그 한탄의 노래가 그렇게 아름답게 울려 퍼지는 것은 그들로서도 어쩔 수 없었습니다."[23] 위의 인용문에서 흥미로운 것은

---

21 조켈은 카프카의 작품에 급류나 강물이 비유로 빈번히 등장하는 것을 언급한다. 가령 「시골 의사」의 주인공인 의사는 마치 나뭇조각이 강물에 휩쓸려 가듯이 마차에 이끌려 환자의 집에 도착한다. Sokel: Franz Kafka, 269쪽 참조.

달빛이 비치는 환자의 집이 가모장적인 공간을 나타낸다고 한다면, 어머니의 양수를 상징하는 강물에 시골 의사가 나무토막처럼 휩쓸려 들어가는 것은 이미 그가 아이로 변신하고 있음을 암시한다. 실제로 늙은 시골 의사는 그곳에서 자신의 또 다른 자아인 어린 환자와 마주친다.

22 정성욱: 카프카의 「선고」와 「단식 예술가」에 형상화된 '주체의 죽음'이 갖는 의미 비교, 48-49쪽 참조.

23 Franz Kafka: Briefe(1902-1924). Frankfurt a.M. 1996, 362쪽.

카프카가 세이렌들에 대해 "발톱만 있을 뿐, 생산적인 자궁은 결여되어 있다."라고 말하며 생산적 자궁을 언급하고 있다는 사실이다. 세이렌들은 물론 생산적 자궁을 갖고 있지는 않지만, 어머니의 자궁으로 대변되는 무의식의 세계에서 생산(내지 생성)되는 존재로서의 의미를 갖는다.

오디세우스는 아이로의 변신을 통해 가부장적인 법질서에서 빠져나와 어머니의 자궁을 지시하는 바다에서 항해한다. 이러한 어머니의 자궁 속으로의 진입을 통해 오디세우스가 이전에 갖고 있던 단일한 정체성은 파괴된다. 나아가 그는 어머니의 자궁에서 생산된 다원적인 주체성인 세이렌들과 만나게 되는데, 결국에는 그가 사라지고 세이렌들만 남는다. 이는 궁극적으로 오디세우스가 몽환적인 세계에서 자신의 단일한 정체성을 버리고 세이렌들로 변신했음을 보여 준다.

2. 신체언어로서의 침묵의 노래와 오디세우스와 세이렌들의 양면적 관계

호메로스의 『오디세이아*Οδύσσεια*』에서와 달리 「세이렌들의 침묵」에 등장하는 오디세우스는 자신의 몸을 묶을 뿐만 아니라 밀랍으로 귀까지 막는다. 그렇다면 그는 정말 신화 속 오디세우스와 달리 세이렌들의 노래에는 관심이 없는 것일까? 이로써 그는 정녕 카프카의 아버지처럼 현실 세계에 매몰되어 자신의 생존과 유용성만을 추구하는 근대적인 인간을 상징하는가? 그런데 흥미로운 것은 비록 그가 귀를 막고 있더라도 세이렌들의 노래를 듣고 있다는 사실이다. 더욱 역설적인 것은 세이렌들이 노래를 부르지 않고 침묵하고 있다는 것이다. 즉 오디세우스는 세이렌들의 침묵을 노래로 듣는다.

여기서 우선 주목해야 할 점은 세이렌들이 노래를 부르지 않는 이유를 서술자가 두 가지로 해석하고 있다는 것이다.

첫 번째 해석은 세이렌들이 오직 침묵만으로 오디세우스라는 적을 물리칠 수 있기 때문에 노래를 부르지 않고 더 강력한 무기인 침묵을 사용한다는 것이다. 신화와 달리 이 소설에서는 세이렌의 노래뿐만 아니라 침묵도 적을 공격하기 위한 수단, 즉 일종의 무기로서의 의미를 갖는다. 이처럼 침묵이 무기로 사용되는 경우 오디세우스와 세이렌들은 적대적인 관계에 놓인다.[24]

두 번째 해석은 "오직 밀랍과 사슬만을 생각한 오디세우스의 얼굴에서 엿보이는 행복감을 바라보는 것이 그들로 하여금 모든 노래를 잊도록 만들었다."(SS 41)라는 것이다. 이 경우 세이렌들은 오디세우스를 더 이상 적으로 간주하지 않으며, 오히려 아이처럼 행복해하는 오디세우스에게 매혹당한 것처럼 보인다. 일반적으로 세이렌은 노래로 오디세우스를 비롯한 뱃사람들을 유혹하는 존재로 간주되지만, 여기서는 반대로 세이렌이 긍정의 에너지를 지닌 채 행복해하는 오디세우스의 모습에 유혹당한다. 이때 유혹은 공격이

---

24 이러한 적대 관계를 전제로 할 때 오디세우스가 세이렌들의 침묵이라는 공격을 물리칠 수 있었던 요인은 그가 침묵을 침묵으로 받아들이지 않기 때문이다. 즉 세이렌들의 노래와 침묵은 그것이 각각 노래와 침묵으로 작용할 때만 그 효과를 발휘할 수 있는데, 오디세우스는 침묵을 노래로 받아들이면서 그것의 파괴적 효과를 무력화할 수 있었다는 것이다. Walter Lesch: Kafkas "Das Schweigen der Sirenen." Literarische und philosophische Lesarten eines verfremdeten Mythos. In: Gotthardt Fuchs(Hrsg.). Lange Irrfahrt, grosse Heimkehr. Odysseus als Archetyp, zur Aktualität des Mythos. Frankfurt a.M. 1994, 135쪽 참조.

라는 기존의 의미를 잃고 오히려 그와 대비되는 사랑의 감정과 연결된다. 이처럼 유혹된 세이렌들은 적을 유혹하고 공격하기 위한 수단인 노래를 '망각'하는데, 이로 인해 생긴 '침묵'은 앞에서의 공격적인 침묵과 다른 성격을 띤다. 즉 이때의 침묵은 세이렌들이 오디세우스에게 매혹되어 생긴 침묵으로, 침묵이 흐르는 공기에는 전운이 감돌기보다 미묘한 감정의 기류가 흐른다.[25]

침묵의 성격이 달라짐으로써 오디세우스는 이들의 침묵을 위협적인 유혹의 침묵과는 다른 것으로 받아들이게 되고, 그로부터 노래를 들을 수 있는 조건이 생겨난다. 이처럼 침묵은 모두 같은 침묵이 아니며 침묵 내에서도 다양한 구별이 가능하다. 이는 침묵이 지닌 여러 잠재적 의미가 결코 개념어로서의 침묵이란 말만으로 표현될 수 없음을 의미한다. 또한 이는 침묵과 노래를 명확히 구분하는 개념적 사고의 문제성을 보여 준다. 나아가 침묵이 노래로 변함으로써 노래의 개념적 정의 역시 문제적이 된다.

그렇다면 오디세우스는 어떻게 세이렌들의 침묵을 노래로 듣는 것일까? "그는 우선 슬쩍 그들의 고개 돌림, 깊은 호흡, 눈물로 가득 찬 눈, 반쯤 벌어진 입을 보았고, 이것이 그가 듣지 못한 채 그의 주변에서 울려 나오는 아리아의 일부라고 생각했다."(SS 41)

25 이러한 '망각'은 세이렌들이 자신의 본분과 더불어 자기 자신조차 잊은 것처럼 보이게 만든다. 이는 니체가 말한 아이의 특성인 망각, 즉 자아를 잊는 아이의 망각을 연상시키기도 한다(Nietzsche: Also sprach Zarathustra, 31쪽 참조). 그러한 의미에서 세이렌들에게서도 아이의 특성을 발견할 수 있다. 나아가 여기서는 유혹하는 자와 유혹당하는 자가 바뀜으로써 남녀의 역할 구분이 전도되는데, 이로써 오디세우스는 여성적인 모습을 띠며 성 정체성의 경계를 뛰어넘는 모습을 보이기도 한다.

물론 여기서 눈물을 흘리며 한숨 쉬는 세이렌들을 그들이 지닌 혼종성으로 인해 사회에서 배제된 약자들로 해석할 수도 있다. 그러한 관점에서 보면 오디세우스는 이들을 억압하는 권력자의 모습으로 비추어질 것이다.

하지만 이와 달리 이러한 모습을 사랑에 빠진 것으로 해석할 수도 있다. 오디세우스는 세이렌들의 고개 돌림, 눈물로 가득 찬 눈, 반쯤 벌어진 입, 즉 그들의 신체를 자세히 바라본다. 여기서 우선 세이렌들의 신체에 대한 오디세우스의 관심이 눈에 띈다. 그는 정작 세이렌들의 노래에는 관심이 없고 그들의 신체에 큰 관심을 보이는 것이다. 신체에 대한 이러한 관찰을 시각적인 인간으로서의 오디세우스와 연결시킬 수도 있겠지만 '신체'에 방점을 두고 바라볼 수도 있다. 흔히 지적이고 이성적인 인물로 간주되는 오디세우스가 여기서는 세이렌들의 '신체'에 관심을 기울이기 때문이다. 또한 세이렌들이 입을 다물고 있는 것이 아니라, 눈물로 가득 찬 눈으로 입을 반쯤 벌린 채 깊은 호흡을 하고 있음에도 주목할 필요가 있다. 이처럼 반쯤 벌린 입과 깊은 호흡은 세이렌의 침묵이 입을 다문 상태의 일반적 침묵과 다른 성격을 띠고 있음을 암시한다. 이러한 침묵은 입을 다문 '침묵'과 입을 완전히 벌리고 하는 '노래'의 양극단 사이에 위치하며, 그 사잇공간에서 새로운 '침묵의 노래'를 만들어 낸다.

또한 위의 인용문에서 오디세우스가 비가시적인 '깊은 호흡'을 본다는 사실에 주목할 필요가 있다. 분절음이 등장하기 이전인 원시사회에서는 말과 음악이 명확히 구별되지 않았다. 원시인들은 말하듯이 노래했고 노래하듯이 말한 것이다. 이들은 '아'라는 말만으로 초조함, 불안, 흥분, 사랑 같은 다양한 감정을 표현하는 것이 가능했다. 이러한 언어에서는 억양, 강세, 호흡 같은 것들이 모두 함께 작용하며 언어를 형성한다. 즉 당시의 언어는 단순히 명제 내용을 통한 의미 전달 기능에 국한되지 않았다. 나아가 이러한 요소들은 언어가 음악이 되게 하며, 말과 음악의 경계를 허문다. 물론 인간의 언어가 분절음의 형태를 띠게 되고 사회가 점점 분화되고 전문화되면서 음악과 문학이 구분되었지만, 그 이전에는 이들의 경계가 결코 그렇게 자명하지 않았다.

언어가 그저 추상적인 기호가 아닌 호흡이나 억양 등 신체적인 요소와 긴밀히 연관된 신체적 언어라는 사실은 인간과 사회가 합리화되면서 점점 잊힌다. 하지만 오디세우스는 세이렌들이 내는 호흡의 변화를 포착하며 그들의 침묵의 언어, 아니 침묵의 노래가 더 이상 공격적이고 파괴적인 침묵이 아니라 사랑의 감정을 드러내는 에로틱한 침묵의 언어이자 노래임을 인식한다. 세이렌들의 '신체' 관찰에 몰두한 오디세우스는 그들의 신체 연관적인 언어(내지 노래)를 듣고 있는 것이다. 이로써 노래는 멜로디에 기초한 기존의 노래 개념을 넘어선다. 그것은 도, 레, 미, 파, 솔, 라, 시, 도 같은 개념적인 구분에 기초한 음의 높낮이와 무관한, 그러한 개념적 언어로 포착할 수 없는 호흡의 노래인 것이다. 이러한 호흡으로서의 침묵의 노래는 개념적인 언어의 저편에 있는, 인간의 무의식의 영역에서 생겨나는 정동을 표현하는 노래가 된다.

카프카의 또 다른 소설의 주인공 요제피네의 경우에도 일반적으로는 노래로 간주되지 않는 찍찍거리는 휘파람 소리, 즉 신체적 음향이 사실은 보다 심층적인 차원의 음악이자 언어로 간주될 수 있음을 보여 준다. 같은 종족의 많은 쥐가 이와 똑같은 소리를 내면서도 그것을 음악으로 인지하지 못하는 반면, 요제피네는 이러한 소리를 음악으로 간주하며 스스로를 여가수로 내세우는 것이다. 흥미로운 것은 오디세우스가 세이렌들에게 다가갔을 때 그들이 노래를 부르지 않았는데도 그들이 "여가수들"(SS 40)로 지칭된다는 사실이다. 이는 오디세우스가 단순히 침묵을 노래로 착각한 것이 아님을 보여 준다. 다시 말해 세이렌들은 침묵을 공격적인 유혹 수단, 즉 전투 무기로 사용하는 것이 아니라, 그것의 일상적인 기능과 구분되는 예술적인 수단으로 사용하며 침묵의 노래를 부르고 있다. 또한 오디세우스는 세이렌들의 침묵의 노래를 들음으로써 자신도 여가수인 세이렌들과 마찬가지로 미학적인 감각과 예술적인 능력을 갖고 있음을 보여 준다.

또 한 가지 주목할 것은 여기서 오디세우스가 세이렌들이 내는 침묵의 노래를 듣는 것이 아니라 '본다'는 사실이다.[26] 이어지는 문단에서 오디세우스의 큰 눈이 언급되며 그가 시각 중심적인 근대인을 상징하는 것처럼 보이기도 하지만, 흥미로운 것은 그러한 그의 시선이 시각적 대상, 즉 세이렌들의 신체를 청각적인 노래로 전환하고 있다는 점이다.

문자가 없던 시대에 인간은 다양한 기술과 문화를 구전해야 했

---

26 장혜순은 「여가수 요제피네 또는 생쥐 종족」에 등장하는 요제피네와 「세이렌들의 침묵」에 등장하는 세이렌을 비교하며 두 인물 모두 무아지경의 포즈로 노래 아닌 노래를 부르는데, 이를 통해 독자는 '소리를 보는' 특별한 미적 경험을 하게 된다고 말한다. 장혜순: 현대에 대한 카프카의 문화비판. 노래하는 생쥐와 미적 경험. 실린 곳: 카프카연구 13집(2005), 263쪽 참조.

으므로 눈보다는 귀가 더 중요한 문화적 전수의 기능을 가졌다. 또한 태양으로 상징되는 신의 전능한 눈에 비해 인간의 눈은 표면만을 볼 수 있는 불완전한 눈으로 간주되어, 오히려 이러한 생리학적 눈을 상실한 시인이나 예언가가 신을 대리해 세상을 제대로 바라볼 수 있는 인간으로 간주되었다. 반면 근대에는 문자, 특히 활판 인쇄술의 개발과 더불어 시각 중심적인 문화가 시작되었고, 인간은 자세한 관찰을 통해 자연의 법칙을 인식하고 자신의 시각적 대상인 사물과 거리를 두면서 스스로를 주체로 인식하기 시작한다. 이처럼 근대는 시각 중심주의적인 특성을 지닌다. 니체는 과도하게 큰 눈을 지닌 현대인, 즉 현대의 시각 중심주의를 비판한다. "일반적으로 사람들은 한 가지 감각만이 고도로 발달한 사람을 천재라고 부르지만, 차라투스트라는 이런 사람을 '전도된 불구자'로 부른다. 차라투스트라는 사람들 사이를 돌아다니면서 어떤 사람에게는 눈이, 어떤 사람에게는 귀가 없는 반면, 어떤 사람은 모든 것이 부족하지만 눈이나 귀 하나만 지나치게 크다는 것을 인식한다. 이러한 인식과 이에 따른 비판을 통해 차라투스트라는 한 감각의 과도한 발달 대신 감각의 균형 있는 발달과 공감각의 형성을 제안한다. 차라투스트라는 시장에서 대중들이 자신의 말을 이해하지 못하자 그들에게는 자신의 말을 들을 귀가 결여되어 있다며, 그들이 **눈으로 듣는 법**(필자 강조)을 배우도록 하기 위해 우선 그들의 귀를 부숴야 하지 않을까 자문한다."[27] 이와 마찬가지로 큰 눈을 지닌 오디세우스 역시 자신의 눈을 일반적인 눈의 기능과 다른 용도로 사용함으로써 역설적으

27 정항균: 메두사의 저주, 432쪽.

로 근대의 시각 중심주의를 비판한다.[28] 즉 그의 눈은 눈과 귀의 경계를 허물고, 보이지 않는 것을 보고, 시각적인 것을 청각적인 음성으로 전환하며 탈경계적인 특성을 보여 준다. 이를 통해 오디세우스가 근대의 시각 중심주의를 대변하기보다는 오히려 그것을 패러디하며, 호메로스의 세이렌 이야기나 이에 대한 호르크하이머나 아도르노의 해석[29]과 구별되는 오디세우스의 상을 만들어 내고 있음을 알 수 있다.

세이렌들과 오디세우스가 적대적인 관계에 있지(만은) 않다[30]

---

28 임석원은 매체사적인 관점에서 「세이렌들의 침묵」을 분석하며, 카프카가 호메로스와 달리 오디세우스와 세이렌들을 시각 문화가 지배하는 시대의 인물로 바꿔 놓았음을 강조한다. 또한 그는 카프카의 오디세우스가 단순히 시각적인 인간이 아니며, 청각적인 구술 세계를 가상적으로 연출함으로써 현대의 시각 중심주의에 맞서고 있다고 주장한다. 임석원: 카프카의 「사이렌의 침묵」에 나타나는 매체전환기적 단상. 실린 곳: 독어독문학(구 독일문학) 143집(2017), 51-54쪽 참조.

필자는 이러한 주장에 대체로 동의하지만, 세이렌들의 침묵을 '시각적인 무기'로만 간주하는 것이나 세이렌들의 침묵을 문자 그대로의 '침묵'으로 해석하는 것과는 거리를 둔다. 앞에서 주장했듯이 세이렌들의 침묵은 파괴적인 무기일 뿐만 아니라 에로스의 표현이기도 하다. 또한 세이렌들의 반쯤 벌린 입에서 나온 깊은 호흡 역시 그들이 단순히 침묵하며 시각적으로만 유혹하고 있는 것이 아니라 침묵과 노래의 사잇공간에서 '침묵의 노래'를 부르고 있음을 보여 준다.

29 볼파르트는 호르크하이머와 아도르노의 오디세우스상을 이렇게 요약한다.

"정체성은 진보와 일치하고, 신화적 질서를 넘어서는 이러한 진보는 계몽의 모호한 프로그램을 형성한다. […] 만일 자아가 신화라는 아직 막강한 소용돌이에 맞서야 한다면, 그것은 (이전의) 직접적인 과거를 '극복해야' 한다. […] 오디세우스를 '시민적 개인'의 원형으로, 그의 방황하는 항해를 시민적 개인의 '근원사'로 해석하는 이러한 시도 […]. 자신과 신화적 근원 시간 사이의 절대적 경계를 설정하는 것은 일종의 '근원적 억압'과도 같다. 자기정립이라는 행위는 자기억압이라는 행위이며, (자신의) 타자와의 경계짓기이다." Wohlfarth: Das Unerhörte hören, 241쪽.

는 사실은 다음의 문장에서도 드러난다. 세이렌들은 "그 어느 때보다 더 아름다운" 모습일 뿐만 아니라, "자신의 발톱을 바위 위에 폄"(SS 41)으로써 적대적인 공격 의사가 없음을 드러낸다. 오디세우스의 시선에 세이렌들은 그 어느 때보다 더 아름답게 느껴진다.[31] 세이렌들도 오디세우스를 유혹해 죽이려고 하기보다는 오히려 침묵을 노래로 들을 수 있게 하는 오디세우스의 신비한 눈에 빠져 그

---

30 조켈은 아버지를 대변하는 오디세우스가 권력자의 위치로 올라서면서 그와 적대 관계에 있던 세이렌들은 비천한 지위로 몰락하는 것으로 해석한다. "개인이 개와 같은 존재가 아니게 됨으로써, 적수인 권력 자체가 그편에서 개와 같은 존재로 격하된다. 「세이렌들의 침묵」에서 그들의 근원적인 권력의 지위, 두려움을 불러일으키고 욕망할 만한 인물들로서의 지위에서 하찮고 스스로 의미를 붙잡으려고 애쓰는 인물로 격하되는 것은 세이렌들이다. 하지만 오디세우스는 두려워하고 소망하기만 해야 하는 운명을 지닌 개인에서 초인간적인 목적이자 권력의 소망상으로 승격하게 된다." Sokel: Franz Kafka, 220쪽. 이러한 해석은 부분적으로 타당하지만, 오디세우스와 세이렌들의 관계를 적대 관계로만 한정함으로써 이 소설이 지닌 복합성을 간과한다.

31 크레머는 카프카가 「세이렌들의 침묵」을 완성하기 직전에 그의 약혼녀인 펠리체 바우어와 주고받던 방대한 서신 교환을 종결했다는 전기적 사실과 결부시켜, 이 소설에서 오디세우스가 한편으로 세이렌들에게 유혹당하면서도 다른 한편 작품 마지막에서 언급되듯이 에로틱한 자신의 감정을 일종의 가상적인 연출로 제시하면서 그러한 유혹에서 벗어나고 있음을 언급한다. 나아가 그는 에테아 호프만의 「모래 사나이」에 등장하는 나타나엘이 올림피아라는 기계인형에 자신의 욕망을 투사하듯이, 오디세우스 역시 세이렌들에게 그러한 욕망을 투사하지만 나타나엘과 달리 투사 대상에 다시 거리를 두며 그러한 투사를 일종의 환영, 시뮬라크르로 인식하는 것으로 간주한다. Detlef Kremer: Tönende, schweigende Sirenen. Franz Kafkas Erzählung 'Das Schweigen der Sirenen'. In: Johannes Janota(Hrsg.). Kultureller Wandel und die Germanistik in der Bundesrepublik. Band 3. Methodenkonkurrenz in der germanistischen Praxis. Tübingen 1993, 127쪽 및 130-132쪽 참조.

필자는 이러한 관점에 전반적으로 동의하면서도 세이렌들을 위협적인 자연의 상징으로만 보는 관점과는 거리를 둔다.

눈빛을 가능한 한 오래 붙잡으려고 한다. 다시 말해 세이렌들은 오디세우스에게 유혹당한 것이다. 이로써 이들 간에는 어떤 에로틱한 관계가 형성된다.

"세이렌들이 의식을 가지고 있다면, 그들은 그 당시에 파멸되었을 것이다. 하지만 그들은 그렇게 남아 있었고, 오디세우스만이 그들에게서 벗어났다."(SS 41) 위의 문장은 오디세우스의 모습에 사로잡힌 세이렌들이 의식의 줄을 놓아 완전히 혼이 빠진 상태가 되지 않았더라면, 다시 말해 그들이 오디세우스에게 사랑과 욕망의 감정을 갖지 않았더라면, 오디세우스는 그들을 적수로 인식해 파멸시켰을 것임을 의미한다. 만일 이러한 적대 관계가 유지되었다면, 오디세우스는 근대의 합리적인 정신으로 무장한 가부장적인 권력으로써 위협적인 괴물로 간주되는 이방인들을 절멸시켰을 것이다. 그러나 세이렌들과 오디세우스 모두 각각 변화된 모습을 보여 줌으로써 그러한 적대 관계가 바뀌어 버렸기 때문에 세이렌들은 살아남을 수 있었다.

하지만 위의 인용문을 다르게 해석할 수도 있다. 세이렌들이 의식을 지닌 존재, 다시 말해 (동물과 구분되는) 인간적 정신을 지닌 존재가 아니었기 때문에 살아남았다는 해석도 가능하다. 앞의 인용문의 주절인 수동문에서 세이렌을 살해하는 주체는 명시되지 않았지만 맥락상 오디세우스를 가리키는 것으로 볼 수 있다. 그런데 오디세우스가 세이렌들을 살해하지 않은 이유가 세이렌들이 의식을 지니지 않았기 때문이라면, 이는 결국 정신적이고 의식적이지 않은 세이렌들의 존재를 오디세우스가 긍정하고 있음을 의미한다. 나아가 이는 결국 오디세우스 자신이 합리적인 이성과 의식의 소유자가 아니라, 오히려 그것에 적대적이고 그것을 파괴하려는 존재임을 의미하기도 한다. 즉 오디세우스는 니체가 말한, 근대적인 자아와 이성의 피안에 있는 순수한 아이 같은 존재인 것이다. 이처럼 오디세우스가 세이렌들을 공격하지 않은 것은 그들이 서로 적대적인 대립 관계를 이루지 않고 서로 닮아 있으며 그로 인해 서로를 욕망하기 때문이다.[32]

3. 혼종성과 변신 모티브: 오디세우스의 또 다른 자아로서의 세이렌들

호메로스의 『오디세이아』와 달리 이 소설에는 오디세우스와 세이렌들만 등장할 뿐, 오디세우스의 부하들은 등장하지 않는다. 그 이유는 무엇일까? 우선은 오디세우스가 우월한 지배자로 등장하지 않게 하기 위한 것으로 볼 수 있다. 즉 이는 노동만 하고 예술을 향유할 수 없는 부하들과 달리 노동하지 않고 오락적인 예술을 향유할 수 있는 지배 계층으로서의 오디세우스를 내세우지 않기 위한 장치이다. 나아가 만일 오디세우스와 세이렌들이 서로 다른 존재가 아니라 단일한 존재의 양면을 나타내는 것이라고 해석한다면 오디세우스의 부하들이 등장하지 않는 이유를 설명할 수 있다. 카프카는 이 소설에서 자아정체성의 문제를 집중적으로 다루고자 하는 것이다.

그 외에 이 소설의 제목이 원래부터 '세이렌들의 침묵'이 아니

32 그런데 이러한 에로스는 타나토스에 대한 오디세우스의 동경과 긴밀히 연결되어 있다. 이 문제는 다음 절에서 더 자세히 다루고자 한다.

었다는 사실에 주목할 필요가 있다. 이 제목은 카프카가 죽고 나서 그의 친구인 막스 브로트가 붙인 것이다. 비평본에는 그 대신 '일찍 잠자리에 들어früh im Bett'라는 제목이 붙어 있다. 여기서 주목할 것은 카프카가 '침대Bett'를 언급하고 있다는 사실이다. 주지하다시피 카프카의 여러 소설, 가령 『변신』, 『선고』, 『소송』에서 침대가 등장하는데, 이는 소설 속에서 현실과 꿈의 경계가 흐려지며 환상적인 장면이 현실처럼 일어나도록 한다. 특히 주인공과 그의 내면의 타자가 꿈 같은 현실에서 서로 만나는 것을 가능하게 만든다. 이러한 맥락에서 '일찍 잠자리에 들어'라는 유사 제목이 붙은 것은 이 소설에서 '나'와 '내' 안의 타자가 함께 등장하며 정체성의 문제가 주제로 다루어질 것임을 암시한다.

「세이렌들의 침묵」에서는 서술자가 자신의 주장을 입증하려는 듯한 내용의 본문이 나온 후 마지막에 부록이 덧붙여진다. 서술자는 오디세우스가 사실은 세이렌들이 침묵을 지키고 있음을 알면서도 살아남기 위해 그것을 모르는 척하며 노래를 듣는 시늉을 했다는 이야기를 덧붙인다. 물론 이러한 이야기는 확정된 사실이 아니라 전해 내려오는 이야기일 뿐이므로 그 진실성은 담보되지 않는다.

그런데 흥미로운 것은 부록에서 오디세우스가 "여우"(SS 41)로 지칭된다는 사실이다. '여우'라는 말을 단순히 세이렌들을 속이기 위해 간계를 꾸민 오디세우스에 대한 비유로만 해석한다면 이는 이 소설에서 오디세우스라는 인물이 지닌 복합성을 간과하는 해석이 될 것이다. 여기서 '여우'는 특정한 성격의 인간을 지시하는 메타포 이상의 의미를 지닌다. 카프카의 소설에서 동물은 우화적인 비유보다는 오히려 인간의 단일한 정체성이 파괴되었을 때 그러한 형태로 변신하게 되는 다양한 가능성 내지 다원적인 정체성을 가리킨다. 따라서 부록에서 오디세우스를 가리키는 말인 여우는 인간인 오디세우스가 일종의 동물적인 잠재력을 내포하고 있음을 암시한다.

그런데 여우는 그리스 신화에 등장하는 디오니소스 신의 상징 동물이기도 하며, 디오니소스 신 자체가 '여우 같은 디오니소스' 또는 '여우 신'으로 불리기도 했다. 또한 디오니소스 신의 무녀인 메나드는 사슴이나 노루 또는 여우 털가죽을 몸에 두른 채 광란에 빠졌다.[33] 동물은 디오니소스 신의 보조 정령을 넘어 그의 다양한 정체성을 형성하기도 한다. 혼종적 정체성을 지니며 다양한 동물로 변신할 수 있는 디오니소스는 카프카의 「세이렌들의 침묵」에서 '여우'라는 동물을 통해 오디세우스와 연결되어 목적 지향적이고 간계에 능한 기존의 오디세우스 상 외에도 혼종적 정체성과 변신 능력을 지닌 새로운 오디세우스 상을 만들어 낸다.

이로써 작품 마지막의 부록에 등장하는 오디세우스의 모습은 본문에서의 오디세우스의 모습과 대립하지 않게 된다. 본문과 부록을 오디세우스의 '순진함'과 '연기된 순진함'의 대립 구도로만 보는 해석[34]은 이 소설의 복합적인 면모를 간과한다. 부록에 등장하는 오디세우스 역시 본문에서와 마찬가지로 간교하고 지극히 이성적인 인간인 동시에 여우 같은 '동물'이기도 하고, 닳고 닳은 어른과 순수

33 Klaus Mailahn: Der Fuchs in Glaube und Mythos. Münster 2006, 335-347쪽 참조.

34 Engel u. Auerochs(Hrsg.): Kafka Handbuch, 357쪽 참조.

한 아이의 모습을 동시에 지니기도 한다. 즉 그는 인간과 동물, 어른과 아이의 모습을 모두 지닌 혼종적인 존재로서 마찬가지로 혼종적인 존재인 세이렌들과 닮아 있다. 앞에서 오디세우스가 세이렌들 옆을 지나갈 때 나온 "그는 세이렌들에 대해 더는 아무것도 알지 못했다."(SS 476)라는 말에서 드러나듯이, 세이렌은 그 정체를 명확히 알 수 없는 다원적 정체성을 지닌 괴물로 나타난다. 이와 마찬가지로 "오디세우스도 운명의 여신조차 그의 내면을 파고들 수 없을 정도의 여우이고"(SS 41) "인간의 이성으로는 더 이상 이해할 수 없는"(SS 41 이하) 존재이기도 하다. 이러한 점에서 오디세우스 역시 세이렌들과 마찬가지로 수수께끼 같은 존재, 들뢰즈와 가타리의 말로 끊임없이 역동적으로 변하고 생성되는 '잠재적 다양체'임을 알 수 있다.

세이렌들이 지닌 역동적이고 생성적인 특성은 이 소설의 다음 문장에서도 확인된다. "세이렌의 노래는 모든 것, 심지어 밀랍 안으로까지 뚫고 들어갔다. 그래서 유혹된 사람들은 격정에 휩싸여 사슬이나 돛보다 더한 것도 부숴 버렸을 것이다."[35] 그런데 비평본의 팔절판 노트 G와 달리 막스 브로트의 판본에서는 '노래'를 의미하는 'Gesang' 대신 'Sang'이라는 단어가 사용된다.[36] 'Sang'은 불어로 피를 의미하며, 생명을 상징하기도 한다.[37] 웰베리가 자신의 글

---

35 "Der Gesang der Sirenen durchdrang alles, gar Wachs, und die Leidenschaft der Verführten hätte mehr als Ketten und Mast gesprengt."(SS 40)

36 Franz Kafka: Das Schweigen der Sirenen. In: ders.: Sämtliche Erzählungen. Köln 2007, 475쪽: "Der Sang der Sirenen durchdrang alles, [···]"

37 Wellbery: Seiltänzer des Paradoxalen, 181쪽 참조.

에서 언급한 '생명'으로서의 '노래Sang'의 의미에 대해 좀 더 깊이 생각해 볼 필요가 있다. 우선 'Sang'이 'Gesang'이라는 의미를 지닌 고어라는 점에 주목해야 한다. 카프카는 우리가 생각하는 '노래Gesang'가 사실은 오늘날의 의미와 달리 호흡과 악센트, 숨결까지 포괄하는 신체언어였다는 사실을 이 단어를 통해 상기시킨다. 또 한 가지 중요한 것은 불어로 이 단어가 '피'를 의미한다는 사실이다. 「자칼과 아랍인」에서도 피는 생명력을 의미하며 억압적인 가부장적 질서를 파괴함으로써 생겨나는 것으로 묘사된다.[38] 이러한 맥락에서 보면 '세이렌의 신체언어적인' '노래Sang', 즉 생명력은 모든 것에 스며들어 개인을 옥죄고 있는 단일한 자아정체성의 사슬을 파괴해 버릴 수 있다. 또한 세이렌의 노래는 단순히 위협적이고 파괴적인 힘이 아니라, 오히려 그러한 파괴와 더불어 새로운 역동적 생성을 만들어 내는 생명(력)을 의미한다. 이로부터 (오디세우스라는 자아정체성의) 죽음[39]과 (세이렌들이라는 관계적 자아로서의) 생명은 대립되는

---

38 「자칼과 아랍인」의 "마지막 장면에서는 자칼의 무리가 낙타를 갈기갈기 찢은 후 '낙타의 피가 이미 웅덩이를 이루며 거기에 놓여 있었기 때문이다.'"(정항균: 동물이야기, 36쪽)라는 구절이 나온다. "그러나 이 문장을 다르게 해석할 수도 있다. 왜냐하면 여기서 '웅덩이(Lache(n))'라는 단어는 '웃음'을 의미할 수도 있기 때문이다. [···] 그런데 마지막에 자칼이 낙타의 시체를 갈기갈기 찢었을 때 낙타가 흘린 피는 이제 '웅덩이'를 이루며 있는 것이 아니라 '이미 웃음 속에 담겨 있었던 것'이다. 여기서 피를 생명으로 바꿔 해석하면, 순응하고 복종하는 낙타의 생명력은 사실은 이미 오래전부터 잠재적으로 해방적인 '웃음' 속에 담겨 있었지만, 그러한 웃음은 지금까지 초자아 내지 가부장적인 법을 의미하는 아랍인에 의해 억압되어 왔던 것이다. 하지만 이제 자칼이 순종적인 낙타를 갈기갈기 찢음으로써 신체의 해방과 함께 억누른 웃음이 터져 나오고, 이와 더불어 역설적으로 낙타의 진정한 생명(력)이 회복되는 것이다."(같은 곳)

개념이 아니라 그 경계를 허물며 서로 침투하고 연결되는 개념으로 변한다.

한 가지 흥미로운 것은 여기서 오디세우스와 세이렌들이 맺는 관계이다. 만일 이들을 적대적인 대립 관계를 이루는 인물들이 아니라 서로 긴밀히 연결된 자신의 또 다른 자아를 나타내는 도플갱어 같은 존재들로 간주한다면, 이들이 각각 이름과 익명, 단수와 복수로 등장하는 이유를 알 수 있다. 오디세우스는 이름을 지닌 존재로 등장하며 우선은 다른 사람과 구분되는 개성을 지닌 존재로 암시된다. 그러나 그는 "자신이 사용하는 하찮은 수단들에 대한 순수한 기쁨"(SS 40)을 지니고 세이렌들에게 다가가며, 니체가 말한 의미에서 일종의 아이-되기를 수행하면서 단일한 정체성을 지닌 근대적인 자아를 '망각'하고 자신에게 내재한 다양한 동물적 에너지를 발산한다. 이러한 동물적 에너지는 자아에게 내재한 무의식적인 신체적 요소를 지시하는데, 이러한 '내' 안의 타자는 그 이름을 명명할 수 없는 절대적 타자이다. 세이렌들이 오디세우스와 달리 고유명사인 이름으로 불리지 않는 것은 이러한 맥락에서 특별한 의미를 지닌다. 또한 여기서 세이렌들은 오디세우스가 변신할 수 있는 다양한 주체성을 가리킨다. 이들이 복수로 등장하는 것은 신화적인

---

39 웰베리는 무엇보다 '침묵'을 경계의 사라짐으로서의 죽음과 연결하고 있다. 또한 그는 오디세우스의 구원을 단순히 그가 살아남은 것으로 해석하지 않으며, 오히려 그가 세이렌들 옆을 지나갈 때 먼 곳, 즉 죽음을 바라보며 의식의 사라짐을 경험하고 있다고 해석한다. 이처럼 웰베리는 카프카의 소설에서 죽음을 삶과 완전히 대립시키는 것이 아니라, 오히려 그러한 경계 설정의 전제 조건이 되는 파악할 수 없는 차이로 간주한다. Wellbery: Seiltänzer des Paradoxalen, 192-193쪽 참조.

출처에 따른 것만이 아니라,[40] 들뢰즈와 가타리적인 의미에서 다양체의 무리로서의 특성을 가리키기 위한 것이기도 하다. 「자칼과 아랍인」에서 자칼이 무리로 등장하는 것도 같은 이유에서이다.

한편으로 오디세우스가 몸을 묶고 귀를 막으며 세이렌들의 유혹적인 노래, 아니 침묵을 피해갈 때 오디세우스는 그들과의 전투에서 승리한 것처럼 보인다. 더욱이 이어서 "세이렌들이 그에게서 완전히 사라졌다."(SS 41)라고 언급되기 때문에 마지막에 오디세우스가 남고 세이렌들은 사라지는 것처럼 보인다. 하지만 그다음에는 이와 정반대의 상황이 등장한다. "그렇게 그들(세이렌들, 필자 주)은 남았고, 오디세우스만이 그들에게서 벗어났다."(SS 41) 즉 이제 남은 것은 세이렌들이고 사라진 것은 오디세우스인 것이다.[41] 이처럼 오디세우스는 자신 안에 숨어 있는 아이와 동물의 속성을 발산하며 점점 자신 안의 세이렌들을 불러내고 그것과 하나가 되며 이전의 자아를 사라지게 만든다. 변신이 일어난 것이다. 물론 이러한 변신

---

40 런던 대영박물관에 있는 기원전 470년의 화병에 새겨진 세이렌의 수는 세 명이고, 호메로스의 『오디세이아』에 등장하는 세이렌의 수는 두 명이다(Lesch: Kafkas "Das Schweigen der Sirenen", 130쪽 참조). 반면 카프카는 세이렌의 숫자를 분명히 밝히고 있지 않은데, 이는 잠재적인 변신 가능성의 무한함을 보여주기 위한 의도로 보인다.

41 "호메로스에게 세이렌들은 노래와 앎을 통해 유혹하려는 신탁의 여신들이다. 케레니에 따르면, 그들은 고대 신화에서 죽음의 여신인 동시에 사랑의 여신이고, 그 스스로 죽은 것으로 생각될 수 있는 하계 여신의 시녀로, 배가 그들 곁을 지나갈 때 선원들이 그들의 유혹에 빠져들지 않으면 그들은 죽음을 피할 수 없다. 다시 말해 오디세우스가 살아남았을 때 그들은 자살했다는 것이다."(Wagner: Antike Mythen, 24쪽) 하지만 카프카의 소설 속 "세이렌들은 오디세우스보다 더 오래 살아남는다. 그리고 그들이 죽지 않았다면 […] 고대 신화는 여기서 현대의 메르헨으로 변한다."(Wagner: 같은 책, 25쪽)

은 어떤 본질적인 존재로의 변신이 아니라 자신에게 잠재한 무한한 가능성의 실현으로서의 변신이며, 그것이 본성상 표면적인 특성을 띨 수밖에 없다는 점에서 시뮬라크르로서의 사건이기도 하다. 이처럼 오디세우스는 끊임없이 자신의 모습을 바꿔 가며 변신하는 연극배우로서 시뮬라크르의 세계에 살고 있는 것이다.

4. 퍼포먼스 예술가와 시뮬라크르의 예술

정체성의 문제와 관련해 오디세우스와 세이렌들이 맺고 있는 긴밀한 관계는 이들이 예술과 맺는 관계를 통해서도 드러난다. 세이렌들과 오디세우스가 갖는 긍정적 측면과 관련해 이들의 공통점으로 예술적 속성을 지적할 필요가 있다. 오순희는 카프카의 소설에 등장하는 세이렌을 "현대사회의 산문성 앞에서 속수무책으로 서 있는 예술의 위치"[42]를 보여 주는 것으로 해석한다. "예술 앞에서 귀까지 틀어막는 현대 세계를 보면서 당황한 예술이 이 세계를 향해 애원의 눈길을 보내는 퍼포먼스를 보여 주고"[43] 있다는 것이다. 그 때문에 "세이렌의 침묵은 세이렌의 신화가 그 효력을 상실했음을 알려 주는 표지"[44]로 간주된다. 하지만 세이렌들의 침묵은 결코 문자 그대로의 침묵만을 의미하지 않는다. 그것은 발화라는 의미에서는 침묵을 의미하지만, 자신의 정동을 표현하는 신체적인 언어라는 의미에서는 무언가를 표현하고 있는 것이다. 그러한 의미에서 세이렌들

42 오순희: 괴테와 카프카 문학의 오디세우스와 사이렌 형상연구, 43쪽.
43 같은 곳.
44 오순희: 같은 글, 37쪽.

의 몸동작과 그들의 호흡은 근대적인 연극보다는 차라리 포스트드라마적인 연극(퍼포먼스)에 가깝다.

세이렌들의 침묵이 결코 예술에 적대적인 현대사회의 산문성으로만 해석될 수 없다는 것은 무엇보다 오디세우스가 갖는 예술가적인 모습 때문이다. 오디세우스는 결코 아이같이 유치하고 자신밖에 모르며 예술에 무관심한 아버지 같은 존재로 환원될 수 없다. 오디세우스는 세이렌들이 표현하는 신체적 언어를 읽어 내고 그것을 노래로 들으며 예술에 대한 관심을 표명한다. 그의 아이 같은 특성은 삶을 긍정하고 삶 자체를 예술로 바라보는 니체적인 의미에서의 미학적 인간을 보여 준다. 그러한 인간은 페터 뷔르거가 말한, 삶과 구분되는 제도로서의 예술[45]만을 예술로 간주하는 것이 아니라, 삶 자체를 선과 악, 옳고 그름의 피안에서 시점적으로 바라보며 미학화한다.[46]

나아가 오디세우스는 나중에 자신의 (여우로서의) 동물적 특성

---

45 "18세기에야 비로소 시민사회의 전개 및 경제적으로 강화된 시민계층의 정치적 권력 쟁취와 더불어 철학적인 분과로서의 체계적인 미학이 생겨난다. 그리고 여기서 자율적인 예술이라는 새로운 개념이 만들어진다. […] '문학, 음악, 무대예술, 조형예술, 건축예술을 포괄적으로 지칭하는 **예술**이라는 근대적 개념은 18세기 말에 이르러서야 비로소 널리 사용되었다.' 이 시기에 예술적 행위는 모든 다른 행위들과 구분되는 것으로 이해된다." Peter Bürger: Theorie der Avantgarde. Frankfurt a.M. 1974, 57쪽.

46 "우리가 절대적 진리를 부인하자마자, 우리는 모든 절대적 요구를 포기하고 미학적 판단으로 물러나야 한다. 미학적으로 평등한 무수한 가치 평가들을 창조해 내는 것이 우리의 과제이다. 각각의 그런 가치 평가들이 개인에게는 최후의 사실이자 사물의 척도가 된다. 도덕을 미학으로 환원하자!!!" Friedrich Nietzsche: Die nachgelassenen Fragmente. Stuttgart 1996, 87쪽.

을 실현하며 세이렌들처럼 혼성적인 존재로 변신함으로써 단순한 예술 수용자를 넘어 스스로 퍼포먼스 예술가가 된다. 기존의 연구에서 이미 오디세우스에게 나타나는 연극배우 같은 모습이 지적된 바 있다. "카프카의 오디세우스는 최초의 권위적인 인물이 아니라, 최초의 배우이다. 그는 세이렌들과 팬터마임 경쟁을 펼치며 그들에게서 벗어난다. […] '행복함'이 비치는 오디세우스의 얼굴은 최초의 가면이다. 오디세우스가 세이렌들과 신들에게 내밀 수 있는 '방패'는 배우의 연기이다. 그리고 그가 연출하고 연기하는 '가상의 과정'은 최초의 연극 작품이다."[47] 그러나 이러한 오디세우스의 연기를 단순히 다른 사람을 속이는 기만 전략이나 현실 환상을 불러일으키는 전통적인 '환영극Illusionstheater'의 맥락에서 이해해서는 안 된다. 서술자는 부록에서 오디세우스가 세이렌들이 침묵을 지키고 있다는 사실을 정말 눈치챘을지도 모르며, 마치 그것이 노래인 척 가장했을 뿐이라고 말한다. 그런데 여기서 침묵을 노래인 척 가장했다는 말은 그 침묵이 전통적인 의미의 노래가 아님을 의미할 뿐이지 노래와도 같은 침묵을 오디세우스가 들었다는 사실 자체를 부정하지는 않는다. 따라서 부록의 내용이 반드시 본문 내용을 부정하는 것은 아닌 셈이다.

오디세우스의 연극배우 같은 모습은 전통적인 배우에서 한 걸음 더 나아가 자신에게 잠재한 동물적인 신체성을 발산하며 끊임없이 자신을 다른 모습으로 실현해 나가는 (삶의) 퍼포먼스 예술가의 모습에 가깝다.[48] 또한 그가 실현하는 각각의 변신은 결코 원상의

47 Rath: Mythos-Auflösung, 97쪽.

재현이 아니며 끊임없이 생성되고 변화하는 허상으로서의 시뮬라크르[49]에 해당된다. 그러한 점에서 그는 세이렌들의 공격을 피하기 위한 속임수로서 가상의 과정을 일종의 방패로 내밀었을 뿐만 아니라, 나아가 세이렌들과의 적대적 관계에서 벗어나 세이렌들의 신체언어(침묵의 노래)를 듣고 이를 계기로 시뮬라크르의 사건으로서 세이렌들로 변신하기 위해 "세이렌들과 신들에게 위의 가상의 과정을 표지판으로 내민 것"[50]으로도 볼 수 있다. 'Schild'라는 말은 '방패' 외에 '표지판'이라는 의미를 갖고 있는데, 이러한 표지판은 오디세우스의 변신 방향을 지시하는 것으로 해석된다. 즉 그는 자신 안에 억눌려 있던 세이렌들의 침묵의 노래, 신체언어를 듣고 자신의 동물적 잠재성을 일깨우며 스스로 세이렌들로 변신하는 것이다.

---

48 카프카의 소설에 나타나는 이러한 퍼포먼스 예술가의 대표적인 사례가 바로 '단식 예술가'이다.

49 들뢰즈는 "생성, 운동을 사유하되 그것을 의미를 가진 그 무엇으로 사유한다."(이정우: 시뮬라크르의 시대. 들뢰즈와 사건의 철학. 거름 2002, 276쪽) 그는 모든 존재를 정적인 존재로 간주하는 대신 끊임없이 변화하고 생성되는 역동적이고 개방적인 존재로 간주한다. 이러한 역동적 존재에 잠재한 다양한 요소들은 매번 배치를 바꾸며 실현되어 사건으로 일어나는데, 그러한 사건이 바로 시뮬라크르이다. 그것이 시뮬라크르인 이유는 잠재적인 차원에서 현실적 차원으로 솟구치며 표면에서 일어난 그 사건이 끊임없이 역동적으로 변하는 생성 그 자체, 들뢰즈와 가타리의 말로 다양체와 일치할 수 없는 허상이기 때문이다.

50 "Oysseus […] hat ihnen und den Göttern den obigen Scheinvorgang […] als Schild entgegengehalten."(SS 41 이하)

VI 「단식 예술가」 신체적 글쓰기와 동물-되기*

1. 상호텍스트성

「단식 예술가」는 카프카가 말년에 쓴 단편소설이다. 이 작품은 1922년 『디 노이에 룬트샤우*Die neue Rundschau*』라는 잡지에 처음 실렸고, 이후 1924년 『단식 예술가』라는 단편 모음집에 실려 출판되었다. 1922년에 이 작품의 교정쇄를 넘겨받은 카프카는 병 때문에 거의 음식을 섭취할 수 없는 상태였고, 문자 그대로 '단식 예술가'가 되어 있었다.

하지만 카프카가 활력이 넘치는 아버지의 식습관에 저항하며 채식주의자로서 특정한 음식만을 먹고 제대로 된 음식을 찾아 나서는 소위 단식 예술가의 길을 걸은 것은 훨씬 이전부터이다. 또한 「단식 예술가」의 주인공에 앞서 그의 여러 작품에는 이미 기존의 음식 문화와 식습관을 거부하고 제대로 된 음식을 찾는 과정에서 식욕 부진에 시달리거나 유사 단식을 수행하는 인물들이 등장한다. "그래서 카프카의 아웃사이더 인물들에게서는 거의 항상 식욕

* 이 글은 『독어독문학』 153권(2020)에 게재된 필자의 논문을 수정·보완한 것이다.

부진이라는 특징이 나타난다. 즉 음식에 대한 일상적인 충동은 그들에 의해 강제로 억눌리거나 그들 안에서 사라져 버린다."[1] 미하엘 뮐러는 『변신』의 그레고르 잠자, 『실종자』의 카를 로스만, 「어느 개의 연구Forschungen eines Hundes」(1922년 집필)의 서술자로 등장하는 개와 같은 인물들이 일상적으로 먹지 않는 음식에만 식욕을 느끼며, 그러한 음식을 찾지 못해 굶주림에 시달리는 상황이 자주 묘사된다고 말한다.[2] 이러한 예시는 「단식 예술가」가 이전의 작품과 완전히 구분되는 독창적인 작품이 아니라, 이전 작품들의 이어 쓰기 내지는 바꿔 쓰기인 것 같은 인상을 준다.

이와 같은 인식은 「단식 예술가」를 이해하는 데 매우 중요하다. 왜냐하면 이 단편소설은 다양한 종교적·인류학적 텍스트뿐만 아니라, 카프카 자신의 이전 작품들을 토대로 쓰인 상호텍스트성의 산물이기 때문이다. 이러한 상호텍스트성의 맥락에서 카프카가 이 소설에서 가령 성서나 동시대의 인류학적 담론을 어떻게 패러디하고 있는지, 나아가 자신의 이전 작품들을 어떻게 새롭게 써 내려가고 있는지 살펴보는 것은 상당한 의미가 있다. 이를 통해 이 작품을 모더니즘 소설의 범주에서 바라보던 연구들이 놓친 부분을 밝혀낼 수 있을 것이다.

또한 미하엘 뮐러가 자신의 글 서문에서 인용한 카프카의 일기의 한 구절 역시 상호텍스트성의 맥락에서 읽으면 완전히 새롭게

1 Michael Müller: Ein Hungerkünstler. In: ders.(Hrsg.): Franz Kafka. Romane und Erzählungen. Stuttgart 1994, 289쪽.

2 Müller: Ein Hungerkünstler, 286-292쪽 참조.

이해된다. "그 길은 오직 미래를 위해 굶고 있는 동물만을 먹을 수 있는 음식, 숨 쉴 수 있는 공기, 자유로운 삶으로 이끌어 줄 것이다. 설령 그것이 삶의 저편에 있다고 할지라도 말이다."[3] 그러니까 단식하는 사람은 점점 동물적으로 되어 가며, 죽은 후에야 마침내 자유로운 삶을 살 수 있고 자신의 입맛에 맞는 음식을 발견할 수 있다는 것이다. 그런데 이 구절과 비슷한 내용이 「단식 예술가」에서도 발견된다. 죽은 단식 예술가의 자리를 차지한 표범은 단순히 병적인 단식 예술가와 대비되는, 활력이 넘치고 탐욕스러운 시민의 표상에 그치지 않고 단식 예술가의 '변신'한 모습 자체를 가리키기도 한다. 그렇다면 자신의 입맛에 맞는 음식을 찾은 표범은 마침내 모든 사회적 구속에서 벗어나 자유로워진 예술가를 의미할 것이다. 그리고 단식 예술가의 죽음을 물질적인 의미에서의 죽음을 넘어 단일한 정체성, 곧 자아의 죽음으로까지 확장해 해석한다면, 이러한 죽음을 통해 생겨난 표범, 즉 들뢰즈와 가타리적인 의미에서의 동물적인 강렬함[4]들은 자유와 해방을 의미한다. 작품이라는 우주를 만들어 내며 독자의 경탄을 자아내려는 단일한 정체성을 지닌 작가(단식 예

---

3 Franz Kafka: Tagebücher. Hrsg. v. Hans-Gerd Koch, Michael Müller u. Malcolm Pasley. Frankfurt a.M. 2002, 903쪽 이하.

4 "동물-되기는 인간과 동물을 이분법적으로 구분하며 후자를 열등한 것으로 간주하는 이성적인 인간 중심주의의 전복을 의미한다."(정항균: 동물이야기, 21쪽) 동물-되기란 인간이 실제로 동물로 변신하는 것을 의미하는 것이 아니라, 자신 속에 내재된 동물적인 잠재성을 발산하며 스스로를 동물로서 느끼는 강렬한 경험을 의미한다. 따라서 동물-되기는 인간에서 동물로의 단순한 이행이 아닌, 한 사람의 단일한 정체성과 자아가 해체됨으로써 다양한 변신 (내지 생성) 가능성이 열려 인간과 동물의 중간 지대로 들어서게 되는 것을 가리킨다.

술가)가 죽고, 그로부터 생겨난 동물적인 강렬함에 이끌려 쓰는 동물적인 (표범의) 글쓰기는 자신 안의 다양한 타자(강렬함)들을 서로 연결하는 상호텍스트성의 글쓰기이기도 하다. 이로부터 생겨난 카프카의 텍스트는 결코 많은 카프카 연구자들이 생각하듯이 비관적이고 부정적인 성향을 띤 텍스트가 아니며,[5] 새로운 것을 끊임없이 생성해 내는 긍정적인 욕망의 텍스트이다.

이 장에서는 카프카의 「단식 예술가」를 선행 텍스트인 「팽이」,[6] 『유형지에서*In der Strafkolonie*』(1914년 집필, 1919년 출판), 「법 앞에서」의 이어 쓰기로 간주하며, 이러한 관점에서 신체와 동물-되기의 의미를 살펴본다. 「팽이」와의 비교를 통해서는 이성 중심적인 사고에 맞서 신체의 우월성을 강조하는 「단식 예술가」에 나타난 동물-되기와 아이-되기의 의미를 살펴볼 것이다. 『유형지에서』와의 비교를 통해서는 단식 예술가가 자신의 공연에서 전시하는 신체가 단순한 자연이 아닌 문화적 기호로 작용하며 관객과 독자의 해석을 요구하고 있음이 밝혀질 것이며 이를 통해 신체의 텍스트성과 텍스트의 신체성이 강조될 것이다. 끝으로 「법 앞에서」와의 비교를 통해서는 단식 예술가가 표범으로 변신하는 동물-되기가 궁극적으로 가부장적인 법질서를 파괴하고 마조히즘적 계약에 의해 새로운 가모장적

---

5 "그(단식 예술가, 필자 주)는 타인들의 공동체에서 배제되었다. 체념과 염세주의로 귀결되는 그러한 비판적 자기 성찰은 또한 1922년 여름에 쓴 일기와 편지에서도 발견된다." Müller: Ein Hungerkünstler, 309쪽 이하.

6 이 작품은 원래 1920년의 원고 묶음에 들어 있었는데, 나중에 막스 브로트가 '팽이'라는 제목을 붙였다. Manfred Engel: Kleine nachgelassene Schriften und Fragmente 3. In: Engel u. Auerochs(Hrsg.): Kafka Handbuch, 344쪽 참조.

인 법질서를 낳고 있음이 드러날 것이다. 이처럼 「단식 예술가」와 선행 텍스트들의 긴밀한 연관성을 살펴봄으로써 이 소설에 나타나는 신체와 동물-되기의 의미를 밝혀내고자 한다.

2. 「팽이」: 동물-되기와 아이-되기

「단식 예술가」의 이야기는 크게 세 단계로 진행된다. 첫 번째 단계는 단식 예술가의 공연이 인기가 많던 시절로, 기획자는 단식 예술가의 의지에 반해 공연 기간을 40일로 못 박고 이를 넘기지 못하도록 한다. 그런데 이 시기에 앞서 단식 예술가의 공연이 도시 전체의 관심사였던 "다른 시절"(H 334)이 있었음이 언급된다. "나중에"(H 334)로 지칭되는 첫 번째 단계의 단식 공연은 과거의 전설적 시기에 거행되던 공연의 타락한 형태로 간주될 수 있는데,[7] 그 때문에 이 시기에 단식 예술가의 공연은 "어른들에게는 유행에 뒤처지지

---

7 물론 도시 전체가 단식 공연에 관심을 갖던 "다른 시절"이 "나중에"까지 이어지는 것으로 보면 이 두 시기를 구분하지 않고 동일한 1단계에 포함하는 해석도 가능하다. 하지만 더 심층적으로 해석하면 이 두 시기는 구분되어야 한다. 표면적으로는 사람들이 하루에 적어도 한 번은 공연을 구경했던 이전 시기가 정기권을 사서 며칠이고 우리 앞에 앉아 있던 나중의 시기보다 공연에 대한 관심이 더 적은 것처럼 보이지만, "다른 시절"에는 공연을 할수록 "참여"(H 334)(참가자 수가 늘어난 것으로 해석할 수도 있지만 또 다른 함의로 참여의 강도가 강화되는 것으로도 해석이 가능하다)가 늘어난 반면 "나중에"는 아이를 제외하고는 유행 때문에 참여하는 어른 관객만이 있을 뿐이라는 점을 간과해서는 안 된다. 또한 "다른 시절"은 막연히 "이전"(H 333)으로 지칭되며 시기를 특정하기 어렵지만, "나중에"는 "정기 관람객"(H 334)이 찾아옴으로써 어느 정도 공연의 상업화가 이루어진 시기임이 암시된다. 이러한 점에서 필자는 "나중에"를 "다른 시절"과 표면적으로는 유사하지만 그 본질에 있어서는 구분되는, 축제로서의 단식 공연이 이루어진 시기로 간주하고자 한다.

않기 위해 참여하곤 하는 오락거리에 지나지 않았"(H 334)으며, 아이들만이 진정한 호기심과 관심을 가지고 공연을 구경한다. 두 번째 단계는 이미 단식 예술가에 대한 대중의 관심이 식은 시기로, 단식 예술가는 기획자와 결별하고 대형 서커스단과 계약을 맺는다. 여기서 그는 동물 우리로 가는 길목에 자리를 잡고 공연하는데, 이제 그의 단식 기간을 제한하는 사람은 없지만 대신 아무도 그의 공연에 관심을 갖지 않는다. 마지막 단계인 세 번째 단계에서는 단식 예술가가 죽음을 맞이하고 건강한 표범이 그가 있던 자리를 차지한다.

단식 예술가의 공연에서 흥미로운 점은 그가 보여 주는 대상이 바로 자기 자신의 신체라는 사실이다. 단식 예술가가 예술가라면 그의 신체는 일종의 예술 작품이 되는 셈이다. 카프카의 단편소설 「팽이」에서도 이와 유사한 상황, 즉 놀이(또는 예술)의 주체가 놀이(또는 예술)의 대상이 되는 상황이 서술된다.

한 페이지가 채 안 되는 이 짧은 단편소설에서는 아이들이 팽이 놀이를 하는 모습을 구경하던 어느 철학자가 팽이를 붙잡아 만물의 이치를 깨우치려고 한다. 철저한 관찰자인 그는 팽이라는 작은 대상의 관찰을 통해 "보편성의 인식"[8]에 도달하려 한다. 이때 그는 뱅글뱅글 도는 팽이를 붙잡아, 즉 움직이는 팽이를 정지시켜 그것을 관찰함으로써 그러한 인식에 도달할 수 있다고 믿는다. 이 소설에서는 '인식하다'라는 동사가 여러 차례 등장하는데,[9] 이때 철학

8 Kafka: Nachgelassene Schriften und Fragmente II, 361쪽. 이하 동일 문헌 인용 시 (KS 쪽수)로 표기.

9 "모든 사소한 것, 예를 들면 뱅글뱅글 도는 팽이를 인식하는 것"(KS 361), "가장 사소한 것이라도 실제로 인식했다면, 만물을 인식한 것이나 마찬가지였다."(KS

자가 자신을 인식 주체로, 팽이를 인식 대상으로 삼으며, 이러한 이분법적 구분과 상호 간의 거리를 인식의 전제로 삼고 있음을 보여준다. 그러나 철학자의 기대와 달리 그는 이 단편소설의 마지막 부분에서 보편적 인식에 도달하지 못하고 오히려 메스꺼움을 느끼며 아이들이 지르는 고함 소리에 내몰린다. "그가 지금까지 한 번도 들어 본 적 없었던 아이들의 고함 소리가 이제 갑자기 그의 귀를 파고들어 그를 몰아냈다."(KS 362) 이 문장에서 사용된 동사 '몰아내다fortjagen'에는 '사냥하다jagen'라는 동사가 들어 있어 철학자가 마치 사냥감처럼 쫓기는 듯한 인상이 생겨난다. 그런데 소설 초반부에서는 아이들이 팽이 놀이를 할 때 그가 마치 사냥꾼처럼 "잠복하고 있다가 팽이가 돌기 시작하자마자 그것을 붙잡기 위해 팽이를 뒤쫓아 갔다."(KS 361) 그는 잠복 상태에서 거리를 두고 팽이를 사냥감처럼 바라보다가 추적하는데, 이러한 사냥꾼의 시선은 사냥감으로서의 동물을 생명체가 아닌 한갓 대상의 지위로 낮추면서 그 생명을 빼앗아 간다. 이러한 사냥꾼의 시선은 거리를 둔 관찰을 통해 객관적이고 보편적 인식을 추구하는 철학자의 시선에 내재된 폭력성을 드러낸다.

하지만 작품 마지막에서 철학자 스스로가 사냥감이 되어 내몰릴 때 사냥꾼과 사냥감의 경계는 허물어지며, 원시사회에서처럼 양자 간의 상징적 교환이 일어난다. 수렵채집사회인 원시사회에서는 동물이 한갓 사냥감이 아니라 '동물의 주animal master'라는 신적인 지위를 지닌다. 원시인은 동물을 사냥하고 먹으면서도 상징적 제의를

361)

통해 동물로 변신함으로써 그들의 생명을 다시 돌려주고 속죄한다. 그러나 정주 사회가 시작되어 동물이 가축이 되고 인간의 지배를 받게 되면서 동물의 신성한 지위는 사라진다. 이로써 동물에 대한 인간의 지배가 본격화되고 사냥꾼은 폭력적인 존재로 변한다. 그런데 다른 존재를 단순한 인식 대상으로 삼으며 그것의 생명력을 빼앗는 철학자는 처음에는 폭력적인 사냥꾼을 연상시키지만, 팽이라는 장난감과 마주하면서 곧 스스로 사냥감으로 변신한다. 카프카의 소설에서 이러한 변신은 원시사회에서의 주술적 의미는 상실했지만, 인간에게 잠재한 동물적인 강렬함을 발산하는 동물-되기로서 오늘날 또다시 긍정적 의미를 획득한다.

「팽이」에서 철학자는 팽이라는 사물의 영향으로 메스꺼움을 느끼고 현기증을 일으키며 인식 태도의 전환을 경험한다. 여기서 눈에 띄는 것은 그가 한갓 “멍청한 나무 조각”(KS 362)으로 여기는 팽이가 자신에게 영향을 미쳐 스스로를 팽이로 변신시킨다는 것이다. 그리하여 “그는 마치 서투르게 채찍질되는 팽이처럼 비틀거렸다.”(KS 362) 팽이라는 ‘장난감’은 ‘놀이’의 도구이지만 단순히 대상의 지위에 머무르지 않고, 오히려 소위 주체의 위치를 차지하는 철학자에게 무의식적으로 영향을 미치며 행위자의 위치를 차지한다.[10] 이로써 놀이 주체와 놀이 도구는 앞에서 사냥꾼과 사냥감의

10 “행위성을 오직 이성과 자유의지, 의도와 언어 능력 등에서 비롯된다고 보는 것이야말로 근대적인 인간 중심주의에서 나온 관념이기 때문이다. 비인간도 결정론적 인과관계에 따라서만 움직이는 존재는 아니며 인간을 묘사하는 특징으로 행위성을 규정하는 것은 억지라는 것이다. 과학적 실천에 대한 그들의 관찰에 근거할 때, 세계에 차이와 변화를 가져올 수 있는 능력은 모두 행위성으로 보는

경계가 사라진 것처럼 경계의 소멸을 체험한다. 이처럼 사물이 인간에게 영향을 미치며 주술적인 작용을 하는 것을 벤야민의 '주술적인 사물언어'라는 개념으로 설명할 수 있다.

벤야민은 오늘날의 언어가 단순히 내용, 즉 의미를 전달하는 도구적 기능만을 수행하는 것으로 전락했음을 비판하며, 원래 언어는 메시지 전달을 넘어서는 주술적인 힘을 갖고 있었다고 주장한다.[11] 가령 하느님이 천지를 창조할 때의 말은 단순히 의미를 전달하는 수단이 아니었으며 무언가를 창조해 내는 생성적인 힘을 갖고 있었다. 주술사가 '주술적인 언어'를 이용해 누군가를 저주하거나 치료할 때도 언어는 의미로 환원되지 않으며, 그것을 넘어서는 어떤 힘을 '그 안에' 지니고 있음을 알 수 있다.[12] 벤야민은 오늘날의 시적인 언어에서 이러한 언어의 주술성을 다시 발견하는데, 시적인 언어 역시 기호를 통한 간접적인 의미 전달이라는 도구적 기능에 그치지 않고 그 안에서 공명하는 다양한 함의, 분위기나 정동 등을

것이 옳다고 ANT(Actor-Network Theory(행위자 연결망 이론), 필자주) 학자들은 본다." 김환석: '사회적인 것'에 대한 과학기술학의 도전. 비인간 행위성의 문제를 중심으로. 실린 곳: 김환석 편저: 생명정치의 사회과학. 경계넘기의 사회과학을 위한 탐색과 제언. 알렙 2014, 147-148쪽.

11 Walter Benjamin: Über Sprache überhaupt und über die Sprache des Menschen. In: ders.: Aufsätze, Essays, Vorträge. Gesammelte Schriften Band II·1. Frankfurt a.M. 2015, 153쪽 참조.

12 원죄 이전에 존재한 '이름의 언어'는 무언가를 전달하기 위한 도구적 언어가 아니며 언어 내에서 스스로를 전달하는 언어의 특성을 지닌다. "이름은 그것을 통해 어떤 것이 더 이상 전달되는 것이 아니라, 그 안에서 언어 자체가 스스로를 절대적으로 전달하는 것이다. 이름 속에서 스스로를 전달하는 정신적 본성이 그 언어이다." Benjamin: Über Sprache überhaupt und über die Sprache des Menschen, 144쪽.

직접적으로 전달하기도 한다.

그런데 흥미롭게도 벤야민은 언어를 말에 국한하지 않으며, 자신의 정신적 본질을 표현하는 모든 것을 언어로 부른다.[13] 이에 따르면 가령 조각이나 회화, 심지어 건축물까지도 언어에 해당한다. 벤야민은 이를 '사물언어'라고 부르는데, 흥미로운 것은 이러한 사물이 주체와 대립되는 단순한 대상이 아니며 오히려 인간에게 말을 걸고 무의식적인 영향을 미치며 인간을 형성하는 힘을 갖는다는 점이다. 벤야민은 언어가 의미를 전달하는 단순한 도구가 아니라고 말한 것과 마찬가지로, 사물 역시 인간의 목적을 위해 사용되는 단순한 도구로 여기지 않는다. 사물은 오히려 주술적인 언어처럼 그것과 관계하는 인간에게 무의식적으로 영향을 미치고 인간의 습관과 지각 방식 등을 변화시키며 자신을 닮아 가게 한다.

이것은 원시사회에서 장난감이 갖는 다중적인 기능과도 관련된다. 원시사회에서 장난감은 아이들의 놀이 도구가 될 수도 있었지만, 동시에 악귀의 날갯짓 소리와 비슷한 소리를 내며 악귀를 몰아내거나 악귀와 소통하는 수단이 될 수도 있었다. 이처럼 주술적인 언어는 대상을 닮아 가는 미메시스적인 방식으로 대상과 소통하고 교류한다.[14] 벤야민은 오늘날에도 여전히 사물에 이러한 주술적 힘, 정확히 말하면 형이상학적·종교적 의미에서의 주술적 힘이 아니라 인간에게 영향을 끼치며 그를 형성한다는 의미에서의 주술적 힘이 존재한다고 믿는다.

---

13 Benjamin: 같은 글, 140쪽 참조.

14 Yoko Tawada: Spielzeug und Sprachmagie. Tübingen 2000, 8-9쪽 참조.

이제 이러한 관점에서 카프카의 소설에 등장하는 팽이를 다시 살펴보자. 작품 초반에 팽이는 단순히 아이들의 놀이 도구인 장난감에 불과한 것처럼 보이지만, 작품 마지막에는 객관적인 거리를 두고 대상을 관찰해 보편적 법칙을 인식하려는 철학자를 혼란에 빠뜨리며 팽이처럼 돌게 만든다. 이때 팽이라는 사물은 단순한 대상이 아니라 철학자에게 무의식적으로 영향을 미쳐 그를 변화시키고 새로운 모습으로 생성해 내는 행위자의 모습을 띤다. 또한 팽이의 이러한 사물언어는 미메시스적으로 작용해 철학자를 자신과 닮게 만든다. 그리고 항상 대상을 정지시켜 관찰하던 철학자는 스스로 뱅글뱅글 돌며 운동하게 됨으로써 더 이상 객관적 인식에 도달할 수 없게 된다.

카프카의 소설에서 팽이는 손가락 기술의 향상이라는 교육적 목적을 달성하기 위한 도구 내지 수단이 아닌, 로제 카이와가 '일링크스'로 지칭한 놀이로 나타난다. 일링크스는 "현기증의 추구를 기초로 하는 놀이로서, 일시적으로 지각의 안정을 파괴하고 맑은 의식에 일종의 기분 좋은 패닉 상태를 일으키려는 시도로 이루어져 있다."[15] 카이와는 아이들이 뱅글뱅글 돌며 지각의 혼란을 경험하는 데서 쾌감을 느끼는 경향이 있으며, 그래서 "발뒤꿈치를 축으로 해 가능한 한 빨리"[16] 도는 팽이놀이를 즐긴다고 말한다. 이와 마찬가지로 「팽이」에서 아이들이 팽이 놀이를 하는 것을 관찰하던 철학자는 스스로 팽이처럼 돌면서 아이로 변신하기도 한다. 즉 철학자

---

15 카이와: 놀이와 인간, 52쪽.

16 카이와: 같은 책, 53쪽.

는 놀이하는 아이로 변신한 셈인데, 이는 니체가 『차라투스트라는 이렇게 말했다』의 '정신의 세 가지 변신에 관하여'라는 장에서 정신의 가장 높은 단계로 묘사한 '놀이하는 아이'를 연상시킨다. 그러한 아이는 통일적인 자아의 죽음을 선포하고 절대적인 "진리와 도덕의 피안에서 모든 것을 시점적으로 바라보는"[17] 미학적 인간을 가리킨다. 또한 예술은 흔히 놀이 내지 놀이충동과 연결되기 때문에 카프카의 소설에 나타나는 팽이가 예술 작품 내지 예술 활동과 연결될 수 있다면, 팽이처럼 돌아가는 철학자는 스스로 예술 작품으로 변신한 예술 수용자이자 더 나아가 예술가 자신을 나타낸다고 말할 수 있을 것이다.[18]

이제 앞에서 살펴본 예술가와 예술 작품의 경계 상실이라는 관점에서 「단식 예술가」를 살펴보자. 앞에서 단식 예술가가 공연하는 작품은 단식 예술가의 신체라고 말한 바 있다. 그러니까 단식 예술가는 예술의 주체인 동시에 예술의 대상인 셈이다. 그런데 근대의 대표적인 철학자인 데카르트의 관점에서 보면 신체는 '생각하는 주체'와 대비되는 '연장 가능한 물질', 즉 물리적 대상에 불과하다. 그러니까 신체는 일종의 '사물'인 것이다. 데카르트가 인간의 신체를 기계에 비유한 것은 신체의 사물적 특성을 더욱 두드러지게 보여준다. 또한 데카르트는 동물에게서 이성의 능력을 배제함으로써 동물을 인간의 신체나 기계와 동렬에 위치시킨다.[19] 만일 단식 예술가

17 정항균: 동물이야기, 26쪽.

18 상호텍스트적인 관점에서 가령 독자는 글을 읽는 사람인 동시에 이를 바탕으로 다시 글을 쓰는 사람이기도 하다. 이로써 포스트모더니즘적인 관점에서는 예술의 수용자와 생산자 간의 경계가 허물어진다.

의 공연에서 관객이 그의 신체와 거리를 두고 이를 단순한 대상처럼 관찰한다면 단식 예술가는 더 이상 역동적인 생명력을 지닌 인간이 아닌 구경거리로서의 대상, 우리에 갇힌 일종의 동물에 지나지 않게 된다. 작품 초반에 단식 예술가는 관객과 더 긴밀히 접촉하기를 원하며 그들이 자신의 신체를 만져 보도록 한다. 그러나 단식 예술가의 단식 행위에 의심을 품은 사람들은 서로 감시자가 되어 단식이 제대로 이루어지고 있는지 감시한다. 그들에게 단식 예술가의 신체는 그저 감시 대상에 지나지 않으며, 이로써 그의 신체는 사물의 지위로 전락한다. 이러한 감시자가 일반적으로 "푸줏간 주인"(H 335)이라는 언급은 의미심장하다. 왜냐하면 그들의 감시하는 시선은 결코 단식 예술가의 단식 행위의 진위 여부를 가리는 객관적 관찰이 아니라, 그의 생명력 있는 (동물적인) 신체를 사물로 강등시키며 그것의 생명력을 빼앗는 폭력적인 시선이기 때문이다. 또한 그러한 관찰, 정확히는 감시는 결코 완벽할 수 없으며, 단식이 제대로 이루어지고 있는지 여부를 알 수 있는 것은 오로지 단식 예술가 자신뿐이다. 이로써 거리를 두고 대상을 관찰하는 객관적인 시선은 결코 진리를 담보할 수 없으며 그러한 객관성에 대한 주장 역시 허구에 지나지 않는다는 것이 폭로된다.

흥미로운 것은 이러한 사물로서의 단식 예술가의 신체가 결코 단순한 관찰 대상의 지위에 머무르려 하지 않는다는 사실이다.

---

19 르네 데카르트: 방법서설. 정신지도를 위한 규칙들. 이현복 옮김. 문예출판사 2006, 147쪽 및 216-217쪽 참조.

> 한번은 마음씨가 착한 사람이 그를 동정하며 그의 슬픔이 아마도 단식에서 비롯된 것 같다고 그에게 설명했을 때, 특히 단식이 상당히 진척된 때에는 단식 예술가가 분노의 폭발로 응답하고 마치 한 마리 동물처럼 쇠창살을 흔들기 시작해 모두를 경악에 빠뜨리는 일이 일어나기도 했다.(H 341)

단식 예술가에게 단식은 결코 고통을 주는 괴로운 일이 아니다. 오히려 그는 기획자가 정해 놓은 40일의 단식 기간을 넘어 계속해서 단식하고 싶지만 그렇게 할 수 없어 슬픈 것인데, 정작 사람들은 그러한 단식 자체가 그에게 슬픔을 가져다준다고 착각하는 것이다. 인과관계에 대한 이러한 잘못된 이해는 그를 순간적으로 야수처럼 변하게 하는데, 여기서 신체는 연장 가능한 사물이 결코 아니며 팽이처럼 역동적으로 움직이고 변하는 생명력 있는 존재라는 것을 알 수 있다. 나아가 이러한 단식 예술가의 예술 작품인 신체는 사물언어의 기능을 갖기도 한다. 비록 처음에는 단식 예술가가 자신의 신체를 일종의 도구로 삼아 단식 기록을 세우려 하고 열광적인 관객의 호응을 갈구하지만, 단식과 그 자신의 신체에 대한 그의 생각은 점차 변해 간다. 그래서 그는 죽기 전에 "난 항상 너희들이 내가 행하는 단식에 경탄하기를 바랐어."(H 348)라고 말하며 감독관에게 용서를 구하는 것이다. 즉 그의 신체는 결코 그가 단식 기록이라는 목적을 세우기 위해 마음대로 조종할 수 있는 수단이 아니라 주술적인 사물언어처럼 일종의 행위자로 기능하며, 소위 정신적 존재인 주체로서의 예술가 자신에게 무의식적으로 영향을 미쳐 그를 형성하고 변화시킨다. 그 결과로 마지막에 그가 표범으로 변신하는 것이다.

단식 예술가가 죽기 전 마지막 말을 한 후 "그의 흐려진 눈에는 더 이상 자부심에 찬 확신은 아니더라도 계속 단식을 하는 것에 대한 확고한 확신이 들어 있었다."(H 349) 여기서 묘사된 그의 '흐려진 눈'은 거리를 두고 관찰하며 객관적 인식을 추구하는 관찰적·감시적 시선과 거리가 멀다. 그는 이제 '눈을 감고' 죽게 될 것이지만, 동시에 이러한 죽음은 물질적인 의미에서의 소멸만을 의미하지 않으며, 나아가 넓은 의미에서 사물을 관찰 대상으로 삼고 주체적 지위를 누리는 자아의 소멸을 의미하는 것이기도 하다. 동시에 눈을 감는 것은 현실 재현적인 시선이 아닌 꿈과 같은 시선으로 현실을 바라봄을 의미한다. 단식 예술가는 단식이라는 신체적 체험을 통해, 즉 신체라는 사물언어의 주술적 영향으로 변화하며 그러한 사물로서의 신체를 닮아 간다. 그런데 여기서의 신체는 앞에서 언급한 것처럼 역동성을 지닌 동물을 의미하기도 한다. 그리하여 작품 마지막에 단식 예술가는 자아와 주체의 죽음을 경험하고, 그로부터 해방된 신체의 영향을 무의식적으로 받아 그러한 신체를 미메시스적으로 닮아 가며 동물, 즉 표범[20]으로 변신하는 것이다. "사람들은 짚

20 기존의 해석들은 병약한 단식 예술가와 건강한 표범을 대비하며, 후자를 자율적 예술 세계와 대비되는 "활력이 넘치며 공격적인 삶"(Bernd Auerochs: Ein Hungerkünstler. Vier Geschichten. In: Engel u. Auerochs(Hrsg.): Kafka Handbuch, 320쪽)의 상징으로 보았다. "어린 표범은, 그레고르 잠자의 여동생의 모습에서처럼 생명력이 느껴지는, 혈기왕성하게 날뛰는 야생동물의 움직임에서, 뼈만 앙상하게 남은 단식 예술가의 피폐한 몸과 대비되어 삶에 대한 욕망을 노골적으로 드러낸다."(장혜순: 카프카의 「단식 예술가」. 미적 경험과 욕망의 가면. 실린 곳: 카프카연구 28집(2012), 8-9쪽)라는 것이다. 물론 표범이 표층적

과 함께 단식 예술가를 묻었다. 그리고 어린 표범을 우리에 집어넣었다."(H 349) 이처럼 단식 예술가의 죽음에 이어서 곧바로 '어린 표범'이 우리 안에 등장하는 것은 이 두 장면의 긴밀한 연관성을 보여준다. 여기서 들뢰즈와 가타리가 말한 소위 동물-되기가 일어남을 짐작할 수 있다. 즉 강렬한 신체의 변용으로 인해 단식 예술가는 동물로 변신한 것이다.[21]

또 한 가지 주목해야 할 점은 단식 예술가가 '어린' 표범으로 변신한다는 사실이다. 「팽이」에서 처음에는 철학자가 팽이 놀이를 하는 아이들을 쫓아다니며 그들의 놀이를 방해하고 자신의 목적을 달성하려 하지만, 나중에는 아이들이 지르는 고함에 내몰려 스스로 사냥감처럼 쫓긴다. 이때 어른인 철학자는 사냥감, 즉 동물로 변신하는 셈인데, 그러한 변신은 아이, 정확히는 아이들의 고함 소리를 매개로 일어난다. 더 나아가 철학자가 "마치 서투르게 채찍질되는 팽이처럼 비틀거릴 때"(KS 362), 그러한 서투른 채찍질[22]의 주체는 팽이 놀이의 주체인 아이라고 추정할 수 있다. 현기증을 불러일으키는 일링크스의 놀이에서 철학자는 아이의 서투른 채찍질을 통해 팽이처럼 뱅글뱅글 돌며 그 스스로 아이로 변신한다. 왜냐하면 앞에서 카이와가 말한 것처럼 일링크스의 놀이에서 아이는 스스로

차원에서 이러한 의미를 갖는 것은 사실이지만, 표범의 의미를 이러한 부정적 맥락에만 위치시킨다면 이는 지나치게 일면적인 해석이 될 것이다.

21 이에 대한 더 구체적인 근거는 3절과 4절에서 제시할 것이다.

22 여기서 '서투른 채찍질'은 가부장적인 사회의 폭력적인 채찍질과 구분되는 마조히즘의 해방적인 채찍질을 의미한다. 마조히즘적인 폭력과 그것의 해방적 특성에 대해서는 4절에서 보다 자세히 설명할 것이다.

뱅글뱅글 돌며 팽이로 변신하는 것을 즐기기 때문이다. 여기서 철학자가 자신의 내면에 억압해 왔던 아이를 해방시키고 변신하며 일종의 아이-되기를 수행하는 것을 알 수 있다.

「단식 예술가」에 등장하는 아이는 이 작품에서 일어나는 동물-되기와 관련해 중요한 의미를 갖는다. 그런데 아이는 앞에서 언급한 이 소설의 3단계 구조에서 각각 다른 모습으로 등장한다. 첫 번째 단계에서 단식 공연이 아직 성황리에 있을 때 이를 구경하는 아이는 다음과 같이 묘사된다.

> 그(단식 예술가, 필자주)가 어른들에게는 유행에 뒤처지지 않기 위해 참여하곤 하는 오락거리에 지나지 않았던 반면, 아이들은 입을 벌리고 경탄하며, 하지만 안전 때문에 서로의 손을 잡고 그러한 광경을 구경했다.(H 334)

이 인용문에서 단식 공연에 대한 어른들의 피상적인 관람 태도와 달리 아이들은 그것에 매혹되어 경탄을 표하고 있음을 알 수 있다. 그렇지만 단식 예술가라는 어른과 관람객인 아이들 사이에는 경계가 존재하는데, 그 이유는 아이들이 단식 예술가의 공연에 경탄하면서도 여전히 그를 무서워하기 때문이다. 이처럼 아이들이 아직 자신의 두려움을 '극복'하지 못한 채 그와 거리를 둘 때 단식 예술가의 아이-되기는 이루어지지 않는다.

두 번째 단계에서 단식 예술가는 대형 서커스단과 계약하지만, 그의 공연은 대중의 전반적인 무관심 속에 서서히 잊힌다.

> 자주 있는 경우는 아니지만 운 좋게도 한 가장이 아이들을 데리고 올 때도 있었다. 그는 단식 예술가를 손가락으로 가리키며 지금 이곳의 장면이 무엇을 의미하는지 상세하게 설명했다. 단식 예술가가 지금과 비슷하지만 비교할 수 없을 정도로 굉장한 공연을 했던 이전 시절에 대해서도 이야기해 주었다. 그러면 아이들은 학교와 인생에서 이를 이해할 정도로 충분히 준비가 되어 있지 않았기 때문에 여전히 아무런 이해도 하지 못한 채 있었지만-단식이 그 아이들에게 무슨 의미가 있었겠는가-, 그들의 탐구하는 듯한 시선의 광채 속에서 다가올 더 자비로운 새로운 시대의 면모를 드러내고 있었다.(H 345 이하)

이제 아이는 '가장'의 손에 이끌려 서커스단의 단식 예술을 구경한다. 아버지는 모든 것을 상세하게 설명하며 그에게 자신의 지식을 전수하려고 한다. 아이는 계몽의 대상인 것이다. 그러한 아이는 아직 아버지의 설명을 이해할 정도로 충분히 교육받지 못했지만, 오히려 "사회적 영향력을 가장 적게 받은 자"[23]이기 때문에 일반 대중과 다른 관점에서 단식 예술가를 바라볼 수 있는 잠재력을 내포하고 있다. 물론 그는 "여전히 아무런 이해도 하지 못한 채 있었지만 […] 그들의 탐구하는 듯한 시선의 광채"는 그들이 미래에 단식 예술을 제대로 이해할 수 있게 될 가능성을 암시하고 있으며, 이를 통해 "더 자비로운 새로운 시대"를 기대할 수 있게 한다.

그 이후로 이 소설에 아이에 대한 서술은 더 이상 등장하지 않

---

23 장혜순: 카프카의 「단식 예술가」, 13쪽.

는다. 그렇다면 아직 단식 예술을 이해하지 못한 아이에게서 기대할 수 있는 미래에 대한 전망은 실현되지 못한 것일까? 비록 이 소설에 인간으로서의 아이는 더 이상 등장하지 않지만 "어린 표범"(H 349)이 등장한다는 사실에 주목할 필요가 있다. 어른인 단식 예술가가 변신해 '어린 표범'이 되었다고 가정한다면, 마침내 어른과 아이의 경계가 허물어지며 단식 예술가가 더 높은 차원으로 진입했음을 알 수 있는 것이다. 「팽이」에서와 마찬가지로 이 소설에서도 인간의 동물-되기와 어른의 아이-되기가 동시에 일어난다. 이러한 되기들의 연관성은 이미 들뢰즈와 가타리가 『천 개의 고원』에서 언급한 바 있다.[24]

그렇다면 어른의 아이-되기란 무엇을 의미하는가? 포스트모더니즘에서는 이성적인 어른이 아닌 참과 거짓, 선과 악의 피안에서 모든 것을 시점적으로 바라보는 놀이하는 아이, 즉 미학적 인간이 가장 성숙한 정신적 단계에 있는 것으로 간주된다.[25] 따라서 어른에게는 아이로의 변신이 필요하다. 니체는 '놀이'를 아이의 본질적 특성으로 규정한다. 놀이 자체로 규정되는 아이는 놀이를 주도하고 특정한 목적을 위해 놀이 도구를 사용하는 주체가 아니라 놀이 도구의 영향을 받아 그것과 미메시스적으로 닮아 가며 하나가 되는 존재이다.[26] 여기서 주체와 대상의 이분법은 허물어지며, 양자 간의

---

24 Gilles Deleuze u. Félix Guattari: Tausend Plateaus. Kapitalismus und Schizophrenie. Berlin 1992, 339쪽.

25 정항균: 동물이야기, 31-32쪽 참조.

26 조금 다른 맥락이기는 하지만, 이는 노이만이 로제 카이와의 놀이 분류와 관련해 네 번째 놀이 유형으로 간주했던 것, 즉 일링크스를 단식 예술가의 단

상호 침투와 상호 변신이 일어난다. 이러한 변신과 이를 통한 끊임없는 새로운 생성은 카프카의 소설에서 중요한 의미를 갖는다. 그리하여 단식 예술가는 마지막 단계에서 '어린' 표범으로 변신하며 동물-되기와 아이-되기를 수행하는 것이다.

3.『유형지에서』: 신체적 글쓰기와 신체텍스트 읽기

「단식 예술가」의 1단계 내용에 나타나는 단식 예술가의 단식 행위 및 그를 둘러싼 대중의 관심은 예수의 수난사와 비슷한 부분이 많다. 단식 예술가를 둘러싼 대중의 호기심과 단식 예술가가 행하는 40일간의 금식은 광야에서 40일간 금식을 하는 예수의 모습이나 채찍질을 당하며 십자가를 짊어진 채 골고다 언덕으로 올라간 예수의 모습을 연상시키지만,[27] 단식 예술가가 정해진 40일이라는 기한을 넘어 계속 단식하려는 모습에서 그가 자신에게 강요되는 예수의 역할을 거부하고 있음을 알 수 있다.[28]

식 행위와 연결시키는 것을 연상시키기도 한다. 노이만은 단식 예술가가 종국에 가서는 경쟁, 우연 놀이, 역할놀이 같은 놀이 유형을 모두 극복하고, 마지막에 "도취에 빠져 의식을 잃고는 신체를 스스로에게 내맡긴 상태"(Gerhard Neumann: Hungerkünstler und Menschenfresser. Zum Verhältnis von Kunst und kulturellem Ritual im Werk Franz Kafkas. In: Wolf Kittler u. Gerhard Neumann(Hrsg.): Franz Kafka. Schriftverkehr. Freiburg 1990, 362쪽)로 카이와가 일링크스라고 부르는 '도취의 놀이'에 빠져든다고 말한다.

"단식 예술가는 스스로 자신이 하는 '예술'의 놀이적 특성, 즉 단식의 '손쉬움', 그것이 지닌 소위 '아이들 놀이'의 특성을 강조한다. '그것은 세상에서 가장 쉬운 일이었다.'라고 한다." 같은 곳.

27 단식 예술가는 이 소설에서 "순교자"(H 252)로 지칭되기도 한다.

28 Sylvain Guarda: Kafkas *Hungerkünstler*. Eine Messiade in humorig verwilderter Form. In: German Quarterly. Vol. 81. No. 3(2008), 346쪽 참조.

그런데 자세히 살펴보면 이 소설에서 단식 예술가가 단지 예수의 메타포로만 사용되는 것은 아니다. 정확히 말하자면, 단식 예술가는 위에서 설명한 바와 같이 예수의 메타포로 사용된 것도 아니다. 카프카는 항상 어떤 인물을 일종의 메타포로 사용하는 듯한 인상을 주면서도, 그러한 메타포에 맞지 않는 모순된 특성들을 부여함으로써 오히려 메타포의 부정으로 나아가곤 한다. 다른 한편 카프카의 소설은 하나의 인물이 여러 가지 대상의 메타포로 사용되는 듯한 인상을 불러일으키기도 한다. 단식 예술가 역시 예수 외에도 인간동물원에 갇힌 식민지 피지배자, 원시사회의 성인식 참가자를 연상시킨다.

대중에게 단식하는 모습을 공개적으로 보여 주는 단식 예술가는 결코 카프카가 허구적으로 꾸며 낸 인물이 아니며 역사적으로 실존하던 인물이다. "19세기 후반에 들어서야 단식은 대중적인 구경거리로서 통속 미학적인 형식으로 보존되어 대목장의 공연 레퍼토리로 수용된다. 따라서 서양의 서커스단에 그러한 단식 예술가가 실제로 존재했다는 것은 결코 카프카가 허구적으로 꾸며낸 이야기가 아니라, 슈판이 이미 이전에 문서를 통해 증명했듯이 역사적인 사실로 입증되어 있다."[29]

---

29 Guarda: Kafkas *Hungerkünstler*, 341쪽.
노이만은 16세기에 이미 단식을 통해 신의 기적을 입증하려는 시도들이 있었음을 언급한다. 구경거리로서의 단식은 19세기에는 의학적인 관심으로 넘어가 정신력으로 인간 신체의 한계에 도전하는 의미를 지니다가, 20세기에 들어서는 통속 미학적인 색채를 띠며 서커스단이나 버라이어티 쇼의 레퍼토리로 수용된다. Neumann: Hungerkünstler und Menschenfresser, 356-357쪽 및 358쪽 참조.

그러나 카프카가 제시하는 단식 예술가의 모습은 단순히 역사적인 사실로서의 단식 예술가 자체에만 한정되지 않는다. 오히려 그것은 개인적 차원을 넘어 시대사적인 함의를 띠는 식민주의의 인간동물원[30]과 연관 지어 해석되어야 한다. 19세기 후반에는 식민주의의 영향으로 독일, 프랑스, 영국 등 유럽에서 식민지 피지배자들을 동물원의 동물처럼 유럽인들에게 보여 주는 소위 '인간동물원'이 대중적 인기를 끌었다.[31] 그들은 전통적인 복장을 하고 그곳에서 소위 유럽 문명인들의 기대에 맞는 원시적인 모습을 연출해 보여 주어야 했다. 또한 그들과 대중 사이에는 동물의 우리를 연상시키는 울타리가 쳐져 있어 구경거리와 구경꾼 사이가 지나치게 가까워지지 않도록 막아 주었다. 물론 카프카의 소설에서는 한 명의 단식 예술가만 등장하지만, "지난 수년간 단식 예술가들에 대한 관심이 매우 줄어들었다."(H 333)라는 소설 첫 문장에서 '단식 예술가들'이라는 복수로 이들 집단이 거론되고 있음을 주목할 필요가 있다. 이 소설에서 단식 예술가가 어떻게 묘사되어 있는지도 자세히 살펴보아야 한다. "그가 창백한 모습으로, 검은 옷을 입고, 갈비뼈가 심하게 앞으로 튀어나온 채, 심지어 의자를 거부하면서, 뿌려진 짚 위에 앉아서는 […]"(H 334) 창백한 얼굴에 갈비뼈가 앙상하게 튀어나온 채 짚 위에 앉아 있는 단식 예술가의 모습은 기아에 시달리는 식

---

30 인간동물원이라는 개념에 대한 보다 자세하고 체계적인 개념 정의는 다음을 참조하시오. Pascal Blanchard, Nicolas Bancel u. Gilles Boëtsch: MenschenZoos. Schaustellungen "exotischer" Menschen im Westen. In: Pascal Blanchard u.a.: MenschenZoos. Schaufenster der Unmenschlichkeit. Hamburg 2012, 41쪽.

31 Blanchard, Bancel u. Boëtsch: MenschenZoos, 48쪽 참조.

민지 피지배자들에 대해 유럽인들이 갖고 있는 이미지와 일치한다. 또한 식민지 피지배자들이 인간동물원에 갇혀 대목장, 대형 서커스단, 박람회 등 다양한 곳에서 전시되고 후에는 일종의 계약을 맺어 소위 예술가로 활동했다는 사실도 이 소설에서 묘사된 바와 일치한다. 그리고 「단식 예술가」의 마지막 단계를 카프카가 이 작품을 쓴 시기와 동일한 시대로 간주한다면, 인간동물원이 1920-1930년대에 유럽에서 쇠퇴했다는 사실도 이 소설에서 묘사된 단식 예술 공연이 쇠퇴한 시기와 대략 들어맞는다.

유럽인들이 인간동물원에서 식민지 피지배자들을 동물원의 동물처럼 구경거리로 내세웠을 때, 이는 암묵적으로 대중에게 특정한 방식의 시각적 지각과 이에 따른 해석을 유도한다. 유럽의 대중은 우리에 갇힌 식민지 피지배자들의 굶주리고 앙상한 신체를 보며 그들의 미개함, 문화적 열등함을 확인하고 이로부터 그들과 구별되는 자신들의 우위를 확인하며 정체성을 수립한다. 다른 한편 그들의 소위 '자연적'이고 '순수한' 신체는 유럽 문명에 대한 비판과 저항의 기능을 갖기도 했다. 이처럼 식민지 피지배자들은 미개함이나 원초적 순수성 같은 개념을 통해 유럽인들과 구별되며, 유럽인들의 정체성을 정립하기 위한 타자로 기능한다.[32] 대중은 전시된 이들의 신체를 일종의 텍스트처럼 읽어 냄으로써 자신들의 정체성을 확립하는 것이다. 또한 이들은 대중에게 오락거리로 제시될 뿐만 아니라, 우리에 갇혀 끊임없이 감시받고 통제받으며 관객들을 전염시키지 않도록 격리된다.

---

32 Blanchard, Bancel u. Boëtsch: 같은 글, 30쪽 참조.

물론 「단식 예술가」에 식민주의를 연상시키는 직접적인 상황이 나타나지는 않는다. 또한 앞서 말한 것처럼 카프카는 이 소설에서 구체적인 시공간을 설정하지 않음으로써 단식 예술가에 대한 다양한 연상을 가능하게 하는 동시에 그것을 특정한 메타포로 환원하는 것을 방해하기도 한다. 그럼에도 단식 예술가를 인간동물원에 전시된 식민지 피지배자의 비유로 볼 수 있는 근거는 위에서 제시한 내용 외에도 무엇보다 이 소설이 선행 텍스트로 『유형지에서』를 끌어들이고 있다는 사실에서 찾을 수 있다. 잘 알려져 있다시피 『유형지에서』는 유럽에서 학술적인 목적으로 식민지를 탐사하러 온 연구자가 겪은 체험을 이야기하며, 명백히 유럽의 식민주의를 시대적 배경으로 삼는다. 그런데 자세히 살펴보면 「단식 예술가」에서는 『유형지에서』를 연상시키는 사건이 많이 일어난다.

이 소설에서는 단식 예술가가 도시 전체의 관심을 끌며 모두가 그에게 열광하던 시기가 있었다고 서술된다. 그 당시에는 모든 사람이 단식에 관심을 가졌으며 "모두가 단식 예술가를 적어도 하루에 한 번은 보고 싶어 했다."(H 334) 그러나 그러한 시기는 끝났고 이제는 정기권을 구입한 관객들만이 단지 유행을 따르기 위해 그를 구경하러 온다. 이제 그의 공연은 이전 시대와 달리 진정한 참여 의식이 결여되어 있기는 하지만 여전히 인기가 있으며, 그 형식에 있어서는 도시 전체의 축제처럼 보이기도 한다.

> 그러고 나서 40일째가 되자 꽃다발로 둘러싸인 우리의 문이 열렸고, 열광한 관객들이 원형경기장을 가득 메웠으며, 군악대가 음악을 연주했고, 두 명의 의사가 우리에 들어와 단식 예술가의 건

강 상태를 확인하기 위해 필요한 측정을 했고, 메가폰으로 결과가 홀에 통보되었으며, 마지막으로 이 임무를 위해 바로 자신들이 선출된 것에 너무나도 행복해하는 두 명의 젊은 여성이 와서 단식 예술가를 우리 밖으로 꺼내 몇 계단 아래로 데려가려 했는데, 그곳에 있는 작은 탁자 위에는 세심히 고른 환자식이 마련되어 있었다.(H 338)

단식은 항상 죽음에 대한 이미지를 내포한다. '굶어 죽다'라는 말처럼 단식은 어느 한도를 넘어서면 죽음을 낳는다. 따라서 단식 예술가가 40일간의 단식을 마치고 소위 한계 상황을 체험하는 것은 일종의 상징적 죽음으로 볼 수 있다. 이어서 군악대의 팡파르 음악이 울려 퍼지는 가운데 그가 원형경기장에 모인 관중들의 열광적인 환호를 받으며 식사를 하는 것은 재탄생을 의미한다. 이러한 상징적 죽음과 재탄생은 원시사회에서의 성인식을 떠오르게 한다. 또한 단식 예술가가 단식을 마치고 내려올 때 젊은 여성들이 그를 부축하는 장면 역시 성인식을 통해 청년이 여성과 동침할 수 있는 성적인 권한을 갖게 되는 것으로 해석할 수 있다. 원시사회에서 부족원들은 성인이 되기 위해 온갖 고문으로 고초를 겪으며, 아이로서의 상징적 죽음을 경험한 후 어른으로 재탄생한다. 그리고 그들의 신체에 새겨진 고문의 흔적은 성인식을 거친 모든 부족원들에게 동일한 소속감을 부여하는 불문법, 즉 신체언어라고 할 수 있다. "입문 의례를 통해 사회는 젊은이들의 신체에 사회의 각인을 새겨 넣는다."[33]

---

33 피에르 클라스트르: 국가에 대항하는 사회. 홍성흡 옮김. 이학사 2013, 228쪽.

"바꿔 말하면 사회는 구성원들에게 사회의 법을 받아쓰게 하고 사회는 신체의 표면에 법의 텍스트를 새겨 넣는다."[34]

「단식 예술가」에 나타나는 단식 공연에 대한 서술은 고문 기계로 처형을 집행하던 과거의 시기에 대한 『유형지에서』의 서술과 매우 유사하다.

> 처형 하루 전날 골짜기 전체가 사람들로 넘쳐났다. 모두 다 오직 처형을 보기 위해 모인 것이었다. 아침 일찍 사령관은 여성들을 데리고 나타났다. 팡파르가 야영지 전체를 깨웠다.[35]

구경하기 위해 몰려든 사람들, 팡파르 음악, 여성들의 등장 등 단식 예술가의 마지막 날 공연에 등장했던 요소가 여기서도 모두 나타난다. 『유형지에서』에서 처형 기계에 묶인 죄수는 처음 여섯 시간 동안은 쌀죽을 먹으며 정상적인 생활을 하지만 이후 여섯 시간 동안은 아무것도 먹지 않는데, 이때 갑자기 정신이 맑아져 고문 기계가 자신의 몸에 새긴 글씨를 읽으려고 시도한다. 이러한 '단식'은 상징적 죽음을 낳는 동시에 고문 기계에 의해 새겨진 고통의 흔적, 즉 신체문자를 읽고 해석할 것을 요구한다. 마치 성인식 때 의례 참가자들이 고문에 의해 자신의 신체에 새겨진 흔적을 읽으며 공동체적 소속감을 갖게 되고 아이로서의 죽음을 경험한 후 성인으

---

34 클라스트르: 국가에 대항하는 사회, 230쪽.

35 Kafka: In der Strafkolonie. In: ders.: Drucke zu Lebzeiten, 22쪽. 이하 동일 문헌 인용 시 (S 쪽수)로 표기.

로 재탄생하는 것처럼 말이다. 따라서 『유형지에서』에서 묘사된 처형 의식은 성인식의 상징적 의식과 매우 밀접한 연관성을 보인다.[36]

물론 단식 예술가가 수행하는 40일간의 단식 공연은 도시 전체의 관심사였던 이전 시대의 단식과는 차이가 있으며, 『유형지에서』에서 전설로 전해지는 구 사령관 시대의 처형 의식이나 역사적으로 존재했던 원시사회의 성인식 장면과도 완전히 일치하지는 않는다. 왜냐하면 단식 예술가는 공연 기획자가 설정한 40일이라는 단식 기간에 거부감을 가지고 있으며 그 기간을 넘어서도 계속 단식하려고 하기 때문이다. 따라서 기획자에 의해 연출된 이러한 축제는 과거의 원시적인 축제와는 근본적으로 구분되며, 단지 그 축제를 흉내 내고 있을 뿐이다. 단식 예술가의 상징적 죽음과 재탄생은 이 시기가 아니라 그가 대형 서커스단에 들어간 후, 즉 그가 단식을 끝까지 밀어붙여 어린 표범으로 변신하는 소설의 마지막 부분에서 비로소 이루어진다. 이때 그것과 원시사회의 성인식은 상징적 죽음과 재탄생의 형식을 고수한다는 점에서는 일치하지만, 그것이 아이의 죽음과 어른으로의 재탄생이라는 형태가 아니라 어른의 죽음과 아이로의 재탄생이라는 형태를 취한다는 점에서 차이를 보이기도 한다. 이것은 카프카가 원시사회의 성인식 및 『유형지에서』에서의 구 사령관 시대의 상징적인 처형 의식으로 대변되는 이상적 사회 내지 이상적 개인의 모습이 현대에는 동일한 형태로 실현될 수 없고, 그러한 것이 바람직하지도 않으며, 완전히 새로운 형태로 실현되어야 한다고 생각하고 있음을 보여 준다.

36 정항균: 아비뇽의 여인들 또는 폭력의 두 얼굴, 348-349쪽 참조.

카프카의 작품에서 단식 예술가는 신체적인 글쓰기를 하는 작가를 나타낸다.[37] 노이만은 식사의 문화적 기호 체계를 거부하는 단식 예술가의 신체적 기호가 "비기호의 기호"[38]로 등장한다고 말한다. 그에 따르면 단식 예술가의 단식하는 신체는 문화의 산물인 일반적인 기호와 달리 지시 대상을 갖지 않고, 인간 사회의 질서와 문화 전반을 거부하며, 사회적인 어떤 교류도 허용하지 않는 절대적인 반대 세계를 나타낸다.[39] 노이만은 카프카의 작품이 의미를 거부하며[40] 절대적인 부정성을 나타내는 신체를 자신의 문학작품, 즉 기호를 통해 서술하는 역설적인 모습을 지닌다고 주장한다.[41]

그런데 노이만의 이러한 해석은 신체문자의 한계를 지적하고 그것의 부정성만을 강조함으로써 「단식 예술가」에 나타나는 신체문자 내지 신체적 글쓰기의 긍정성을 간과한다. 따라서 아래에서는 문자와 신체 그리고 욕망이 맺고 있는 복잡한 관계를 살펴봄으로써 신체적 글쓰기의 긍정적 측면을 제시하고자 한다.

단식 예술가가 대형 서커스단에 들어간 후에는 그를 방문하는 관객이 거의 없다. 단식하는 그의 '신체'에 대한 관심이 사라지면서 이제 문자기호가 신체를 대신한다.

---

37 카프카는 1912년의 어느 일기에서도 '몸이 여위는 것'과 글쓰기 간의 연관성에 대해 이야기한 바 있다. Auerochs: Ein Hungerkünstler, 321쪽 참조.

38 Neumann: Hungerkünstler und Menschenfresser, 364쪽.

39 Neumann: 같은 글, 365쪽 참조.

40 야라우스도 이러한 의미에서 단식이라는 예술적 행위는 의미 찾기의 실패 내지 불가능성을 보여 준다고 말한다. Jahraus: Kafka, 454쪽 참조.

41 Neumann: Hungerkünstler und Menschenfresser, 368쪽 및 387쪽 참조.

> 단식 예술가도 사실 현실의 상황을 인지하지 못한 것은 아니었으며, 사람들이 그가 들어 있는 우리와 함께 그를 하이라이트 레퍼토리로 무대 한가운데에 세우지 않고 야외의 동물 우리 근처에 있는 접근하기 꽤 괜찮은 장소에 데려다 놓은 것을 당연하게 받아들였다. 우리의 테두리에는 화려하게 쓴 큰 글씨의 안내 문구가 적혀 있어서 거기에 무슨 구경거리가 있는지를 알려 주었다.(H 344)

이제 대중이 단식 예술가의 몸을 보지 않기 때문에 문자가 그것을 대신 지시한다. 이로써 대중은 신체 자체가 아닌 그것을 매개하는 기호 체계와 관계를 맺게 된다. 원시사회의 성인식에서 신체에 쓰인 고문의 흔적, 즉 신체문자를 읽던 단계에서 이제 문자라는 기호를 읽는 단계로 넘어간 것이다. 기호는 그것이 지시하는 대상을 재현하려고 하지만, 기호의 매개성으로 인해 실제 대상과 일치할 수는 없다.

> 사람들은 그의 곁을 지나쳤다. 누군가에게 단식예술을 설명하려고 시도해 보아라! 하지만 그것을 느끼지 못하는 사람에게 그것을 이해시킬 수는 없다. 아름다운 글씨들은 더러워졌고 읽을 수 없게 되었다. 그래서 사람들은 그 글자를 뜯어 버렸고, 그것을 다른 것으로 대체하려는 생각을 아무도 하지 않았다.(H 347)

단식 예술은 결코 언어를 통해 설명할 수 있는 것이 아니다. 그것을 직접 하지 않는 사람에게 말 또는 글로써 그러한 신체언어를 전달하는 것은 불가능하다. 따라서 단식 예술가의 우리를 둘러싸고 있는 글씨를 더 이상 읽을 수 없다는 사실은 글자의 불가독성을 넘어서 의미의 불가해성으로 이해될 수 있을 것이다. 즉 데리다적인 의미에서 문자가 지시하는 대상은 결코 현전하지 않으며 궁극적으로 포착될 수 없는 것으로 남아 있다. 이 소설의 선행 텍스트인 『유형지에서』에도 유사한 장면이 나온다.

> 그는 첫 번째 종이를 보여 주었다. 여행자는 기꺼이 뭔가 칭찬을 하고 싶었지만, 단지 미로같이 복잡하고 여러 차례 상호 교차하는 선만을 볼 뿐이었다. 그 선들은 대단히 빽빽하게 종이를 뒤덮고 있어서 힘겹게 하얀 사잇공간을 알아볼 수 있을 따름이었다. "한번 읽어 보세요." 하고 장교가 말했다. "읽을 수가 없네요." 하고 여행자가 대답했다. "또렷하게 쓰여 있는데요." 하고 장교가 말했다. "대단히 예술적이네요." 하고 얼버무리듯이 여행자가 대답했다. "하지만 해독할 수가 없네요."(S 217)

신체에 새겨질 글자를 기록한 설계도의 글씨를 유럽에서 온 여행자는 해독할 수 없다. 전설적인 구 사령관 시대에 모두가 이해할 수 있었던 신체문자는 성문법의 시대이자 알파벳 문자의 시대에 사는 현대인에게는 더 이상 읽을 수 없는 것으로 나타난다.

「단식 예술가」에서는 『유형지에서』에서 나타나는 신체텍스트의 재현 불가능성 담론을 이어받아 문자가 결코 그것이 지시하는 대상을 재현할 수 없으며 그러한 대상의 현전을 보장할 수 없음을 보여 준다. 그러나 이 소설이 의미의 불가해성이라는 부정적인 체념 상태에 빠져 있는 것은 아니다. 앞에서 단식 예술가가 지내는 동물 우리를 둘러싸고 있는 "아름다운 글씨들이 더러워졌"다고 언급했는데, 이러한 '글씨의 더러워짐'에 주목할 필요가 있다. 예쁘게 쓰인 글자는 대상을 지시하며 그것의 현전을 보장하는 것처럼 보이지만, 글자를 더 이상 읽을 수 없게 됨에 따라 그러한 믿음은 착각에 지나지 않는다는 것이 드러난다. 또한 글자가 더러워졌다는 것은 글자가 단순히 그것이 지시하는 내용만 가리키는 것이 아니라 그 안에 어떤 (더러운) 욕망을 내포하고 있음을 보여 준다. 2절에서 벤야민의 언어 이론을 다루면서 언어가 진술 내용으로 환원되지 않고 그 안에 함께 공명하는 힘들이 존재한다고 이야기한 바 있는데, 이러한 관점에서 기호로서의 문자 안에 그것이 지시하는 바와 무관한 욕망이 숨어 있다고도 말할 수 있을 것이다. 더욱이 단식 예술가가 지내는 곳이 동물 우리이며, 글자들이 단순히 그 우리 위에 쓰여 있지 않고 우리의 '테두리를 둘러싸고' 있다는 것은 그러한 글자들 내에 동물적인 욕망이 들어 있음을 시각적으로 보여 준다. 「시골 의사」에서 성적 욕망을 상징하는 마부가 돼지우리에서 나오듯이, 이러한 동물 우리는 욕망이 도사리고 있는 곳을 상징한다. 따라서 단식 예술가가 지내고 있는 동물 우리를 둘러싼 글씨들이 점점 더러워지고 읽을 수 없게 되다가 마침내 뜯겨 나가는 것은 한편으로 그가 대중의 무관심 속에 잊히고 있음을 나타내기도 하지만, 다른 한편으로는 문자언어 속에서 욕망이 꿈틀거리고 있고, 문자의 단순한 내용 전달과 대상 지시 기능을 넘어서는 신체적 글쓰기가 단식 예술가의 몸에서 진행되고 있음을 보여 준다. 따라서 글쓰기와 읽기의 관점에서 볼 때도 단식 예술가가 소설 마지막에 운동성과 신체성을 구현하는 표범이라는 동물로 변신한 것은 결코 아무런 개연성 없이 갑작스럽게 일어난 일이 아니며, 줄거리가 전개되는 가운데 보이지 않게 서서히 진행되어 온 것임을 알 수 있다.

신체적 글쓰기란 어떤 의미에서는 동물적 글쓰기, 동물-되기의 글쓰기이기도 하다. 글쓰기에 대해 흔히 작가가 머릿속에서 생각한 것을 글로 옮긴다고 생각하기 쉽다. 이에 따르면 글쓰기란 생각을 기록한 것에 지나지 않으며, 단순한 정신적 작업에 그치고 만다. 그러나 실제로 글을 쓸 때 우리는 스스로 미처 의식하지 못했고 의도하지도 않았던 내용을 쓰기도 한다. 이때는 전혀 통제할 수 없는 무의식적이고 신체적인 욕망에 이끌려 글을 쓰게 되는데, 이러한 의미에서 신체 내부에 존재하는 타자기가 우리의 신체에 구멍을 뚫으며 신체문자를 쓰고 신체적 글쓰기를 하도록 만든다고 말할 수 있다.[42] 그러한 신체적 글쓰기는 의식적이고 이성적인 통제에서 벗어나 통제 속에 억압되어 있는 동물적인 것이나 꿈, 욕망을 펼칠 때 더욱 자유롭게 전개될 수 있다.

단식 예술가는 단식 공연을 통해 자신의 신체를 보여줌으로써 신체적 글쓰기를 수행하며 신체문자로 쓰인 텍스트에 대한 독자의 다양한 해석을 유발한다. 하지만 단식 예술가가 죽은 후 신체적 글쓰기와 신체텍스트의 읽기가 중단된 것은 아니다. 이는 단식 예술가가 사라진 뒤에 등장한 표범에 대한 묘사를 통해 드러난다.

---

42 다와다 요코는 자신의 소설 『목욕탕(*Das Bad*)』에서 무의식적인 신체적 글쓰기를 인간의 신체에 구멍을 뚫는 타자기에 비유한 바 있다. "매번 그 여자의 머리에 새로운 구멍이 뚫린다. 하지만 그녀는 쓰러지지 않는다. 마치 그녀가 타자기인 양 말이다." Yoko Tawada: Das Bad. Tübingen 2015, 151-153쪽.

그렇게 오랫동안 황폐해 있던 우리에서 이러한 야수가 이리저리 돌아다니는 모습을 보는 것은 아주 둔감한 감각을 지닌 사람에게조차 명백히 기분 전환이 되었다. 그에게 부족한 것은 아무것도 없었다. 그의 입맛에 맞는 음식을 감시인들이 오래 생각하지 않고 그에게 가져다주었다; 자유조차 그는 그리워하지 않는 듯 보였다; 갈기갈기 찢겨 나가기 직전에 있는, 모든 필요한 것들을 갖춘 고귀한 신체는 더불어 자유도 같이 짊어지고 다니는 것처럼 보였다; 날카로운 이빨 어딘가에 그러한 자유가 들어 있는 듯 보였다; 삶에 대한 기쁨이 너무나도 강력한 열정으로 그의 목구멍에서 솟아 나와, 관람객들이 그것에 저항하기란 쉽지 않았다. 그러나 그들은 스스로를 극복했고, 우리 주위에 몰려들었으며 조금도 그 자리를 떠나려고 하지 않았다.[43]

이 소설에 단식 예술가의 신체에 대한 상세한 묘사가 나타나지 않는 것과 달리, 이 인용문에서는 표범의 신체 묘사에 초점이 맞춰진다. 우리 안을 이리저리 돌아다니는 표범의 동작을 묘사할 때 서

43 "Es war eine selbst dem stumpfsten Sinn fühlbare Erholung, in dem so lange öden Käfig dieses wilde Tier sich herumwerfen zu sehn. Ihm fehlte nichts. Die Nahrung, die ihm schmeckte, brachten ihm ohne langes Nachdenken die Wächter; nicht einmal die Freiheit schien er zu vermissen; dieser edle, mit allem Nötigen bis knapp zum Zerreißen ausgestattete Körper schien auch die Freiheit mit sich herumzutragen; irgendwo im Gebiß schien sie zu stecken; und die Freude am Leben kam mit derart starker Glut aus seinem Rachen, daß es für die Zuschauer nicht leicht war, ihr standzuhalten. Aber sie überwanden sich, umdrängten den Käfig und wollten sich gar nicht fortrühren."(H 349)

술자의 시선은 팽팽한 신체 전체에서 이빨과 목구멍으로 옮겨진다. 서술자는 표범의 신체를 살펴보며 그것의 신체언어를 읽어 내려 한다. 비록 그러한 서술이 진리를 담보하는 확신에 찬 서술은 아니지만("짊어지고 다니는 것처럼 보였다", "들어 있는 듯 보였다"), 어쨌든 그러한 신체에서 자유와 삶에 대한 기쁨을 읽어 내고 있다. 더 흥미로운 것은 표범의 신체라는 '사물언어'가 관람객들에게 무의식적인 영향을 미쳐 그들이 동물 우리에 모여들고 그 자리를 떠나지 못하게 만든다는 사실이다. 더욱이 그들이 스스로를 극복하는 '자기 극복'은 '자아'에 대한 관념을 극복하는 것이기도 하며, 이를 통해 통일된 자아 속에 억압되어 있던 동물적 욕망이 해방되어 분출되는 계기가 마련된다. 즉 동물로의 변신이 임박한 것이다. 단식 예술가는 단식을 수행하고 "도취 상태에서 아무런 의식 없이 몸을 스스로에게 내맡기며"[44] 동물로 변신한다. 그리고 이러한 현기증 나는 도취의 놀이, 즉 일링크스의 흥분과 동요가 관람객들에게 전염되어 그들을 변화시킨다.[45] 이는 앞에서 팽이 놀이를 구경하던 철학자가 그러한 도취의 놀이에 전염되어 스스로 현기증에 사로잡히는 것에 상응한다.

지금까지 「단식 예술가」에서 묘사된 신체의 언어적 특성에 주목해 신체적 글쓰기와 신체텍스트 읽기의 측면을 강조했다면, 다른

44 Neumann: Hungerkünstler und Menschenfresser, 362쪽.

45 도취를 자아내는 일링크스의 놀이 유형 역시 사회적인 성격을 띠므로 그러한 놀이를 구경하는 관객이나 군중의 태도에 영향을 미치며 그들을 도취 상태에 빠뜨리거나, 반대로 그들이 보이는 열광적 반응의 영향을 받기도 한다. 카이와: 놀이와 인간, 74-75쪽 참조.

한편으로 이 소설에서 형상화된 문자텍스트의 신체성 내지 물질성에도 주목할 필요가 있다. 앞의 인용문에는 도치문이 빈번히 등장한다. "자유조차 그는 그리워하지 않는 듯 보였다."나 "날카로운 이빨 어딘가에 그러한 자유가 있는 듯 보였다." 같은 문장에서 '주어'는 문장 처음에 위치하지 않으며 뒤로 밀려난다.[46] 이는 '주체'가 가장 주도적이고 중심적인 위치에서 밀려나는 듯한 인상을 준다. 또한 앞의 인용문은 세미콜론(;)의 빈번한 사용을 통해 절단된 신체를 시각적으로 보여 준다. 문자텍스트가 의미를 전달하는 기능뿐 아니라 그 시각적이고 물질적인 특성으로 인해 일종의 텍스트 신체를 지닌다면, 신체적 글쓰기를 하는 작가는 이러한 매체적 차원에서 텍스트의 물질성 내지 신체성을 시각적으로 보여 주는 것이다. 이처럼 절단된 텍스트의 신체는 소위 유기적으로 조직되고 구조화된 인간의 신체, 즉 단식 예술가의 신체가 그의 죽음으로 파괴되고, 대신 "갈기갈기 찢겨나가기 직전"의 신체를 지닌 표범이 등장하는 것에 상응한다.[47] 물론 표범이 아직 "갈기갈기 찢겨나가기 직전"의 신체를 지니고 있고 여전히 우리 안에 갇혀 있지만 그를 바라보는 관람객, 아니 독자가 그의 사물언어, 즉 신체언어에 사로잡혀 무의식적으로 영향을 받으며 미메시스를 통해 스스로 그를 닮아갈 때, 변신은 임박해 있으며 실현 가능한 것으로 나타난다.

---

46 이 소설의 또 다른 구절들에서는 주어가 생략되는 경우도 빈번하다.

47 카프카는 「자칼과 아랍인」에서도 유사한 방식의 글쓰기를 수행한다. 즉 세미콜론으로 절단된 문장과 주어의 생략을 통해 단일한 정체성을 지닌 자아의 죽음과 동물-되기를 수행하는 것이다. 정항균: 동물이야기, 34쪽 참조.

4. 「법 앞에서」: 동물-되기와 새로운 법

단식 예술가의 공연은 앞에서 말한 것처럼 기획자가 결정한 40일을 넘어서는 안 된다. 기획자는 이러한 금지를 통해 공연의 연장을 희망하는 단식 예술가의 욕망을 억압하는 가부장적인 법을 대변하는 인물로 등장한다.[48] 물론 이 소설에서 직접적으로 법이 주제로 다루어지거나 법에 대한 언급이 등장하지는 않지만, 자세히 살펴보면 법과 연관된 개념이나 상황을 발견할 수 있다. 예를 들면, 단식을 연장할 수 없어 실의에 빠진 단식 예술가를 누군가가 위로하려 하자 그는 동물처럼 흥분하며 우리를 흔들어 사람들을 깜짝 놀라게 한다. 그러자 기획자가 운집한 대중 앞에서 사과하며 이러한 반응의 이유를 설명하는데, 바로 이러한 기획자의 개입이 "처벌 수단"(H 341)으로 지칭된다. 이렇게 볼 때 기획자는 죄를 지은 단식 예술가를 처벌하는 법원에 속한 인물이 된다. 또한 이 소설의 마지막 부분에서 서커스단 소속의 감독관과 단식 예술가의 관계 및 그들이 나누는 대화 상황은 「법 앞에서」에서의 문지기와 시골에서 온 남자의 관계를 연상시킨다. 단식 예술가가 마지막에 감독관과 대화를 나눌 때 그는 막 죽음을 앞두고 있다. 「법 앞에서」의 시골에서 온 남자 역시 죽기 직전의 상황에 처해 있다. 또한 단식 예술가의 흐릿한 눈

48 구아르다도 이 작품에서 기획자가 단식 예술가를 뒤에서 조종하는 아버지처럼 등장한다고 말한다. Guarda: Kafkas Hungerkünstler, 346쪽 참조.

노이만은 단식 예술가의 단식 행위를 카프카의 전기와 연관해서 살펴보며, 이를 집안에서 엄격한 식탁 예절을 가르치는 아버지와 사랑으로 음식을 강요하는 어머니의 이중 전략에 맞서는 시도로 해석한다. Neumann: Hungerkünstler und Menschenfresser, 353-354쪽 참조.

이 언급되는 것처럼, 시골에서 온 남자의 시력 약화도 언급된다.[49] 시골에서 온 남자가 노쇠해 몸을 일으킬 수 없는 까닭에 몸을 숙인 문지기의 귀에 대고 이야기하는 것처럼, 단식 예술가 역시 우리의 철창에 귀를 갖다 댄 감독관의 귀에 대고 속삭인다. 또한 단식 예술가가 사람들이 자신을 보고 경탄해 주기를 바랐다며 용서를 구할 때 나타나는 속죄의 태도는 이 소설에서도 죄와 법의 문제가 다루어지고 있음을 암시한다. 그리고 「법 앞에서」에서 문지기가 죽음을 앞둔 시골에서 온 남자에게 무엇을 알고 싶은지 질문하는 것처럼, 「단식 예술가」에서도 감독관은 단식 예술가에게 언제 단식을 그만둘 것인지 질문한다.

하지만 이러한 정황의 유사성보다 더 본질적인 유사성은 단식 예술가와 감독관의 관계가 시골에서 온 남자와 문지기의 관계에 상응한다는 점이다. 「법 앞에서」에서 문지기와 시골 남자는 언뜻 보면 법의 대변인과 욕망의 대변인이라는 대립적인 관계에 놓여 있는 것처럼 보인다. 시골 남자는 법의 문 안으로 들어가기를 원하는 반면, 문지기는 그가 그 안으로 들어가는 것을 가로막는다. 그러나 더 자세히 살펴보면, 이러한 대립 관계에도 불구하고 이들이 서로 긴밀히 연결되어 있으며 동일한 인물의 상반되는 측면을 나타냄을 알 수 있다. 관료주의적인 법원의 일원인 문지기가 도시의 시민이라면, 시골 남자는 평범한 시민의 삶에서 순간적으로 이탈한 인물로

---

49 Franz Kafka: Vor dem Gesetz. In: ders.: Drucke zu Lebzeiten, 268쪽 이하: "마침내 그의 시력이 약해져 그는 자신의 주변이 실제로 어두워진 것인지 아니면 단지 그의 눈이 그를 속인 것인지 알 수 없게 된다." 이하 동일 문헌 인용 시 (VG 쪽수)로 표기.

볼 수 있다.[50] 또한 문지기가 입고 있는 모피 외투에는 욕망을 상징하는 벼룩이라는 동물이 들어 있다. 즉 법 내부에 욕망이 숨어 있는 것이다.[51] 문지기가 가부장적인 법체계의 말단직에 있지만 다른 한편 마조히즘적인 계약의 또 다른 주체인 여성의 모피 외투를 입고 있는 것은, 그가 언제든지 태세를 전환하고 가부장적인 법에서 가모장적인 법으로 옮겨 갈 수 있음을 암시한다. 또한 이 작품의 마지막에 문지기가 법의 문은 오직 시골에서 온 남자만을 위한 것이라고 말할 때, 그 문을 지키는 자신은 바로 시골 남자의 또 다른 자아로서 그를 감시하는 내적인 금지의 심급임을 보여 준다. 즉 문지기는 오로지 시골 남자만을 감시하며, 그가 법의 문으로 들어갈 수 있는지 여부만을 결정하는 것이다.

나아가 「법 앞에서」가 정말 기존의 해석처럼 문지기가 법의 문을 닫고 나감으로써 법 안으로 들어가려던 시골 남자가 느끼는 좌절과 그의 욕망의 무한한 지연만을 보여 주는 것인지 질문을 던질 필요가 있다. 그런데 흥미로운 것은 작품 마지막에 문지기가 "이제 가서 문을 닫아야겠어."(VG 269)라고 말하고 어디로 사라졌는지가 밝혀지지 않는다는 사실이다. 독자는 그가 법의 문을 닫고 법 바깥으로 나가 버렸다고 생각하기 쉽지만, 사실 그가 법이라는 체계에 속해 있는 만큼 법 안으로 들어갔을 가능성도 배제할 수는 없다. 그

---

50 Klaus Hermsdorf: Land und Stadt, Soziotopographische Aspekte in Franz Kafkas 'Vor dem Gesetz'. In: Klaus Michael Bogdal(Hrsg.): Neue Literaturtheorien in der Praxis. Textanalysen von Kafkas "Vor dem Gesetz". Göttingen 2005, 92쪽 참조.

51 정항균: 아비뇽의 여인들 또는 폭력의 두 얼굴, 375쪽 참조.

런데 자세히 살펴보면 시골 남자가 단순히 죽는 것이 아니라 동물로 변신함을 알 수 있다. 시골 남자는 자신의 또 다른 자아인 문지기의 모피 외투에서 벼룩을 발견한다. 이는 그가 무의식적으로 자신의 동물적 욕망을 표출하기 시작했음을 보여 준다. 그런데 죽기 전에 왜 자신 외에 아무도 이곳에 오지 않았는지 묻는 시골 남자에게 “문지기는 시골 남자가 이미 임종에 가까워졌음을 눈치채고 그가 사라져 가는 청력으로 알아들을 수 있도록 고함을 지른다.”(VG 269) 여기서 ‘고함을 지르다’라는 의미로 사용된 ‘anbrüllen’이라는 동사는 ‘(맹수가) -를 향해 으르렁거리다’라는 뜻을 갖고 있기도 하다. 즉 맹수처럼 크게 소리지르는 문지기는 손가락으로 눌러 죽일 수 있는 벼룩을 몸 안에 품고 있는 것에서 나아가 더 강인하고 활력이 넘치는 맹수로 변신한 것이다. 다시 말해 그는 스스로 가장 말단의 문지기에서 벗어나 더 강력한 힘과 권력을 소유한 문지기로 변신해 새로운 법을 준비한다. 이로써 금지의 심급인 문지기는 동물로 변신하며 자신, 즉 가부장적 권력과 반대 지점에 있는 욕망 자체가 된다. 여기서 욕망은 성욕 같은 개인적 욕망보다는 단일한 정체성을 파괴하는 생성의 욕망을 의미한다. 따라서 법의 심급인 문지기가 욕망 자체가 되었다는 것은, 곧 가부장적인 억압과 금지의 법이 생성에의 욕망을 허용하는 새로운 법으로 변했음을 의미한다.

「법 앞에서」의 독자는 이 작품을 읽는 내내 시골에서 온 남자가 법의 문 안으로 들어갈 수 있는지 여부에 집중하느라 정작 문지기의 행방에 대해서는 관심을 갖지 않게 된다. 비록 시골에서 온 남자는 법의 문 안으로 들어갈 수 없는 것처럼 보이지만, 앞에서 살펴본 것처럼 그의 죽음과 동시에 그의 또 다른 자아인 문지기가 동물로 변신해서 법의 문 안으로 들어감을 알 수 있다.[52] 이처럼 단일한 정체성을 지닌 자아가 죽고 동물로 변신함으로써 다원적인 주체성이 가능해지며, 더 이상 욕망과 충돌하지 않는 새로운 법이 생겨난다.

그런데 시골 남자라는 '인간'의 죽음과 그의 '동물'로의 변신이라는 구조는 「단식 예술가」에서 더 분명히 나타난다. 이러한 유사성에 의거해 시골 남자와 문지기의 관계, 즉 욕망과 내적인 금지의 관계가 단식 예술가와 서커스단 감독관의 관계에서 어떤 형태로 나타나는지를 살펴볼 필요가 있다. 「법 앞에서」의 문지기가 시골 남자만을 위해 문 앞을 지키며 그의 말을 듣는 유일한 사람이듯이, 단식 예술가가 죽기 전에 하는 말을 알아듣는 사람은 오직 철창에 귀를 갖다 댄 감독관뿐이다. 여기서 그가 단식 예술가와 특별한 관계를 맺고 있으며 문지기처럼 내면의 법을 나타냄이 암시된다. 이때 특징적인 것은 그가 단식 예술가의 욕망과 의지에 따라 행동한다는 것이다.

> "모두 날 용서해 줘."라고 단식 예술가가 속삭였다. […] "물론이지."라고 감독관이 말했다. "우린 자넬 용서하네." "난 항상 너희들이 내가 행하는 단식에 경탄하기를 바랐어."라고 단식 예술가가 말했다. "우린 물론 경탄하네."라고 감독관이 호의적으로 대답

52 「시골 의사」에서 주인공인 시골 의사가 비록 환자의 집을 떠나더라도 언제든지 환자의 침대에 눕혀질 수 있고 더 근원적으로는 원래부터 그 침대에 누워 있었듯이, 「법 앞에서」의 문지기도 언제든지 변신을 통해 법의 문 안으로 들어갈 수 있고 더 근원적으로는 원래부터 법 안에 있었다는 것을 알 수 있다.

했다. "하지만 경탄하지 말아 줘."라고 단식 예술가가 말했다. "그럼 경탄하지 않겠네."라고 감독관이 대답했다.(H 348)

위의 인용문에서 알 수 있듯이, 단식 예술가가 용서를 바라면 감독관은 그를 용서해 주고, 자신의 단식에 경탄하지 말라고 하면 경탄하지 않겠다고 말한다. 즉 감독관은 더 이상 금지를 통해 단식 예술가의 욕망을 억압하는 것이 아니라, 오히려 그러한 욕망을 수용하고 받아들인다. 이 작품의 마지막 부분에서 단식 예술가가 표범으로 변신하는 데 성공하는 것은 감독관이 단식 예술가의 욕망을 이해하고 그것을 받아들이기 때문이다.

감독관은 처음에는 단식 중인 단식 예술가에게 언제 단식을 그만둘 것인지 물으며 가부장적인 법질서의 대변자처럼 행동한다. 하지만 곧 감독관은 단식 예술가와 친밀한 관계를 맺고 그의 뜻대로 행동함으로써 이러한 인상을 뒤바꾼다. 그리고 단식 예술가가 죽은 후 감독관이 "이제 정리해라!"[53]라고 말할 때, 이는 '이제 질서를 구축하라'는 함의를 지니며 새로운 가모장적인 법질서를 구축하라는 말처럼 들린다. 또한 그가 단식 예술가를 매장한 후 단식 예술가가 변신한 것으로 보이는 표범에게 표범의 입맛에 맞는 음식을 가져다주게 하는 장면도 인상적이다. 왜냐하면 단식 예술가는 자신이 단식한 이유를 "내 입맛에 맞는 음식을 찾을 수 없어서"(H 349)라고 말하기 때문이다. 그런데 이처럼 단식 예술가가 표범으로 변신한 후 그가 동경하던 음식을 섭취하도록 감독관이 돕는 역설적인 상황

---

53 "Nun macht aber Ordnung!"(H 349)

이 일어난 것이다. 이는 감독관이 더 이상 욕망을 억압하는 금지의 심급이 아니며 오히려 그러한 욕망을 허용하는 새로운 법질서를 대변함을 보여 준다.

그러나 이 소설에서 모계적인 법질서가 다루어진다는 증거가 어디 있는가 하는 비판이 제기될 수도 있을 것이다. 이에 답하려면 마조히즘에 대한 들뢰즈의 생각을 참조하는 것이 도움이 된다. 들뢰즈는 마조히즘과 관련해 가부장적 법질서에 대한 공격과 새로운 가모장적 법질서의 등장을 이야기한다. "들뢰즈는 자허-마조흐의 『모피 외투를 입은 비너스』에서 마조히즘에 대한 전통적인 해석을 뒤집으며 그것의 해방적 의미를 도출해 낸다. 들뢰즈에 따르면, 마조히즘은 모피를 입은 추운 북쪽의 여성이 속죄하는 남성을 때릴 때 생겨나는 쾌감을 가리킨다. 정확히 말하자면 여기서 쾌감은 매질 자체에서 생겨나는 것이 아니라, 그러한 매질 이후에 생겨나는 해방적 가능성으로부터 오는 것이다. 마조히즘에서 매를 맞는 남성은 가부장적인 질서와 법을 구현하는 아버지의 이미지를 나타낸다. 따라서 그러한 초자아로서의 아버지를 채찍질하는 여성은 매를 맞는 아들(남성)이 이상적인 자아로 삼으며 성애를 느낄 수 있는 가모장적인 새로운 법질서를 구현하는 인물로 볼 수 있다."[54] 「단식 예술가」에는 어떤 여성 인물도 등장하지 않고 채찍도 사용되지 않지만 마조히즘과 은밀히 연결된 장치들이 등장한다.

우선 단식이라는 행위 자체에 주목할 필요가 있다. 일반적으로 단식은 스스로의 욕망을 억압하는 금욕적 행위로 간주된다. 「팽

54 정항균: 동물이야기, 22쪽.

이」에서의 채찍이나 『유형지에서』에서의 바늘 역시 보기에 따라 그러한 금욕적 고통을 야기하는 도구처럼 나타난다. 왜냐하면 우리가 신체적 욕망을 억압할 때 흔히 채찍이나 바늘을 사용하기 때문이다. 또한 「단식 예술가」에서 주인공이 40일간의 금식을 하는 '순교자'로 불릴 때, 그는 채찍질을 당하며 수난을 겪는 예수를 연상시킨다. 이때 간접적으로 '채찍질당하는' 단식 예술가의 모습을 떠올릴 수 있다. 이로써 마조히즘의 도구인 채찍이 은밀히 암시된다. 하지만 여기서 주목할 점은 단식 예술가의 단식 행위가 단순히 그의 욕망을 억압하며 그에게 고통을 주는 행위가 아니라 오히려 그가 무한히 해나갈 수 있는 행위이며, 궁극적으로 자신의 입맛에 맞는 음식을 발견하기 위한, 즉 미래의 쾌락을 누리기 위한 준비 과정의 의미를 지니고 있다는 점이다. 마치 마조히스트가 채찍을 맞으며 다가올 자유와 해방을 기대하는 것처럼 말이다. 단식 예술가의 단식도 외부로부터 강제된 것이 아니라 스스로의 결정하에 자신에게 고통을 준다는 점에서 그리고 무엇보다 그러한 단식이 미래의 쾌락을 약속한다는 점에서 마조히즘적인 성격을 띤다고 볼 수 있다.

금식이라는 금욕적 자기 학대와 그로부터 기대되는 욕망의 충족에 대한 약속만으로는 「단식 예술가」에 마조히즘이 나타난다고 단정하기 힘들다. 하지만 이 소설에는 추가적인 마조히즘의 증거들이 존재한다. 첫 번째 근거는 죽기 전의 단식 예술가가 감독관에게 말할 때 보이는 행동의 에로틱한 성격이다.

> "왜냐하면 나는" 하고 단식 예술가가 말하고는 작은 머리를 약간 들어 올리고 마치 키스하려는 듯 입술을 뾰족하게 하고는 한 마

디도 놓치지 않도록 감독관의 귓속에 대고 말했다.(H 348 이하)

이처럼 단식 예술가가 감독관의 귀에 대고 키스하듯이 그리고 사랑의 말을 속삭이듯이 말할 때, 이들 간의 대립적인 관계는 지양되며 에로틱한 관계가 형성된다. 이제 채찍을 내리치며 감시하는 듯한 감독관은 오히려 단식 예술가의 쾌락을 증대시키는 데 기여하는 것처럼 보인다. 이들이 이렇게 내밀한 관계를 맺을 때, 욕망과 법의 관계는 더 이상 대립적이지 않으며 상호 보완적이 된다. 이처럼 단식 예술가의 에로틱한 키스에 녹아 버린 듯한 감독관은 작품 마지막에 표범의 입맛에 맞는 먹이를 제공하며 동물적 욕망을 허용하는 새로운 법질서를 만든다.

마조히즘에 대한 두 번째 근거는 '계약'이다. 단식 예술가는 대형 서커스단에 입단하면서 계약을 맺는다. "자신의 예민한 신경을 자극하지 않기 위해 그는 계약 조건을 전혀 보지 않았다."(H 343) 이 문장은 단식 공연이 더 이상 대중의 관심을 끌지 못하는 상황에서 그가 어쩔 수 없이 대형 서커스단과 나쁜 조건으로 계약하는 상황을 보여 주는 것처럼 보인다. 그러나 이 소설의 거의 모든 구절이 그러하듯이, 이 문장도 보는 시점에 따라 전혀 다른 방향으로 해석될 수 있다.[55] 즉 위의 문장은 단식 예술가가 계약 조건을 보지 않을 정도로 자신의 예민함을 보호하는 데 치중한다는 의미로도 읽을 수

---

55 「단식 예술가」를 시점과 연관시켜 분석한 연구로는 다음 논문을 참조하시오. 임석원: 프란츠 카프카의 「단식 예술가」에 나타나는 복합시점과 예술관에 대한 고찰. 실린 곳: 카프카연구 32집(2014), 5-27쪽.

있다. 이러한 예민함은 신체적 민감성을 의미하며, 신체 자체의 해방에 집중하는 태도를 가리킨다. 그렇다면 그가 보지도 않고 체결한 계약은 어쩌면 이러한 신체적 민감성, 예민함을 보호하고 그것을 억압하는 법으로부터 해방시켜 주는 것을 내용으로 삼고 있을지도 모른다. 특히 마조히즘에서 마조히스트는 자신을 때리는 박해자 여성[56]과 '계약'을 맺어야 하는데, 이러한 계약은 경직되고 쉽게 변할 수 없는 법보다 더 유연하다는 특징을 지닌다. 욕망과 대치되며 금지를 통해 욕망을 억압하는 법과 달리, 계약은 언제든지 변경 가능하며 훨씬 유연하다. 따라서 마조히즘적인 계약으로 상징되는 새로운 가모장적인 법은 욕망을 억압하는 것이 아니라 오히려 그것을 마음껏 표출하도록 허용하는 해방적인 성격을 지닌다. 이러한 법 안에서 단식 예술가는 동물-되기를 수행하며 자신의 욕망을 마음껏 펼칠 수 있는 것이다.

56 「단식 예술가」에 박해자 여성이 직접 등장하지는 않지만, 계약의 주체인 그녀가 감독관을 보낸 것으로 추측할 수 있다.

VII 「굴」 합리성의 자기모순과 타자와의 만남

1. 건축가와 연구자: 근대의 합리성에 대한 두 가지 비판

카프카의 소설 「굴」은 크게 두 부분으로 구성되어 있다. 첫 번째 부분은 두더지와 비슷한[1] 동물화자가 외부의 침입자에 대한 불안으로 자신을 보호해 줄 완벽한 굴을 건설하려 하지만 실패한다는 내용이다. 두 번째 부분은 화자가 굴에서 들리는 소리의 근원을 추적하며 그것을 밝혀내려 시도하지만 역시 실패한다는 내용이다. 첫 번째 부분에서 화자는 일종의 건축가로, 두 번째 부분에서는 일종의 연구자로 등장하며 합리적인 정신으로 문제를 해결할 수 있다고 생각하지만, 그러한 확신은 곧 착각으로 밝혀지며 그는 각각 외부와 내

---

1 「굴」에 등장하는 동물이 정확히 무엇인지는 규정하기 어렵다. 그 정체에 대해서는 연구자들 사이에서도 의견이 분분하지만("거대한 맹수(바이스너), 마멋, 오소리(조켈, 빈더, 파슬리, 마르크스), 두더지 또는 햄스터(폴리처)" Hans Bänziger: Das namenlose Tier und sein Territorium. Zu Kafkas Dichtung *Der Bau*. In: Deutsche Vierteljahrsschrift für Literaturwissenschaft und Geistesgeschichte 53(1979), 313쪽), 오히려 정체성을 규정하기 어렵다는 것이 이 동물화자의 특징이라고 할 수도 있을 것이다. 왜냐하면 이 동물의 모호한 정체를 통해 인간과 동물의 혼종적 특성이 더욱 부각되기 때문이다.

부의 침입자에 대한 불안 때문에 거의 신경증적인 증세를 보인다.

첫 번째 부분에서는 동굴 내부와 외부, 화자인 나와 외부의 침입자 간의 이분법적 구분이 분명하게 드러난다. 화자가 사는 동굴 근처에는 자연적으로 생긴 큰 구멍이 있지만 그 안은 바위로 막혀 있기 때문에 외부의 침입자가 동굴 안으로 들어올 수 없다. 반면 진짜 굴 입구는 이끼층으로 덮여 은폐되어 있다. 다른 동물이 우연히 이끼층을 밟거나 치워 침입자가 들어올 위험이 있음에도 입구를 막을 수는 없는데, 내부의 적이 있을 수도 있으므로 도망칠 출구가 필요하기 때문이다.

그러나 곧 굴 내부와 외부, 자아와 타자의 대립에 문제가 있는 것으로 드러난다. 화자인 '나'는 굴 밖으로 나가는 것을 마치 죄를 짓는 것처럼 여기며 양심의 가책을 느끼지만, 굴 밖에서는 새로운 힘을 얻을 뿐만 아니라 안에서보다 바깥에서 더 나은 사냥감을 구할 수 있기 때문이다. 다시 말해 굴 밖의 세계가 '나'에게 아무리 위협적으로 느껴지더라도 "이러한 점에서 […] 이 외출은 정말 필요하다."[2]

이러한 자기모순은 굴의 완성에 관한 그의 말에서도 잘 드러난다. 이 소설은 다음과 같은 말로 시작한다. "나는 굴을 팠는데, 그 작업은 성공을 거둔 것처럼 보였다."(B 576) 물론 여기서 '보였다'라는 말이 암시하듯 성공에 대한 이러한 자신감은 소설이 진행되면서 점점 쌓여 가는 의심에 의해 사라지며 종국에는 자신의 안전에 대

2 Franz Kafka: 'Bau'-Konvolut. In: ders.: Nachgelassene Schriften und Fragmente II, 591쪽. 이하 동일 문헌 인용 시 (B 쪽수)로 표기.

한 강박적인 불안으로 바뀐다.[3]

이 소설의 화자이자 주인공은 두더지로 추정되는 동물이지만, 역설적으로 그는 인간처럼 생각하고 언어를 사용한다. 즉 그는 인간과 동물의 혼종성을 지닌 존재이다. 심지어 그는 자신의 총명한 머리, 계산적 속성, 이성적 능력을 내세운다. 외부의 침입과 이를 막는 굴의 건설과 관련해 합리적으로 사고하는 화자의 특성이 강조된다. "이 모든 것이 정말 힘든 계산이며, 예리한 두뇌가 스스로에게 느끼는 기쁨이 그가 계속해서 계산하도록 만드는 유일한 이유가 되곤 한다."(B 577) 이처럼 화자는 동물임에도 불구하고 이러한 속성을 억누르고 자신의 합리성을 강조하는 근대인을 떠오르게 한다.

그러나 근대인의 정체성은 자아와 타자를 명확히 구분하는 이분법적 사고에 기반을 둔다. 심지어 유럽인의 집단적 정체성도 타자인 식민지 피지배자와의 구별을 통해 정립되었다. 이러한 근대적 합리성과 정체성에 내재한 폭력성과 공격성은 이미 미궁의 성격을 띠는 이 굴에서도 잘 드러난다. 화자의 집에는 수많은 통로와 50개가 넘는 광장 그리고 "극도로 위험한 경우를 대비해, 즉 적의 추적이 아니라 포위에 대비해 아주 고심해서 만든 중앙 광장이 있다."(B 580) 이 중앙 광장은 '성곽 광장'으로 불린다. 몇몇 학자들은 "미궁

3 비비안 리스카는 이러한 맥락에서 '계몽의 변증법'을 언급한다. "그리하여 보호받는 삶을 구축하고 개선하려는 목적에 대한 이성적 숙고는 불안하고 공허하며 자기 파괴적인 정신 착란적 망상으로 전도된다. 마찬가지로 침입자로부터 자신의 영역을 지키려는 동물의 의지는 완전한 신체적·정신적 고립으로 전도된다. 자율성과 자주성에 대한 소망은 결국 거의 적으로만 떠올릴 수 있는 타자에 대한 집착적인 생각으로 끝나 버린다." Vivian Liska: Der Bau. In: Engel u. Auerochs(Hrsg.): Kafka Handbuch, 341쪽.

을 어떤 특정한 건조물이 아니라 도시 자체로"[4] 간주하기도 하는데, 이들의 견해에 따르면 미궁 모양의 복잡한 도시 구조는 신성한 도시를 불순한 외부세계로부터 방어하는 기능을 갖는다.[5] 수많은 통로와 광장, 성곽 광장을 지닌 화자의 집 역시 그 안에서 안락하고 편안하게 살 수 있는 가정의 특성보다는 엄밀히 말하면 외부의 침략으로부터 자신을 방어하는 도시의 특성을 띠고 있다. 이처럼 집을 일종의 방어 시설로 설계한 것 자체에 이미 화자의 불안과 잠재적 공격성이 내포되어 있다.

그러나 이러한 성곽 광장이 결코 완벽한 안전과 보호를 제공해 주지 않음을 화자 자신이 끊임없는 성찰과 의심을 통해 보여 준다. 그는 하나의 성곽 광장에 모든 음식을 보관하다가 그곳에서 방어하는 것의 위험성을 간파하고는 음식물을 여러 개의 작은 광장으로 분산해 보관할 생각도 하지만, 운반이 힘들고 여러 곳에 분산된 음식물 자체가 통로를 가로막아 또 다른 위험을 유발할 수 있음을 깨닫는다. 결국 궁극적인 해결책은 존재하지 않으며 모든 것은 합리적 계산이 아닌 자의적 결정에 따라 행해진다.

이러한 측면에서 화자가 어린 시절에 만든 굴 입구는 그의 상황을 잘 드러내 주는 진정한 미로이다.

> 그곳을 이리저리 돌아다니는 것은 전혀 쉬운 일이 아니다. 왜냐하면 나는 그곳에 멋진 지그재그 형태의 작은 통로들을 만들었기

4 이즈미 마사토: 우주의 자궁. 미궁 이야기. 오근영 옮김. 뿌리와이파리 2003, 32쪽.

5 이즈미 마사토: 우주의 자궁, 32-33쪽 및 88-89쪽 참조.

때문이다. 그곳에서 내 굴은 시작되었는데, 당시에는 아직 굴을 현재의 계획처럼 완성할 수 있기를 기대해서는 안 되었다. 나는 이 모퉁이에서 반쯤은 장난치듯이 길을 만들기 시작했고 그곳에서 미로 건축에 대한 최초의 즐거움이 터져 나왔다. 당시에는 이 미로 건축이 모든 건축물의 정점처럼 보였지만, 나는 오늘날 이 건물을 전체 건축에 어울리지 않는 하찮은 작업물로 평가하는데, 아마도 이러한 평가가 옳을 것이다. 이 작업물이 이론적으로 훌륭하기는 하지만, […] 실제로는 너무 벽을 얇게 만든 장난질 같아서, 진지한 공격이나 절망적으로 목숨을 걸고 싸우는 적을 막아 내기란 거의 불가능할 것이다.(B 586 이하)

반쯤 장난치듯 만든 이 미로 같은 입구는 적을 막으려는 목적에서 만든 것이지만 실제로는 그러한 목적에서 벗어나 유희적이고 예측 불가능하게 전개된다. 그것은 더 이상 중앙으로 향하는 성곽 모양의 미궁이 아니라 지그재그로 뻗어 나가며, 돌아다니다가 길을 잃기 쉬운 미로의 형태를 지닌다.[6] 또한 이 미로 건축은 아군과 적

6 이즈미는 미궁과 미로를 다음과 같이 구분한다. "미궁은 외줄기 길이고 무조건 중심을 향해 사람을 이끌어 간다. 미궁의 중심에서 나올 때도 마찬가지다. 이에 반해 미로는 누구나 중심에 도달할 수 있는 길이 아니다. 오히려 중심에 이르는 것을 가능한 한 곤란하게 해서 중심을 은폐하는 역할을 하고 있다. 따라서 설령 미로의 중심에 도달할 수 있었다 해도, 거기서 다시 출구로 빠져나오는 것은 들어올 때와 마찬가지로 매우 어려운 일이다. 게다가 미로에는 중심 같은 게 꼭 필요한 것도 아니다. 그것은 단순한 목적지라도 상관없고, 나아가 그 목적지조차 필요 없는 경우도 있다. 즉 미궁과 미로는 전혀 다른 원리로 성립되어 있는 것이다. 미로와는 달리, 미궁은 일정한 구조에 의해 중심이 은폐되어 있기는 하지만 중심으로 가는 외줄기 주회로를 지나 누구나 반드시 도달하게 되어 있다. 미궁

군, 나와 타자의 경계를 가르는 벽이 얇아 적군으로서의 타자가 자신의 집에 들어오는 것을 허용하기도 한다. 만일 자아와 타자의 이분법적 구분을 허구로 보고 그것의 배타성과 억압성을 비판하는 입장에서 본다면, 이러한 건축물은 오히려 긍정성을 지닐 것이다. 합리적인 계산과 분명한 목적에 의해 건설된 미궁과 전적으로 다른 이 미로는 그 안에서 길을 잃기 쉽다는 부정적 특성만을 지니지는 않는다. 건축가의 관점에서 보면, 미로의 건설은 적의로 가득한 요새 만들기가 아니라 블록 놀이처럼 즐겁게 만들고 허물 수 있는 일종의 놀이이기 때문이다.

외부의 침입자에 대한 불안과 이러한 위험으로부터 자신을 보호하기 위한 굴의 축조 및 보수 작업은 궁극적으로 불완전하며 무한히 이루어질 수밖에 없다. 더욱이 그 위험이 외부뿐만 아니라 내부에도 존재할 때 더욱 그러하다. 화자의 불안은 특히 굴 내부에서 들리는 '쉿 소리'로 가중된다. 이러한 소리가 들리는 장소와 그 이유를 밝혀내려는 화자의 모습은 '연구자'의 모습에 가깝다. 그는 온갖 가설을 세우고 그것의 타당성과 허점에 대해 끊임없이 성찰하며 해답을 찾아 나간다. 무엇보다 그가 그 소리가 나오는 장소를 확인하기 위해 조성한 작은 통로를 "탐사 통로"(B 629)라고 부를 때 연구자로서의 면모가 더욱 강조된다. 이러한 면모는 앞에서 그가 굴 밖으로 나와 입구 근처에서 주변을 관찰하느라 몰두하는 데서도 이미 잘 드러난다. 화자의 이러한 관찰자적인 특성은 그가 관찰을 통해 객관적인 인식에 도달하려는 연구자의 자세를 갖고 있음을 보여

안에서 길을 잃을 가능성은 없다." 이즈미 마사토: 같은 책, 42쪽.

준다.

관찰은 시각이라는 감각을 통해 이루어진다. 그런데 흥미로운 것은 이 소설의 화자가 땅속에 살며, 그래서 매우 시력이 나쁜 두더지라는 사실이다. 하필이면 가장 눈이 나쁜 동물 중 하나인 두더지로 추정되는 화자가 주변 세계뿐만 아니라 자기 자신까지 관찰 대상으로 삼는 관찰자라는 역설은 관찰을 통한 인식의 한계를 여실히 드러낸다. 또한 시각적 존재인 화자가 청각적인 소음을 탐구해야 하는 상황 역시 처음부터 그의 시도가 실패로 돌아갈 것임을 암시한다. 나아가 이는 거리를 둔 관찰을 통해 사물의 본질과 법칙을 인식하려는 근대의 합리주의와 시각 중심주의에 대한 비판을 내포한다. 특히 작품 마지막에 화자가 쉿 소리의 원인이자 내부의 침입자로 간주하는 동물이 굴을 파기 위해 "주둥이"와 "긴 코"(B 624)를 주로 사용하는 것으로 묘사될 때 시각 중심주의에 대한 비판은 더욱 강화된다. 왜냐하면 타자로 등장하는 이 동물은 굴의 건설에 청각, 후각, 미각, 촉각과 관련된 모든 기관을 동원하고 있기 때문이다.

또한 '쉿 소리'로 나타나는 소음은 그 자체로 무해하고, 화자가 처음 이곳에 왔을 때는 잘 들리지도 않았다는 사실에 주목할 필요가 있다. 이 소음은 그가 이 굴을 자신의 집이자 고향으로 여기기 시작한 순간부터 들린다. 즉 타자가 내는 소음은 집과 밖, 고향과 타지, 자아와 타자라는 이분법적이고 배타적인 구분이 생기기 시작한 순간부터 들리는 것이다. 따라서 앞에서와 마찬가지로 화자의 배타적이고 이분법적인 태도야말로 적으로서의 타자와 그의 쉿 소리를 만들어 내는 원인인 셈이며, 이로써 화자가 찾는 소음의 원천은 바로 그 자신이라는 역설이 생겨난다.

엄밀히 말하면 화자가 일관적으로 계산적이고 이성적인 존재인 것은 아니다. 모든 것이 그의 계산대로 이루어지지 않고 계산 자체가 목적이 되는 역설적 상황에서 그는 비합리적이고 신화적인 설명 방식을 취하기도 한다. 가령 그는 굴 외부의 적이 침입하는 것을 막기 위해 굴 입구를 폐쇄해야 한다고 주장하기보다는 오히려 입구의 필요성을 역설하는데, 그 이유는 굴 내부의 적이 그를 위협할 수 있다고 보기 때문이다. 그는 자기 눈으로 적을 본 적이 없지만, "전설이 그들에 대해 이야기하고 있으며, 나는 그것을 확고하게 믿고 있다."(B 578)라며 자신의 주장을 뒷받침하기 위해 갑자기 신화적인 사고방식을 취한다.[7] 이러한 태도는 앞에서 언급한 화자의 합리적이고 계산적인 태도, 즉 근대적 면모와 모순되는 듯 보인다. 하지만 다른 시각에서 보면 카프카는 이 소설에서 합리적인 사고 자체를 일종의 믿음으로 간주하며 그것을 해체하고 있다. 따라서 어떤 의미에서는 화자의 모순적 태도가 계몽이 신화로 전도되는 모습을 보여 준다고 해석할 수도 있을 것이다.

나아가 화자의 이러한 모순적 태도는 굴 파기로서의 작가의 글쓰기 방식에도 상응한다. "화자는 항상 단언하고, 사실을 확인하고 결심하지만, 이는 곧바로 그것을 거부하고 그다음에 곧장 다수의 대안을 살펴보기 위함인데, 그러한 대안 역시 곧 똑같은 운명에 처

---

7 빙클러도 「굴」의 화자가 단순히 합리적인 세계관만을 갖지는 않으며 때로 이와 상반되는 신화적 세계관을 보여 주기도 한다고 말한다. Markus Winkler: Kulturkritik in Kafkas "Der Bau". In: Norbert Oellers u. Hartmut Steinecke (Hrsg.): Zur deutschen Literatur im ersten Drittel des 20. Jahrhunderts. Berlin 1999, 149쪽 참조.

한다. 화자의 의식은 줄곧 순환하고 맴돌며, 막 파헤친 생각의 길을 다시 파묻고 막 내세운 논거의 토대를 파헤쳐 허물어뜨린다. […] 모든 입장 표명 뒤에는 '하지만', '그럼에도 불구하고', '그렇기는 하지만' 또는 '또 다른 한편' 같은 말이 뒤따른다. 텍스트는 가능성들의 무한한 놀이이다. […]"[8]

물론 맹목적으로 하나의 원인과 진리를 추구하는 눈먼 두더지 같은 화자의 경우 이러한 자기모순적인 생각이 혼동을 야기하고 자신의 단일한 정체성까지 위협할 수 있다. 하지만 단일한 시점에서 벗어나 세상의 모든 것을 다양한 시점에서 바라보는 개방적인 사람에게는 이러한 해석 가능성이야말로 세상을 바라보는 시선이 풍부해짐을 의미할 뿐만 아니라, 나아가 역동적으로 변화하고 끊임없이 생성되는 세계를 가장 적합하게 바라볼 수 있는 방식이 될 것이다.

2. 동물

앞 절에서 살펴보았듯이 이 소설의 화자는 인간과 동물의 혼종성을 지닌다. 그런데 그는 자신을 합리적이고 계산적인 존재로 내세우는 반면 자신의 동물적 특성은 크게 부각하지 않는다. 그에게 다른 동물은 그것이 굴 밖에 있든 굴 안에 있든 상관없이 그의 목숨을 위협하는 적으로 간주된다. 이러한 침입자로서의 동물은 화자의 내면에서도 억압의 대상이 된다. 즉 합리적 이성의 소유자로서 화자는 자신의 동물적 특성 내지 신체적 특성을 억압하는 것이다.

화자는 자신의 굴을 이성적인 사고와 계산을 통해 만들었다고

8 Liska: Der Bau, 342쪽.

생각하지만, 이 굴의 건축에는 몸이 동원되지 않을 수 없다. 특히 이 굴의 가장 핵심적인 부분이라고 할 수 있는 성곽 광장은 다른 곳과 달리 정신노동보다는 육체노동을 더 많이 필요로 한다. 화자는 이마로 흙을 눌러 단단하게 다지며 성곽 광장을 만드는데, 여기서 그의 머리가 계산이나 합리적 사유가 아니라 신체적 활동에 사용되는 역설이 생겨난다.

이 소설에서 구체적인 동물 이름이 언급되는 경우는 드물다. 단 한 번 화자가 판 굴에 편입된 들쥐의 굴이 언급된다. 하지만 화자가 들쥐의 굴을 자신의 굴 안으로 편입했다든지, 그러한 작은 종족들 덕분에 밖으로 나가 사냥하지 않고도 먹고살 수 있다는 말에서 들쥐는 화자보다 크기가 작으며 그에게 전혀 위협적인 존재가 아님을 알 수 있다.

이 소설에서 본격적으로 동물에 대한 언급이 나오는 계기는 굴에서 들리는 '쉿 소리'이다.

> 나는 아마도 꽤 오랫동안 잠을 잤을 것이다. 저절로 사라지는 마지막 잠을 자고 나서야 비로소 나는 깨어난다. 틀림없이 선잠을 잤을 것이다. 왜냐하면 그 자체로는 거의 들리지 않는 쉿 소리 때문에 잠에서 깨어났기 때문이다. 나는 그것이 무엇인지 곧 알아차린다. 내 감독은 거의 받지 않았지만, 내 보호는 지나치게 많이 받은 그 작은 것이 내가 자리를 비운 동안 어딘가에 새로운 길을 뚫었다. 이 길이 옛길과 부딪혀 그곳에서 공기가 서로 얽혀 쉿 소리를 만들어 낸 것이다.(B 605 이하)

우선 쉿 소리가 들리기 직전의 상황에 주목할 필요가 있다. 화자인 나는 이 소리를 듣기 전 잠깐 선잠이 든다. 그리고 막 깨어나 비몽사몽인 순간, 즉 현실과 꿈이 분명히 구분되지 않는 순간 이러한 쉿 소리를 듣는다. 이것은 『변신』의 그레고르 잠자의 상황과 유사하다. 이 순간 화자는 일상적인 질서에서 빠져나와 자신의 의식 속에 억압되어 있던 자신의 낯선 또 다른 자아와 맞닥뜨린다. 위의 인용문에서도 '내' 감독을 거의 받지 않은 '작은 것'이 '내'가 자리를 비운 사이에 '내' 굴에 새로운 길을 판 것으로 언급된다. 나아가 이 소설에서 굴은 화자인 나와 한 몸을 이루는 것처럼 묘사되기 때문에, 쉿 소리를 내는 작은 것이 화자의 굴에 새로운 길을 판 것은 곧 그것이 화자의 몸속에 길을 내며 들어온 것으로 해석할 수 있다.[9]

화자는 그 자체로는 거의 들리지 않는 쉿 소리를 오직 자신만이 들을 수 있다고 말한다. 이는 쉿 소리가 곧 화자 자신과 직접 관련된 것임을 암시한다. 앞 절에서 화자가 이러한 쉿 소리를 듣는 것이 자아와 타자, 고향과 타지를 구분하는 이분법적 사고에 의해 가능해졌음에 근거해 배타적인 이분법적 사고의 억압성과 쉿 소리를 연결시켰다면, 여기서는 쉿 소리의 또 다른 측면, 즉 긍정적 차원에서의 타자 연관성을 언급하고자 한다. 화자는 자신이 없는 틈을 타서 어떤 하찮은 동물이 통로를 파 소음을 발생시키고 굴 파기 작업에 필요한 자신의 이성을 뒤흔들어 놓았다며 쉿 소리의 부정성을

9 작은 것이 화자에게 낯선 그의 또 다른 자아를 의미할 수 있다는 것은 화자 자신에 의해서도 암시된다. 화자는 자신이 불안해지고 이성이 자신을 저지하지 않으면 자신도 작은 것처럼 무의미하게 땅을 팔 수 있다고 말하는데, 여기서 작은 것은 바로 이성적이지 않은 화자의 모습을 가리킨다.

부각한다. 한편 이러한 소리가 화자의 이성을 뒤흔들어 놓았을 뿐만 아니라 자아의 부재 상태에서 발생했다는 점에서 그것의 이성 및 자아 비판적 성격을 확인할 수 있다.[10] 즉 이성적인 자아의 감독과 감시하에 억눌려 있던 몸의 욕구가 동물이라는 타자의 모습으로 등장한 것인데, 그것이 내는 쉿 소리는 인간의 언어로는 해석 불가능하다. 그러한 동물의 언어는 곧 무의식적인 몸의 언어이기 때문에 인간의 사유와 언어로는 파악할 수 없는 것이다.

또한 위의 인용문에서 화자가 이 동물을 '작은 것Kleinzeug'이라고 부른 것에도 주목할 필요가 있다. 'Kleinzeug'라는 단어는 'klein'이라는 형용사와 'Zeug'라는 명사가 합쳐진 인위적인 합성어이다. 이 표현은 이러한 동물을 하찮게 여기는 함의를 담고 있으므로 '조그만 놈(녀석)' 정도로 번역할 수도 있겠지만, 'Zeug'가 가리키는 사물적 특성에 주목해 '작은 것'으로 번역했다. 화자는 이 동물에게서 동물적 특성마저 빼앗으며 사물의 지위를 부여한 것이다.

그런데 위의 합성어를 구성하는 개별 단어에 조금 더 주의를 기울일 필요가 있다. 'klein'은 크기만을 가리키는 것이 아니라 '어리다'는 뜻도 가진다. 이 소설의 화자는 성년이지만 가끔 어린 시절을 떠올리곤 한다. 다음 절에서 '아이' 모티브를 집중적으로 다루겠지만, 여기서 성인 화자의 억압된 타자로서 아이가 갖는 의미를 미

---

10 니콜라이는 이 쉿 소리가 화자가 작업을 멈춘 순간, 즉 목적 지향적인 노동에서 벗어난 순간 절대적으로 다른 세계를 의미하는 먼 곳에서 갑자기 들려온다는 점을 들어 그것이 아직 인간이 노동과 인식의 열매를 알기 이전인 인류의 근원적 낙원과 연결된다며 그 긍정적 의미를 부각한다. Ralf R. Nicolai: Konflikt zweier Welten. Kafkas Triadik und 〈Der Bau〉. In: Jahrbuch des Freien Deutschen Hochstift(1975), 399-400쪽 참조.

리 강조하고자 한다. 이러한 맥락에서 'Zeug'라는 단어 역시 '하찮은 것', '쓸모없는 물건'이라는 뜻에 국한되지 않으며, 잠재적으로 '장난감Spielzeug'과 연결될 수 있다. 아이 모티브와 더불어 놀이 모티브도 이 소설에 빈번히 등장하는데, 이러한 맥락에서 'Zeug'는 쓸모없는 것으로서 목적 지향적 사냥과 건축을 수행하는 화자와 대비될 뿐만 아니라 그의 억압된 특성으로서 놀이 및 장난감과 연결될 수 있다. 그런데 합리적이고 목적 지향적인 화자의 또 다른 자아인 'Kleinzeug'는 놀이 주체로서의 아이와 놀이 대상으로서의 장난감을 자신 속에 결합한다. 즉 그것은 주체와 대상의 이분법을 극복하고 놀이 자체가 되어 버린 존재이다. 이는 「팽이」에서 팽이 놀이를 하는 아이들을 관찰하다가 스스로 팽이처럼 뱅글뱅글 도는 체험을 하는 철학자를 연상시킨다. 이 소설에서 철학자는 현기증을 불러일으키는 도취의 놀이, 즉 일링크스 놀이를 하면서 이성적인 자신의 사유 속에 억압된 타자로서의 신체적 잠재력을 발산한다. 이와 마찬가지로 『굴』의 화자는 자신의 굴, 즉 자신의 몸에서 들려오는 쉿 소리에 주목하면서 이성으로 포착할 수 없고 어떤 규율에도 얽매이지 않는 도취에 빠진 신체인 '작은 것'과 만난다.

조켈은 화자가 "성곽 광장에서 듣는 고요함의 살랑거림"을 "나르시시즘적인 쾌락의 살랑거림"으로 해석한다.[11] 화자는 생존을 위해서만 굴을 파거나 보수하는 것이 아니며, 굴속에서 아이처럼 미학적 향유에 빠져 있다는 것이다.[12]

---

11 Sokel: Franz Kafka, 379쪽.

12 같은 곳 참조.

여기서 조켈의 견해를 좀 더 발전시킴으로써 '살랑거리는 소리Rauschen'와 '쉿 소리Zischen'의 연관성에 주목할 필요가 있다. 'Rauschen'이라는 단어는 성곽 광장에서 들리는 고요함의 살랑거림 외에 화자가 '쉿 소리'의 원인으로 추정한, 지하수에서 나오는 '쏴쏴 소리'를 가리키기도 한다. 물론 그가 곧이어 그러한 해석의 가능성을 다시 제한하기는 하지만, 이 소설에서 'Rauschen'이라는 단어가 반복해서 등장한다는 사실에 주의를 기울일 필요가 있다. 카프카가 문자텍스트의 의미뿐만 아니라 그 시각적 형상에도 큰 의미를 부여한다는 점에 주목하면 'Rauschen'이라는 단어에 들어 있는 '도취Rausch'라는 단어가 눈에 띈다. 만일 '쉿 소리'가 타자의 신체에서 들리는 소리인 동시에 'Rauschen'으로서 '도취'의 상태에 있는 신체에서 비롯되는 것이라면, 화자가 쉿 소리에 주목하게 되었다는 것은 그가 무의식적으로 자신의 신체(의 소리)에 관심을 갖기 시작했음을 의미한다. 'Rauschen'과 'Rausch'의 연관성은 이 소설에서 화자가 굴을 지시하는 단어로 빈번히 사용하는 'Graben'이라는 단어가 '무덤Grab'이라는 단어를 내포하며 유사한 언어적 관계를 보여준다는 점에서도 결코 근거가 없지 않다.

화자는 굶어 죽을지언정 이 작은 것을 박멸할 것이라며 그것에 대한 혐오를 드러낸다. 하지만 그는 나중에 쉿 소리를 내는 존재가 작은 것이라는 첫 번째 가정을 스스로 반박하며 소리의 원천을 새롭게 찾는다.

> 나는 오래전부터 조심스럽게 이곳 아래쪽의 삶을 관찰하고 있지만, 세상은 다양하며 깜짝 놀랄 만한 나쁜 일도 결코 배제할 수는

없다. 하지만 그것은 하나의 개별적인 동물이 아니라, 틀림없이 내 구역에 갑자기 침입한 거대한 무리일 것이다. 거대한 무리의 작은 동물들은 그 소리가 들리기 때문에 작은 것보다는 우위에 있지만 단지 약간 우월할 뿐인데, 왜냐하면 그들이 작업하는 소리는 그 자체로는 아주 작기 때문이다. 따라서 그것은 미지의 동물들로, 이동 중인 무리일 터인데, 그들은 지나가며 나를 방해하기는 하지만 그들의 행렬은 곧 끝날 것이다. 그러므로 나는 무릇 기다릴 수 있을 것이고 쓸데없는 일을 할 필요는 없을 것이다.(B 613)

이제 화자는 쉿 소리를 내는 동물을 하나의 동물이 아니라 거대한 무리의 작은 동물들로 추정한다. 그것들은 화자인 나의 구역에 '갑자기' 들어왔고, '미지의' 동물이며, '이동 중'이기 때문에 곧 다시 '사라져 버릴 것이다.' 위의 인용문에서 화자는 세상의 '다양성mannigfaltig'에 대해 이야기하는데, 이는 들뢰즈와 가타리가 말한 '다양체Mannigfaltigkeit' 개념을 연상시킨다. 들뢰즈와 가타리는 존재를 단일한 정체성을 유지하는 정적인 존재가 아니라, 끊임없이 변화하고 생성하는 역동적인 존재로 간주한다. 이에 따르면 변화무쌍하고 역동적인 존재로서의 다양체는 그것을 구성하는 요소들이 어떻게 연결·접속되고 배열되는지에 따라 매번 새롭게 일종의 사건으로 생겨난다. 즉 잠재성이 그 요소들의 구체적 배열에 따라 현실화되어 나타나는 것인데, 이러한 배치는 매번 바뀔 수 있기 때문에 유동성을 지니며 갑자기 나타났다가 다시 사라진다. 따라서 그것은 일회적 사건에 그치지 않으며, 그러한 사건으로서의 존재는 원칙적으로 무한할 수 있으므로 무리의 속성을 띤다. 이러한 맥락에서 위의 인용문을 해석하면, 화자가 언급하는 거대한 무리의 작은 동물들은 타자와의 구분을 강조하며 자신의 단일한 정체성을 주장하는 화자 자신 속에 억압된 개방적이고 역동적인 다원적 정체성으로서의 다양체를 가리키는 것으로 볼 수 있다.[13]

이러한 거대한 무리의 작은 동물들은 앞에서 언급한 작은 것과 달리 분명히 동물로 지칭되고, 그 크기도 조금 더 큰 것으로 여겨지며, 박멸할 수 있는 대상으로 간주되지는 않지만 기다리면 그냥 지나쳐 갈 여전히 무해한 것으로 여겨진다.

하지만 이러한 추정 역시 '틀림없이 ~일 것이다'라는 앞의 주장과 달리 화자 자신에 의해 또다시 의문시된다. 화자는 그렇게 많은 무리의 작은 동물들이 있다면 자신이 발견했어야 하지만 그렇지 못했다며 이제는 거대한 한 동물이 쉿 소리를 냈을 것으로 추정한다. 물론 그 동물 역시 발견하지는 못했지만, 이는 그러한 동물이 있을 수 없다는 의미가 아니라 오히려 그것이 상상을 뛰어넘는 존재임을 의미한다.

---

13 프로이트는 소위 늑대 인간이라고 불린 한 신경증 환자의 증상을 어린 시절에 그 환자가 목격한 부모님의 성관계 장면에서 비롯된 것으로 해석했다. 프로이트는 이 환자가 어린 시절에 읽은 아기 염소와 늑대 이야기와 부모님이 성교할 때 취한 동물적 자세로부터 환자의 꿈에 나타난 늑대가 아버지를 지시한다고 보았다. 그러나 들뢰즈와 가타리는 환자가 꿈에서 본 여러 마리의 늑대를 프로이트가 한 마리의 가부장적인 아버지 늑대로 환원했다고 비판하며 무리로서의 늑대의 특성을 강조한다. 이들은 이러한 무리의 특성을 무의식 및 끊임없이 변화하고 생성되는 다양체와 연결한다. Deleuze u. Guattari: Tausend Plateaus, 45-50쪽 참조.

이러한 거대한 동물의 특징은 앞 절에서 이야기했듯이 주로 주둥이와 긴 코를 이용해 굴을 판다는 것과 몇 개의 원을 그리며 '내' 굴 주위를 둘러싸고 있다는 것이다. 이는 이 거대한 동물이 대상을 관찰하기를 좋아하는 시각 중심적인 화자와 달리 민감한 소리로 청각을 자극하고 후각적 코와 미각적 주둥이를 이용해 촉각적으로 굴을 파는 공감각적인 존재임을 보여 준다. 따라서 이 거대한 동물은 근대의 시각적 합리성을 비판하는 기능을 지닌다. 또한 화자가 판 굴이 동시에 화자의 몸을 의미하기도 한다면, 거대한 동물이 화자의 굴 주위에 판 또 다른 굴은 거대한 동물의 몸이 화자의 몸을 감싸고 있음을 의미한다. 이 소설에서 화자가 때때로 자신에게 잠재된 아이의 면모를 드러내며 아이-되기를 할 때, 그를 둘러싼 굴과 그것을 만든 거대한 동물은 바로 화자의 어머니를 지시할 수 있다. 이러한 아이와 어머니의 공생 관계가 갖는 의미에 대해서는 3절에서 더 자세히 다루겠다.

화자는 자신의 굴 파기 작업이 결과적으로 안전에 대한 어떤 확신도 가져다주지 못하는 단계에 이르렀다며 불안을 드러낸다. 그는 음식 저장고인 성곽 광장으로부터 흙더미가 쌓인 곳으로 가서 "껍질을 벗긴 먹음직스러운 한 조각의 붉은 고기"[14]를 먹으려 한다. "나는 교대로 한 번은 멀리서 자신의 길을 가고 있는 그 낯선 동물을 생각하고, 한 번은 내게 아직 기회가 있는 한 내 음식물을 마음껏 즐길 것을 생각한다."(B 630) 언뜻 보기에 낯선 동물을 생각하는 것과 고기를 먹는 것은 서로 대립되는 것처럼 보인다. 자신을 위협

14 "ein schönes Stück enthäuteten roten Fleisches"(B 630)

하는 거대한 낯선 동물의 침입을 받기 전까지만 쌓아놓은 음식을 마음껏 즐길 수 있기 때문이다. 그러나 관점을 달리하면 이 두 가지가 서로 연결될 수 있다. 무엇보다 앞에서 고기 조각을 묘사하는 형용사로 'schön'[15]이라는 단어가 사용되는데, '맛Geschmack'과 연관된 이 단어는 동시에 미적 취향을 가리키기도 한다. 이러한 의미에서 맛보기는 곧 미적 취향의 문제이기도 하다. 그런데 앞의 낯선 동물이 목적 지향성에서 벗어난 무의식적 욕망과 신체적인 잠재력을 가리킨다면, 그러한 몸을 포함한 거대한 신체로서의 세계는 더 이상 하나의 시점에서 진리와 비진리, 선과 악을 구분할 수 없는, 즉 오로지 미학적인 다양한 시점에서만 접근할 수 있는 세계를 나타낸다. 이러한 의미에서 거대한 동물은 개체로서의 동물을 넘어 무한히 변화하고 생성되는 역동적인 우주로서의 세계를 가리킨다.

이 거대한 동물은 또한 포스트휴머니즘 철학자인 브라이도티가 말한 관계적 자아와 연결될 수 있다. 브라이도티는 지구상의 모든 물질이 여러 환경과 연결되어 있으며 다른 요소들과 관계를 맺으며 존재한다고 말한다. 따라서 각각의 생명체는 다른 물질과 역동적인 관계를 맺고 정보를 주고받으며 자신을 조직해 나간다. 이러한 의미에서 자아는 타자로부터 유리된 폐쇄적인 자아가 아니라, 타자에게 자신을 개방하고 끊임없이 상호 작용하는 확장된 관계적 자아이다.[16] 타인과의 구분을 통해 자신의 개인적 정체성을 확립하

15 이 단어는 원래 '예쁜'이라는 의미를 갖고 있지만, 인용문에서는 '먹음직스러운'이라는 의미로 사용된다.

16 Braidotti: Posthumanismus, 65쪽 참조.

려는 화자와 달리, 거대한 동물은 화자의 주위를 몇 개의 원으로 둘러싸고 있는 다수의 환경처럼 묘사된다. 이러한 수많은 환경과 상호 작용하고 교류함으로써 궁극적으로 나라는 자아는 확장된 관계적 자아로 변모할 수 있다.

화자는 이 흙더미에서 이동 중인 거대한 동물과 소통하고 심지어 그것에게 음식물의 일부를 주는 것도 상상할 수 있지만 막상 서로를 보면 배고픔에 으르렁거릴 것이라고 말한다. 또한 그 동물이 그냥 지나가는 것이 아니라 자신의 굴 안에서 굴을 파고 있다면, 그러한 소통조차 꿈꿀 수 없으리라고 말한다. 이에 반해 그 동물은 자신과의 이웃 관계를 감당할 수 있을 정도로 이상한 동물로 간주되는데, 이는 배타적인 나와 달리 거대한 동물이 자아와 타자의 이분법을 고집하지 않기 때문이다.

한편으로 굴은 화자를 외부의 침입자로부터 지켜 주는 "구원의 구멍"(B 600)으로 간주되지만, 화자는 그 굴에서의 "행복한 죽음"(B 601)을 소망하기도 한다. 더욱이 화자가 통로에서 아이처럼 뒹구는 것은 어머니의 자궁으로 다시 돌아가려는 아이의 퇴행에 대한 소망을 보여 준다. 그러나 이러한 죽음에의 소망을 단순히 퇴행적인 것으로만 보지 않고 다원적인 자아의 생성을 위해 필요한 단일한 자아의 죽음과 연결시켜 해석할 수도 있다.[17] 이러한 해석은 화자가

---

17 고대 그리스 신화와 관련해 이 소설을 분석한 박은경은 화자를 고대 그리스 시대에 미궁을 건설한 다이달로스에 비교하며 카프카의 다이달로스인 화자가 절대적인 고요가 지배하는 죽음을 동경했음을 언급한다. "'깊은 정적' – '무덤'의 고요가 지배하는 지하 건축물. 외부세계를 완벽하게 차단시킨 절대 고독의 공간. 카프카의 다이달로스에게 이것은 도달해야 할 목표였다." 박은경: 카프카의

자신의 굴에서 나는 소리의 근원을 밝히는 과정에서 떠올리는 동물들에 대한 이미지의 변화를 통해 뒷받침된다. 그가 맨 처음 떠올리는 동물은 사물의 지위밖에 갖지 못하는 '작은 것'으로, 쉽게 박멸할 수 있는 대상이다. 그다음에는 한 무리의 작은 동물들이 언급되는데, 이들은 '작은 것'보다 좀 더 큰 존재이기는 하지만 이동 중이어서 가만히 놔두면 사라질 무해한 존재로 여겨진다. 하지만 마지막에 언급되는 거대한 동물은 크기나 힘에 있어서 앞의 두 동물을 압도한다.

> 땅을 뒤흔드는 소음으로 추정되는 이 공기의 유입은 동물이 지닌 힘뿐만 아니라 그것의 다급함, 그것의 일에 대한 열정 때문에 생겨난다. 나는 이 소음을 나지막한 쉿 소리로 듣게 되는 것이다. 내가 전혀 이해할 수 없는 것은 쉼 없이 일하는 그것의 능력이다. [···] 밤낮으로 그 동물은 굴을 파는데, 항상 같은 힘과 원기로 그렇게 한다. 그 동물은 최대한 빨리 수행해야 할 계획을 염두에 두고 있는데, 이를 실현할 모든 능력을 갖추고 있다. 그런데 나는 이런 적수가 나타나리라고는 전혀 예상할 수 없었다.(B 624)

화자는 자신이 일찍부터 이러한 적수의 등장을 예견하고 대비했어야 했는데 어린아이 같은 경솔함으로 이를 소홀히 했다며 적수에 대한 두려움을 드러낸다. 이처럼 그의 적수가 점점 막강해지고 반대로 이에 맞서는 그의 역량이 점점 약화될 때 이 소설은 불안

「건축/굴」에 대한 신화적 단상. 실린 곳: 카프카연구 25집(2011), 34쪽.

과 비극적 분위기에 지배당한다. 이 소설은 '나'로 등장하는 화자의 내적 독백으로 이루어져 있으며 오직 그의 시점에서만 모든 사건이 고찰된다. 그런데 그의 시점에서 벗어나 타자의 시점에서 이 소설의 결말을 바라보면, 이러한 타자의 존재가 점점 커지는 것은 오히려 긍정적인 변화로 해석될 수 있다. 왜냐하면 이는 자아가 자신 속에 억누르고 감춰왔던 타자라는 존재와 대면하게 되면서 타자로의 변신이 임박했음을 의미하기 때문이다. 이러한 맥락에서 화자의 죽음은 억압적인 단일한 자아의 죽음을 넘어 자신 속에 숨어 있는 동물적 잠재력의 발산과 그러한 동물적 타자로의 다양한 변신의 길을 열어 줄 것이다.

카프카의 「굴」은 "하지만 모든 것이 변함없이 그대로였다aber alles blieb unverändert."(B 632)라는 말로 끝난다. 외부와 내부의 적에게 끊임없이 생명의 위협을 받는 화자의 시점에서 보면 이러한 변함없는 상황은 암울한 비극적 상황처럼 보인다. 전체적으로 이 소설과 많은 공통점을 지닌 카프카의 또 다른 소설 「어느 개의 연구」와 비교해 "「굴」의 결말은 더 어둡고 문자 그대로의 의미에 이르기까지 어떤 변신도 보여 주지 않는다."[18]

하지만 엄밀히 말해 이 소설이 부정적인 결말을 보여 준다고 단정 짓기는 어렵다. 이 소설이 미완성인지 혹은 그 결말이 사라진 것인지는 알 수 없다.[19] 다만 역사 비평본의 마지막 구절이 정확

18 Winfried Kudszus: Verschüttungen in Kafkas "Der Bau". In: Benjamin Bennett u.a.(Hrsg.): Probleme der Moderne. Studien zur deutschen Literatur von Nietzsche bis Brecht. Festschrift für Walter Sokel. Tübingen 1983, 315쪽.

19 Winkler: Kulturkritik in Kafkas "Der Bau", 145쪽 참조.

히는 "aber alles blieb unverändert, das"(B 632)이기 때문에 "하지만 모든 것이 변함없이 그대로였다."라는 문장으로 끝난다고는 볼 수 없으며, 그 뒤에도 다른 내용이 이어짐을 알 수 있다. 막스 브로트에 따르면 카프카는 말년을 그와 함께한 애인 도라 디아만트에게 이 소설의 결말을 이야기해 주었는데, 그녀에 따르면 "화자가 그렇게 극도로 두려워한 다른 동물이 등장해 그를 파멸시켰다고 한다."[20] 쿠트추스는 이러한 대결을 화자와 적의 적대적 대결 구도로 간주하며 이들을 명확히 구분하지만,[21] 사실 여기서 언급된 또 다른 동물은 동물화자의 숨겨진 자아로서 결코 그와 분리될 수 없는 존재이다. 따라서 만일 다른 동물이 화자를 살해한다면, 이는 결코 단순히 화자의 비극적 죽음을 의미하지 않으며 오히려 자신의 동물적 자아를 억누르고 있는 이성적이고 단일한 자아정체성의 파괴와 이로 인한 다원적인 정체성 생성을 암시한다고 볼 수 있을 것이다. 이러한 의미에서 화자의 죽음은 「단식 예술가」의 주인공의 죽음처럼 긍정적 의미를 지닌다.

물론 이 소설의 결말이 정말 도라 디아만트가 말한 그대로인지는 확인할 수 없지만, 어쨌든 이 소설의 미완결성은 그 비극성을 단정하기 어렵게 만든다. 지금까지 카프카가 다른 소설에서 형상화했던 미묘한 전복적 경향이 이 소설에도 나타나고 있기 때문에, 이 소설도 완성된 형태에서는 더 긍정적인 결말을 보여 주었을 것으로 추정된다.

---

20 Kudszus: Verschüttungen in Kafkas "Der Bau", 314쪽.

21 같은 곳 참조.

3. 가모장적 (무)질서와 아이-되기

언뜻 보면 「굴」에는 카프카의 다른 소설에 자주 등장하는 아버지와의 갈등이나 죄와 법 같은 주제가 나오지 않는다. 이 소설에는 오직 화자인 '나'만이 등장할 뿐이며, 현실 세계의 다른 인물은 아무도 등장하지 않는다. 하지만 이 소설을 꼼꼼히 읽어 보면 위의 주제들이 은밀히 나타남을 확인할 수 있다.

화자에게는 오랫동안 굴을 떠나 바깥 세계에 있는 것이 가혹한 "처벌"(B 586)처럼 여겨진다. 또한 화자는 이끼층으로 감춰진 출입문을 열고 밖으로 나간 후 입구를 관찰할 때면 다시 굴 안으로 들어가야 한다고 느끼면서도, 그렇게 하지 못할 경우 죄의식을 가지며 자신을 벌한다.

> 나는 입구를 지나치며 의도적으로 가시덤불에 몸을 던져 자신을 벌한다. 무슨 잘못 때문인지도 모른 채 말이다. 하지만 결국 내가 옳았고, 내가 가지고 있는 가장 소중한 것을 주변의 모든 존재에게, 즉 땅 위에, 나무 위에, 공중에 있는 모든 존재에게 적어도 잠시라도 내주지 않고서는 정말 굴 아래로 내려가는 것이 불가능하다고 내 자신에게 말하지 않을 수 없다.(B 595)

한편으로 화자는 바깥세상에 나가 자유롭게 행동하고 싶은 욕망이 있지만, 다른 한편 자신의 굴을 떠나는 것에 대한 죄의식을 갖고 있다. 여기서 바깥세상은 죄의식을 낳고 처벌의 심급을 발동시키는 법의 세계와 연결된다. 그런데 근대 시민 세계에서 집 안과 바깥, 가정과 공적 세계는 각각 여성과 남성, 어머니와 아버지의 세계를 나타내기도 한다. 앞에서 화자가 어린아이처럼 굴 안에서 뒹굴며 꿈을 꾸고 행복한 죽음을 소망할 때 굴은 어머니의 자궁처럼 묘사된다. 나아가 굴을 화자의 집이라고 한다면, 이 집은 아버지와 법으로 대변되는 바깥세상과 대조되는 어머니의 세계를 나타낸다. 이처럼 이 소설은 명시적으로 아버지와 어머니를 언급하지 않고도 은밀히 이러한 가족관계를 끌어들이고, 나아가 화자를 위협하고 처벌하는 외부의 가부장적인 세계를 화자 내면에서 작동하는 처벌의 심급, 즉 초자아로 발동하게 한다.

스나이더는 프로이트의 오이디푸스 콤플렉스 이론을 바탕으로 "화자가 굴과 맺는 관계가 태아와 자궁의 관계와 유사하다."[22]라고 주장한다. 또한 그는 마지막에 화자가 굴에서 나는 쉿 소리의 출처로 추정하는 거대한 동물을 화자의 아버지로 간주하며, 그것이 커다란 코로 계속해서 굴속을 파는 것을 아버지와 어머니의 성행위로 해석한다.[23] 나아가 화자는 이 동물이 정말 자신이 있는 곳에 나타난다면 자신이 그의 살을 갈기갈기 찢고 그 피를 마셔 버리겠다며 공격욕을 드러내는데, 스나이더는 이 장면을 어머니를 두고 아들과 아버지가 벌이는 싸움으로 해석한다.[24] 이러한 정신분석학적 해석 역시 굴은 어머니의 자궁을, 화자는 아버지와 갈등 관계에 있는 아

---

22 Verne P. Snyder: Kafka's "Burrow". A speculative analysis. In: Twentieth Century Literature Vol. 27. No. 2(1981), 116쪽.

23 이와 달리 조켈은 이 동물의 거대함, 지칠 줄 모르는 노동력 등을 근거로 이 동물을 화자의 아버지로 간주한다. Sokel: Franz Kafka, 381쪽 참조. 실제로 「굴」의 화자가 이 동물에 비해 약하고 쉽게 잠에 빠져드는 특성을 보여 준다는 점에서 조켈의 이러한 주장은 타당하다.

24 Snyder: Kafka's "Burrow", 118-119쪽 참조.

이를 나타낸다는 주장을 뒷받침한다.

화자는 아주 늙지는 않았지만 이미 성년의 나이에 들어선 지 오래된 것처럼 보인다. "더는 어린 견습생이 아니라, 늙은 건축가"(B 628)인 화자는 "자신이 몇 살이든 관계없이 자신의 나이보다 더 많아 보이고 싶은 것처럼 보인다. 이끼 아래에 있는 나의 침상에서 더는 전혀 몸을 일으켜 세울 수 없을 정도로 나이가 들고 싶은 것이다."(B 628 이하) 그는 어린 시절에 한 행동뿐만 아니라 나이 들어서도 종종 어린아이처럼 군 것을 후회하고 반성하는 듯한 태도를 보인다. 하지만 바로 다음 문장에서 그는 자신이 사실은 그렇게 늙은 이처럼 축 늘어지는 것을 견디지 못해 몸을 일으켜 집으로 냅다 뛰어간다며 앞의 소망과 모순되는 말을 하기도 한다.

화자는 젊은 시절 처음 굴을 파기 시작했을 때와 지금 사이에 많은 시간이 흘렀지만 그러한 시간적 간극이 아무것도 아닌 것처럼 느껴지기도 한다고 말한다. 그러면서 화자는 굴 내부에서 또 다른 굴을 파고 있던 동물이 자신에게 끊임없이 그의 존재를 알리며 그를 맞이할 준비를 하라는 신호를 주었는데 자신이 이를 소홀히 했다고 한다. 화자는 자신의 굴 안에 존재하는 익명의 손님을 환대할 의무를 등한시한 것이다. 그런데 성년인 집주인에게 낯선 손님으로서의 타자, 그가 맞이해야 할 또 다른 타자로는 굴을 파는 동물 외에 아이가 있다.

이 소설에서는 아이에 대한 언급이 때로는 무심코 지나가는 말로 나오기도 하고 때로는 성인 화자의 시점에서 철없는 어린아이 같은 행동에 대한 반성의 맥락에서 나오기도 한다. 아이에 대한 이러한 언급이 어떤 맥락에서 등장하고 소설이 전개되는 가운데 어떻게 바뀌는지 자세히 살펴볼 필요가 있다.

첫 번째로 아이에 대한 언급은 화자가 굴이 자신을 적으로부터 완벽하게 지켜 준다고 믿었던 행복했던 시절과 관련해 등장한다.

> 어쩌면 굴은 내가 이전에 생각했던 것보다 또는 굴 안에서 감히 생각한 것보다 더 많은 보호를 제공하는지도 모른다. 그 생각은 심지어 내가 가끔 더 이상 굴로 돌아가지 않고 이곳 입구 근처에 진을 치고 입구를 관찰하면서 내 생애를 보내며, 내가 굴 안에 있다면 굴이 나를 얼마나 든든하게 지켜줄 수 있을지를 줄곧 눈앞에 떠올리고 그 속에서 내 행복을 발견하려는 **순진한**(필자 강조) 소망을 갖는 데까지 이르렀다. 그런데 이제 이러한 **순진한**(필자 강조) 꿈에서 삽시간에 깨어나 벌떡 일어나는 일이 벌어진다.(B 592)

화자는 한때 굴이 자신을 외부의 침입으로부터 완벽하게 지켜 준다는 생각에, 굴 입구 근처에서 굴이 자신을 굳건히 보호해 주는 것을 바라보고 싶다는 순진한 소망을 지닌다. 여기서 '순진한kindisch' 이라는 말에는 '아이Kind'라는 단어가 들어 있다. 그러나 이러한 어린아이 같은 생각과 소망은 현재의 성인 화자 시점에서 보면 불완전하고 미성숙하게 느껴진다. 다시 말해 화자는 이제 굴이 자신을 외부의 침입으로부터 완전히 보호할 수 없음을 깨달았으며 그 때문에 이런 순진한 꿈에서 깨어나는 것이다. 여기서 '순진한'이라는 말은 '순수한'이나 '천진무구한'이라는 의미보다는 성숙하지 못하다는 의미에서 '유치한'의 의미에 가깝다. 물론 위의 인용문에 등장하는 '순진한 꿈'이라는 말은 이미 아이와 꿈의 연관성을 보여 주지만, 이때의 꿈은 헛된 망상이라는 의미에서 부정적 의미를 갖는다.

이와 달리 아이와 관련된 말이 나오는 두 번째 부분에서 아이는 이제 미성숙하고 불완전한 의식이 아닌 자유분방함 및 천진난만함과 연결된다. 화자에게 굴은 외부의 침입으로부터 자신을 보호해주는 '구원의 구멍'일 뿐 아니라 행복의 원천으로도 간주된다. 그는 굴을 그 누구도 아닌 바로 자신의 굴로 부르며, 굴을 다시 못 보는 것이 침입자로 인한 손실보다 자신에게 더 큰 손실임을 강조한다.

> 내가 때로는 평화롭게 잠을 자고 때로는 유쾌하게 깨어 있으면서 바로 나를 위해 만들어진 이 통로들에서 보내곤 하는 아름다운 시간의 의미가 대체 이것 말고 뭐가 있겠는가? 그러한 통로들은 편안하게 사지를 뻗고, 아이(필자 강조)처럼 뒹굴며, 몽상에 빠진 채 거기에 누워 행복하게 죽기 위해 만들어진 것이다.(B 601)

화자는 이제 굴에서 아이처럼 뒹굴며 몽상에 잠긴다. 그러한 행동은 순수하고 천진난만하며 행복으로 가득한 행동이다. 아이를 가리키는 말도 어른의 시점에서 아이를 폄하하는 단어인 'kindisch'에서 순수한 아이다움을 강조하는 단어인 'kindlich'로 변한다. 그 아이는 행복한 몽상에 빠져 죽음을 꿈꾸는 것처럼 보인다.[25]

---

25 조켈은 나르시시즘적이고 몽상에 빠진 아이처럼 행동하는 화자의 가볍고 경솔한 태도가 굴을 만들고 방어하는 데 필요한 어른의 합리적인 정신과 모순된다며 이것이 그의 삶이 실패한 이유라고 말한다. 그러나 조켈은 'kindisch'와 'kindlich'의 차이를 간과하며 화자의 아이-되기를 부정적 관점에서만 해석함으로써 이 소설에서 아이가 지닌 복합적 의미를 제대로 파악하지 못한다. Sokel:

화자가 아이처럼 자유롭고 행복하게 뒹구는 장소는 바로 굴이다. 여기서 굴은 어머니를 연상시킨다. '행복한 죽음'을 위해 만들어진 굴은 아직 아이가 세상에 태어나기 전에 있던 어머니의 자궁을 가리킨다. 아이는 세상에 태어난 후에도 외부세계의 위협을 감당할 수 없을 때는 다시 어머니의 배 속으로 돌아가고 싶은 욕망을 갖게 되는데, 여기서는 그것이 굴로의 귀환으로 서술된다. 이러한 주장에 대한 근거가 없지 않다는 것은 다음 구절에서도 잘 드러난다. "나와 굴은 한 몸이어서 내가 지닌 모든 불안에도 불구하고 나는 이곳에 편안히 정착할 수 있을 것이다."(B 602) 화자는 이 소설에서 굴을 종종 생명력 있는 존재나 신체로 묘사하곤 하는데,[26] 그러한 신체나 신체를 지닌 존재가 '나'와 한 몸이라는 사실은 자궁 속의 아이와 어머니의 공생 관계를 연상시킨다. 이러한 맥락에서 화자가 마치 어린아이처럼 굴속에서 뒹굴고 그곳에 머물며 행복하게 죽기를 희망할 때, 이는 가부장적 질서와 법을 대변하는 바깥 세계의 위협을 피해 굴로 대변되는 어머니의 세계, 나아가 어머니와 공생 관계에 있던 시기로의 회귀를 소망하는 것으로 해석할 수 있을 것이다.

"모든 광장이 고요하고 텅 비어 있는"(B 601) 듯한 굴에서 낯선 존재의 쉿 소리가 들려올 때, 또다시 이러한 편안함은 깨지며 새로운 불안이 생겨난다. 화자는 계속되는 경고 신호에도 불구하고 내

Franz Kafka, 383쪽.

26 "너희들 통로와 광장 그리고 무엇보다 너 성곽 광장, 너희들 때문에 내가 온 것이다."(B 605)

부의 적에 대비해 아무런 조치를 취하지 않은 것을 반성하며 이렇게 말한다.

> 그와 같은 행동을 위한 가장 작은 시도조차 나는 하지 않았다. 이러한 방향에서 행해진 것은 아무것도 없었다. 나는 아이(필자 강조)처럼 경솔했고, 내 성년 시절을 애들(필자 강조) 놀이로 보냈다. 심지어 위험에 대한 생각을 가지고도 그저 놀았을 뿐이었다. 실제 위험에 대해 실제로 생각하는 것을 나는 소홀히 했다.(B 626)

위의 인용문에서 화자는 과거 자신의 어린 시절이 아니라 나이가 들어서도 여전히 철이 들지 않은 자신의 유아적 태도를 이야기하고 있다. 여기서 아이는 현실에 대해 성찰하지 않고 모든 것을 망각한 채 놀이에만 정신이 팔린 성숙하지 못하고 경솔한 아이, 즉 부정적 의미에서의 아이를 가리키는 것처럼 보인다. 그런데 눈에 띄는 것은 화자가 아이와 연관된 단어를 사용할 때 교묘하게 부정적인 단어를 피하고 있다는 점이다. 가령 앞에서는 'kindisch'라는 아이에 대한 부정적 단어를 사용한 반면, 여기서는 '경솔한'이라는 단어를 별도로 사용함으로써 아이 자체는 부정적이지 않은 '아이처럼 wie ein Kind'이라는 구문으로 표현할 수 있었고 마찬가지로 '애들 놀이'를 지시하는 단어로 'kindlich'를 사용하고 있다. 이로써 '아이'라는 단어에만 초점을 맞춰 보면 첫 번째 부분에서 두 번이나 사용된 'kindisch'라는 단어는 여기서 'wie ein Kind'와 'kindlich'로 대체되며 부정적 함의를 잃는다. 즉 표면적으로는 성인 화자의 시점에서 어린아이처럼 행동하며 자신의 책무를 소홀히 한 자신을 반성하는 듯 보이지만, 심층적으로는 아이로 변신하며 행동한 것의 긍정성을 암시하고 있는 것이다.

또한 여기서 아이는 놀이하는 아이로 등장한다. 소설 초반에 화자는 젊은 시절에 미로 형태의 입구를 만들 때 "나는 이 작은 모퉁이에서 반쯤 유희적으로 작업하기 시작했다."[27]라며 놀이에 대한 성향을 드러낸다. 그런데 현재의 화자는 자신이 젊었을 때 만든 굴 입구를 "너무 벽을 얇게 만든 장난질"[28] 정도로 치부하며 깎아내린다. 이에 반해 아이의 세 번째 등장과 관련해 인용한 문장에서는 '내'가 성년 시절을 아이들의 놀이로 보냈으며 심지어 위험에 대한 생각조차 일종의 놀이로만 수행하면서 놀이에 완전히 몰두했음을 보여 준다. 또한 여기서는 독일어로 폄하하는 뜻을 나타내는 '-erei' 같은 접미사를 사용하는 대신 '놀이Spiel'와 '놀이하다spielen'라는 동사를 사용한다. 이처럼 아이와 놀이를 폄하하던 앞에서의 태도가 세 번째 부분에 이르러 완전히 사라져 버렸음을 사용된 단어의 비교를 통해 확인할 수 있다.

화자는 자신이 어른이 되어서도 아이처럼 놀이에 몰두하느라 굴의 건축에 만전을 기하지 못했다고 반성하며 젊은 시절 자신이 처음 굴을 건설하던 시기를 회상한다. 당시 그는 낯선 소음을 들었을 때 두려워하기보다 호기심을 가졌고, 아직 자신의 굴을 소유하지 못했기 때문에 자신이 타인의 굴에 들어와 있다고 생각했다. 이 시절에 그에게는 아직 정복욕이나 공격욕이 존재하지 않았다. 또한

---

27 "ich begann halb spielerisch an diesem Eckchen [···]"(B 586)

28 "eine viel zu dünnwandige Spielerei"(B 587)

그가 설령 굴을 파는 다른 존재를 목격하더라도 불만족스럽지는 않았을 것이라고 말한다. 이처럼 젊은 시절의 그는 낯선 타자와의 만남에 아무런 두려움을 지니지 않았고 자신을 굴의 주인으로 간주하지도 않았으며 오히려 그 스스로가 타인의 굴에 들어와 있는 것으로 생각한다. 모든 것을 일종의 놀이로 간주하며 행동하던 이 시기의 화자는 타자에 대해 더 개방적인 태도를 보이며 그와 관계를 맺는 데 주저하지 않았던 것이다.

어린 시절의 화자는 타자의 굴에 들어가 그 안에서 또 다른 굴을 판다. 그 속에서 그는 어떤 목표를 가지고 굴을 완성하려고 하기보다는 시도의 의미에서 미로 형태의 굴을 파나간다. 여기서 타자의 굴은 화자(의 굴)를 둘러싸고 있다고 말할 수 있는데, 이는 나중에 화자가 쉿 소리의 원천으로 추정하는 거대한 동물이 자신의 굴 주위에 파놓은 원들에 상응한다. 여기서도 거대한 동물이 파놓은 굴은 화자와 그의 굴을 내포하고 있다. 만일 화자가 두더지 같은 동물이라고 한다면, 그를 가리키는 'jung'이라는 단어는 '젊다'는 의미보다는 '새끼Jungtier'의 의미에 더 가까울 것이다. 그렇다면 화자가 어릴 적 아직 자신만의 집을 갖지 못한 채 그 안에서 공생하며 지내던 굴의 주인은 누구일까? 신체적인 특성을 지니며 생명체로 등장하는 그 굴은 아이를 배 속에 품고 있는 어머니를 가리킬 것이다. 그러나 그러한 굴은 동시에 성인이 된 화자(또는 그가 파놓은 굴)도 둘러싸고 있으므로 단순히 아이가 태어나기 이전의 시기만을 가리키는 것은 아니다. 성인 화자는 현재의 관점에서 외곽의 굴과 그 주인인 타자를 부정적인 시선으로 바라보지만, 타자는 '나'와의 이웃 관계를 허용하고 소통할 준비가 되어 있다. 그 타자는 나와 타자,

집과 바깥세상, 고향과 타지의 이분법을 부수고 놀이하는 아이처럼 모든 것을 미학적 관점에서 바라보며 다양한 생성을 허용하는 존재이다. 이러한 의미에서 타자와의 소통은 성인 화자가 외부의 위험을 피해 자궁 속으로 돌아가 숨기를 원하는 퇴행적인 의미에서 어머니와의 공생 관계를 뜻하는 것이 아니라, 페미니즘적인 정신분석 이론을 대변하는 크리스테바적인 의미에서 가부장적인 질서를 뒤흔들어 놓는 가모장적 (無)질서로의 역행을 뜻한다. 이러한 가모장적 (無)질서는 가부장적 질서를 비판하는 여성 중심적인 세계가 아닌 남성과 여성, 자아와 타자의 이분법을 극복하고 이를 통해 다양한 생성을 가능하게 하는 역동적이고 생성적인 욕망을 가리킨다.[29]

---

29 카프카에게 가모장적 (無)질서가 의미하는 바는 그에게 많은 영향을 받은 작가인 다와다 요코에게 가모장적 (無)질서가 갖는 의미와 동일하다. 다와다 요코에게 "어머니는 아버지와 대립되는 여성으로서의 어머니가 아니라, 그 자체로 끊임없이 변신하는 동시에 생성하는 존재를 가리킨다. 그럼에도 불구하고 그것이 어머니로 표상되는 이유는 한편으로 남성과 여성의 생물학적 구분을 지지하는 가부장적인 사회질서를 파괴하는 마조히즘적인 모권사회의 법과의 관련성 때문이고, 다른 한편으로 정신분석학적인 의미에서 태아와 어머니의 공생관계가 자아정체성이 정립된 후에도 사라지지 않고 불현듯 나타나 그것을 뒤흔드는 전복적 징후의 의미를 갖기 때문이다." 정항균: 시베리아, 불새, 에우로페. 다와다 요코의 「Europa가 시작되는 곳」에 나타난 어머니상. 실린 곳: 독일현대문학 58호(2022), 158쪽.

VIII 『소송』 수수께끼를 풀기 위한 세 개의 키워드

『소송*Der Process*』[1]은 『변신』과 함께 카프카의 가장 대표적인 작품이라고 할 수 있다. 카프카의 모든 소설이 그렇듯이 『소송』은 온통 수수께끼로 가득 차 있다. 예를 들면 K를 체포하러 온 사람들이 누구인지, 그들을 보낸 법원은 대체 어떤 곳인지, K는 왜 체포된 것인지, 어째서 아무런 선고도 없이 K가 처형되는지 등 명확히 대답할 수 없는 질문이 끊임없이 이어진다. 합리적인 성격을 지닌 주인공 요제프 K는 이러한 물음들을 해명하기 위해 애쓰지만 그의 시도는 실패하며, 법원으로 대변되는 세계는 인식 불가능한 것으로 나타난다. 이런 의미에서 "이 소설의 중심에 죄의 문제 외에 해석의 문제가 놓여 있다는 데는 의심의 여지가 없다."[2]

---

1 "반세기 넘게 막스 브로트의 첫 번째 판본에 따라 *Prozeß*라는 표기법이 통용된다. 그러다가 1990년에 *Proceß*라는 표기법으로 카프카 비평본이 출판된다. 그 이유는 카프카의 수고에 *Process*로 쓰여 있고 ß가 현재 통용되고 있는 독일어 정서법에 상응하기 때문이다." Susanne Kaul: Einführung in das Werk Franz Kafkas. Darmstadt 2010, 94쪽.

하지만 현재의 독일어 정서법에 따르면 ß를 다시 ss로 바꿔야 하기 때문에 이 책에서는 Process로 표기하고자 한다.

물론 카프카의 소설이 인과적인 설명과 세계의 해명을 좌절시키며 합리적인 사고의 한계와 세계의 인식 불가능성을 보여 주는 것은 사실이지만, 그렇다고 이 소설에서 제기된 다양한 질문에 대한 해명을 섣불리 포기해서는 안 될 것이다. 오히려 기존의 해석이 시도해 온 일방향적인 설명들, 가령 이 소설에 등장하는 법원을 가부장적인 법이나 억압적이고 타락한 관료주의 사회와 연결시켜 설명하려는 시도에서 벗어나 새로운 해석 가능성을 탐색할 필요가 있다. K 자신은 의식하지 못하지만 그가 무의식적 차원에서 수행하는 행동과 이로 인한 다양한 변신 그리고 그러한 변신을 허용하는 법질서를 파악하기 위해서는 세 개의 키워드를 살펴보아야 한다. 그것은 바로 가모장적 (무)질서, 아이-되기, 동물-되기이다. 이러한 세 개념을 서로 연결시키며 앞에서 제기된 질문에 대한 답을 찾아나간다면, 합리적이고 인과적인 설명의 한계와 세계의 인식 불가능성 앞에서 포기하고 체념하기보다는 오히려 해석의 개방성 속에서 다양한 설명 가능성을 발견하며 인식의 즐거움을 누릴 수 있을 것이다. 또한 이를 통해 "『소송』에서 개인의 운명이 비극적 결말을 맞이한다."[3]라는 비관적 해석을 피할 수 있을 것이다.

---

2 Ritchie Robertson: Der Proceß. In: Müller(Hrsg.): Franz Kafka, 120쪽.
야라우스도 이 소설의 핵심 주제를 '해석'으로 간주하며 소송 절차가 곧 해석의 절차라고 강조한다. 그에 따르면 K는 법(정)이 무엇을 의미하는지 이해하기 위해 끊임없이 해석하는 해석자이지만, 법(정)에 대한 해석이 곧 자신에 대한 해석을 의미한다는 것을 이해하지 못한 채 다른 사람들의 도움에만 기대기 때문에 법을 이해할 수 없다. Jahraus: Kafka. Leben, Schreiben, Machtapparate, 298-300쪽 참조.

3 Robertson: Der Proceß, 118쪽.

1. 일몰과 달빛: 아버지의 법에서 어머니의 법으로

카프카의 소설에서 법은 중요한 주제로 다루어진다. 물론 카프카는 법학을 공부한 후에 문학으로 방향을 틀었지만, 그의 작품에서 법은 여전히 중요한 의미를 지니며 지속적으로 등장한다. 특히 『소송』은 법이 중심 주제로 등장하는 대표적인 작품이라고 할 수 있다. 그런데 카프카의 소설에서 법은 하나의 의미로 환원되지 않으며 상황과 관점에 따라 다양한 의미로 해석된다.[4]

『소송』에서 법은 규율사회의 감시 체제를 연상시킨다. 이 소설의 시작과 끝에는 맞은편 건물에서 K를 관찰하는 사람들이 등장하는데, 이처럼 K는 도처에서 누군가로부터 끊임없이 감시받고 있는 듯 보인다.[5] 또한 이 소설에서 법원은 위계적인 질서를 가지는 것으로 묘사되는데, 그러한 법질서의 최종 심급은 밝혀지지 않으며 도달할 수 없는 것으로 나타난다. 이러한 점 역시 군주 사회와 달리 권력 체계가 특정한 절대적 지배자로 수렴되지 않는 규율사회의 특징에 부합한다.[6]

---

4 "아놀드 하이드시크의 연구에 의하면 카프카의 문학에 나오는 법은 카프카 시대 오스트리아 실정법을 지적하는 것이다. 엠리히에 의하면 『소송』의 법은 주인공의 '내면의 법'이다. 들뢰즈와 가타리에 의하면 카프카의 '법'은 내용은 없고 순수한 형식만 있다. 데리다에 의하면 단편 「법의 앞에서」에서 말하는 법의 본질은 '차연(différance)'이다." 오순희: 카프카의 '법'. 소설 『소송』을 중심으로. 실린 곳: 카프카연구 30집(2013), 5쪽.

이 외에도 이 소설에 나타난 법에 대한 다양한 해석이 시도되었는데, 이 절에서는 그에 대한 몇 가지 예를 소개하고 필자 자신의 해석도 밝히도록 할 것이다.

5 Kaul: Einführung in das Werk Franz Kafkas, 98쪽 참조.

6 박은주: 『소송』에 나타난 권력과 법정세계. 실린 곳: 카프카연구 6집(1998), 314-320쪽 참조.

다른 한편 이 소설에서 법은 예외상태의 법을 떠올리게 한다. 명확한 증거나 법적 근거 없이 자의적으로 누군가를 체포하는 것은 실정법이 중단되어 효력을 발휘하지 못하는 예외상태에서만 가능하다. "개인의 삶에 갑작스럽게 침입해 들어오는 자의적이고 폭력적인 권력으로서의 법과 제도화된 야만적인 고문은 일반적인 법을 중단시키는 예외상태, 즉 비상조치법과 유사하다. 이처럼 상례가 된 예외상태에서 아무런 죄 없이 갑작스럽게 유죄선고를 받고 처형된 K는 아감벤이 말하는 의미에서 '호모 사케르'가 된다."[7] 이러한 호모 사케르의 측면은 특히 소설 마지막에 두 형리가 "도축용 칼"[8]로 K를 살해할 때 더욱 두드러진다. K는 여기서 인간의 존엄성을 잃고 도축되는 동물의 지위로 내려앉기 때문이다.

하지만 『소송』에서의 법이 예외상태의 법과 완전히 일치하는 것은 아니다. 왜냐하면 K는 체포된 이후에도 마치 아무 일도 일어

하지만 이 소설에서 묘사되는 법이 파놉티콘적인 감시 사회의 특성과 완전히 일치하는 것은 아니다. "파놉티콘의 감시 체제를 지닌 사회는 근본적으로 규율 권력의 지배를 받는다. 그런데 비가시적인 규율 권력이란 감시를 통해 생산성의 향상을 꾀하는 의도를 지닌 권력을 의미하는데, 이 작품에서 요제프 K에게 향하는 감시가 이러한 훈육적 성격을 지닌다고 보기는 힘들다. 왜냐하면 그러한 감시는 K를 감시하고 통제해 그의 노동 생산성을 높이는 데 기여하기보다는 오히려 그가 은행 업무에 집중하지 못하게 방해하며 일상과 직업의 공간에서 떨어져 나오도록 만들기 때문이다. 따라서 요제프 K의 삶이 법에 의해 감시받고 통제되고 있으며 그 뒤에 어떤 권력이 숨어 있는 것은 사실이지만, 이것을 단순히 규율 권력으로 지칭할 수는 없을 것이다." 정항균: 아비뇽의 여인들 또는 폭력의 두 얼굴, 362쪽.

7 정항균: 같은 책, 365쪽.

8 Franz Kafka: Der Proceß. Hrsg. v. Malcolm Pasley. Frankfurt a.M. 2002, 311쪽. 이하 동일 문헌 인용 시 (P 쪽수)로 표기.

나지 않은 듯 정상적인 삶을 영위하기 때문이다. 이 소설에서 법은 사람들 간의 사회적 관계에서 생겨나는 갈등과 그것에 관한 규범을 다루는 외적인 법뿐만 아니라 K의 내면의 주관적인 법을 지시하기도 한다. 교도소 신부가 K에게 한 말은 이러한 주관적이고 내면적인 법의 특성을 여실히 드러낸다. "법원은 당신에게 아무것도 원하는 게 없습니다. 당신이 오면 받아들이고 당신이 떠나면 가게 내버려둘 뿐이죠."(P 304) 이러한 의미에서 법은 의식적으로는 자신의 죄를 부인하더라도 무의식적으로는 그것을 인식하며 불러내는 K의 초자아를 가리킨다.[9] 가령 K가 뷔르스트너 양에 대한 욕망을 갖고 그녀에게 키스를 퍼부을 때 옆방에 있는 란츠 대위가 벽을 두드리는데, 이는 K가 자신의 욕망을 금하는 초자아를 불러내고 있음을 단적으로 보여 준다. "그의 소송은 그가 결코 벗어날 수 없는 자기 고발의 과정이다. K는 법정에서 벗어날 수 없는데, 그 이유는 법정이 그 자신과 같기 때문이다."[10]

그런데 이 소설을 읽다 보면 여기에서 묘사된 법이 일반적인 법이나 주관적인 초자아처럼 단순히 욕망을 억압하고 금지하는 것이 아니라, 오히려 욕망을 내포하고 있음을 알 수 있다. K가 방문한

---

9 히벨은 법을 주관적인 내면세계가 객관적으로 반영된 것으로만 보는 관점을 비판하며 "법원의 세계가 한편으로 사회적 권력의 […] 상징적 상으로 나타나지만, 다른 한편으로 영혼 내부의 구조와 과정의 알레고리적 특성, 특히 고발하고 처벌하는 초자아의 의인화라는 특성을 가지고 있기 때문에 '내부와 외부의 순환'으로 이끈다."(Hans H. Hiebel: *Der Proceß/Vor dem Gesetz*. In: Jagow u. Jahraus (Hrsg.): Kafka Handbuch, 456쪽)라고 말한다.

10 Peter-André Alt: Franz Kafka. Der ewige Sohn. Eine Biographie. München 2005, 395쪽.

법원에서 발견한 법전은 다름 아닌 외설적인 그림과 소설이다. 또한 법원 정리廷吏의 부인은 그곳에서 예심 판사 및 대학생과 부적절한 관계를 맺고 있을 뿐만 아니라 심지어 K를 유혹하기도 한다. 이러한 법원이라는 공간에서 욕망은 더 이상 억압되지 않고 오히려 부추겨지며 법과 긴밀히 얽혀 있는 것처럼 보인다. 물론 이러한 현상을 법원의 관리들이 도덕적으로 타락한 것으로 간주하고 여성들을 성적으로 착취하거나[11] 폭행하는[12] 가부장적인 법질서에 대한 비판으로 해석할 수도 있다. 여기서 "권력은 섹슈얼리티와 연관되어 있을 뿐만 아니라 언제나 동시에 성적 권력을 의미하기도 한다. 그래서 이러한 형식으로 권력과 연관되어 있는 섹슈얼리티는 항상 강간에까지 이르는 폭력적인 요소를 갖게 된다."[13]

그런데 정리의 부인이 자신은 대학생의 요구나 예심 판사의 지시에 따라 그들과 관계할 뿐이며 그래서 법원이라는 공간에서 탈출하고 싶다고 말함에도, 다른 한편 K가 느끼거나 정리가 주장하는 것처럼 그녀 스스로 이러한 관계를 원한다는 인상을 피할 수 없다. 더욱이 그녀가 남편이 있음에도 불구하고 K에게 접근하며 그를 유혹하고 그와의 탈출을 도모하는 것은 그녀가 단순히 도덕적으로 타락한 가부장 사회의 희생양이 아님을 짐작하게 한다.

---

11 예심 판사나 장차 높은 권력을 쥘 수 있는 대학생은 자신들의 권력을 이용해 정리의 부인과 성적인 관계를 맺는다. 하지만 남편인 정리는 그러한 사실을 알면서도 이를 못 본 체 넘어간다.

12 가령 K가 법원에서 발견한 책의 제목은 "그레테가 남편 한스에게 겪어야만 했던 고통들"(P 77)이다.

13 Jahraus: Kafka, 304쪽.

그 때문에 이 소설에서 형상화되는 법이 과연 가부장적인 사회의 법이나 욕망을 억압하고 금지하는 초자아의 의미에 국한되는지 살펴볼 필요가 있다. K는 자기 방에서 갑자기 체포되지만, 그 이후에도 그의 삶에는 큰 변화가 없으며 그는 여느 때처럼 일상적인 삶을 영위한다. 은행 업무를 마치고 집에 돌아온 K는 집 앞에서 집 관리인의 아들을 만나 다음과 같은 대화를 나눈다.

> "선생님, 원하시는 게 있으신가요? 제가 아버지를 데려올까요?"
> "아니에요, 아니에요."라고 K가 말했는데, 그 목소리에는 그 청년이 뭔가 나쁜 짓을 했지만 자신이 그를 용서해 준다는 듯한 태도가 깔려 있었다.(P 31)

집 관리인 아들이 '아버지'를 데려오려 하지만 K는 이러한 제안을 거절하는데, 이는 K가 아버지로 대변되는 세계 자체를 거부하는 것으로 해석될 수 있다. 왜냐하면 아버지를 데려오겠다는 청년의 행위가 '나쁜 짓'으로 언급되고 있으며 K는 그러한 그의 말을 용서하는 듯한 태도를 취하기 때문이다. 그가 집 관리인인 '아버지' 대신 이야기를 나눈 사람은 하숙집 주인인 그루바흐 부인이다. 그는 오늘 아침에 폐를 끼쳤다며 아침에 일어난 사건에 대해 이야기를 꺼내는데, 그루바흐 부인은 별일 아니라며 친절하게 그를 맞이해 준다. 이해심 많고 친절한 그녀의 태도는 늘 아들을 친절히 대했던 카프카 자신의 어머니를 연상시키기도 한다. K는 그녀가 이 일에 대해 이야기하는 것이 적절하지 않다고 여기는 것 같다고 생각하면서도 "자신은 오직 나이 든 여성과만 그 일에 대해 이야기할 수 있다."(P 33)라고 믿는다. 여기서 K가 아버지를 상징하는 집 관리인 대신 어머니를 상징하는 그루바흐 부인과 자신의 체포 사건에 대해 이야기한 것은 중요한 의미를 갖는데, 이는 K가 무의식적으로 욕망하는 것이 누구인지를 보여 주기 때문이다.

K가 욕망하는 대상이 누구인지는 그가 체포된 직후 그루바흐 부인을 만나고 싶어 하는 장면에서 더욱 분명하게 드러난다. K는 자신을 체포한 감시인에게 "Ich will doch Frau Grubach."(P 9)라고 말한다. 이 문장은 맥락상 "나는 그루바흐 부인을 만나고 싶습니다."라는 의미로 해석되지만, "나는 그루바흐 부인을 원해요."라는 함의를 숨기고 있다. 여기서 K가 그루바흐 부인이 구현하는 '어머니'라는 존재에 대한 무의식적 욕망을 지니고 있음을 알 수 있다.

K가 자신의 무의식적 욕망을 억압하기 위해 가부장적인 법과 초자아를 불러낼 뿐만 아니라, 때로는 그러한 자신의 욕망을 실현해 줄 어머니의 법을 불러내기도 한다는 사실은 미완성 원고로 분류된 '어머니에게 가는 길'이라는 장에서도 나타난다. 어린 나이에 아버지를 여의고 편모 슬하에서 자란 K는 커서도 다정한 어머니의 손길을 늘 거부한다. 생일을 자신의 집에서 보내자는 어머니의 제안을 따르지 않고 3년 동안이나 어머니를 찾아가지도 않던 K는 갑자기 어머니를 찾아가야겠다는 생각에 은행에 휴가를 내고 충동적으로 여행을 떠난다. 정작 어머니가 간절히 원하던 때에는 그녀에게 가지 않던 그가 소송이 끝나지도 않은 상태에서, 더욱이 건강히 잘 지내는 어머니를 갑자기 방문하는 이유가 무엇인지는 밝혀지지 않는다. 물론 이 장은 미완성으로 끝나 이러한 여행의 의미가 무엇인지 정확히 알 수는 없지만, '어머니에게 가는 길'이라는 제목 자체

가 그것이 지시하는 것 이상의 의미를 함축하고 있음을 짐작할 수 있다. 아버지의 부재와 갑작스러운 어머니 방문에 대한 의지는 K가 억누르고 살았지만 무의식적으로 불러내고자 한 법이 바로 어머니의 법임을 암시한다.

어머니의 법이 어떤 것인지 알기 위해 우선 이 소설에 나타난 여성 인물들이 법원 및 K와 맺고 있는 관계를 살펴볼 필요가 있다. 비단 K에게 매력을 느끼며 그를 유혹하는 정리의 부인이나 레니 같은 여성이 법원이라는 공간에 속해 있는 인물이라는 점에서만 여성과 법이 연결되어 있는 것은 아니다. 훌트 변호사를 시중드는 레니라는 여성은 모든 피고를 아름답게 여긴다. 그 이유는 피고에게 제기된 소송 때문이다. 그렇다면 왜 소송 중인 피고는 아름다운 것일까? 피고는 일상적인 질서에서 빠져나온 자이다. 목적 지향적인 피고의 시민적 삶은 체포와 이에 따른 소송으로 인해 중단되는데, 이처럼 목적 지향적 삶에서 빠져나와 삶을 다양한 시점에서 바라볼 수 있는 사람만이 미학적인 시선을 지닐 수 있으며 그로 인해 그 자신도 아름다워질 수 있는 것이다. 또한 이 작품의 제목이기도 한 '소송Prozess'은 '과정'이라는 의미도 지니는데, 소송 중인 피고는 어떻게 보면 '과정' 속의 인간, 즉 하나의 명확한 정체성을 지닌 것이 아니라 끊임없이 변신하며 유동적 정체성을 지닌 과정으로서의 인간이기도 하다. 바로 그 때문에 여인들은 피고에게 사랑에 빠지게 되며, 이러한 여성들이 대변하는 법질서는 일상적인 목적 지향적 삶에서 빠져나와 끊임없이 변신하는 사람들을 위한 질서라고 말할 수 있을 것이다.

여성과 법 사이의 더 분명한 관계는 교도소 신부가 K에게 들려

준 시골 남자의 이야기에서 잘 나타난다. 시골에서 온 남자는 법의 문 안으로 들어가기를 '욕망'하지만 문지기가 그 앞을 가로막는다. 여기서 문지기는 위계적인 구조를 지닌 법원의 말단 직원이고, 그가 속한 법은 욕망을 억압하고 금지하는 가부장적인 법질서를 구현하는 것처럼 보인다. 그런데 이 문지기는 "모피 외투"(P 293)를 입고 있다. 카프카의 다른 소설에서도 종종 등장하곤 하는 모피 외투는 자허마조흐가 쓴 『모피 외투를 입은 비너스』와 연관된다. 들뢰즈의 해석에 따르면 자허마조흐의 소설에서 모피 외투를 입은 여인은 가부장적 질서와 초자아를 대변하는 남성을 채찍으로 때리는데, 이를 통해 이 남성은 새로운 질서와 해방에 대한 기대를 갖게 됨으로써 쾌감을 느낀다.[14] 이러한 새로운 법은 더 이상 욕망과 상충하지 않으며 오히려 더 많은 (변신에의) 욕망을 허용한다. 시골 남자의 이야기에서도 시골 남자가 그 안으로 들어가기를 원하는 법이 욕망의 장소로 묘사됨을 알 수 있다. 들뢰즈와 가타리는 "권력에 대한 욕망은 없다. 권력이 욕망인 것이다. 욕망은 결핍이 아니라 충만이고 실행이며 기능이다."[15]라고 썼는데, 덧붙이자면 이러한 권력은 구분과 위계를 만들어 내는 가부장적 권력이 아니라 경계를 넘나들고 대립적이거나 낯선 것과 끊임없이 접속하며 새로운 것을 생성해 내는 가모장적 권력이다. 또한 어머니의 법이란 사실 법이 아니라 욕망(의 연속체 내지 기계[16])인데,[17] 더 자세히 말하면 주체로서 한 개인이

14 정항균: 아비뇽의 여인들 또는 폭력의 두 얼굴, 373-374쪽 참조.

15 들뢰즈·가타리: 카프카, 135쪽.

16 "'들뢰즈와 가타리에게 '기계'의 가장 일차적인 의미는 이질적 요소들의 연동을 통해 작동하는 모든 존재들이다.'(이정우: 천 하나의 고원. 소수자 윤리학을 위

지닌 욕망이 아니라 확고한 정체성을 해체하고 끊임없이 새로운 것을 생성해 내는 욕망의 기계로서의 욕망이다.[18]

교도소 신부의 이야기에 등장하는 모피 외투를 입은 문지기가 가부장 사회를 비판하는 마조히즘의 맥락에서 이해될 수 있다는 것은 소설 초반에 K를 체포하러 온 법원 관리인 빌렘과 프란츠가 또 다른 관리인 가죽옷을 입은 태형리笞刑吏에게 채찍으로 매질을 당하

하여. 돌베개 2013, 110쪽) 그런데 입-기계의 예에서 살펴본 것처럼, 이질적인 기계들의 접속을 통해 생겨나고 현실화되는 기계적 배치는 언제든지 변화할 수 있고 무한한 생성의 흐름 속에 들어 있다. 즉 들뢰즈와 가타리가 말한 기계는 전통적인 의미의 기계와 달리 한 가지 방식으로만 작동하고 한 가지 의미로만 사용되는 것이 아니라, 기계적 배치의 변화에 따라 매번 다르게 사용되며 다양한 의미를 산출할 수 있다. 이처럼 스스로 변신할 수 있는 힘을 지닌 생명력 있는 기계, 무한한 잠재성을 지닌 기계를 들뢰즈와 가타리는 '욕망하는 기계'라고 부른다. 여기서 '욕망'이라는 말은 한 개인의 심리적 속성과는 전혀 다른 무엇을 가리킨다. 그것은 '역능' 또는 '생명' 또는 '잠재성'을 가리킨다고 할 수 있다.(이정우: 천 하나의 고원, 19쪽)" 정항균: 아비뇽의 여인들 또는 폭력의 두 얼굴, 169-170쪽.

17 들뢰즈·가타리: 카프카, 118쪽 참조.

18 박은주는 『소송』에 나타난 법이 단순히 가부장적 사회의 법만을 지시하지 않는다는 점을 올바로 파악하고 법과 여성(성)의 관계를 살펴본다. 이에 따르면, 법과 여성성 모두 본질적으로 파악할 수 없는 것이고 그래서 투사로만 존재할 뿐 사실은 그 자리가 비어 있다는 점에서 유사하다. "경계를 가로질러 도처에 침투하며 가부장적 질서를 교란하고 난교적인 흐름을 보이는 여성의 성적 욕망과 마찬가지로, 『소송』에서의 권력과 법은 그 경계를 알 수 없고 파악 불가능하며 모순적이고 그 중심에 접근할 수가 없다. […] 『소송』에서 법과 권력은 그 자체로 존재하지 않으며 표상되지도 않는다. 그것은 에로틱한 욕망의 흐름과 함께 드러나고 표시될 뿐이다. 법과 권력의 모습은 모호하고 원칙이 없는 여성의 이미지를 닮아 가는 반면, 주인공에게 실질적인 권력을 발휘하는 것은 여성의 난교적인 성적 욕망이다. 여기서 아버지의 법에 의해 구축된 가부장적인 상징 질서의 붕괴를 엿볼 수 있다." 박은주: 욕망과 권력의 미로. 카프카의 『소송』에 나타난 에로틱한 성의 현상학. 실린 곳: 카프카연구 17집(2007), 23-24쪽.

는 장면에서 입증된다. 감시인 중 한 명인 프란츠는 이름에서 드러나듯이 카프카와 연관된다. 그가 곧 결혼할 예정이라고 말하지만 밖에서 기다린다는 신부가 보이지 않는 상황은 약혼과 파혼을 반복한 작가 카프카의 전기적 상황을 연상시킨다. "야성적이고 생기 넘치는 얼굴"(P 111)을 지닌 태형리는 동물적인 신체성을 드러내며 그가 대변하는 법이 욕망을 억압하는 법이 아니라 오히려 생성에의 욕망을 허용하는 법임을 암시한다. 그러한 태형리가 프란츠와 빌렘의 옷을 벗기고 그들을 때리는 장면은 나중에 두 명의 형리가 K의 옷을 벗기고 그를 처형하는 장면과 연결된다. 이처럼 가죽옷을 입은 태형리가 채찍으로 K의 또 다른 자아이자 시민적 질서를 대변하는 프란츠를 채찍질하는 것은 상징적 의미를 지닌다. 비록 앞의 시골 남자 설화에서처럼 가모장적인 (무)질서를 대변하는 여성이 직접 등장하지는 않지만, 그녀의 대리인인 태형리가 가부장적 질서를 체현하는 인물을 채찍으로 때리고 그의 단일한 정체성을 파괴함으로써 새로운 질서에 대한 기대와 쾌감을 불러일으킨다.

이러한 변화에 대한 암시는 소설 곳곳에 숨어 있다. 대표적인 예는 K가 화가 티토렐리를 방문하는 장면에서 나타난다. 티토렐리는 법원 판사들의 초상화를 그려 주는, 법원에 소속된 화가이다. 그는 중세 화가처럼 주문자의 요구에 따라 그림을 그리며 그 때문에 자신의 의뢰인인 법원 판사들에게 전적으로 예속된 존재처럼 보인다. K는 그의 방에서 위협적인 태도를 취하며 옥좌에서 일어나고 있는 모습의 판사 그림을 발견한다. 그런데 이 판사의 등 뒤에는 그 모습을 명확히 알아볼 수 없는 인물이 그려져 있다. 티토렐리는 K에게 이 그림은 정의를 그린 것이라고 설명한다. 그러자 K는 그 인물이 가리개로 눈을 가리고 있고 저울을 들고 있지만 발꿈치에 날개가 달려 있다고 했고, 티토렐리는 그것이 "정의의 여신과 승리의 여신을 동시에"(P 196) 표현한다고 말한다. 이에 K가 뛰느라 저울이 흔들리면 공평하게 잴 수 없으니 정의의 여신과 승리의 여신은 좋은 조합이 아닌 것 같다고 말하자, 화가는 이 말에 수긍하면서도 자신은 그저 주문자의 요구를 따를 뿐이라고 대답한다.

하지만 티토렐리가 그저 주문자의 요구에 따라 그림을 그리며 부패하고 과시욕에 찬 판사들에게 완전히 종속된 화가인 것만은 아니다. 화가는 "위의 그림이 어느 부인을 위해 그려진 것"(P 197)이라며 그 그림을 바라보다가 다시 작업하려는 욕망에 사로잡혀 판사의 머리 주위에 불그스름한 그림자를 그려 넣는데, 이를 통해 이 그림은 완전히 다른 성격을 띠게 된다.

> 이 인물은 더 이상 정의의 여신을 떠오르게 하지 않았다. 승리의 여신도 연상시키지 않았다. 오히려 이제 그 인물은 완전히 사냥의 여신처럼 보였다. 화가의 작업은 그가 원한 것보다 K의 마음을 더 사로잡았다.(P 197)

정의의 여신과 승리의 여신을 하나로 합쳐 그린 그림은 화가의 수정을 통해 이제 사냥의 여신을 그린 그림으로 변한다. 승리의 여신과 결합한 정의의 여신은 승자의 법을 구현하는 폭력적인 법이다. 이는 태초의 가모장 사회를 폭력으로 대체하고 생겨난 가부장 사회의 법을 연상시킨다.[19] 그런데 티토렐리가 새로 작업해 그린 그림에서는 앞의 두 여신이 결합한 모습은 사라지고 사냥의 여신 아르테미스의 모습이 드러난다. 물론 아르테미스는 고대 그리스의 가부장적 신화에 등장하는 여신이지만, 그 근원은 가모장 사회의 여신으로 거슬러 올라간다. 사냥의 여신을 그린 듯한 이 그림은 K의 마음을 사로잡는다. 그런데 K는 단순히 이 그림을 바라보는 관찰자가 아니다. K가 이 그림을 자신의 시선으로 바라보고 그에 대해 화가 티토렐리와 대화를 나눔으로써 화가가 그림을 변형하도록 자극했다는 점에서 "이 그림은 화가와 관찰자의 공동 작품"[20]이라고 말할 수 있을 것이다. 여기서 K의 예술적 성향이 드러난다. 즉 K의 예술적 성향이 화가 티토렐리로 하여금 위의 그림을 폭력적인 가부장적인 법의 형상화에서 가모장적인 법의 형상화로 변형하도록 한 것이다. 더욱이 이 그림을 그리도록 지시한 사람은 남성 판사이지만 이 그림은 어떤 여성을 위해 그려진 것이다. 여기서도 아르테미스 여신을 연상시키는 그림이 가모장적 (무)질서와 연결됨을 알 수 있다.

티토렐리는 K에게 세 가지 구제 가능성에 대해 이야기하는데, 실제적인 무죄판결과 가상적인 무죄판결 그리고 판결의 지연이 그

---

19 "로버트슨 스미스는 훗날 부권적 종교에서도 여신을 알고 있었다고 지적하면서, 여신을 숭배하는 것은 '오랜 세월에 걸친 모계 혈족'에 기원을 둔 종교의 속성이라고 주장했다. […] 요컨대 남성 혈족이 받아들여지면서 여자는 종속적인 지위에 놓이고, 종교에서 중심적인 위치도 여신이 아니라 남신이 차지하게 되었다는 것이다. 로버트슨 스미스는 이런 변화가 상당히 자연스럽게 이루어진 것처럼 말한다. 그러나 내가 이미 언급했고 또 앞으로도 자세하게 이야기하겠지만, 사실 근동과 중동에서 이런 변화는 폭력적 침략, 야만적 학살, 영토 정복을 통해 이루어졌다." 스톤: 하느님이 여자였던 시절, 76-77쪽.

20 Klaus-Detlef Müller: Franz Kafka. Romane. Berlin 2007, 84쪽.

것이다. 그런데 실제적인 무죄판결은 한 번도 본 적이 없으며 이에 대한 전설만 전해진다는 티토렐리의 말에 K는 그것에 대해 더 이야기하는 것은 불필요하다며 나머지 두 가지 구제 가능성에 대한 설명을 요청한다. 이에 티토렐리는 가상적 무죄판결과 판결의 지연에 대해 자세히 설명하는데, 이로써 독자의 관심도 자연스럽게 이 두 가지 구제 형식으로 향하게 된다. 그러나 이처럼 슬쩍 언급되고 넘어가는 실제적인 무죄판결은 사실 이 소설에서 중요한 의미를 갖는다. 티토렐리는 전설에 따르면 옛 재판 사례 중 무죄판결을 받은 경우가 다수 존재하고 거기에 어떤 진실이 들어 있으며 자신도 그것을 아름답게 여겨 이에 대한 그림을 몇 점 그렸다고 말한다. 이때 전설로만 전해져 오는 과거의 법은 바로 가부장 사회 이전에 존재했던 가모장 사회의 법을 지시한다. 하지만 가부장 사회로 전환된 후 가모장 사회의 질서는 급속히 파괴되고 그 흔적을 지우려는 시도가 광범위하게 이루어진다. 티토렐리가 언급하는 전설 속의 옛 재판과 실제적 무죄판결은 역사적으로 실존했지만 억압되어 지금은 그 흔적을 발견하기 어려운 가모장 사회와 연관이 있다. 따라서 그가 이 가모장 사회에서 어떤 진실을 발견하고 그것을 아름답게 여긴다는 것은 의미심장하다. 더욱이 그는 이에 관한 그림을 몇 점 그렸는데, 가부장 사회가 시작되기 전의 사회를 그린 이 그림은 어쩌면 가부장 사회의 상징인 '해'가 뜨기 전, 즉 달빛이 비치는 어두운 밤을 묘사하고 있을 것이다.

이러한 해석이 근거가 없지 않다는 것은 소설 마지막에 K가 티토렐리에게 산 그림을 통해 입증된다. 외관상 K는 티토렐리를 통해 법원에 대해 많은 정보를 얻은 대가로 어쩔 수 없이 그림을 몇 점산 것처럼 서술된다. 그런데 티토렐리가 K에게 판 그림은 모두 일몰 장면을 묘사한 황야 그림이다.[21] "일몰Sonnenuntergang"(P 220)은 이 소설에서 상징적 의미를 지니는데, 왜냐하면 '태양Sonne'이 오랫동안 남성 신을 상징했기 때문이다. 따라서 여기서 일몰은 남성 신으로 대변되는 가부장적 질서의 '몰락Untergang'을 의미한다. 이처럼 티토렐리는 가부장 사회의 몰락을 형상화하며 이를 비판한다. 이러한 해석은 이 소설에 나오는 법원이나 법이 집행되는 장면 곳곳에서 여성 신을 상징하는 달이 등장하는 것에 의해 뒷받침된다.

K는 처음 체포되었을 때 뷔르스트너 양의 방에서 법원 관리들에게 조사받는다. 나중에 K는 뷔르스트너 양이 없는 동안 그루바흐 부인과 함께 그 방에 들어가는데, 그때 방에 달빛이 비친다. 또한 레니가 훌트 변호사의 작업실로 K를 불러내기 위해 일부러 접시를 벽에 던졌을 때도 역시 그곳에 달빛이 비친다. 무엇보다 소설 마지막에 두 형리가 K를 채석장으로 끌고 가는 길에서 여러 차례 달빛이 언급된다. 태양이 남성 신의 상징이라면, 달은 여성 신의 상징이다. 가모장적 (무)질서와 연관된 달이 작품 마지막에 등장한다는 것은 K의 처형이 가모장적 (무)질서하에서 일어난 것임을 보여 준다. 마조히즘에서 모피 외투를 입은 가모장적 여성이 가부장적 질서를

---

21 뮐러는 이 황야 그림이 판사들의 주문을 받아 법원 화가로서 그린 그림은 아니지만, "이 그림들이 그가 정형화된 규칙에 따라 그린 법원 그림을 통해 '예술적 활력'을 잃어버렸음을 입증하고 있다."(Müller: Franz Kafka, 86쪽)라며 이 그림을 전적으로 부정적으로만 바라본다. 그 때문에 뮐러는 이 그림이 가부장적 질서에서 가모장적 (무)질서로의 전환을 묘사하는 중요한 의미를 지니고 있고 티토렐리 역시 단순히 가부장적인 질서를 구현하는 법원에 예속된 화가가 아님을 간과한다.

구현하는 남성을 채찍질하며 새롭게 태어나게 하듯이, 이 소설에서 가모장적인 달의 여신이 지켜보는 가운데 집행되는 K의 처형은 K가 새롭게 태어나기 위한 전제 조건인 것이다.

K의 단일한 정체성을 파괴하고 그를 새롭게 탄생시키는 가모장적 (무)질서가 지닌 긍정성은 무엇보다 그 생성적인 특성에 있다. 이러한 가모장적 (무)질서의 생성적 특성을 지시하는 인물이 바로 K의 집주인인 그루바흐 부인이다. K는 체포된 날 밤늦게 그루바흐 부인을 방문하지만, 그녀는 그를 친절하게 맞아 주며 "그가 자신의 가장 사랑스러운 최고의 세입자"(P 32)라고 말한다. K도 그녀의 방을 둘러보며 "여성의 손길은 조용히 많은 일을 해낸단 말이지."(P 32)라고 생각한다. K가 방문했을 때 그녀는 양말을 뜨고 있었는데, "일감이 그녀의 품에 놓여 있었다."[22]

이러한 그루바흐 부인의 뜨개질은 경계를 넘나들며 새로운 것을 생성해 내는 작가의 글쓰기와 연결된다. 그루바흐 부인은 낮에는 세입자를 돌보느라 밤밖에 뜨개질할 시간이 없다고 말한다. 그런데 뜨개질은 '옷감Textil', 즉 일종의 '텍스트Text'를 만드는 작업을 의미한다. 더욱이 이러한 작업이 이성이 잠들고 무의식이 지배하는 늦은 '밤'에 이루어진다는 사실이 의미심장하다. 또한 옷감이 그녀의 품에 놓여 있다는 언급이 눈에 띄는데, 왜냐하면 여기서 '품Schoß' 이라는 단어는 독일어로 '자궁'을 의미하기도 하기 때문이다. 자궁에서 아이는 어머니와 한 몸이며 둘 사이의 경계가 사라진다. 아이가 어머니의 배 속에서 나와 아버지의 법과 언어의 질서로 들어갈

22 "[D]ie Arbeit ruhte in ihrem Schooß."(P 32)

때 경계와 위계질서가 생겨난다. 따라서 자궁은 이러한 경계가 생겨나기 전의 무의식의 공간을 의미하며, 그것의 생성적인 특성으로 인해 뚜렷한 경계와 질서를 지닌 가부장적인 법을 뒤흔들고 전복할 수 있다. 이러한 맥락에서 그루바흐 부인의 일(감)이 품, 즉 자궁 속에 놓여 있다는 문장의 함의가 추론된다. 즉 그것은 그녀의 자궁에서 이루어지는 작업 내지 무의식적인 글쓰기가 전복적이면서도 생성적인 성격을 띠고 있음을 의미한다. 더욱이 '품(자궁)'이라는 표현이 원래의 'Schoß'라는 단어에 'o'가 하나 추가된 형태로 표기됨으로써 카프카가 둥근 자궁의 특성을 알파벳의 시각적 형상을 통해 더욱 강조하고 있음을 알 수 있다. 이것은 그가 문자 내지 텍스트의 물질성과 신체성을 강조함을 보여 주는데, 이는 주제적으로는 이성과 의식에 선행하는 무의식적 '신체성'에 대한 강조로 이어진다. 이러한 생성적인 어머니의 자궁에서 K는 아버지의 질서에서 규정된 경계를 넘어 다양한 모습으로 변신한다.

2. 놀이하는 아이와 아이-되기

카프카의 중편소설 『변신』에서 주인공 그레고르 잠자는 어느 날 아침 잠에서 깨어나 보니 갑충으로 변해 있다. 『소송』 역시 주인공 요제프 K가 자신의 침대에서 갑자기 체포되는 충격적인 장면으로 시작하지만, 『변신』에서와 달리 이 소설에서는 적어도 변신은 일어나지 않는 것처럼 보인다. 하지만 정말 그럴까? 이 소설을 꼼꼼히 읽어 보면 K가 때로는 아이로, 때로는 동물로 변신하고 있음을 확인할 수 있다. 이 절에서는 먼저 아이-되기를 살펴보기로 하자.

『소송』에서 '아이'는 정신적으로 성숙하지 못하거나 유치하게 행동하는 어른을 가리키는 부정적 의미로 빈번히 사용된다. 가령 K가 갑작스러운 체포에 항의하고 법원에서 보낸 감시자들에게 해명을 요구하며 자신의 신분증을 보여 주자, 그들은 K에게 "당신은 애보다 더 버릇없이 굴고 있군요."(P 14)라며 K의 성숙하지 못한 태도를 비난한다. 또한 삼촌과 함께 홀트 변호사를 방문했을 때 K가 변호사에게 법원 사람들과 교류하는지 묻자, 삼촌은 "넌 어린애 같은 질문을 하는구나."(P 136)라며 적절치 못한 질문을 한 조카를 나무란다.

그런데 관점을 달리하면 K의 미숙하거나 유치한 행동을 목적지향적인 성인의 행동에서 벗어난 긍정적 행동으로 간주할 수도 있다. 소설 초반부터 이미 K의 행동에 내포된 놀이성향이 자주 암시된다. 가령 K는 자신이 갑작스럽게 체포된 것을 직장 동료들이 자신의 서른 번째 생일을 축하하기 위해 장난을 친 것으로 생각하며, "그래서 자신도 거기에 장단을 맞추고자 했다[S]o wollte er mitspielen."(P 12) 이 문장에서 사용된 동사 'mitspielen'에는 '놀이하다'라는 의미의 'spielen'이라는 단어가 들어 있다. 또한 감독관이 K의 집을 떠나면서 그에게 이제 은행에 갈 거냐고 묻자, K는 반항심에 자신이 체포되었는데 어떻게 은행에 가냐며 그를 도발한다. 즉 "그는 그들을 데리고 놀았던 것이다."(P 26) 여기서도 K의 놀이성향이 다시 언급된다. 이처럼 K는 자신도 모르게 반복해서 놀이성향을 드러내는데, 서른 살이나 된 그가 사실은 은밀히 아이의 성향을 발산하며 강도적인 의미에서 아이로 변신하고 있음이 암시된다.

흥미로운 것은 K에게 체포 명령을 내린 법원의 건물 안이나 그 주변에서 놀고 있는 아이들이 자주 보인다는 사실이다. 법원 사무

실로 올라가는 길을 가르쳐 주는 쪽지는 "어린아이가 쓴 것 같은 미숙한 글씨"(D 88)로 쓰여 있었는데, 이미 여기서 법원이라는 공간이 아이와 긴밀히 연결되어 있음을 알 수 있다. 또한 진지하기만 할 것 같은 법원 관리들 역시 어린아이처럼 행동하기도 한다.

> 그러니까 법원 관리들은 많은 점에서 아이 같다는 것이다. 유감스럽게도 K의 행동이 거기에 포함되지는 않는 악의 없는 행동을 통해 그들은 종종 마음의 상처를 심하게 입어, 심지어 좋은 친구들과도 대화를 단절하고, 우연히 그들을 만나게 되면 그들을 모르는 척하고, 할 수 있으면 모든 경우에 그들에 반대하는 일을 도모할 수 있다. 하지만 그들은 별안간 놀랍게도 특별한 이유도 없이, 모든 수단이 소용이 없기 때문에 대담하게 하는 작은 장난에 웃음이 터져 서로 화해하기도 한다.(P 161)

이처럼 법원 관리들은 아이들처럼 쉽게 삐졌다가도 갑자기 아무 일도 없었다는 듯이 다시 화해하곤 한다. 여기서 아이적인 속성이 법원의 중요한 구성 요소임을 짐작할 수 있다.

또한 아이들이 법원 건물을 뛰어다니며 소리를 지르거나 노는 장면도 자주 등장한다. 처음 법원을 찾아간 K는 건물 계단 위를 올라가다 공놀이를 하고 있는 아이들을 만난다. K의 바지를 붙잡고 올라가는 길을 방해한 아이들은 "다 자란 악동의 복잡한 얼굴을 한 두 명의 어린 사내아이들"(P 55)이었다. 법원을 찾아가는 K를 방해하는 아이들의 얼굴에 어른의 모습이 보이는데, 이는 반대로 어른인 K에게 감춰져 있는 아이의 속성을 암시하기도 한다.[23] 즉 그들은 단순히 아이를 지시하는 것이 아니라, 어른에게 잠재한 (놀이하는) 아이의 속성을 보여 주는 것이다. 이처럼 어른 속에 아이의 모습이 숨어 있지만, K는 목적 지향적인 태도를 버리고 놀이하는 아이로 변신하기보다는 오히려 자신에게 달라붙은 아이들을 떼어 내고 빨리 그 자리를 벗어나고 싶은 생각뿐이다. 이는 K가 자신의 삶 전반을 기억하고 모든 측면에서 검토해야 하는 청원서를 작성하는 것이 현재 회사에서 출세 가도를 달리는 그에게 방해가 된다고 느끼며, "그런 일은 언젠가 은퇴 후에 어린애의 심성과 같아진 그의 정신을 몰두하게 하고 그가 남은 긴 여생을 보내도록 돕는 데나 적합할지 모른다."(P 170)라고 생각하는 것과도 맞닿아 있다. 여기서 K는 정작 자신을 구원하는 데 필요한 '어린애의 심성과도 같은 정신'을 폄하하며 사회적 성공에만 집착하는 모습을 보인다.

하지만 K가 교도소 신부의 이야기에 등장하는 시골 남자처럼 정말 자신이 욕망하는 법의 문 안으로 들어가고자 한다면, 어른으로서의 자신의 모습을 벗어던지고 아이로 변신해야 한다. 왜냐하면 아이들은 K가 욕망하는 법의 일원이기 때문이다. 나중에 K가 법원 소속의 화가 티토렐리를 만나러 갔을 때 티토렐리의 집을 자유롭게 드나들고 법원에서 요란하게 뛰어다니며 소리를 지르는 여자

23 들뢰즈와 가타리도 같은 맥락에서 이렇게 말한다. "유아기의 블록은 현실일 뿐만 아니라 방법이자 규율이다. 이는 끊임없이 시간 속에서 치환되며, 어른 내부에 아이들을 주입하기도 하고 진짜 아이들에게 가상(假想)된 어른을 주입하기도 한다. […] 이는 동물-되기에서 우리가 이미 보았던 것과 어느 정도 비슷한 면이 있다. 즉 어른의 어린이-되기는 어른 안에서 이루어지고, 어린이의 어른-되기는 어린이 안에서 이루어지며, 이 양자는 두 개의 인접항인 것이다." 들뢰즈·가타리: 카프카, 183쪽.

아이들을 만나게 되는데, 화가는 "이 계집애들도 법원에 속해 있답니다."(P 202)라고 말한다. 이처럼 K가 자신의 무죄를 입증하기 위해 방어적으로 찾는 법원이 아니라 무의식적으로 그 안으로 들어가기를 소망하는 법원은 목적 지향적인 세계와 거리가 멀며 선과 악, 진리와 거짓의 피안에서 순진무구하게 놀이하는 아이의 세계로 나타난다. 미완성으로 끝난 '검사'라는 장에서는 아버지가 일찍 돌아가셔서 아버지의 보살핌을 제대로 받지 못한 K에게 "어린애 같은 면"(P 335)이 있는지도 모른다고 서술되는데, 여기서 아버지의 죽음과 K의 아이 같은 면의 긴밀한 연관성이 암시된다. 이는 K가 무의식적으로 발산하는 아이적인 속성이 자유로운 생성에 대한 욕망을 금지하는 가부장적인 법 또는 그것을 대변하는 아버지가 죽고 나서야 나타날 수 있음을 의미한다.

아이가 지닌 '순진무구함Unschuld'은 법원에서 무죄판결을 받기 위한 가장 결정적 요건이다. 화가 티토렐리는 K에게 직접적으로 "당신은 무죄입니까Sind Sie unschuldig?"(P 200)라고 묻는다. 그러자 K는 자신이 무죄라고 대답한다. 그런데 여기서 'unschuldig'라는 단어는 '무죄'라는 뜻도 있지만 아이처럼 '순진무구한' 또는 '순수한'이라는 뜻도 있다. 따라서 티토렐리의 질문은 심층적으로는 "당신은 순수합니까?"라는 의미를 갖고 있으며, 티토렐리의 말처럼 "만일 당신이 무죄라면(순수하다면), 사태는 아주 간단합니다."[24] "그것이 가장 중요한 점이니까요."(P 200) 그런데 '순수함' 내지 '순진무구함'은 니체가 『차라투스트라는 이렇게 말했다』에서 정신의 가장 높

24 "Wenn Sie unschuldig sind, dann ist ja die Sache sehr einfach."(P 200)

은 단계인 아이의 본질적 특징으로 간주한 것이기도 하다. 그것은 인간이 더 이상 목적 지향적으로 행동하지 않고 모든 것을 아이처럼 '순진무구하게'un'schuldig', 즉 선과 악, 진리와 거짓의 피안에서 미학적으로 바라보는 것을 의미한다. 이처럼 아이로 비유되는 정신은 더 이상 절대적 진리와 도덕에 집착하지 않으며, 다양한 시점에서 시점주의적으로 세상을 바라본다.

앞에서 티토렐리가 한 말을 들은 "K의 시선은 흐려졌는데, 소위 법원에서 신뢰하는 이 사람이 마치 아무것도 모르는 아이처럼 말하고 있었기 때문이었다."(P 200) 물론 이 문장은 마치 아무것도 모르는 아이처럼 법원을 바라보는 티토렐리에 대한 K의 의구심과 비판을 담고 있지만, 심층적으로는 오히려 이러한 K의 내면적 시선을 다시 한번 뒤틀며 그 관점의 타당성을 문제시한다. 모든 것을 자세히 관찰하고 거기서 진리를 찾으려는 K의 시선이 흐려졌다는 것은 그가 더 이상 현실을 있는 그대로 볼 수 없으며 꿈속에서처럼 몽롱한 시선으로 바라보게 되었음을 의미한다. 따라서 K의 생각과 달리 그의 시선이 흐려진 것은 오히려 긍정적 의미를 지닌다. 아울러 화가 티토렐리를 묘사하는 "아무것도 모르는 아이"라는 표현은 티토렐리가 절대적 진리에 집착하며 앎과 모름, 진리와 비진리를 구분하는 인간과 거리가 먼, 니체적 의미에서 가장 높은 정신 단계에 도달한 아이 같은 인간임을 보여 준다. "소위 법원에서 신뢰하는 이 사람이"라는 K의 내면적 생각은 티토렐리 같은 단순한 인간을 신뢰하는 법원의 문제성을 비판하고 있지만, 사실은 오히려 티토렐리처럼 아이 같은 인간이야말로 K가 찾는 법원에 속해 있는 사람임을 보여 주며 K의 어리석음을 비판한다.

티토렐리가 말한 것처럼 무죄판결을 받기 위해서 가장 중요한 것은 바로 어린아이의 '순진무구함'을 되찾는 것이다. 이는 사실 '되찾는' 것이 아니라 자신 속에 들어 있는 그러한 순진무구함을 발산하며 아이로 변신하는 것이다. 교도소 신부가 K에게 들려준 시골 남자 이야기에서 법의 문으로 들어가는 방법의 가장 중요한 요소는 바로 아이-되기임을 알 수 있다. 법의 문 안으로 들어가기 위해 오랜 시간을 기다려 온 시골 남자는 이제 나이가 들어 노인이 된다.

> 그는 어린애처럼 유치해져 문지기를 수년간 연구한 끝에 그의 모피 옷깃에 벼룩이 살고 있다는 것을 알아내고는 벼룩에게조차 자신을 도와 문지기의 마음을 돌려 달라고 부탁한다. 마침내 그의 시력이 약해져 자신의 주변이 더 어두워진 것인지 아니면 그의 눈이 자신을 속이고 있는 것인지 알 수 없게 된다. 하지만 아마도 그는 이제 어둠 속에서 법의 문으로부터 꺼지지 않고 비쳐 나오는 광채를 알아보고 있을 것이다.(P 294)

우선 위 인용문에 사용된 '어린애처럼 유치한kindisch'이라는 단어는 첫눈에 보기에는 부정적이다. 이 단어가 들어 있는 문장은 법의 문 안으로 들어가려는 시골 남자가 오랜 기다림에 지치고 노쇠해져 문지기의 옷에 들어 있는 벼룩까지 찾아내 그것에게 부탁할 정도로 판단 능력을 상실한 어린애 같아졌다는 의미로 읽힌다. 그러나 동물-되기에 관한 다음 절에서 자세히 살펴보겠지만, 이 소설에서 동물은 결코 부정적 의미만 지니지 않는다. 동물은 오히려 그 자체보다 인간에게 내재한 동물적 신체성을 가리키며 긍정적 의미를 지니기도 한다. 카프카의 소설에서 동물로의 변신은 이성적이고 단일한 정체성을 지닌 인간의 한계를 극복하고 자신에게 숨겨진 다양한 정체성을 실현함을 의미하기 때문이다. 이러한 맥락에서 법을 엄격히 수호하는 문지기에게서 벼룩이라는 작은 동물을 발견한 것은 그에게 내재한 동물적 강렬함의 발견을 의미하며 문지기의 변신 가능성을 암시한다. 그런데 이러한 동물의 발견은 바로 시골 남자가 '어린애 같아졌기' 때문에 가능해진다. 즉 그가 어른이라면 볼 수 없는 것을 아이의 시선으로 바라보았기 때문에 그러한 변신 가능성을 볼 수 있었던 것이다. 더욱이 그 뒤에 나오는, 노쇠로 인한 시력 약화를 의미하는 듯한 문장 역시 앞에서 언급한 'K의 흐릿해진 시선'과 마찬가지로 긍정적 의미를 지닌다. 시골 남자의 시력 약화가 갖는 긍정성은 무엇보다 그가 그제서야 법의 문에서 비쳐 나오는 광채를 '볼 수 있게' 되었다는 데서 드러난다. 물론 카프카 특유의 '아마도'라는 말로 그 확실성을 제한하며 상대화하고 있기는 하지만 말이다.

노년에 어린애 같아지는 것은 비단 시골 남자만이 아니다. 교도소 신부가 K에게 시골 남자 이야기를 들려준 후 두 사람은 이 비유적인 이야기에 대해 대화를 나눈다. 여기서 신부는 마치 시골 남자가 법의 문 안으로 들어가는 것이 가능한 것처럼 유도한 문지기가 시골 남자를 속인 것이 아니냐는 K의 말을 반박한 후 오히려 문지기가 속았다는 견해도 있다고 말한다.

> "그 근거는 […] 문지기의 단순한 성격에 있습니다. 사람들은 문지기가 법의 내부를 알지 못하며, 그가 늘 반복해서 왔다 갔다 해

야 하는 문 앞의 길만 알 뿐이라고 말합니다. 그가 법의 내부에 대해 갖고 있는 생각은 **어린애처럼 유치한 수준이며**(필자 강조), 그가 시골 남자에게 두려움을 불러일으키려 하는 것을 그 자신이 두려워하고 있는 것으로 생각됩니다. 그래요, 그는 시골 남자보다 더 두려워하고 있어요. 시골 남자는 내부의 섬뜩한 문지기들에 대해 듣고서도 오직 법의 문 안으로 들어가기만을 원할 뿐이지만, 이에 반해 문지기는 아예 들어가려고도 하지 않으니까요. 적어도 그러한 시도에 관해서는 아무것도 들은 바가 없습니다."(P 298쪽 이하)

교도소 신부는 문지기가 너무 단순하고 법에 대해서도 아는 바가 없으며 어린애 같은 유치한 정도의 지식만 갖고 있을 뿐이라고 말한다. 물론 법원 소속인 그가 법의 문 안으로 들어간 적이 있다는 말도 있지만, 세 번째 문지기의 시선조차 견딜 수 없어 깊숙이 들어가지는 못했을 것이라는 것이다. "이 모든 것으로부터 그가 내부의 모습과 의미에 대해 전혀 알지 못하고 그것에 대해 착각하고 있다고 추론할 수 있습니다."(P 299) 교도소 신부가 K에게 시골 의사의 이야기를 들려주고 그에게 모든 것을 설명해 주기 때문에 자칫 그의 말이 곧 작가 카프카의 말이라고 생각하기 쉽다. 하지만 앞의 인용문에서 사용된 아이 관련 단어에 초점을 맞추면, 교도소 신부의 해석을 모두 받아들일 수는 없음이 드러난다. '아무것도 모르는 아이' 같은 티토렐리가 오히려 법에 대해 남들보다 더 많은 것을 알고 있듯이, 문지기의 단순함은 그가 법으로 들어가는 것을 방해하고 법의 내부에 대한 그의 지식을 차단하는 원인이 아니다. 나중에 동물-되기에 관한 절에서 더 자세히 살펴보겠지만, 오히려 그의 단순함과 어린애 같은 생각이야말로 그가 동물적 강렬함을 발산하며 동물로 변신하는 것을 허용하고 시골 남자의 또 다른 자아로서 대신 법의 문 안으로 들어갈 수 있게 만든다.

이 소설에서 K는 목적 지향적이고 계산적인 어른의 모습을 보여 주며, 그가 때때로 하는 유치한 행동이나 말은 기껏해야 부정적 의미만 지니는 것처럼 보인다.[25] 하지만 텍스트의 심층적 차원에서 K는 자신도 모르게, 즉 무의식적으로 아이로 변신하며 도취의 놀이를 통해 자신의 억압된 신체성을 발산한다.

K가 두 번째로 법원을 찾아갔을 때 법원 정리의 아내가 그를 유혹하지만 그녀는 결국 대학생의 손에 이끌려 예심 판사에게 간다. 그사이 그녀의 남편인 정리가 K에게 법원 사무실을 소개해 준다. 이때 K는 복도에서 자신과 같은 처지에 있는 피고들의 비굴한 모습을 목격하고 급격히 피곤해진다. 정리가 보고를 해야 해서 K가 홀로 출구를 찾으려 하지만 그는 미로 같은 법원에서 길을 찾지 못해 혼란스러워하며 현기증을 느낀다. 그때 한 젊은 여자가 나타나 그를 도와주려 하고, K는 빨리 떠나려 하지만 현기증 때문에 말없이 그곳에 서 있는다.

25 슈미츠에만스는 K의 계산적 면모가 단순히 성인의 특성이 아니라, 그의 유아적인 태도와도 연관이 있다고 말한다. “실제로 K는 자신이 만나는 모든 사람에게 계산적으로 행동한다. 하지만 이는 또한 어쩔 줄 모르며 다른 사람의 도움을 필요로 하는 그의 성격과도 관계가 있다. 그가 취하는 행동은 부모님이 어떻게 행동할지 미리 계산하는 아이의 행동처럼 때때로 유아적인 면이 있다.” Schmitz-Emans: Franz Kafka, 113쪽.

하지만 K가 말없이 그곳에 서 있는 것이 틀림없이 눈에 띄었을 것이다. 그 젊은 여자와 정리는 다음 순간 K에게 엄청난 변신이 일어날 것이며 그들이 그 모습을 놓치지 않고 관찰하려는 듯이 그를 쳐다보았다.(P 98)

젊은 여자는 K의 이러한 행동이 몸이 좋지 않아서임을 알아차리고 그에게 의자를 내준다. 그런데 미로 같은 법원에서 K가 느끼는 이러한 현기증과 몸의 이상은 바로 그의 몸이 변화하고 있으며 변신을 목전에 두고 있음을 암시한다. 물론 이것은 표면상으로는 좋지 않은 공기와 피로로 인한 몸의 반응처럼 보이지만, 심층적으로는 현기증을 불러일으키는 일링크스의 놀이로 인한 도취의 반응이다.

"여기 좀 앉지 않으시겠어요?" "아닙니다. 저는 쉬고 싶지 않아요."라고 K는 말했다. 그는 아주 단호하게 이렇게 말했지만, 실제로는 좀 앉아 쉬었더라면 좋았을 것이다. 뱃멀미가 난 듯했기 때문이다. 그는 성난 파도 속에 갇힌 배를 타고 있는 듯한 기분이 들었다. 마치 물이 밀려와 판자벽에 부딪히고, 복도 깊숙한 곳에서 덮쳐 오는 물로부터 나오는 듯한 파도 소리가 들리며, 복도가 **시소처럼 좌우로 흔들리고**(필자 강조), 복도 양편에서 기다리고 있는 소송인들이 물속에 잠겼다가 다시 솟아오르는 듯했다.(P 105쪽 이하)

현기증을 느끼는 K는 앉아서 조용히 쉬어야 하지만 체면상 일어서 있는 것처럼 보인다. 하지만 그가 어지러움을 느끼면서도 일어서 있는 진정한 이유는 사실 그가 무의식적으로 그것을 원해서이다. K는 마치 거대한 파도 위를 떠다니는 배를 타고 물속에 가라앉았다가 다시 솟구쳐 오르는 것처럼 느끼는데, 이때 복도가 '시소처럼 좌우로 흔들리는schaukeln' 것 같다는 묘사가 특히 눈에 띈다. K가 처음에 법원 근처에서 본 아이들의 묘사에도 똑같은 단어가 등장한다. "두 사내아이가 손수레 위에서 시소를 타듯이 오르내리고 있었다."[26] 여기서 '시소를 타듯이 오르내리다'라는 의미의 동사 'schaukeln'은 놀이의 함의를 담고 있다. 앞의 인용문에서 현기증을 느끼며 비틀거리는 K 역시 격랑에 휩싸인 배를 타고 오르락내리락하며 시소를 타는 것처럼 묘사된다. 이를 통해 K가 미로 같은 법원에서 자신도 모르게 마치 시소를 타고 노는 아이처럼 도취 상태에 빠져 억눌러 왔던 신체 에너지를 발산하고 있음이 암시된다. 즉 목적 지향적으로 행동하고 합리적으로 사고하던 K가 자신의 신체를 뒤흔드는 도취 상태, 다시 말해 이전과 완전히 다른 정신적·신체적 상태에 빠진 것이다.

앞의 법원 장면에서 K는 마치 출렁이는 파도 속에 휩싸인 것 같은 현기증을 느낀다. "그럴수록 K를 인도한 젊은 여자와 남자가 보인 평온함은 이해할 수 없었다. 그는 그들에게 완전히 내맡겨져 있었고, 그들이 그를 놓아 버린다면 틀림없이 널빤지처럼 쓰러졌을 것이다."(P 106) 현기증을 불러일으키는 도취의 놀이에 빠진 어린애 같은 K는 여기서 인간이 아닌 '널빤지Brett'라는 사물에 비유된다.

---

26 "Auf einem Handkarren schaukelten zwei Jungen."(B 54)

그런데 이러한 비유는 카프카의 단편소설 「팽이」에 나오는 철학자를 떠오르게 한다. 아이들의 팽이 놀이를 구경하던 철학자는 마지막에 가서는 자신이 팽이처럼 뱅뱅 도는 듯한 현기증을 느낀다. 현기증을 일으키는 도취의 놀이에 빠진 철학자 또한 자신을 팽이라는 사물처럼 느끼고 있는 것이다. 그렇다면 팽이와 마찬가지로 '널빤지'도 놀이와 관련이 있을까? 독일어로 'Brettspiel'은 '판Brett' 위에서 하는 놀이, 가령 체스 같은 장기 놀이를 가리킨다. 그런데 앞에서 언급한 니체의 『차라투스트라는 이렇게 말했다』에 나오는 놀이하는 아이의 모델 역시 헤라클레이토스의 미완성 원고에 나오는 '장기 놀이 하는 아이'이다. 따라서 여기서 놀이 주체와 놀이 대상의 경계를 없애며 스스로 놀이가 되는 K는 헤라클레이토스의 장기 놀이 하는 아이, 나아가 선과 악, 진리와 비진리의 피안에서 놀이하는 니체의 순수한 아이인 것이다.

법원 건물 안에서 현기증을 느끼는 K를 도와주러 온 법원의 안내 담당자와 젊은 여성이 K에게 말을 걸지만 K는 그들의 말을 이해하지 못한다. 그들의 목소리는 그저 시끄러운 소음 내지 높은 톤의 '사이렌Sirene' 소리처럼 들린다. 그런데 여기서 사용된 '사이렌'이라는 단어는 이중적인 의미로 해석될 수 있으며,[27] 카프카의 단편소설 「세이렌들의 침묵」에 등장하는 세이렌을 연상시킨다. 더욱이 앞에서 법원 건물이 바닷속에 있는 것처럼 묘사되었기 때문에 안내 담당자와 젊은 여자는 바다 괴물 세이렌처럼 보인다. 나중에 홀트

27 독일어 단어 'Sirene'는 고대 그리스 신화에 등장하는 괴물 '세이렌(영어로는 '사이렌')'을 의미하기도 하고 경보음 '사이렌'을 의미하기도 한다.

변호사의 집에서 그를 시중드는 레니의 손가락 사이가 물갈퀴처럼 붙어 있는 것도 법원에 소속되어 있는 사람들이 수중 동물 내지 바다 괴물의 특성을 지니고 있음을 보여 준다. K가 법원 안에서 답답해하며 제대로 숨 쉬지 못하다가 건물 밖으로 나와 신선한 공기를 마시며 숨통을 틔우는 것과 달리, 안내 담당자와 젊은 여성은 오히려 법원의 공기에 익숙하며 바깥의 신선한 공기를 잘 견디지 못하는 것처럼 보인다. 이는 바다 생물이 육지로 나오면 숨을 제대로 쉴 수 없는 것과 같은 이치이다.

이처럼 법원이 수중에 있는 것처럼 묘사되는 것에서 법원의 가모장적 특성 역시 인식할 수 있다. 왜냐하면 여기서 물은 아이가 웅크리고 있는 어머니의 자궁 속 양수를 지시하기 때문이다. 그 때문에 K는 어머니의 자궁 같은 법원에서 아이가 시소를 타듯이 도취의 놀이를 하며 현기증을 겪는 경험을 하는 것이다. 또한 바다는 무의식의 공간을 가리키기도 한다. 특히 어머니의 배 속에 있는 아이는 아직 언어와 법질서에 들어서기 이전의 무의식적인 신체 상태에 있는 셈인데, 이러한 어머니의 질서 속에서 K는 해부학적인 신체와 구분되는 무의식적인 신체의 힘을 느끼고 그 힘을 발산할 수 있는 것이다. 법원에서의 현기증 나는 경험을 한 후 K는 자신의 신체가 완전히 달라졌음을 느낀다.

> 그런 뒤 K는 잠시 더 가만히 서서, 손거울을 꺼내 머리를 다듬고, 모자를 집어 들고 […] 계단을 힘차게 성큼성큼 뛰어 내려왔는데, 갑작스러운 이러한 변화에 거의 두려움이 생길 지경이었다. 평소에는 무척이나 안정된 건강 상태를 지닌 그였기에 그런 놀라

운 경험은 여태 한 번도 한 적이 없었다. 이전의 과정[28]을 아주 손쉽게 이겨 냈기에 그의 신체가 혁명이라도 일으켜 그에게 새로운 과정을 마련해 주려는 것일까?(P 107)

K는 기회가 생기면 병원에 가서 검진을 받으려고 한다. 하지만 그의 신체적 변화가 단순히 질병의 전조라는 부정적 의미만 갖는 것은 아니다. 오히려 K의 의식이 미치는 못하는 신체적 차원에서는 이를 긍정적 의미에서의 변신이 일어나는 것으로 해석할 수 있을 것이다.

시골에 사는 삼촌은 은행으로 K를 찾아와 대화를 나누면서 K가 이전에는 사태를 올바로 파악하는 능력이 있었는데 이제는 그런 능력을 잃어버린 것 같다며 "네가 변했구나."[29]라고 말한다. 하지만 여기서도 '변했다'라는 말은 단순히 부정적 의미만 지니지 않는다. '변했다'라는 의미의 'verwandelt'라는 단어는 동시에 '변신하다'라는 함의를 갖는데, 이는 결국 K의 변신이 이미 일어났음을 보여 준다. 이처럼 K는 이 소설에서 자신도 모르게 변신을 한다. 때로는 아이로, 때로는 동물로 말이다.

『소송』의 마지막 장에서는 두 명의 형리가 K의 집을 방문한다. K가 그들에게 자신을 데리러 온 것이냐고 묻자 두 신사는 고개를

---

28 이 인용문에서 '과정'을 의미하는 독일어 단어 'Prozess'는 소송을 의미하기도 한다. 따라서 이 인용문은 K의 신체에 혁명적 변화가 일어나면서 K가 이전의 소송과 완전히 다른 새로운 소송을 하게 되고 아버지의 법에서 어머니의 법으로 옮겨 가게 될 것임을 암시한다.

29 "Du bist verwandelt."(P 126)

끄덕인다. 이에 "K는 속으로 자신이 다른 방문객을 기다리고 있었다는 것을 시인했다."(P 305) 그렇다면 여기서 '다른 방문객'은 누구를 가리키는 것일까? 이어지는 구절에서 K는 어두운 밤거리를 내다보며 "한 건물의 불 켜진 창문에서 격자 창살 뒤로 두 명의 어린애들이 서로 장난치며 놀고 있는 모습"(P 305 이하)을 본다. 그러고 나서 "늙고 별 볼 일 없는 배우들을 내게 보냈군."(P 306)이라고 말하는데, 여기서 별 볼 일 없는 늙은 배우는 직접적으로는 자신을 데리러 온 두 신사를 지칭하는 것이지만, 암시적으로는 바로 앞 문장의 서로 장난치며 놀고 있는 두 아이와도 관련된다. 배우와 아이 모두 넓은 의미에서 유용성에서 벗어난 '놀이'의 영역과 연관을 맺고 있다는 점에서 앞의 늙은 배우와 놀이하는 아이가 서로 연결되는 것이다.

다음 절에서 자세히 다루겠지만 사실 K 자신이 불러낸 K의 또 다른 자아인 두 명의 늙은 신사는 형을 집행하는 형리일 뿐만 아니라, 일종의 연극배우로서 놀이하는 아이의 속성을 내포하고 있기도 하다. 또한 K가 관심 있게 바라보는, 감옥을 연상시키는 격자 창살 뒤에서 놀고 있는 아이들은 K에게 내재한 억압된 아이의 속성을 가리키기도 한다. 비록 K는 늙은 형리들에게 처형당하고 죽음을 맞이하겠지만, 이와 동시에 그는 새롭게 태어나 자신에게 잠재한 아이적 속성을 방출하며 놀이하는 아이로 변신할 것이다. 이것이 바로 그가 속으로 '다른 방문객', 즉 자아 속에 숨어 있는 낯선 타자라는 손님을 기다리는 이유이다.

3. 동물-되기와 여성-되기

1) 세이렌의 유혹과 샤먼의 하계 여행

『소송』에는 동물이 직접 등장하지는 않지만 그래도 대단히 중요한 의미를 지닌다. 동물은 인물의 이름이나 외모 묘사, 비유나 상징 등 다양한 방식으로 나타나는데, 이 소설을 깊이 있게 이해하기 위해서는 반드시 동물 모티브를 살펴보아야 한다.

우선 이 소설에 나타난 동물 모티브를 본격적으로 살펴보기에 앞서 이와 관련된 괴물 모티브를 살펴보자. 예전에 괴물은 보통 신체적 기형이나 인간과 동물의 혼종성이라는 특성에 의해 규정되었다. 이 소설에도 괴물로 불리지는 않지만 신체적 기형을 지닌 인물들이 반복해서 등장한다. 가령 K가 화가 티토렐리의 집을 찾지 못해 헤맬 때 그를 티토렐리에게 데려다준 어린 소녀는 꼽추이다. 또한 K가 이탈리아 사업가를 만나러 성당에 갔을 때 K를 교도소 신부에게 안내한 성당지기도 절름발이이다. 이들은 K에게 성가시거나 아둔한 존재로 여겨지지만, K를 그에게 결정적으로 중요한 인물인 화가 티토렐리와 교도소 신부에게 안내하는 중요한 역할을 한다.

인간과 동물의 혼종성이 두드러지는 인물도 등장한다. 카프카는 이러한 혼종성을 비유적 표현으로 강조하기도 하고 인물의 신체적 특성을 통해 직접 표현하기도 한다. 가령 K가 법정에 들어섰을 때 그곳에 있던 사람들은 이렇게 묘사된다. "긴 수염은 뻣뻣하고 숱이 적어서, 그것을 잡으면 수염을 잡는 것이 아니라 마치 날카로운 발톱을 만들어 내는 것만 같았다."(P 71) 이처럼 법원에 있는 청중은 마치 동물과 인간의 혼종적 존재인 것처럼 묘사된다.

그런데 새의 '날카로운 발톱Kralle'을 지닌 청중은 '세이렌'과 연결된다. 물론 법원의 청중이 수염이 난 남자들이기 때문에 이들이 세이렌을 암시한다는 것은 언뜻 이해하기 어려울 수도 있다. 고대 그리스에서 세이렌은 여자와 새가 뒤섞인 모습으로 묘사되었는데, 나중에 새 모양의 하체가 물고기의 꼬리지느러미로 대체되었다.[30] 오늘날 우리가 떠올리는 세이렌 역시 여자와 물고기의 혼종적 형태이다. 그런데 아마도 이집트 또는 서남아시아 지역에서 유래한 것으로 보이는 고대 그리스의 가장 오래된 세이렌 상은 때때로 수염이 난 남자의 머리를 지닌 새의 모습을 하고 있었다.[31] 앞의 인용문에서 새의 발톱처럼 보이는 손으로 긴 수염을 잡는 남자들이 묘사될 때, 이는 명백히 지금은 잊힌 남성적 세이렌을 염두에 둔 것이다. 원래 세이렌은 여성뿐만 아니라 남성으로도 묘사되었으며 그래서 하나의 성으로 명확히 규정되지 않는다. 나중에 법원에서 현기증을 느끼는 K를 돕는 젊은 여성과 법원의 안내 담당자인 남성이 K에게 말하는 소리가 사이렌 소리처럼 들리기도 하는데, 여기서 암시되는 신화 속 인물인 세이렌 역시 여성뿐만 아니라 남성과도 연결된다. 「세이렌의 침묵」에서처럼 여기서도 세이렌들을 K의 내면에 억압된 또 다른 자아로 간주한다면, K는 남성성과 여성성을 모두 지닌 혼종적 존재이며 언제든지 여성으로 변신할 수 있음을 알 수 있다. 이처럼 세이렌 모티브를 젠더적 혼종성의 관점에서 해석하게 되면 작품 마지막에 K가 죽으면서 여성으로 변신하는 것을 이

30 Simek: Monster im Mittelalter, 122쪽 참조.

31 Matthias Egeler: Walküren, Bodbs, Sirenen. Gedanken zur religionsgeschichtlichen Anbindung Nordwesteuropas an den mediterranen Raum. Berlin u. New York 2011, 376-377쪽.

해할 수 있을 것이다.[32]

앞에서 살펴본 것처럼 K가 미로 같은 법원 복도에서 현기증을 느끼며 마치 험난한 파도 위를 항해하는 배 위에 있는 것처럼 묘사될 때, 그는 오디세우스를 연상시킨다. K가 자신을 도와주러 온 법원 안내인과 젊은 여성이 그에게 한 말을 이해하지 못하고 그것을 날카로운 '사이렌' 소리처럼 듣는 장면에서 사이렌은 경보음이라는 의미를 넘어 신화적 함의를 갖는다.

> 그는 머리를 숙인 채 "더 크게 말해 주세요."라고 속삭이고 나서 부끄러워했는데, 왜냐하면 그가 그 말을 이해할 수는 없었지만 그들이 충분히 큰 목소리로 말했다는 것을 알고 있었기 때문이었다.(P 106)

K는 마치 세이렌의 노랫소리에 홀린 듯 더 크게 말해 달라고 속삭이지만, 사실 그 소리는 그가 충분히 들을 수 있을 정도로 크다. 이처럼 이성적인 인간인 K는 사이렌(또는 세이렌) 소리 같은 목소리에 홀려 "더 크게 말해 주세요."라고 말하고는 이내 부끄러워한다. 이는 소설 마지막에 K가 개처럼 죽어 가는 것을 수치스러워하는 것과 유사하다. K가 채석장에서 살해당할 때 자신이 개처럼 다루어진 것을 수치스러워한 것처럼, 동물과 인간의 혼종성을 띤 세이렌에 홀린 K는 자신이 동물적인 것의 지배를 받고 이성을 상실한

32 채석장에서 일어난 K의 죽음이 물리적인 의미에서의 죽음만 의미하는 것이 아니라 동물-되기와 여성-되기도 의미한다는 것은 뒤에서 자세히 다룰 것이다.

것을 부끄러워한다. 그러나 이러한 수치심은 목적 지향적이고 이성적인 오디세우스[33]로서 요제프 K가 느낀 감정일 뿐이며, 작가는 오히려 동물적인 것의 지배를 받거나 자신이 동물처럼 변하는 것에 수치심을 느끼는 K를 비판하고 있다. 교도소 신부와의 대화에서 K는 "저는 죄가 없습니다. […] 대체 어떻게 인간이라는 사실이 죄가 될 수 있나요?"(P 289)라고 말하지만, 자신의 동물적 속성을 부인하며 억누르는 '인간'으로서 그는 역설적으로 자신의 죄를 입증하고 있는 것이다.

그러나 K가 이러한 동물적인 속성을 단순히 배격하고 억누르는 것만은 아니며, 때로는 그것에 이끌리고 매력을 느끼기도 한다. 이는 신체적 기형과 동물성이 뒤섞여 나타나는 레니라는 여성의 예에서 잘 드러난다.

> 그녀가 자신의 오른손 세 번째 손가락과 네 번째 손가락을 펴자 그것을 연결하는 피막이 거의 짧은 손가락의 가장 윗마디까지에 이르렀다. […] "정말 장관인데!"라고 K는 말하고서 손 전체를 훑어보고는 이렇게 덧붙였다. "정말 예쁜 **물갈퀴** 같은 손(필자 강조)이야!" 레니는 모종의 자부심에 차서 K가 경탄하며 계속해서

---

33 홍길표는 요제프 K를 자신이 사는 세계를 이성적으로 설명하고 이해득실을 따지며 목적 지향적으로 행동하는 전형적인 근대적 주체로 간주한다. 이 소설에서 K는 오디세우스와 달리 위험한 항해에 비유될 수 있는 소송 과정을 성공적으로 마무리 짓지 못하고, 마지막까지 이성에 대한 믿음을 간직하지만 법원의 세계를 전혀 이해하지 못한 채 죽고 만다는 것이다. 홍길표: 표면에서의 오디세이 혹은 계몽의 신화. 카프카의 『소송』. 실린 곳: 독어독문학(구 독일문학) 115권(2010), 59-82쪽, 특히 77-80쪽 참조.

그녀의 두 손가락을 펼쳤다가 다시 모아 놓는 것을 바라보았다. 그리고 마침내 K는 그 손가락에 살짝 키스하고는 그것을 놓아주었다.[34]

앞에서 'Kralle'라는 단어가 새의 날카로운 발톱을 가리켰다면, 여기서는 같은 단어가 오리 같은 동물의 피막으로 달라붙은 발을 가리킨다. 'Kralle'라는 단어가 카프카의 단편소설 「세이렌들의 침묵」에서 '세이렌'이라는 존재를 묘사할 때 자주 사용되는 단어일 뿐만 아니라 레니가 K를 유혹하는 여성으로 등장하기 때문에 그녀를 일종의 세이렌으로 간주할 수 있을 것이다. 레니의 기형적인 손이 인간과 동물의 경계를 넘어서는 그녀의 특성을 보여 주기도 하지만, 더 나아가 그녀에게 내재한 동물성이 가모장적 (무)질서와 연관되기도 한다. 피막이 있는 그녀의 손은 오리발을 연상시키는데, "다른 한편 오리는 홀레 아주머니와 이시스 여신의 상징으로서 위대한 어머니 여신의 상을 나타낸다."[35]

물론 카프카의 소설에서 가모장적 (무)질서란 여성이 더 큰 권력을 지니는 또 다른 위계적 사회를 의미하는 것이 아니라, 가부장

---

34 "Sie spannte den Mittel- und Ringfinger ihrer rechten Hand auseinander, zwischen denen das Verbindungshäutchen fast bis zum obersten Gelenk der kurzen Finger reichte. […] "Was für ein Naturspiel", sagte K. und fügte, als er die ganze Hand überblickt hatte, hinzu: "Was für eine hübsche **Kralle**!" Mit einer Art Stolz sah Leni zu, wie K. staunend immer wieder ihre zwei Finger auseinanderzog und zusammenlegte, bis er sie schließlich flüchtig küßte und losließ."(P 145)

35 Schröder: Die weiße Schlange, 43쪽.

사회의 억압적이고 위계적인 질서와 경계를 파괴하고 이를 통해 어머니의 자궁에서처럼 다양한 것들을 창조하고 생성해 나가는 (무)질서를 의미한다. 이러한 다양한 생성이 이루어지기 위해 개인적인 차원에서는 먼저 단일한 정체성의 죽음이 이루어져야 한다. 단일한 정체성의 죽음과 이를 통한 다양한 주체성으로의 변신은 원시사회 샤먼의 접신 및 영혼의 여행 과정과 유사하다. 동물 가면을 쓴 샤먼은 이를 통해 동물 신을 자신의 몸속으로 들어오게 하며 질병의 치유나 공동체의 문제를 해결하기 위해 망자의 나라로 먼 여행을 떠난다. 이러한 과정에서 샤먼은 자신을 잊고 자신 속에 들어온 다양한 존재들로 변신한다.

『소송』이 망자의 왕국으로 여행을 떠나는 샤먼의 변신 과정과 밀접한 연관성이 있음은 소설 초반부터 드러난다. "낯선 자der Fremde"(P 8)로 불리며 K가 인식하지 못하는 그의 또 다른 자아처럼 보이는 프란츠라는 인물은 여행복과 비슷한 형태의 검은색 옷을 입고 있다. K를 체포하러 온 관리들 가운데 제복을 입은 사람은 아무도 없으며 모두 여행복에 가까운 복장을 하고 있다. 비단 법원에서 보낸 관리들뿐만 아니라 K 자신도 끊임없이 여행 중이다. 앞에서 K가 세이렌의 유혹에 빠진 오디세우스에 비유될 때 이미 여행 중인 그의 모습이 암시된다. 나아가 그는 최근에 은행에서 눈에 띄게 자주 "출장이나 심지어 작은 여행을 떠나도록 지시받았다."(P 271)

이러한 여행이 궁극적으로는 하계로 떠나는 여행이라는 것은 K의 죽음을 통해서도 입증된다. 특히 소설 마지막에 K를 데리러 온 두 형리뿐만 아니라 K 자신도 검은 옷을 입음으로써 그들이 죽음의 왕국으로 떠나고 있다는 것이 색채상징을 통해 잘 나타난다. 또한

K를 처형하기 전에 두 형리가 보이는 행동이나 말은 제의적 행위를 연상시키는데, 이 역시 K가 수행하는 샤먼 및 희생제물의 역할을 암시한다.

또한 K의 여행이 망자의 왕국으로 떠나는 샤먼의 여행과 비슷하다는 것은 법원에서 그에게 붙여 준 세 사람 중 한 명인 '라벤슈타이너Rabensteiner'라는 인물을 통해서도 잘 드러난다. 그의 이름에 들어 있는 'Rabe'라는 단어는 '까마귀'라는 뜻인데, "아시아의 샤먼이 망자의 왕국으로 영혼의 여행을 떠날 때 까마귀가 보조 정령으로 동행할 수 있다."[36] 따라서 법원에서 K에게 붙여 준 라벤슈타이너라는 인물은 망자의 왕국으로 향하는 K의 여행 동반자이자 일종의 보조 정령인 셈이다.

그렇다면 K는 샤먼처럼 때로는 동물로 때로는 또 다른 존재로 다양하게 변신하는가? 이 소설에 K가 『변신』의 그레고르 잠자처럼 갑작스럽게 변신하는 장면은 나오지 않지만, K의 도플갱어들이 다양한 모습으로 등장하거나 K가 강렬한 동물적 신체성을 무의식적으로 발산하며 동물-되기를 수행하는 것을 암시하는 구절이 자주 나온다.

우선 K의 도플갱어라고 할 수 있는 인물들을 살펴보자. 사실 K가 어느 날 자신의 침대에서 갑자기 낯선 사내들에게 체포된다는

---

36 Schröder: Die weiße Schlange, 60쪽.
또한 카프카라는 이름이 체코어로 '까마귀'라는 뜻을 지니고 있기 때문에, 앞에서 언급한 프란츠와 마찬가지로 '라벤슈타이너' 역시 어떤 면에서는 카프카의 줄임말처럼 보이는 이름을 지닌 K의 또 다른 자아를 나타내기도 한다. 그리고 프란츠와 라벤슈타이너라는 인물의 이름을 합치면 프란츠 카프카가 된다.

설정 자체가 비현실적이고 꿈에서나 일어날 법한 이야기이다. 그 때문에 이 소설에서 등장하는 여러 인물 역시 독립적인 인물로 등장하는 동시에 K의 숨겨진 자아로서 도플갱어적인 인물로 설정되어 있기도 하다. 가령 처음 법원을 찾아간 K에게 예심 판사가 "당신은 도장공입니까?"(P 61)라고 묻는데, K는 이를 부정하며 나중에 이것을 법원이 누군지도 모르면서 자신을 부당하게 체포한 하나의 증거로 제시한다. 그런데 여기서 사용된 '도장공Zimmermaler'이라는 단어에는 '화가Maler'라는 단어가 들어 있다. 이는 뒤에 나오는 티토렐리라는 화가와 연결될 수 있는데, 어쩌면 K의 강력한 부인과 달리 K에게 자신도 모르는 낯선 자아로서 화가로 대변되는 예술적 자아가 숨어 있으며 이로써 티토렐리가 그의 도플갱어일 수 있다는 추측이 가능해진다.[37] 또한 티토렐리라는 이름은 예명일 뿐 그의 실제 이름은 알려지지 않는데, 이 또한 그가 K의 또 다른 자아일 수 있음을 암시한다.

예술가인 티토렐리의 정반대 지점에 위치한 인물은 상인 블로크이다. 오랜 시간 지속된 소송으로 영락한 블로크는 훌트 변호사

37 반대로 티토렐리는 K에게 자신의 그림을 강매하며 이윤을 추구하고 자신이 법원 사람들과 너무 많이 교류해 예술적 열정을 대부분 상실했다며 K처럼 시민적인 모습을 보여 주기도 한다.

나아가 티토렐리와 K의 동성애적 관계를 언급할 수도 있다. 가령 K가 덥고 답답한 티토렐리의 방에서 그의 침대에 앉아 셔츠를 풀고 있는 모습은 이들의 동성애적 관계에 대한 암시처럼 읽힌다. 또한 이들의 동성애적 관계에 대해 좀 더 직접적으로 묘사하는 구절이 비평본의 자료본에 실려 있기도 하다. 장혜순: 카프카의 『소송(Der Praceß』에 나타난 부정의 미학. 실린 곳: 독어독문학(구 독일문학) 69권(1999), 167쪽 및 박은주: 욕망과 권력의 미로, 26-27쪽 참조.

앞에서 비굴하게 행동한다. K의 미래를 선취하는 듯한 블로크는 현실적이고 성공 지향적인 K의 모습을 보여 주며 그의 자아의 또 다른 한 축을 형성한다. 특히 훌트 변호사 앞에서 개처럼 비굴하게 행동하는 블로크는 개처럼 비굴한 죽음을 맞이하는 K의 모습을 선취하는 듯한 인상을 준다. 또한 K가 이름을 묻자 블로크는 자신의 이름을 말하는데, 이에 대한 K의 반응도 눈에 띈다. K는 그것이 그의 실제 이름이냐고 묻고 블로크가 그렇다며 왜 의심하냐고 묻자 "당신이 이름을 숨길 만한 이유가 있을 것 같다는 생각이 들어서요."(P 227)라고 대답한다. 이러한 K의 의심은 블로크가 다름 아닌 K 자신일 가능성을 암시한다.

예술가 티토렐리와 상인 블로크가 합쳐진 인물이 바로 K가 성당 구경을 시켜 주기로 한 이탈리아 고객이다. 성당에서 만나기로 했지만 나타나지 않은[38] 신비한 인물인 이탈리아 고객은 사업가인 동시에 예술 애호가인데, K 역시 은행원이면서도 미술사 지식을 갖고 있으며 예술적 성향을 보인다. 이탈리아 고객의 콧수염에 뿌린 향수에 유혹된 K는 그에게 다가가 냄새를 맡고 싶은 충동을 느낀다. 이는 마치 K가 시각적인 관찰을 하는 이성적 인간에서 냄새를 맡는 동물로 변신한 듯한 인상을 준다. 또한 K는 이탈리아어를 배

38 그런데 K가 약속 시간보다 늦게 성당에 도착했기 때문에 이탈리아 사업가가 성당에 왔다가 그곳을 떠났을 가능성도 배제할 수는 없다.

다른 한편 K가 성당에서 교도소 신부를 보았을 때의 시각이 그가 막 성당에 도착한 시각과 같은 열한 시였기 때문에 이곳에서는 시간이 정지해 있음을 알 수 있다. 이로써 교도소 신부와 K의 만남 역시 꿈과 같은 초현실적 성격을 지니며, 교도소 신부가 실제 존재하는 인물인지 아니면 K의 상상 속에 존재하는 그의 또 다른 자아인지 분명하지 않게 된다.

우기는 했지만 사투리를 쓰는 고객의 이탈리아어를 거의 알아들을 수 없었는데, 이는 K가 법원에서 안내 담당자와 젊은 여성이 자신에게 한 말이 '사이렌'(세이렌) 소리처럼 들려 이해할 수 없었던 장면을 연상시킨다. 이처럼 K와 도플갱어적인 모습을 보여 주는 이탈리아 고객은 K를 익숙한 일상에서 끌어내어 동물적인 낯선 세계로 인도한다.

소설 마지막에 등장하는 두 명의 형리가 K의 팔짱을 끼고 걸어갈 때 세 사람은 마치 "거의 오로지 비생명체만이 이룰 수 있을 듯한 그런 통일체였다."(P 306) 여기서도 두 형리와 K는 서로 구분되지 않으며, 법원에 속한 죽음의 사신들이 K 자신의 일부를 이루고 있음을 보여 준다. 어쩌면 죽음의 사신인 두 형리는 K가 자신도 모르게 무의식적으로 불러낸 존재일지도 모르며,[39] 따라서 K의 죽음은 어떤 점에서는 자살의 성격을 띤다고 볼 수 있다. 이미 소설 맨 처음에 법원에서 보낸 감시인들이 K를 체포했을 때 K는 그들이 자신을 방에 홀로 내버려두는 것을 기이하게 여기며 그러면 자신이 자살할 수도 있을 텐데 하고 생각한다. 물론 소설 마지막에 두 형리가 K의 머리 위에서 칼을 주고받으며 일종의 제의를 수행할 때, K는 그 칼로 자신을 찌르는 것이 자신의 의무임을 정확히 알고 있지만 그렇게 하지 않는다. 하지만 이처럼 자살하지 않고 개처럼 수치스럽게 죽는 것은 K의 의식의 차원과만 관련될 뿐이다. 이와 반대

---

39 "K가 자발적으로 처형장을 향해 가고 있으며 스스로 칼로 자살하려고 마음먹는 소설 마지막 장을 고려하면, 심지어 K가 1장에서 벨을 누르면서 스스로 자신의 소송을 시작한 것은 아닌지 생각해 볼 수도 있을 것이다." Schmitz-Emans: Franz Kafka, 115쪽.

로 무의식의 차원에서 보면, K는 자신의 자아를 이루는 두 형리를 자신에게 보내 자신의 통일적인 자아를 죽게 함으로써[40] 실제로는 자살한 셈이다. 즉 그것은 타살 같은 자살이다.[41]

K가 떠나는 하계로의 여행이 변신하는 샤먼의 영혼 여행과 비슷하다는 사실은 아이처럼 변신한 K의 '장기 놀이Brettspiel'가 갖는 시학적 기능과 연결되기도 한다. 이 소설에서 장기를 두는 주체인 K는 장기 놀이의 다양한 '말Figur'로 변신하며 영혼 여행을 떠나는데, 이러한 장기 놀이와 '영혼 여행'의 '과정Prozess'이야말로 '소송Prozess'의 진정한 의미이다.

2) 아르테미스·헤카테 여신과 케르베로스: 여성-되기와 동물-되기

K의 죽음은 결코 형리에게 끌려가 살해되는 치욕적인 죽음에 그치지 않으며, 점진적으로 준비된 자살이자 강화된 신체성의 결과이기도 하다. 이러한 사실은 K와 교도소 신부의 관계와 시골 남자와 문지기의 관계를 비교하면 명확히 드러난다.

시골 남자에 관한 설화에서 "이 남자는 처음 몇 년간은 자신에게 닥친 불운에 대해 큰 소리로 불평하다가 나중에 나이가 들어서는 그저 혼잣말로 투덜댈 뿐이다."(P 294) 시골에서 온 남자는 자신이 법의 문 안으로 들어갈 수 없음에 낙담하며 불만을 토로하는데 처음에는 큰 목소리로, 나중에는 혼잣말로 나지막하게 말한다.

---

40 여기서 K의 죽음은 심층적으로는 실제 죽음을 의미하는 것이 아니라 단일한 정체성의 죽음을 의미한다.

41 이러한 죽음에는 성적인 함의도 담겨 있어 에로스와 타나토스의 얽힘을 보여주는데, 이는 이 절 마지막 부분에서 다룰 것이다.

여기서 주목할 점은 위의 인용문에서 사용된 'brummen'이라는 단어가 '투덜거리다'라는 의미 외에 (동물이) '으르렁거리다'라는 의미도 갖고 있다는 것이다. 이러한 측면에서 보면 시골 남자는 나이가 들면서 더 체념적이 되고 법의 문 안으로 들어가려는 의지가 약해진 것이 아니라, 오히려 맹수처럼 신체적으로 더 강력해지고 있음을 알 수 있다. 또한 시골 남자의 상대방인 문지기에게 나타나는 변화에도 주목할 필요가 있다. 문지기는 법원 소속으로, 시골 남자의 욕망을 억압하는 기관을 대변하는 것처럼 보인다. 그러나 동물처럼 '으르렁거리고brummen' 아이처럼 '유치해진kindisch' 시골 남자는 문지기의 외투에서 동물적 욕망의 상징인 벼룩을 발견한다. 따라서 문지기에게 일어난 변화는 그에 선행하는 시골 남자의 변화, 즉 그의 동물-되기와 아이-되기에 의해 추동된 것으로 보이는데, 두 경우 모두 동물적 신체성의 발산이라는 공통점을 지닌다. 하지만 아직까지 문지기의 몸에서 발견된 동물은 아주 작은 '벼룩'에 지나지 않는다.

그런데 죽음을 앞둔 시골 남자가 왜 자신을 제외하고는 아무도 법의 문으로 들어가려는 사람이 없는지 묻자, "문지기는 이 남자가 사라져 가는 청력으로 알아들을 수 있도록 고함을 지른다."(P 294) 여기서 '고함을 지르다'라는 의미의 독일어 동사 'anbrüllen'은 또한 (맹수가) '-를 향해 으르렁거리다'라는 뜻을 갖고 있다. 그러니까 문지기는 시골 남자에게 맹수가 으르렁거리듯 고함을 지르고 자신의 동물적 신체성을 발산하며 맹수로 변신하고 있는 것이다. 이처럼 법의 문 앞을 지키는 문지기가 동물로 변신함으로써 법 자체의 성격도 생성에의 욕망과 변신을 허용하는 가모장적인 법으로 바뀐다.

그런데 흥미로운 것은 시골 남자의 이야기를 들려주는 교도소 신부와 K의 관계 역시 앞의 이야기와 비슷한 양상을 띤다는 것이다. 신부가 K에게 소송을 위해 무엇을 하고 있냐고 묻자 K는 여성의 도움을 받으려 한다고 대답한다. 그러자 신부는 그것이 진정한 도움은 아니라고 충고하지만 K는 이에 반박한다.

> "가끔, 아니 대부분 저는 신부님 말씀이 옳다고 인정할 수 있습니다."라고 K는 말했다. "하지만 항상 그런 것은 아닙니다. 여성들에게는 막강한 권력이 있습니다. 제가 아는 몇몇 여성의 마음을 움직여 저를 위해 힘을 합쳐 일하게만 할 수 있다면, 틀림없이 난관을 헤쳐 나갈 수 있을 겁니다. 특히 **여자 사냥꾼들**(필자 강조)로만 이루어지다시피 한 이 법정에서는요. 예심 판사에게 멀리서 여자를 한 명 보여 줘 보세요. 그러면 그는 그녀를 놓치지 않으려고 법원 책상도 피고도 죄다 밀쳐 넘어뜨리며 한걸음에 달려올 겁니다."(P 290)

K는 법원이 도덕적으로 타락했고 판사들이 여자 뒤꽁무니를 쫓아다니기 때문에 자신이 아는 여성들을 이용해 그들을 매수하고 재판을 유리하게 이끌 수 있을 것으로 판단한다. 이러한 K의 말이 옳지 않다는 것은 소설이 전개되면서 드러나지만, 다른 한편 앞의 인용문에서 그가 말한 내용은 그가 의도한 바와는 다른 의미에서 옳기도 하다.

K가 의미한 바와 다르게 여자 뒤꽁무니를 쫓아다니는 '호색한(또는 여자 '사냥꾼')Frauenjäger'이라는 독일어 단어를 문자 그대로 직역

해 '여자' 사냥꾼으로 해석할 수도 있다. 그렇다면 이 법정은 사냥의 여신인 아르테미스 여신으로 대변되는 '여자' 사냥꾼으로 이루어진 가모장적 법질서를 나타낸다. 이러한 법질서하에서 가부장적 질서를 대변하는 남성은 채찍질당하거나 사냥개 같은 형리의 칼에 찔려 죽게 된다.

하지만 이러한 가모장적 법이 단순히 파괴적인 것만은 아니며 심층적인 무의식의 차원에서 생성과 변신을 가져오기도 한다. K가 도움을 기대하는 세 명의 여성, 즉 뷔르스트너 양, 법원 정리의 부인, 레니는 가부장적인 법뿐만 아니라 가모장적인 법과도 연결되는 인물이며, 그들 뒤에는 인간을 기꺼이 돕곤 하는 헤카테 여신이 숨어 있다.[42] 근원적으로 가모장 사회의 '위대한 어머니Magna Mater'와 연관된 헤카테 여신은 기원전 5세기부터 서로 등을 맞대고 있는 세 명의 젊고 아름다운 여성의 형상으로 나타났으므로[43] 그렇게 보면 K의 조력자인 세 여인은 헤카테 여신을 이루는 여성들로 간주될 수 있다. 또한 헤카테 여신은 주술의 여신으로서 변신과도 관련되는데,[44] 소설 마지막에 K가 개로 변신하는 것 역시 이러한 가모장적인 헤카테 여신의 질서 아래에서 가능하게 된다. 이처럼 숨바꼭질을 하듯이[45] 이 소설 곳곳에 숨어 있는 가모장적 여신들은 때로는

---

42 헤시오도스: 신통기. 천병희 옮김. 한길사 2005, 56쪽 참조.

43 Lautwein: Hekate, 35쪽, 59쪽 참조.

44 Herbert J. Rose: Griechische Mythologie. München 2022, 118쪽 참조.

45 성당에서 교도소 신부가 K의 이름을 부를 때 K는 모른 척하고 가려다가 다시 돌아보는데, 그 모습이 "아이들의 숨바꼭질"(P 287)에 비유된다. 사실 이러한 숨바꼭질은 K가 하는 놀이일 뿐만 아니라 이 소설 전체의 중요한 구성 원리 중 하나이기도 하다. 개별적인 인물들 뒤에 신화적인 인물들이 숨어 있으며 독자는

파괴적으로, 때로는 생성적으로 작용하며 '여성들의 막강한 권력'을 드러낸다.

K가 의도치 않게 가모장적 법의 특성을 지닌 법원의 성격을 올바로 언급하며 교도소 신부가 자신이 일하는 법원을 잘 모를 수도 있다고 말한 것은 교도소 신부의 분노를 자아내지만, 바로 그러한 반응을 통해 신부는 스스로 동물로 변신하며 진정으로 가모장적인 법질서의 일원이 된다. 문지기가 현격한 키 차이를 줄이기 위해 죽음을 앞두고 왜소해진 시골 남자에게 몸을 깊이 숙이듯이, K 역시 교도소 신부를 올려다보아야 하는 위치에 서 있다. 더욱이 교도소 신부 역시 자신도 모르게 K에게 동물처럼 고함을 지른다.

> "당신은 어쩌면 당신이 일하고 있는 법원이 어떤 곳인지 잘 모를지도 모릅니다." K는 아무런 답변도 듣지 못했다. "하지만 그건 그저 제 경험일 뿐입니다." 하고 K가 말했다. 위쪽은 여전히 조용했다. "저는 당신을 모욕하고 싶은 생각은 없었어요."라고 K가 말했다. 그때 신부는 K를 내려다보며 큰 소리로 외쳤다. "당신은 두 발짝 떨어진 곳도 보지 못합니까?" 그것은 분노에 찬 외침이었지만, 동시에 누군가가 위에서 떨어지는 것을 보고 스스로 너무 놀라 부주의하게 무심코 소리 지른 사람의 외침 같기도 했다. (P 290)

분노에 차, 아니 어쩌면 자신도 모르게 무의식적으로 크게 소

그들을 찾아내야 하기 때문이다.

리 지르는 교도소 신부는 소리를 잘 듣지 못하는 시골 남자에게 큰 소리로 외치는 문지기를 연상시킨다. 교도소 신부와 문지기가 모두 법원에 소속된 사람이라는 점 그리고 그들이 고함을 지르며 자신의 신체적 강렬함을 발산한다는 점에서 이들은 공통분모가 있다. 이처럼 의지와 달리 자신도 모르게 고함을 지르는 신부는 이제 타인을 정신적으로 구원하는 존재에서 자신의 신체를 해방하고 구원하는 존재가 된다.[46]

또한 시골 남자의 또 다른 자아인 문지기가 벼룩에서 맹수로 더 강력한 변신을 하는 것과 마찬가지로 형리에게 끌려가 채석장에서 죽음을 맞이하는 K 역시 처음에는 미약한 동물에서 시작해 나중에는 무서운 동물로 변신한다. 두 형리가 K의 팔짱을 끼고 그를 끌고 갈 때, K는 더 이상 가지 않겠다고 말한다. 하지만 그들이 아무런 대답도 하지 않고 그를 잡아끌자 K는 이에 저항하며 버틴다. 이 순간 "그에게는 짧은 다리가 찢겨 나갈 정도로 격렬하게 끈끈이에서 벗어나려고 안간힘을 쓰는 파리가 떠올랐다."(P 307) 이처럼 K는 처음에는 자신을 형리들에 맞서 저항하는 작은 파리처럼 느끼는데, 여기서 비록 미약할지라도 K가 동물로 변신하기 시작했음을 알 수 있다.

시골 남자와 문지기가 '으르렁거리며' 맹수로 변신하듯이, K 역시 마지막에 더 강력한 동물인 개로 변신한다. 물론 개가 어떻게 맹수에 비견될 수 있냐고 반박할 수도 있을 것이다. 하지만 여기서 다

46 이 신부가 교도소 신부라는 사실은 그의 신체가 감옥에 갇혀 있지만('교도소') 그것을 구원해 낼 잠재력이 그에게 있음을('신부') 암시한다.

루어지는 개는 특별한 개인데, 이를 살펴보기에 앞서 우선 이 소설 전체를 관통하는 개 모티브를 살펴볼 필요가 있다.

이 소설에서 개는 권력자 앞에서 네발로 기며 비굴하게 행동하는 인간을 지시한다. K는 상인 블로크를 보고 "그는 더는 의뢰인이 아니었으며, 변호사의 개였다. 변호사가 그에게 개집에 들어가듯이 침대 밑으로 기어 들어가 거기서 짖으라고 명령했다면, 그는 기꺼이 그렇게 했을 것이다."(P 265)라고 생각한다.

하지만 개가 K가 이렇게 경멸하는 (비)인간에 대한 비유적 의미만 지니는 것은 아니다. K는 은행에서 근무하다가 어느 날 문밖에서 들리는 소리를 듣고 창고에서 태형리와 자신의 감시인인 빌렘과 프란츠를 발견한다. 빌렘과 프란츠는 K의 집에서 자신들이 저지른 잘못에 대해 K가 예심 판사에게 불평했기 때문에 자신들이 태형리에게 채찍질을 당하게 되었다고 말한다. 프란츠는 자신의 가련한 신부가 밖에서 기다리고 있으니 때리지 말아 달라고 간청하지만, 태형리는 그들을 매섭게 채찍질한다. 그러자 프란츠는 비명을 지르는데, 그 소리를 듣고 은행 급사들이 달려와 무슨 일인지 묻는다. 이에 K는 아무 일도 아니라며 "그저 마당에서 개 한 마리가 소리 내어 울었을 뿐이오."(P 114)라고 말한다. 앞서 이 장면을 마조히즘에 대한 들뢰즈의 해석에 따라 모피 외투를 입은 여성이 보낸 대리인인 태형리가 가부장적인 법을 상징하는 프란츠를 때리며 그에게 숨겨진 또 다른 자아를 해방시키는 것으로 해석한 바 있다. 이러한 매질을 통해 K의 시민적 자아를 구현하는 프란츠의 단일한 정체성이 파괴되고, 개로 대변되는 억압된 동물적 신체성이 발산된다. 즉 프란츠의 동물-되기가 일어나는 것이다. 또한 여기에서 주목할 것은 이 순간 창문 위로 달빛이 비친다는 사실인데, 이러한 달빛과 개의 연관성에 대해서는 뒤에서 자세히 다룰 것이다.

K의 예술적 자아를 나타내는 화가 티토렐리 역시 개처럼 자신의 침대 밑으로 기어 들어간다. 화가의 방은 K가 처음 방문한 법원 건물처럼 바깥의 공기가 차단되어 K에게 현기증을 불러일으킨다. 또한 화가의 침대는 "깃털 침대"(P 209)로, 동물적 욕망을 내포하고 있다. 화가는 K에게 문 앞에서 기다리고 있는 소녀들을 피해 침대 뒤에 있는 다른 문으로 나가라고 말한다. "하지만 그곳에 있는 문을 여는 대신, 화가는 침대 밑으로 기어 들어가 밑에서 '잠시만요. 당신에게 팔 그림 좀 보시겠어요?'라고 물었다."(P 219 이하) 앞서 K의 시민적 자아를 나타내는 상인 블로크가 변호사의 발밑을 기어다니는 것이 개처럼 비굴한 행동으로 간주되었다면, 여기서 화가 티토렐리가 '깃털 침대'라는 욕망의 공간 밑을 개처럼 기어다니는 행동은 동성애적 욕망의 표출이며, 나아가 그의 도플갱어인 K의 시민적 자아 속에 억압된 동물적 신체성의 발산으로 볼 수 있을 것이다.

무엇보다도 개 모티브가 짧지만 가장 인상적으로 등장하는 장면은 소설의 마지막 부분이다.

> 한 신사의 손이 K의 목을 누르는 동안, 다른 신사는 칼로 그의 심장을 찌르고는 그곳을 두 번 돌렸다. K는 흐려져 가는 눈으로 바로 코앞에서 이 신사들이 서로 뺨을 맞댄 채 자신들이 내린 결정을 지켜보는 모습을 바라보았다. "개처럼!" 하고 그는 말했는데, 자신은 죽어도 수치심은 살아남을 것만 같았다.(P 312)

K를 채석장으로 데려온 두 신사 중 한 명은 K의 목을 누르고 다른 한 명은 K의 심장에 칼을 찌른다. 그리고 그들은 죽어 가는 K를 바라보는데, K는 수치심을 못 이기고 "개처럼Wie ein Hund!"이라고 말한다. 사실 이 말은 다양한 의미로 해석할 수 있는데, 그러한 다양한 해석 가능성을 살리기 위해 원문을 직역해 '개처럼'으로 번역하는 것이 적절하다.

첫 번째로 이 말은 칼로 자신의 심장을 찔러 자살하는 대신 형리들에 의해 굴욕적인 죽임을 당한 K가 자신의 '개 같은 죽음'을 수치스러워하는 말로 들린다. 이러한 K의 '개 같은 죽음'은 자신의 재판이 하위 법정의 단계에 머물도록 재판을 지연시키기 위해 권력자인 변호사 앞에서 네발로 기며 개처럼 행동한 상인 블로크의 '개 같은 삶'과 연결된다. 하지만 K는 블로크와 달리 단순히 개처럼 살려고만 한 것은 아니며, 오히려 죽음의 사신을 자신에게 불러내기도 한다. 가령 채석장으로 자신을 끌고 갈 형리들의 방문을 전혀 모르던 상태에서 K는 이미 검은 옷을 입고 손님을 기다리는 듯한 태도를 취하고 있는데, 이는 K가 무의식적으로 자신을 죽음으로 이끌 형리들을 스스로 불러내었음을 암시한다. 하지만 그는 채석장으로 가는 길에 잠시 저항하기도 하고, 마지막에 두 형리가 제의에서처럼 도축용 칼을 서로 주고받을 때 그것을 붙잡아 스스로를 찌르는 것을 의무로 느끼면서도 그렇게 하지 않는다. 이러한 우유부단함으로 인해 그는 치욕적이고 개 같은 죽음을 당한 것으로 보인다.

그런데 이처럼 처음에는 죽으려고 하다가 나중에는 다시 살려고 하는 태도는 카프카의 다른 작품에 등장하는 인물들에게서도 종종 보이곤 한다. 가령 「시골 의사」에 등장하는 환자는 처음에 의사가 아무 병이 없다고 진단할 때는 죽고 싶다고 했다가 나중에 불치병을 발견하자 살려 달라고 말한다. 그러나 여기서 시골 의사의 또 다른 자아인 환자가 말하는 죽음은 물질적인 차원에서의 죽음뿐만 아니라 정체성 차원에서의 죽음을 의미하기도 한다. 즉 자신 속의 타자를 억누르고 목적 지향적인 삶을 살아가는 시골 의사의 단일한 정체성이 죽은 뒤 비로소 다양한 생성으로서의 새로운 삶이 가능해지는 것이다. 그렇다면 『소송』의 마지막 장에서 처음에는 죽음을 소망하면서도 나중에 살려고 하는 K의 모순적 태도 역시 단일한 정체성(이성적 자아)의 파괴와 다양한 주체성(동물적 신체성)의 생성이라는 맥락에서 이해할 수 있을 것이다. 특히 그의 처형 장면이 제의적이고 연극적인 특성[47]을 띨 때, K의 죽음이 현실에서의 실제적 죽음(만)을 의미하지 않는다는 것을 알 수 있다. 이로써 K가 '개처럼' 끌려가 죽는 것이 치욕적인 죽음 이상의 의미를 지닐 수 있게 된다.

두 번째로 '개'는 K가 아닌 다른 대상을 지시하며 앞에서와 다른 의미를 지닌다. 특히 앞에서 K와 두 형리가 하나의 통일체를 이루고 있다고 말했는데, 그렇다면 여기서 개는 K뿐만 아니라 두 형리를 가리킬 수도 있다.

두 형리가 K를 끌고 갈 때 K는 확실하지는 않지만 뷔르스트너 양으로 보이는 한 여자를 발견한다. 그녀를 본 후 그는 자신을 끌고

47 K는 자신을 데리러 온 형리들을 보고 "'늙고 별 볼 일 없는 배우들을 내게 보냈군.' 하고 혼잣말을 했고" 그들에게 "당신들은 어느 극장에서 일하시나요?"라고 묻기도 한다(P 306). 소설 처음의 체포 장면에서도 K는 처음에 자신에게 갑자기 일어난 일을 "희극"(P 12)으로 간주한다. 이런 의미에서 "체포 장면처럼 처형 장면도 일종의 연극이다." Müller: Franz Kafka, 98쪽.

가는 형리들에게 저항하는 것이 무의미하다고 생각한다. 또한 형리들이 그가 먼저 가도록 내버려둘 때 K는 뷔르스트너 양으로 추정되는 여자가 간 길을 따라간다.

> 그 여자는 그사이에 옆 골목으로 들어갔지만, K는 더는 그녀가 없어도 괜찮았고 그래서 자신을 동행자들에게 내맡겼다. 세 사람 모두 이제 완전히 한마음이 되어 달빛이 비치는 다리 위를 지나갔다.(P 309)

뷔르스트너 양과 매우 닮은 신비한 여성은 과연 누구를 가리키는 것일까?[48] '달빛'이 비치는 밤에 등장하는 이 '처녀'는 앞에서 티토렐리가 그린 그림에서 연상된 달의 여신이자 처녀 신이며 동시에 사냥의 여신이기도 한 아르테미스와 연관된다. 그리스 신화에서

48 기존의 연구에서 '뷔르트스너 양(Fräulein Bürstner)'은 이 작품이 생성된 시기와 관련해 카프카의 약혼자인 '펠리체 바우어(Felice Bauer)'를 지시하는 것으로 간주되었다. 두 사람을 지칭하는 약자가 F. B.로 같다는 점뿐만 아니라, 카프카가 소설 주인공 요제프 K와 마찬가지로 31세 생일 전날 펠리체와 파혼하러 베를린으로 떠나기로 결심했다는 것이 그러한 해석의 근거로 제시되었다. Schmitz-Emans: Franz Kafka, 109쪽 및 Hartmut Binder: Kafka. Kommentar zu den Romanen, Rezensionen, Aphorismen und zum Brief an den Vater. München 1976, 198쪽 참조.

카울도 "카프카가 약혼을 자신이 '범죄자처럼 묶여 있는 것'으로 느꼈던 일종의 체포로 묘사하고 있으며 이별의 대화를 '재판'으로 부른다."(Kaul: Einführung in das Werk Franz Kafkas, 93쪽)라며 펠리체 바우어와의 관계가 이 소설에 많이 반영되어 있다는 엘리아스 카네티의 입장(Elias Canetti: Der andere Prozeß. Kafkas Briefe an Felice. München 1969, 68쪽)에 동조하기는 하지만, 이것이 이 소설에 대한 충분한 해석이 될 수는 없음을 인정한다.

악타이온은 사냥을 하다가 알몸으로 목욕 중이던 아르테미스 여신을 본 후 이에 대한 처벌로 자신의 사냥개에 의해 갈기갈기 찢겨 죽는다.[49] 그런데 K 역시 소설 마지막에 채석장에서 살해될 때 "개처럼!"(P 312)이라고 말하며 자신의 죽음이 개와 연관되어 있음을 암시한다. 악타이온을 물어 죽인 개가 자신의 사냥개이듯, K를 죽인 것은 K에게 속해 있으면서도 그에게 낯선 또 다른 동물적 자아로서의 개이다. 그리고 이러한 개는 바로 두 형리이고, K는 그 사냥개에 의해 찢겨 죽은 사냥감인 것이다.[50]

이러한 해석에 대한 근거는 레니와의 전화 통화이다. K가 은행 거래처 사람인 이탈리아 사업가를 만나러 성당으로 가려고 할 때 레니에게서 전화가 걸려 온다. K가 성당으로 가야 해서 서둘러 통화를 마쳐야 한다고 말하자 그녀는 "그들이 너를 뒤쫓고 있어."라고 말하고 K도 이를 긍정하며 "그래, 그들이 나를 뒤쫓고 있어."라고 대답한다(P 278). 여기서 사용된 '뒤쫓다hetzen'라는 단어는 '사냥감을 추격하다' 내지 '사냥하다'라는 의미를 내포한다. 다시 말해 K는 사냥개들에게 추격당하는 사냥감처럼 묘사되고 있는 것이다.[51]

---

49 Herbert Hunger: Lexikon der griechischen und römischen Mythologie. Reinbek bei Hamburg 1981, 22쪽 참조.

50 K와 그의 내면에 숨겨진 동물적 자아인 두 형리의 긴밀한 연관성은 "이제 그들 세 명이 모두 그중 한 명을 때려죽이면 모두를 때려죽이는 것과 마찬가지일 정도로 통일체를 이루고 있었다."(P 306)라는 서술에서도 잘 드러난다.

51 카울과 로버트슨은 티토렐리의 그림에서 사냥의 여신이 등장하고 K가 사냥감처럼 쫓겨 결국에는 죽음을 맞이하는 것을 도덕적으로 타락한 법정의 폭력이라는 관점에서만 해석하며, 여기에 숨겨진 가모장적 (무)질서에 대한 함의는 간과한다. Kaul: Einführung in das Werk Franz Kafkas, 102-103쪽 및 Robertson: Der Proceß, 131쪽 참조.

또한 K가 뷔르스트너 양에게 달려들어 마구 키스를 퍼붓는 장면에서 사냥꾼과 사냥감으로서의 그의 모습을 모두 발견할 수 있다.

> "금방 갈게요."라고 K는 말하고 앞으로 달려가 그녀를 붙잡고는 입에 키스한 후, 목마른 동물이 마침내 발견한 샘물을 마구 혀로 핥아 대듯이 그녀의 온 얼굴에 키스를 퍼부었다.[52]

여기서 K는 한편으로 '동물'로 지칭되며 동물적인 폭력성을 보여 주지만, 다른 한편 앞의 인용문에서 사용된 'hinjagen'이라는 단어에 내포된 '사냥하다jagen'라는 단어에서 알 수 있듯이 여성을 노리는 사냥꾼의 면모도 보여 준다. 여기서 사냥꾼과 야수로서의 짐승은 폭력적이라는 점에서 서로 구분되지 않는 것처럼 보인다. 하지만 K는 여기서 비인간인 동물로 비유되며 희생자의 특성도 보존하는데, 특히 샘물을 향해 달려가는 동물의 모습은 악타이온 신화에서 사슴으로 변한 후 샘물에 자신의 모습을 비춰 보는 악타이온을 연상시키며 K를 악타이온 신화의 맥락에 집어넣는다.

화가 티토렐리가 그린 정의의 여신 그림이 마지막에 사냥의 여신 그림으로 전환된 것이나 K가 거의 '여자 사냥꾼Frauenjäger'으로 이루어진 법원을 이야기한 것과 같이, 이 소설에서 사냥의 여신 아

52 "'Ich komme schon', sagte K. lief vor, faßte sie, küßte sie auf den Mund und dann über das ganze Gesicht, wie ein durstiges Tier mit der Zunge über das endlich gefundene Quellwasser hinjagt."(P 48)

르테미스는 막강한 힘을 지닌 가모장 사회의 여신으로 등장한다.[53] 이에 따라 K를 살해한 형리들은 악타이온 신화에서처럼 아르테미스 여신이 K를 살해하기 위해 보낸 사냥개들이라고 할 수 있다. 그러니까 두 형리가 마치 '개처럼' K를 물어뜯어 죽인 셈이다. "자신은 죽어도 수치심은 살아남을 것만 같았다."라는 마지막 문장에서 수치심은 K와 연결될 수도 있지만, 악타이온에게 알몸을 보여 준 아르테미스 여신과 연결될 수도 있다. 이러한 수치심을 지닌 달의 여신이자 모권사회의 여신은 단일한 정체성을 고수하는 K가 죽고 나서도 살아남을 것이며, K를 살해한 후 생성적인 가모장적 (무)질서로서 K의 새로운 주체성을 만들어 내며 그의 변신을 가져올 것이다.

그러나 앞의 인용문에서 K가 사냥의 여신 아르테미스를 상징하는 뷔르스트너 양이 걸어간 방향을 쫓아가고, 심지어 그녀가 사라져도 괜찮을 정도가 되어 자발적으로 형리에게 몸을 맡긴 채 함

53 "초기 그리스 신화에서는 남성 신과 여성 신 사이에 경쟁적인 관계가 존재했다. 이러한 맥락에서 볼 때 악타이온 신화는 모계사회의 배경에서 생겨난 것으로 볼 수도 있다. 모계사회에서는 여왕이 젊은 남성들 가운데에서 연인을 골라 1년간 관계를 맺은 후 그를 제물로 바친다. 그의 피는 땅에 뿌려지고 임신의 상징으로 성기는 땅속에 묻힌다. 땅은 여성과 어머니를 상징하며 식물을 자라나게 하는 능동적 힘을 나타낸다. 악타이온 신화에서 아르테미스 여신의 목욕을 이러한 맥락에서 해석하면, 여신이 일정 기간 자신의 연인으로 삼은 남성을 살해한 후 목욕으로 자신을 정화하는 순간으로 간주할 수 있다. 그리고 악타이온이 사냥개에 의해 갈기갈기 찢겨 죽는 사건은 여신을 위한 희생제의에 바쳐진 남성을 상징한다고 할 수 있다. 성스러운 땅이자 여성의 월경에 영향을 미치는 것으로 간주되었던 달과 밤은 모계사회의 신화에서 주도적 의미를 지닌다. 아르테미스 여신 역시 원래는 밤과 달의 여신으로, 나중에야 빛을 가져다주는 여신으로 의미가 바뀌었다." 정항균: 메두사의 저주, 27-28쪽.

께 걸어갈 때 K가 가모장적 (무)질서에 완전히 흡수되었음을 알 수 있다.[54] 이는 소설 마지막에 나오는 K의 죽음이 단순히 미로 같은 법원에서 어떤 탈출구도 찾지 못해 결국 비참하게 죽어가는 한 개인의 죽음이 아니라, 목적 지향적이고 이성 중심적인 K가 지닌 단일한 정체성의 죽음과 이를 통한 새롭고 다양한 주체성의 탄생임을 의미한다.

세 번째로 '개'는 K 자신과 연결될 수 있다. 하지만 여기서 '개처럼'이라는 말은 첫 번째 해석의 '개 같은 죽음'이라는 동물 비하적인 의미가 아니라 '마치 개가 된 것 같다'는 의미, 즉 동물로의 변신이라는 의미로 이해할 수 있을 것이다. 시골 남자의 이야기에서 문지기의 몸에서 처음에는 벼룩이 발견되었다가 나중에 그가 고함을 지르며 맹수(또는 맹수처럼 사나운 개)로 변신하듯이, K 역시 채석장으로 가는 도중에 형리들에게 저항할 때 자신을 끈끈이에서 벗어나려는 파리처럼 느끼다가 마지막 죽음의 순간에는 더 강력한 동물인 개로 변신한다. 물론 오늘날 우리가 애완견으로 키우는 개를 생각하면 야생적인 사나운 개의 이미지를 떠올리기 힘들 수도 있다. 그런데 앞에서 K와 두 형리가 "거의 오로지 비생명체만이 이룰 수 있

54 아르테미스 여신이 대변하는 가모장적 법질서와 뷔르스트너 양 간의 연관성은 법과 재판에 대한 그녀의 관심에서도 암시된다. 뷔르스트너 양은 자신이 재판과 관련된 일에 별로 경험이 없는 것 같다는 K의 말에 수긍하면서도 다음과 같이 말한다. "저는 뭐든지 다 알고 싶으니까요. 특히 재판에 대단히 관심이 많답니다. 재판은 독특한 매력이 있어요. 그렇지 않나요?"(P 42) '매력'이라는 의미가 있는 독일어 단어 'Anziehungskraft'는 문자 그대로 옮기면 '끌어당기는 힘'을 의미하는데, 이는 여기서 말하는 재판과 관련된 법이 욕망을 가로막고 금지하는 법이 아니라 (생성에 대한) 욕망을 불러일으키는 법임을 의미한다.

을 듯한 통일체"(P 306)로 묘사되고 있기 때문에, 이 개는 머리가 셋 달린 상상의 괴물인 케르베로스를 가리킨다. 케르베로스는 하데스가 지배하는 하계의 입구에서 바깥세상의 사람들이 하계로 들어가거나 하계에 있는 사람들이 바깥세상으로 나오는 것을 막는 무시무시한 '문지기' 개이다.[55] 시골 남자의 이야기에서 문지기는 나중에 으르렁거리며 맹수로 변하는데, 그 모습도 마찬가지로 문지기와 (맹수처럼) 사나운 개의 속성을 모두 지닌 케르베로스를 연상시킨다. 또한 케르베로스는 상상의 개이기 때문에 '비생명체'이며, 머리가 셋인 기형적 괴물로서 다양한 주체성을 상징한다. 마지막에 나오는 '개처럼'이란 말을 '마치 개가 된 것 같다'는 의미, 즉 K가 케르베로스라는 상상의 개, 즉 시뮬라크르적인 개로 변신한 것으로 해석할 수 있다면, 이는 K의 단일한 정체성의 죽음 이후 머리가 셋 달린 다원적인 정체성이 탄생한 것으로도 볼 수 있다. 이성적이고 단일한 자아 속에 억눌려 있던 강력한 동물적 신체성이 마침내 무의식의 차원에서 발산됨으로써 K는 케르베로스라는 강력한 개로 변

55 헤시오도스: 신통기, 46쪽 참조.
케르베로스에 대한 더 자세한 설명은 크뇌첼레의 책에서 찾을 수 있다. "지옥을 지키는 개의 모습은 두려움을 불러일으켰다. 이 개를 쳐다보면 너무나 끔찍해서 그를 보는 사람은 모두 즉시 돌로 변해 버렸다. 이 개는 머리가 세 개이고(또 다른 묘사에서는 머리가 50개까지 달려 있다고 한다), 뱀의 꼬리를 지녔으며, 등에서 수많은 위협적인 뱀의 머리가 자라났다. 그의 임무는 망자의 왕국인 하데스를 지키며, 산 자가 저승에 들어오거나 망자가 그곳을 떠나는 것을 막는 것이었다. 반면 저승에 새로 온 자들에게는 꼬리를 흔들며 반갑게 맞이하였다." Peter Knötzele: Der Hund ist des Thrones wert. Die Kulturgeschichte des Hundes - von den Anfängen durch die Antike bis ins Mittelalter. Reutlingen 2013, 69쪽.

신한 것이다.

그런데 이러한 개로의 변신은 동시에 여성으로의 변신이기도 하다. 형장을 비추는 달빛은 아르테미스 여신뿐만 아니라 헤카테 여신과도 연관된다.[56] 헤카테는 원래 소아시아 지역에서 생겨나서 그리스로 유입된 신으로, 대지의 여신이나 달의 여신 또는 저승의 여신으로 간주된다. 따라서 K가 처형되는 밤에 비치는 달은 하계로 떠나는 죽음의 여행과 연관되며, 궁극적으로 그러한 죽음의 세계는 모계사회의 여신 헤카테와 연결된다.

그 밖에도 헤카테 여신의 상징인 "열쇠, 채찍, 단도와 횃불"[57]이 『소송』 곳곳에 등장한다. 첫 번째로 레니는 K에게 집 열쇠를 내주며 언제든지 원할 때 들어오라고 말한다. 헤카테 여신은 지상세계와 지하세계를 연결하는 문의 열쇠나 문지기로서 두 세계 사이의 문턱을 넘어서게 해주는 권한을 지닌 것으로 간주된다.[58] 레니는 마치 헤카테 여신처럼 K에게 그 열쇠를 내준다. 그 문턱을 넘을 때는 헤카테 여신에게 희생제물이 바쳐지는데, 이 소설의 마지막에서 K는 헤카테 여신에게 개라는 희생제물로 바쳐지며, 죽음과 생의 문턱을 넘나들면서 이성적인 인간으로서의 단일한 정체성의 죽음과 개로의 변신을 통한 다원적 정체성의 탄생을 경험한다. 두 번째로 K가 근무하는 은행의 한 창고에서 태형리가 빌렘과 프란츠를 때릴 때 채찍이 사용된다. 헤카테 여신은 귀신을 쫓거나 통제하기 위

---

56 Julio Caro Baroja: Die Hexen und ihre Welt. Stuttgart 1967, 49쪽 참조.

57 C. G. 융: 영웅과 어머니 원형. 융 기본 저작집 8권. 한국융연구원 C. G. 융 저작 번역위원회 옮김. 솔 2006, 332쪽.

58 Lautwein: Hekate, 55쪽 및 안진태: 신화학 강의. 열린책들 2001, 456쪽 참조.

해 채찍을 사용하며, 그것은 여신의 막강한 권력을 보여 준다.[59] 또한 융에 따르면 채찍은 "무의식으로부터 작용하는 무서운 어머니"[60]의 속성과 연결되는데, 이 소설에서는 가부장적인 법과 질서를 파괴하는 의미를 갖는다. 세 번째로 소설 마지막 장에서 형리가 K를 살해할 때 도축용 칼이 쓰인다. 헤카테 여신의 칼이나 단도는 채찍처럼 귀신을 쫓는 기능도 갖지만 동물을 희생제물로 바칠 때도 사용된다. 네 번째로 K가 이탈리아 고객을 만나기 위해 방문한 대성당의 중앙 제단 위에 세 개의 촛불이 놓여 있는데, 이는 헤카테 여신이 들고 있는 세 개의 횃불의 변형이다. 이처럼 위에서 언급한 네 가지 물건은 모두 헤카테 여신과 연관된 것으로, 가모장적 (무)질서와 관련해 나타난다.

그런데 달빛이 지닌 여성적 함의를 넘어 개 자체가 여성적인 것과 연관되기도 한다. 개와 모권은 긴밀한 연관성이 있다. "개는 특히 헤카테(밤과 지하세계의 여신)와 연관이 있는 반면, 빛의 신들은 군림하려는 여성과 마찬가지로 개를 싫어한다. 마찬가지로 마니아 게니타와 디아나 여신은 개와 연관이 있지만, 아폴론의 델로스섬에는 개가 들어갈 수 없었으며 아무도 매장될 수 없었다."[61] 헤카테 여신은 개의 모습으로 나타나기도 하고, 그녀에게 개가 희생제물로 바쳐지기도 했다.[62] 이러한 맥락에서 두 형리가 K를 처형하기 전에 보이는 여러 가지 제의적 행위를 이해할 수 있다. 제의적 맥락에서

---

59 Lautwein: Hekate, 201쪽.

60 Lautwein: 같은 책, 334쪽.

61 바흐오펜: 모권 1, 164쪽.

62 Knötzele: Der Hund ist des Thrones wert, 65쪽 및 71쪽 참조.

살펴보면 K의 '개 같은 죽음'은 그가 개라는 존재로서 헤카테 여신에게 희생제물로 바쳐지는 것이다.

또한 "개는 상대가 누구든지 상관없이 수태를 기뻐하는 난혼제적 대지를 상징한다. 무절제하고 항상 모두가 보는 앞에서 교미하는 개는 동물적 생식의 가장 조야한 형태를 가장 분명하게 보여 준다. 플루타르코스는 '개kyon'와 '받아들이다, 수태하다'를 같이 놓는데, 한 단어가 다른 단어에서 파생된 것은 아니더라도 분명 어근이 같을 것이다. 플루타르코스에 따르면 개는 예로부터 이집트에서 크게 숭배받았다. '그것은 모든 것을 낳고 모든 것을 자신 안에 받아들이기 때문에 개라고 불린다.'"[63] 상대가 누구든지 교미하는 개처럼 난혼제적인 사회에서는 아버지를 알 수 없으므로 어머니가 누구인지가 중요하다. 물론 바흐오펜은 이러한 난혼제적 모계사회를 여성의 성과 인권이 침해되는 야만적인 사회로 간주하고 이후의 가부장적인 사회로의 발전을 도덕적인 의식이 성숙해지는 과정으로 해석했지만, 카프카는 난혼제적 모계사회의 특성을 현대적인 맥락에서 재해석해 그 긍정성을 끌어낸다.

카프카가 난혼제적인 모계사회의 특성을 개 모티브를 통해 강조한 이유는 난혼제에서 나타나는 성적인 문란을 옹호하기 위함이 아니다. 카프카의 소설에서 난혼은 단순히 개인의 성적 욕망과 연결되지 않으며, 다양체에 내재하는 다질적인 항들과 무한히 접속함으로써 그것으로 변신하며 자신을 끊임없이 생성해 내는 자아를 초월하는 욕망, 즉 욕망의 기계와 연결된다. 카프카는 모든 것을 받아

63 Knötzele: 같은 책, 162-163쪽.

들이고 또 모든 것을 무한히 생성해 내는 모계사회의 특징을 남성과 여성, 인간과 동물의 이분법적 구분 및 단일한 정체성을 극복하고 창조적인 생성을 가능하게 한다는 의미에서 긍정적으로 받아들인다.

고대 에티오피아인들은 모든 것을 낳고 또 자신 안에 받아들이는 개가 최고의 신성을 상징한다고 여겼다. 아리스토텔레스는 암수한몸의 특징을 지닌 에티오피아의 한 종족에 대해 "그들의 오른쪽 가슴은 남성이고 왼쪽 가슴은 여성"[64]이라고 말한다. 카프카 역시 남성과 여성의 이분법적인 구분을 극복하며 자신의 작품에서 남성의 여성-되기를 형상화하곤 한다.[65] 소설 마지막에 K가 개로 변신하는 것은 동시에 K가 여성으로 변신하는 것이자 가모장적 (무)질서로 들어서는 것을 의미한다. 왜냐하면 형리는 칼로 심장이 있는 K의 '왼쪽 가슴'[66]을 찔렀으며, 이를 통해 K는 '개처럼', 아니 개로

---

64 Knötzele: 같은 책, 163쪽 재인용.

65 로렌츠는 카프카의 작품을 젠더 연구의 관점에서 다루면서 『변신』이나 『선고』에 등장하는 아버지가 은퇴 후 주로 집에서 시간을 보내며 병약한 모습을 보여 줄 때 '여성화'하는 경향이 있다고 말한다. 이로써 카프카에게서 성적인 구분의 경계선이 유동적이 된다는 것이다. Dagmar C. Lorenz: Kafka und gender. In: Jagow u. Jahraus(Hrsg.): Kafka Handbuch, 371쪽과 380쪽 참조.

이러한 주장은 타당하지만, 로렌츠는 남성의 여성적인 특성을 보여 주며 그를 여성화하는 예를 오직 부정적인 맥락에서만 제시하는 한계를 보인다. 하지만 카프카의 작품에 나타나는 남성의 여성-되기는 들뢰즈와 가타리가 말한 의미에서 이해될 수 있으며 긍정적이고 해방적인 특성을 지니기도 한다.

66 『소송』에 나오는 법원이 양성적인 특성을 띤 가모장적 (무)질서를 지닌다는 사실과 K가 자신의 여성적 면모를 발산하며 여성으로 변신하려는 경향을 지닌다는 것은 그가 법원을 방문했을 때 잘 나타난다. 법원의 청중 가운데 "왼쪽 당파 사람들은 원칙적으로는 오른쪽 당파 사람들과 마찬가지로 별로 중요하지 않은

변신하기 때문이다. 앞에서 왼쪽 가슴이 여성적인 것과 연관이 있다고 말한 바 있으며, 그렇다면 왼쪽 가슴을 찌르는 것은 K의 여성적 측면을 활성화해 그가 여성으로 변신하게 하는 것으로 볼 수 있다. 동시에 K는 이처럼 여성으로 변신하며 성적인 경계를 넘어섬으로써 '생성적인' 가모장적 (무)질서로 들어선다.

형리가 '도축용 칼Fleischermesser'로 K의 왼쪽 가슴을 찌르는 행위는 성적 함의를 갖고 있기도 하다. '도축용 칼'이라는 단어에 들어 있는 'Fleisch'는 '살'을 의미하는데, 이는 칼의 뾰족한 모양과 결합해 남자의 성기를 지시한다. 반면 형리가 그 칼을 꺼낸 '칼집'이라는 의미의 독일어 단어 'Scheide'는 또한 여성의 '질'을 의미하기도 한다. 따라서 'Scheide'에서 칼을 꺼내 여성을 상징하는 왼쪽 가슴이 있는 '심장'에 그것을 넣고 두 번 돌린 행위는 여러 여성과 관계하는 난혼을 연상시킨다. 이때 돌덩이 위에 눕혀지며 난혼적 관계를 맺는 K는 부정적인 의미에서 여성으로 변신한다. 왜냐하면 두 형리 중 한 명이 K의 목을 조르고 다른 한 명이 칼로 K의 가슴을 찌른

것 같았고 다른 쪽보다 그 수도 더 적었지만, 차분한 태도로 더 중요해 보였다. K는 이제 말을 시작하면서 자신이 왼편 사람들과 같은 입장에서 말하고 있다는 확신이 들었다."(P 62) 이 인용문에서 K가 왼편 사람들과 같은 의도로 말한다는 것은 곧 그가 여성적인 면모를 지니며 가모장적 (무)질서에 마음이 끌리고 있음을 의미한다.

다른 한편 법원의 예심 판사가 청중의 일부에게 비밀 신호를 보내며 그들을 조종하고 있다고 K가 비난하자 청중석의 사람들이 활발히 대화를 나누기 시작하는데, 이때 "이전에 서로 대립적인 견해를 가지고 있었던 것처럼 보이는 두 당파가 뒤섞이기 시작했다."(P 67) 이렇게 좌우로 대립하는 듯한 청중이 뒤섞이는 것처럼, 남녀의 구분 역시 모든 것을 받아들이고 또 낳는 대지 어머니의 품속에서 사라진다.

후 그것을 돌리는 장면은 성폭력을 연상시키기 때문이다. 다만 이 두 형리가 사실은 K 자신이 무의식 속에서 불러낸 인물들이라고 간주한다면, K의 여성-되기는 성폭력과 무관하며 경직된 성적 경계를 넘어선다는 의미에서 긍정성을 획득한다.

K의 개-되기, 즉 케르베로스로의 변신이 여성-되기라는 또 다른 증거는 케르베로스와 헤카테 여신의 관계를 통해서도 제시된다. 헤카테는 "죽음의 어머니로서 […] 개를 데리고 다닌다. […] 저승의 문지기로서, 그녀는 삼중의 형상을 가진 개의 여신으로서 소위 케르베로스와 동일하다."[67] 융에 따르면 마법을 통해 저승으로의 출입을 가능하게 해줄 하계의 문지기로서 삼중의 형상을 지닌 헤카테 여신은 마찬가지로 세 개의 머리를 지닌 하계의 문지기 개 케르베로스와 동일시될 수 있으므로 K의 케르베로스-되기는 동시에 그의 여성-되기를 보여 준다. 나아가 이것은 K 자신의 어머니-되기를 의미하기도 하는데,[68] 여기서 그가 어머니가 된다는 것은 생물학적인 의미가 아니라 자신의 단일한 정체성을 파괴하고 내면에서 끊임없이 새로운 자아를 생성해 내는 생성적인 가모장적 (무)질서가 된다는 의미이다.

'생성적인' 가모장적 (무)질서는 남성과 여성, 인간과 동물의 경계를 극복하며 남성의 여성-되기와 인간의 동물-되기를 가능하게

---

67 융: 영웅과 어머니 원형, 332쪽.

68 융은 헤카테 여신을 "죽음의 어머니", "영적인 어머니", "모든 여자 마법사의 어머니", "무의식으로부터 작용하는 무서운 어머니"(융: 같은 책, 332쪽 및 334쪽) 등으로 부른다. 헤카테 여신은 근원적으로 대지모신, 즉 '위대한 어머니'로 거슬러 올라간다.

한다. 소설 마지막에 K는 타살 같은 자살을 통해 자신의 남성적·인간적 정체성을 파괴하고 여성과 동물로 변신한다. 따라서 K가 마지막으로 내뱉는 "개처럼!"이라는 말에 등장하는 개는 자신에게 잠재한 동물적 신체성과 여성성의 강렬한 발현을 상징한다.

4. 야누스적인 법과 문지기 케르베로스

카프카의 『소송』에 나오는 법은 예외상태의 법이나 감시와 통제 사회 또는 관료 사회 같은 객관화된 제도나 사회를 지시할 수도 있지만, 일차적으로는 시골 남자의 이야기에서 문지기가 말한 것처럼 오직 'K'를 위해서만 존재하는 주관적인 법을 가리킨다. 그것은 일종의 초자아로서 개인의 욕망을 억압하는 기능을 지닌 아버지의 법이다. 그런데 이러한 법은 동시에 어머니의 법이기도 하다. 여기서 어머니의 법이란 객관화된 제도나 법 또는 사회를 가리키기보다는 어머니의 자궁처럼 생성에 대한 욕망을 허용하는 욕망의 기계로서의 법을 가리킨다. 그것은 법 자체로서는 비어 있으며 끊임없이 욕망을 산출하는 욕망의 기제이다.

카프카 작품의 특징은 이러한 아버지의 법과 어머니의 법이 각각 분리된 채 따로 존재하는 것이 아니라 동일한 것의 양면을 이루며 공존한다는 것이다. 특히 이 법들이 개인의 주관적인 내면세계와 관련된 것이라면 상반되는 두 법의 공존을 쉽게 이해할 수 있다. K의 죄(또는 무죄)의 문제 역시 어떤 법과 관련되는지에 따라 상이한 양상을 띤다.

이 소설에서 K는 법원의 하급 관리나 예심 판사만 만날 수 있을 뿐 상급 법원의 관리나 재판관은 만나지 못한다. 그런데 소설 초반에 일종의 심리가 열리는 장소가 뷔르스트너 양의 방이고, 소설 마지막 장면에서 K의 처형이 이루어지기 전에도 뷔르스트너 양으로 보이는 여성이 등장하며 여신을 상징하는 달빛이 비친다는 점에서 보이지 않는 상급법원이 사실은 가모장적 (무)질서와 연관된다는 추측이 가능하다. 이로써 『소송』에 나오는 법원이 가부장적 질서만 지시하는 것이 아니라 더 높은 차원에서 가모장적 (무)질서를 지시함을 알 수 있다.

요제프 K는 의식적으로는 자신의 무죄를 강변하며 부당하게 자신을 체포한 법원을 비판한다. 실제로 명백한 근거를 제시하지 않고 K를 급습해 체포하고 심지어 살해하게 만든 법은 부당하고 폭력적이며 이 경우 K는 법의 희생자라고 할 수 있다.

히벨은 요제프 K가 죄책감을 갖더라도 그것이 그의 죄를 입증하는 것은 아니라고 말한다. "카프카가 자신의 파혼을 아무리 죄로 간주하고 요제프 K가 아무리 죄인의 표식을 달고 다니더라도, 요제프 K의 이러한 죄의 잘못 없음, 『소송』에서 [···] 부당하게 예견되고 처벌되는 죄의 경미함은 너무나도 명백하다. [···] 따라서 도덕주의적인 태도를 취하며 아주 적은 죄의 증거를 특히 『소송』에서 나타나는 죄책감과 동일시하는 것은 근본적으로 잘못된 것일 것이다. 이것은 유년기에 만들어진 죄에 대한 공포, 오이디푸스적인 사건, 즉 초자아가 죄를 부여하며 각인한 사건의 잔재이다."[69] 즉 죄 자체가 아니라 아버지의 법으로서의 초자아에 대한 두려움이 죄책감을 만들어 낸다는 것이다. 여기서 법은 앞에서와 달리 객관적인 제도

---

69 Hiebel: *Der Proceß/Vor dem Gesetz*, 458쪽 이하.

로서의 법이 아니라 K 자신의 내면의 법을 가리킨다. 그런데 K가 의식적으로는 자신의 무죄를 항변하더라도 무의식적으로는 죄책감을 지니며 자신을 체포하거나 처벌하게 하는 데서 드러나듯이, K는 자신의 내면에서 작동하는 위협적인 아버지의 법에서 벗어나지 못하고 있다.

다른 한편 K는 자신의 무죄에 대한 항변에도 불구하고 정말로 죄가 있기도 하다. 이에 대해 그에게 유죄를 선고할 수 있는 법은 아버지의 법이 아니라 어머니의 법이다.[70] K가 아버지의 법 때문에 무의식적으로 갖게 된 죄책감은 과도하고 심지어 부당하다고 볼 수 있는 반면, 그가 어머니의 법에 대해 느낀 죄의식은 타당하다. 어머니의 법의 관점에서 보면, K는 체포되고 나서도 여전히 출세 지향적이고 타인을 자신의 목적을 달성하기 위한 수단으로 간주하는 도구적 이성을 지닌 존재이다. 계산적이고 목적 지향적인 K는 변신에 대한 자신의 욕망을 억압하고 단일한 정체성을 고집하는데, 탈경계적이고 창조적인 생성에 대한 욕망을 허용하는 어머니의 법은 이러한 K의 태도에 유죄를 선고하는 것이다. K가 소설 마지막에 형리를 기다리는 것은 그가 무의식적으로 자신의 죄를 인정하고 있음을 보여 준다. 이러한 죄의 인정은 무죄로 나아가는 발판이 된다. K는 무

70 유사한 의미에서 박은주는 이렇게 주장한다. "요제프 K가 여성의 방(뷔르스트너의 방)에서 심문을 당하고 마지막에 처형장 가는 길에 그녀와 흡사한 여성이 그를 인도하면서 법원의 판결을 받아들여야 한다는 필연성을 깨닫게 하는 것에서, 여성성이 지닌 판단의 기능을 짐작하게 한다. 이와 같이 카프카에게서 여성의 직관적 지식은 법적 판결의 효력을 지니며, 여성에게는 판단을 내리고 예언하고 심판하는 기능이 부과된다." 박은주: 욕망과 권력의 미로, 21쪽.

의식적인 차원에서 아무런 목적 없이 노는 아이로 변신하거나 강렬한 신체성을 발산하며 이성적 인간에서 벗어나 동물로 변신한다. 이처럼 그가 '순수한unschuldig' 아이 내지 동물로 변신하는 순간 그는 '무죄Unschuld'가 되는 것이다.

이처럼 상반되는 두 법이 동전의 양면처럼 동일한 존재(내지 공간)에 존재할 수 있음은 무엇보다 교도소 신부가 들려준 시골 남자의 설화에서 잘 나타난다. 법의 제일 바깥쪽에 가장 힘이 약한 문지기가 있고 안으로 들어갈수록 점점 강한 문지기가 지키고 있는 설화 속의 위계적인 법 구조는 언뜻 보기에 경계를 넘나드는 생성적인 어머니의 법과 상치된다. 하지만 여기서 문지기를 케르베로스 같은 동물로 표상한다면, 바깥에서 안으로 들어갈수록 문지기가 강렬한 신체성을 좀 더 강하게 발산하는 동물로 나타난다는 것을 알 수 있다. 『소송』의 시골 남자 이야기에서 문지기는 벼룩에서 맹수 같은 동물로, 형장으로 끌려가는 K는 파리에서 케르베로스 같은 무시무시한 개로 변신하며 자신의 동물적 신체성을 점점 강하게 표출한다. 「시골 의사」에서도 시골 의사가 환자의 집에 도착하자 처음에는 한 마리의 말이 울다가 나중에는 두 마리의 말이 우는 것처럼, 히힝 하고 우는 말의 숫자가 늘어남을 통해 시골 의사의 내면에 잠재한 동물적 신체성이 더 강하게 표출되고 있음이 드러난다. 이와 같이 어머니의 법에서는 법의 문을 지키는 문지기 자신이 동물로 변신하는데, 동물적 신체성을 강하게 표출할수록 법의 내부 더 깊숙이 들어갈 수 있다. 여기서 법 안으로 더 깊숙이 들어간다는 것은 곧 자신의 단일한 정체성을 파괴하고 타자와의 경계를 자유롭게 넘어서며 자신의 주체성을 더 다양하게 생성해 낼 수 있음을 의미한다.

결론

카프카 작품의 매력은 어떻게 읽느냐에 따라 모든 문장이 매번 다른 의미를 지닌다는 것이다. 본문에서 이미 자세히 분석한 바 있지만, 「시골 의사」에 나오는 한 문장을 다시 한번 살펴보자. 시골 의사가 자신의 하녀를 겁탈하려는 마부에게 한 "Willst du die Peitsche?"라는 말은 직역하면 '너는 채찍을 원하냐?'로 번역된다. 자연스럽게 번역하자면 '너는 채찍을 맞고 싶으냐?' 정도로 옮길 수 있겠지만, '너는 채찍을 갖고 싶으냐?'라는 번역도 가능하다. 마부가 성적인 욕망을 상징하는 인물이라면 그를 채찍으로 제압하려는 시골 의사는 이를 억압하고 통제하려는 가부장적인 법을 구현하는 인물로 간주할 수 있다. 하지만 만일 이 문장을 '너는 채찍을 갖고 싶으냐?'로 번역하면, 오히려 마부가 가부장적인 법을 구현하는 시골 의사를 채찍으로 때리며 그러한 억압적 법을 파괴하는 것으로 이해된다. 더욱이 마부가 돼지우리의 좁은 문을 통해 빠져나오는 모습이 어머니의 자궁에서 나오는 아이를 상기시키므로 마부는 곧 어머니의 세계에 속해 있는 인물이며, 마부로 하여금 시골 의사를 때리도록 지시를 내리는 최종 심급은 어머니가 된다. 이로써 첫 번째 해석과는 정반대로 두 번째 해석에서는 가부장적 질서가 가모장적 (無)질서에 의해 파괴되고 있음을 알 수 있다. 이처럼 한 문장 내에서 상반된 해석이 가능하다는 것, 모순이 허용된다는 것이 바로 카프카의 작품이 지닌 특징이자 매력이다.

이 책에서는 카프카의 텍스트가 직접적으로 지시하는 의미 이면에 숨어 있는 또 다른 의미를 밝혀내며, 그로부터 견고해 보이는 가부장적 질서를 전복하는 가모장적 (無)질서에 대한 암시를 찾아내고자 했다. 이를 위해 동물, 아이, 어머니라는 세 가지 키워드가 사용되었다. 카프카의 주인공들은 단순히 비천한 동물적 지위로 떨어지거나 미성숙한 아이로 간주되는 대신 동물적 강렬함을 발산하고 경계를 뛰어넘는 놀이하는 아이의 특성을 보여 주며 동물-되기와 아이-되기를 수행한다. 인간과 동물, 어른과 아이의 경계를 뛰어넘는 이러한 변신은 특히 위계적인 질서와 확고한 경계 구분에 기반을 둔 가부장적 질서를 뒤흔들고 전복하는 가모장적 (無)질서에서 가능하다. 카프카는 자신의 작품에서 인간을 억압하고 소외시키는 사회의 어두운 면을 묘사하더라도 이를 인간의 불변하는 실존적 조건으로 간주하지는 않는다. 카프카의 작품에 숨겨진 동물-되기, 아이-되기, 가모장적 (無)질서를 찾아냄으로써 카프카의 작품이 일반적으로 생각하는 것처럼 그렇게 어둡고 암울하지만은 않다는 것을 알 수 있다. 심지어는 카프카의 작품 도처에서 해방적인 웃음을 들을 수 있을 것이다.

이 책의 I장에서는 카프카가 아버지에게 쓴 편지를 다루었다. 물론 이 편지는 일반적인 편지와 달리 그 분량이 100페이지에 달하며 허구와 사실의 혼합, 과장과 자기 반박 같은 다양한 문학적 기법을 사용하고 있다. 카프카는 문학적 편지라는 형식을 빌려 엄격하고 두려운 존재였던 아버지에게 직접 할 수 없었던 말을 자유롭게 할 뿐만 아니라, 나아가 자신이 주도하는 편지에서 아버지와의 예속적 관계를 전복하기도 한다. 이 편지에 대한 연구에서는 일반적으로 아버지와 카프카의 관계가 관심의 대상이 되었지만, 사실 아버지의 권력에 저항하는 몇몇 존재도 은밀하게 언급된다. 동물, 아이, 어머니가 바로 그러한 존재들이다. 이 편지에서 동물은 흔히 카프카나 다른 사람을 비하하는 비유로 사용되지만, 카프카는 자신을 벌레로 부르며 동물-되기의 긍정적 측면을 암시하기도 한다. 아이 역시 인격적으로 미성숙한 카프카 자신이나 이기적이고 자기중심적인 아버지의 부정적 특성과 연관되어 언급되지만, 다른 한편 바깥세상과 맞서 싸우기 위해 아이로 변신할 필요성이 역설되기도 한다. 마지막으로 카프카와 아버지 사이에서 언제나 희생자였고 아들을 위하면서도 동시에 아버지의 조력자였던 어머니는 이 편지에서 단순히 수동적이고 헌신적인 여성상에 머물지 않고, 아버지의 질서에 무의식적으로 저항하는 존재로 등장한다.

II장에서는 카프카의 초기 단편소설인 「시골길 위의 아이들」을 분석했다. 제목에서 알 수 있듯이 이 작품에는 아이들이 중심인물로 등장한다. 이 작품에 대한 일반적인 분석은 성인의 세계와 유토피아적인 아이의 세계가 대립 구도를 이루는 것으로 보지만, 이러한 해석은 카프카의 작품에서 아이가 갖는 의미를 제대로 밝혀내지 못한다. 여기서 아이는 단순히 성인의 반대 개념이 아니며, 어른 속에 내재한 아이의 속성을 지시한다. 따라서 서술자이자 주인공인 '나'에게 잠재하는 타자로서의 아이를 발견하고 아이로 변신하는 것이 중요하다.

III장에서는 카프카의 대표적인 소설인『변신』을 가모장적 (무)질서와 아이-되기라는 주제를 중심으로 분석했다. 이 소설은 흔히 가부장적인 사회질서를 대변하는 아버지와 주인공 그레고르 잠자의 갈등 구도로 해석되곤 한다. 이러한 해석에 따르면 벌레로 변신한 그레고르는 가부장적인 아버지의 권력에 짓눌려 병이 들고, 작품 마지막에는 가족의 무관심 속에 비참하게 죽음을 맞이한다. 하지만 이러한 가부장적인 질서의 묘사 이면에는 이러한 질서에 저항하고 그것을 전복하는 가모장적 (무)질서가 숨어 있다. 이 소설에서 어머니는 단순히 아버지의 질서에 순응하는 조력자로만 등장하지 않으며, 어머니의 도플갱어라고 할 수 있는 파출부를 통해 가모장적인 권력을 드러내기도 한다. 나아가 이 소설에서 빈번히 암시되는 어머니의 자궁은 놀이하는 아이와 연관되어 예술적 생성의 의미를 갖는다. 그레고르는 벌레로 변신한 후 아이처럼 다양한 놀이를 수행하며 무의식적 욕망을 발산하고 도취 상태에 빠지곤 하는데, 이러한 아이의 놀이와 생산적인 어머니의 자궁은 주어진 경계를 넘어서고 단일한 정체성을 파괴하며 새로운 것을 생성해 내는 생성에의 욕망이라는 특성을 갖는다는 점에서 서로 연결된다.

IV장에서는 환자의 병을 고치러 왔다가 자신의 구원을 생각해야 하는 처지에 놓인 시골 의사의 절망적 상황을 묘사한「시골 의사」라는 작품을 분석했다. 이 장에서는 집으로 돌아가지 못한 채 마차를 타고 영원히 배회해야 하는 시골 의사의 절망적 상황을 기존의 해석과 완전히 다른 관점에서 바라보며 새로운 해석을 시도했다. 성적인 욕망을 상징하는 듯한 마부와 병약한 환자는 대립하기만 하는 것이 아니며, 환자의 상처에는 타나토스와 에로스의 측면이 모두 들어 있다. 여기서 타나토스가 이성적인 자아가 지닌 단일한 정체성의 죽음을 의미한다면, 에로스는 그로부터 생겨나는 다양한 주체성의 생성을 의미한다. 이와 같은 다양한 주체성의 생산은 기존의 가부장적 사회질서가 무너지고 가모장적 (無)질서가 구축되어야 가능한데, 마부와 환자 모두 이러한 가모장적 (無)질서와 관련된다. 왜냐하면 마부가 좁은 돼지우리를 빠져나오는 장면이나 환자의 상처에서 작은 머리와 다리를 지닌 벌레가 꿈틀거리며 기어나오는 장면은 모두 어머니가 아이를 출산하는 장면을 연상시키기 때문이다. 이때 가모장적 (無)질서란 남성에 대한 여성의 우위가 나타나는 역사적인 의미의 사회질서가 아니라 남자와 여자라는 이분법적 구분과 이에 따른 위계가 사라지는 생성적 욕망을 의미한다. 이처럼 남자와 여자, 인간과 동물의 경계를 넘어설 때 비로소 그 사잇공간에서 다양한 생성이 가능해진다. 이러한 맥락에서 보면 환자가 상처라는 자신의 자궁에서 벌레라는 자신의 동물적 자아를 생성하는 것은 인간의 동물-되기를 나타내며, 가모장적 (無)질서에서 이루어지는 다양한 주체성의 생산으로 해석할 수 있다. 이 소설의 마지막 부분에서 시골 의사는 한겨울에 벌거벗은 채로 말 위에 올라타 정처 없이 배회할 운명에 놓이지만, 이처럼 무력한 노인의 이면에는 인간과 동물(말 또는 염소)이 뒤섞인 사티로스의 모습이 숨겨져 있다. 시골 의사는 환자의 집을 떠났지만 사실 여전히 환자의 침대에 누워 있으며 언제든지 새롭게 환자의 침대에 눕혀질 수 있다. 이는 시골 의사가 목적 지향적이고 이성적인 삶에서 빠져나와 환자처럼 무의식의 차원에서 자신을 분열시키고 다양한 주체성을 생성하며 변신할 잠재력이 있음을 의미한다.

V장에서는 두 페이지 분량의 아주 짧은 단편소설 「세이렌들의 침묵」에 나타난 도플갱어 모티브와 혼종성의 문제를 다루었다. 대부분의 해석은 이 소설에 등장하는 오디세우스와 세이렌들의 관계를 적대적 관계로 간주하지만, 사실 이들은 서로 내적인 연관성을 가지며 도플갱어적인 관계를 맺고 있다. 오디세우스는 이성적이고 간교한 어른이나 자기중심적이고 고집이 센 아이의 모습뿐만 아니라 천진난만한 아이와 퍼포먼스 예술가의 면모도 지닌다. 마찬가지로 세이렌들 역시 난폭한 괴물이나 단순한 희생자로만 묘사되지 않고, 침묵의 노래를 부르는 예술가이자 다원적 정체성을 지닌 다양체로 등장하기도 한다. 바다를 항해하는 오디세우스는 어머니의 양수 위에서 움직이는 아이와도 같으며, 바다라는 생산적인 자궁에서 자신의 단일한 정체성을 파괴하고 세이렌들로 대변되는 다양한 주체성으로 변신한다. 순진무구한 아이 같은 오디세우스에게 매혹당한 세이렌들은 침묵의 노래를 부르며 신체언어를 드러낸다. 그 영향으로 이성적이고 목적 지향적인 오디세우스는 동물적인 신체성을 발산하고 궁극적으로 세이렌으로 변신한다. 이처럼 오디세우스와 세이렌들은 혼종적인 특성을 지니며 서로의 도플갱어로 나타난다. 나아가 오디세우스는 내면의 강렬한 동물적 신체성을 발산하며 세이렌으로 변신하는 퍼포먼스 예술가의 면모를 보여 준다.

VI장에서는 카프카가 말년에 쓴 단편소설 「단식 예술가」를 다루었다. 이 작품은 카프카의 이전 작품과도 긴밀한 연관성을 보이므로 이 장에서는 「팽이」, 『유형지에서』, 「법 앞에서」라는 선행 텍스트와의 비교를 통해 이 작품의 중심 주제인 신체와 동물-되기의 의미를 살펴보았다. 「팽이」에서는 거리를 두고 아이들의 팽이 놀이를 관찰하던 철학자가 나중에는 뱅글뱅글 도는 팽이의 영향을 받아 스스로가 팽이처럼 뱅뱅 돈다고 느끼게 된다. 여기서 관찰 주체와 대상의 구분이 사라진다. 또한 팽이는 단순한 사물이 아니라, 철학자에게 영향을 미치며 그를 변화시키는 사물언어로 작용한다. 마찬가지로 단식 예술가의 신체 역시 그저 구경거리로 내세워지는 생명력 없는 대상이 아니다. 오히려 그것은 자신을 정신적 존재이자 주체로 내세우는 단식 예술가에게 무의식적으로 영향을 미쳐 마지막에는 그를 어린 표범으로 변신시킨다. 여기서 단식 예술가의 동물-되기와 아이-되기를 확인할 수 있다. 또 다른 선행 텍스트인 『유형지에서』에서는 고문 도구를 통해 신체에 새겨지는 신체문자가 중요한 주제로 다루어진다. 이 소설에서 장교의 몸에 새겨지는 글자는 해독 불가능한데, 이는 신체텍스트를 일반적인 문자로 옮길 수 없음을 의미한다. 「단식 예술가」에서도 신체문자의 해독 불가능성이 나타나지만 그것이 부정적 의미만 지니는 것은 아니다. 오히려 단식 예술가의 몸에서 내용을 전달하고 대상을 지시하는 문자의 기능을 넘어서는 신체적 글쓰기가 이루어지며, 단식 예술가가 이를 통해 생성에 대한 자신의 욕망을 드러내고 변신할 준비를 하고 있음이 암시된다. 마지막으로 카프카의 단편소설 「법 앞에서」와의 비교를 통해 「단식 예술가」의 마지막 장면에 등장하는 감독관이 단순히 가부장적인 법질서를 대변하는 인물이 아니라 오히려 가모장적인 법질서의 하수인에 해당하며, 기존의 법질서를 허물어뜨리고 단식 예술가가 변신할 수 있는 조건을 마련해 준다는 것이 밝혀진다. 이러한 새로운 가모장적 법질서 속에서 단식 예술가는 '어린 표범'

으로 변신하며 생성에의 욕망을 드러낸다.

VII장에서는 카프카가 말년에 쓴 미완성 단편소설 「굴」을 분석했다. 이 소설에는 합리적으로 사고하며 자신의 동물성을 부정하는 두더지 같은 모습의 동물화자가 등장한다. 그는 외부의 적으로부터 자신을 보호해 줄 굴을 건설하는 건축가이자 자신의 굴에서 들려오는 쉿 소리의 정체를 탐구하는 연구자이며 합리적인 정신의 소유자로 등장한다. 하지만 역설적이게도 화자 자신이 외부로부터 자신을 완벽하게 보호해 줄 굴의 건설을 끊임없이 의심할 뿐만 아니라, 쉿 소리의 원인을 탐구할 때도 때때로 전설을 믿으며 신화적인 사고 방식을 취하기도 한다. 이처럼 동물화자가 건설한 굴의 불완전성과 연구자로서의 탐구에 나타나는 모순성은 근대의 합리성에 대한 작가 카프카의 비판을 보여 준다. 화자가 탐구하는 쉿 소리를 내는 주체는 차례로 '작은 것', '거대한 무리의 작은 동물', '거대한 동물'로 추정된다. 화자는 이들을 자신을 위협하는 외부의 적으로 간주하지만, 사실 그것은 합리적인 정신의 소유자인 그에 의해 억압되고 부정되는 '내' 안의 타자로서의 동물을 가리킨다. 화자가 그 동물의 존재를 추리하는 과정에서 그것은 점점 더 강하고 위협적인 존재로 나타나는데, 이는 화자 안의 동물적 자아가 점점 강해지고 있음을 암시한다. 이 소설은 "하지만 모든 것이 변함없이 그대로였다."라는 문장으로 끝나며 암울한 결말을 보여 주는 듯 보이나, 이 작품이 미완성이라는 점을 고려하면 이 문장이 이 소설의 탈출구 없는 상황을 지시한다고 단언할 수는 없다. 카프카는 자신의 애인 도라 디아만트에게 이 소설의 결말을 이야기해 주었다고 하는데, 이에 따르면 화자가 두려워한 동물이 나타나 그를 파멸시켰다고 한다. 그렇다면 합리적인 정신의 소유자인 화자가 죽고 그의 내면에서 억압된 동물로서의 타자가 등장함으로써 궁극적으로는 그가 해방된 것으로 해석할 수 있을 것이다.

VIII장에서는 카프카의 장편소설 『소송』을 어머니, 아이, 동물이라는 세 가지 핵심 키워드를 중심으로 분석했다. 이 소설에서 법은 주인공 K를 도처에서 감시하고 통제하며 그의 욕망을 억압하는 가부장적인 법으로 등장하는 동시에 그러한 아버지의 법을 전복하며 변신에 대한 K의 욕망을 허용하는 가모장적인 법으로 등장하기도 한다. 이때 주목할 점은 이렇게 상반되는 두 법이 따로 등장하는 것이 아니라 하나의 법처럼 나타나서 독자에게 혼란을 일으킨다는 것이다. 주인공인 요제프 K는 합리적이고 목적 지향적인 인간이지만 때로는 어린애 같은 유치한 행동이나 말을 하기도 한다. 이는 표면적으로는 그의 성숙하지 못한 모습에 대한 비판처럼 보이지만, 심층적 차원에서는 그가 목적 지향적인 세계에서 이탈해 놀이하는 아이처럼 자유분방하게 행동하며 긍정적인 의미에서 자신의 억눌린 신체성을 발산하고 있음을 의미한다. 이러한 놀이하는 아이로의 변신은 그가 동물로 변신하는 것 또한 가능하게 한다. 『소송』의 주인공 요제프 K는 망자의 왕국으로 영혼의 여행을 떠나는 샤먼과 유사한 모습을 보인다. 영혼의 여행에서 샤먼이 동물 가면을 쓰고 다양한 모습으로 변신하듯이, K 역시 무의식적으로 자신의 동물적 신체성을 발산하며 다양한 동물-되기를 수행한다. 특히 이러한 동물-되기는 작품 마지막에 K가 채석장에서 두 형리에 의해 살해되며 내뱉는 '개처럼'이라는 말을 통해 잘 드러난다. 여기서 개는 스스로 생명을 끊지 못하고 치욕적으로 살해되는 K 자신을 가리킬 수도 있지만 악타이온 신화를 참고하면 가모장 사회의 여신 아르테미스의 지시로 K를 살해하는 사냥개, 즉 두 형리를 가리킬 수도 있다. 나아가 K와 두 형리가 하나의 통일체를 이룬다는 문장이 나오는데, 이에 따른다면 세 사람은 세 개의 머리가 달린 하계의 문지기 개 케르베로스를 지시하게 된다. 이 세 번째 변신에서 K는 강렬한 동물적 신체성을 발산하며 괴물 같은 개로 변신할 뿐만 아니라 여성으로도 변신한다. 이처럼 인간과 동물, 남성과 여성의 경계를 넘어서는 변신은 개와 긴밀히 연결된 가모장 사회의 여신 헤카테와 연관되며, 이를 통해 어머니의 법 내지 가모장적 (무)질서가 지닌 생성적이고 창조적인 특성을 알 수 있다.

지금까지 살펴본 것처럼 이 책에서는 어머니, 아이, 동물이라는 세 가지 키워드를 중심으로 카프카의 주요 작품을 새롭게 해석하려고 시도했다. 이러한 시도가 과연 성공을 거두었는지에 대한 판단은 전적으로 독자의 몫이다. 이 책의 저자로서 바라는 것은 독자들이 이러한 해석의 과정을 함께하면서 카프카의 작품에 조금이나마 흥미를 갖게 되었으면 하는 것이다. 나아가 그러한 흥미가 카프카의 작품에 대한 새로운 해석으로 이어질 수 있다면 더없이 좋을 것이다. 이 책이 이를 위한 촉매 역할을 할 수 있기를 바란다.

참고문헌

[1차 문헌]

Kafka, Franz: Briefe(1902-1924). Frankfurt a.M. 1996.

Kafka, Franz: Der Proceß. Hrsg. v. Malcolm Pasley. Frankfurt a.M. 2002.

Kafka, Franz: Drucke zu Lebzeiten. Hrsg. v. Wolf Kittler, Hans-Gerd Koch u. Gerhard Neumann. Frankfurt a.M. 2002.

Kafka, Franz: Nachgelassene Schriften und Fragmente II. Hrsg. v. Jost Schillemeit. Frankfurt a.M. 2002.

Kafka, Franz: Sämtliche Erzählungen. Köln 2007.

Kafka, Franz: Tagebücher. Hrsg. v. Hans-Gerd Koch, Michael Müller u. Malcolm Pasley. Frankfurt a.M. 2002.

[2차 문헌]

권혁준: 카프카 텍스트에서의 타자의 형상화. 『변신』과 『학술원에 드리는 보고』를 중심으로. 실린 곳: 카프카연구 32집(2014).

김연수: 카프카의 서사전략과 사이렌 신화변용. 유혹하는 사이렌? 실린 곳: 독일언어문학 89집(2020).

김태환: 꿈은 어떻게 만들어지는가. 카프카의 「시골의사」에 대한 (비)프로이트적 독해. 실린 곳: 카프카연구 38집(2017).

김태환: 오디세우스와 사이렌. 카프카의 서술과 비밀의 이중구조. 실린곳: 카프카연구 13집(2005).

김환석: '사회적인 것'에 대한 과학기술학의 도전. 비인간 행위성의 문제를 중심으로. 실린 곳: 김환석 편저: 생명정치의 사회과학. 경계넘기의 사회과학을 위한 탐색과 제언. 알렙 2014.

끌라스트르, 삐에르: 폭력의 고고학. 변지현·이종영 옮김. 울력 2009.

데리다, 자크: 환대에 대하여. 남수인 옮김. 동문선 2004.

데카르트, 르네: 방법서설. 정신지도를 위한 규칙들. 이현복 옮김. 문예출판사 2006.

들뢰즈, 질: 매저키즘. 이강훈 옮김. 인간사랑 2007.

들뢰즈, 질 · 가타리, 펠릭스: 카프카. 소수적인 문학을 위하여. 이진경 옮김. 동문선 2001.

목승숙: 카프카의 「변신」과 유대 유머. 실린 곳: 카프카연구 34집(2015).

바흐오펜, 요한 야콥: 모권 1. 고대 여성지배의 종교적 및 법적 성격 연구. 한스 유르겐 하인리히스 엮음. 한미희 옮김. 나남 2013.

바흐찐, 미하일: 도스또예프스끼 창작론. 김근식 옮김. 중앙대학교출판부 2003.

박은경: 카프카의 「건축/굴」에 대한 신화적 단상. 실린 곳: 카프카연구 25집(2011).

박은주: 『소송』에 나타난 권력과 법정세계. 실린 곳: 카프카연구 6집(1998).

박은주: 욕망과 권력의 미로. 카프카의 『소송』에 나타난 에로틱한 성의 현상학. 실린 곳: 카프카연구 17집(2007).

박은주: '피부': 문화적 기호와 육체성이 교차하는 경계면. 카프카의 「변신」과 「유형지에서」 분석. 실린 곳: 독일현대문학(구 뷔히너와 현대문학) 38호(2012).

박주영: 영원히 지워지지 않는 흔적. 줄리아 크리스테바의 모성적 육체. 실린 곳: 비평과 이론 9권 1호(2004).

베츠, 오토: 숫자의 감춰진 비밀. 배진아 · 김혜진 옮김. 푸른 영토 2009.

스톤, 멀린: 하느님이 여자였던 시절. 정영목 옮김. 뿌리와이파리 2005.

안진태: 신화학 강의. 열린책들 2001.

오드기, 스테판: 괴물. 가깝고도 먼 존재. 김주경 옮김. 시공사 2012.

오순희: 괴테와 카프카 문학의 오디세우스와 사이렌 형상연구. 주체와 예술의 관계에 대한 근대문학의 접근방식에 관하여. 실린 곳: 카프카연구 15집(2006).

오순희: 카프카의 '법'. 소설 『소송』을 중심으로. 실린 곳: 카프카연구 30집(2013).

융, C. G.: 영웅과 어머니 원형. 융 기본 저작집 8권. 한국융연구원 C. G. 융 저작 번역위원회 옮김. 솔 2006.

이정우: 시뮬라크르의 시대. 들뢰즈와 사건의 철학. 거름 2002.

이정우: 천 하나의 고원. 소수자 윤리학을 위하여. 돌베개 2013.

이즈미 마사토: 우주의 자궁. 미궁 이야기. 오근영 옮김. 뿌리와이파리 2003.

임석원: 카프카의 「사이렌의 침묵」에 나타나는 매체전환기적 단상. 실린 곳: 독어독문학(구 독일문학) 143집(2017).

임석원: 프란츠 카프카의 「단식 예술가」에 나타나는 복합시점과 예술관에 대한 고찰. 실린 곳: 카프카연구 32집(2014).

장혜순: 이미지로 읽는 카프카의 「시골의사」. 실린 곳: 카프카연구 16집(2006).

장혜순: 카프카의 「단식 예술가」. 미적 경험과 욕망의 가면. 실린 곳: 카프카연구 28집(2012).

장혜순: 카프카의 『소송(*Der Proceß*)』에 나타난 부정의 미학. 실린 곳: 독어독문학(구

독일문학) 69권(1999).
장혜순: 현대에 대한 카프카의 문화비판. 노래하는 생쥐와 미적 경험. 실린 곳: 카프카연구 13집(2005).
장회익: 물질, 생명, 인간. 그 통합적 이해의 가능성. 돌베개 2014.
정성욱: 카프카의 「선고」와 「단식 예술가」에 형상화된 '주체의 죽음'이 갖는 의미 비교. 서울대학교 석사학위논문 2021.
정윤희: 잠재성의 소유자들과 시대를 위한 전언. 아감벤의 논의에 의거한 「필경사 바틀비」와 「변신」 분석. 실린 곳: 카프카연구 30집(2013).
정항균: "기뻐하라, 환자들아. 의사가 너희 침대에 눕혀져 있으니". 카프카의 「시골의사」에 나타난 생성에의 욕망과 모계사회의 질서. 실린 곳: 독어독문학(구 독일문학) 162권(2022).
정항균: 다와다 요코. 몸과 사잇공간의 시학. 서울대학교출판문화원 2021.
정항균: 동물-되기. 세창출판사 2021.
정항균: 동물이야기. 카프카의 「자칼과 아랍인」에 나타난 동물과 동물-되기 연구. 실린 곳: 카프카연구 41집(2019).
정항균: 메두사의 저주. 시각의 문학사. 문학동네 2014.
정항균: 시베리아, 불새, 에우로페. 다와다 요코의 「Europa가 시작되는 곳」에 나타난 어머니상. 실린 곳: 독일현대문학 58호(2022).
정항균: 아비뇽의 여인들 또는 폭력의 두 얼굴. 서울대학교출판문화원 2017.
카이와, 로제: 놀이와 인간. 가면과 현기증. 이상률 옮김. 문예출판사 2018.
크리스테바, 줄리아: 공포의 권력. 서민원 옮김. 동문선 2001.
클라스트르, 피에르: 국가에 대항하는 사회. 홍성흡 옮김. 이학사 2013.
헤시오도스: 신통기. 천병희 옮김. 한길사 2005.
홍길표: 표면에서의 오디세이 혹은 계몽의 신화. 카프카의 『소송』. 실린 곳: 독어독문학(구 독일문학) 115권(2010).
Abraham, Ulf: Die Verwandlung. In: Bettina von Jagow u. Oliver Jahraus(Hrsg.): Kafka Handbuch. Leben-Werk-Wirkung. Göttingen 2008.
Alt, Peter-André: Franz Kafka. Der ewige Sohn. Eine Biographie. München 2005.
Auerochs, Bernd: Ein Hungerkünstler. Vier Geschichten. In: Manfred Engel u. Bernd Auerochs(Hrsg.): Kafka Handbuch. Leben-Werk-Wirkung. Stuttgart 2010.
Baroja, Julio Caro: Die Hexen und ihre Welt. Stuttgart 1967.
Bänziger, Hans: Das namenlose Tier und sein Territorium. Zu Kafkas Dichtung *Der Bau*. In: Deutsche Vierteljahrsschrift für Literaturwissenschaft und Geistesgeschichte 53(1979).

Benjamin, Walter: Über Sprache überhaupt und über die Sprache des Menschen. In: ders.: Aufsätze, Essays, Vorträge. Gesammelte Schriften Band II·1. Frankfurt a.M. 2015.

Berg, Daniel: Franz Kafka: "Kinder auf der Landstrasse". Erschliessung und Verständnis. Bochum 1995.

Binder, Hartmut: Kafka. Kommentar zu den Romanen, Rezensionen, Aphorismen und zum Brief an den Vater. München 1976.

Blanchard, Pascal u.a.: MenschenZoos. Schaufenster der Unmenschlichkeit. Hamburg 2012.

Blank, Juliane: *Ein Landarzt.* Kleine Erzählungen. In: Manfred Engel u. Bernd Auerochs(Hrsg.): Kafka Handbuch. Leben-Werk-Wirkung. Stuttgart 2010.

Braidotti, Rosi: Posthumanismus. Leben Jenseits des Menschen. Frankfurt a.M. 2014.

Bürger, Peter: Theorie der Avantgarde. Frankfurt a.M. 1974.

Canetti, Elias: Der andere Prozeß. Kafkas Briefe an Felice. München 1969.

Deleuze, Gilles u. Guattari, Félix: Tausend Plateaus. Kapitalismus und Schizophrenie. Berlin 1992.

Egeler, Matthias: Walküren, Bodbs, Sirenen. Gedanken zur religionsgeschichtlichen Anbindung Nordwesteuropas an den mediterranen Raum. Berlin u. New York 2011.

Engel, Manfred: Kleine nachgelassene Schriften und Fragmente 3. In: Manfred Engel u. Bernd Auerochs(Hrsg.): Kafka Handbuch. Leben-Werk-Wirkung. Stuttgart 2010.

Engel, Manfred u. Auerochs, Bernd(Hrsg.): Kafka Handbuch. Leben-Werk-Wirkung. Stuttgart 2010.

Fingerhut, Karlheinz: Die Verwandlung. In: Michael Müller(Hrsg.): Franz Kafka. Romane und Erzählungen. Stuttgart 2015.

Gross, Otto: Von geschlechtlicher Not zur sozialen Katastrophe. Mit einem Textanhang von Franz Jung Hrsg. und kommentiert v. Kurt Kreiler. Frankfurt a.M. 1980.

Guarda, Sylvain: Kafkas *Hungerkünstler*. Eine Messiade in humorig verwilderter Form. In: German Quarterly. Vol. 81. No. 3(2008).

Hermsdorf, Klaus: Land und Stadt, Soziotopographische Aspekte in Franz Kafkas 'Vor dem Gesetz'. In: Klaus Michael Bogdal(Hrsg.): Neue Literaturtheorien in der Praxis. Textanalysen von Kafkas "Vor dem Gesetz". Göttingen 2005.

Hiebel, Hans H.: *Der Proceß/Vor dem Gesetz*. In: Bettina von Jagow u. Oliver Jahraus

Tawada, Yoko: Das Bad. Tübingen 2015.

Tawada, Yoko: Spielzeug und Sprachmagie. Tübingen 2000.

Wagner, Frank D.: Antike Mythen. Kafka und Brecht. Würzburg 2006.

Weihe, Richard: Die Paradoxie der Maske. Geschichte einer Form. Paderborn 2004.

Wellbery, David E.: Seiltänzer des Paradoxalen. Aufsätze zur ästhetischen Wissenschaft. München u. Wien 2006.

Winkler, Markus: Kulturkritik in Kafkas "Der Bau". In: Norbert Oellers u. Hartmut Steinecke(Hrsg.): Zur deutschen Literatur im ersten Drittel des 20. Jahrhunderts. Berlin 1999.

Wohlfarth, Irving: Das Unerhörte hören. Zum Gesang der Sirenen. In: Manfred Gangl u. Gérard Raulet(Hrsg.): Jenseits instrumenteller Vernunft. Kritische Studien zur Dialektik der Aufklärung. Frankfurt a.M. u. New York 1998.

찾아보기

[인명 및 논저]

ㄱ

가타리(Guattari, Félix) 18-21, 25, 91, 113, 114, 123, 187, 249, 276, 277
『카프카. 소수적인 문학을 위하여(*Kafka. Pour une littérature mineure*)』 25, 113
구아르다(Guarda, Sylvain) 224
그로스, 오토(Gross, Otto) 22, 23
그로스, 한스(Gross, Hans) 23
김연수 155

ㄴ

나이마이어(Neymeyr, Barbara) 50, 62
노이만(Neumann, Gerhard) 207-209, 216, 224
니체(Nietzsche, Friedrich) 32, 33, 46, 122, 147, 162, 163, 173, 288, 296
『차라투스트라는 이렇게 말했다(*Also sprach Zarathustra*)』 32, 159, 162, 200, 288, 296
니콜라이(Nicolai, Ralf R.) 246

ㄷ

다와다 요코(Tawada, Yoko) 220, 266
데리다(Derrida, Jacques) 62, 218, 269
데카르트(Descartes, René) 17, 200
도스토예프스키(Dostoevsky, Fyodor) 64
『죄와 벌(*Преступление инаказание*)』 64, 65
들뢰즈(Deleuze, Gilles) 18-21, 24, 25, 91, 113, 114, 123, 187, 230, 249, 276, 277
『자허마조흐 소개. 냉정과 잔혹(*Présentation de Sacher-Masoch. Le froid et le cruel*)』 25
『카프카. 소수적인 문학을 위하여(*Kafka. Pour une littérature mineure*)』 25, 113

ㄹ

라캉(Lacan, Jaques) 26, 149
라트(Rath, Norbert) 158, 161
로버트슨(Robertson, Ritchie) 82, 321
뢰비(Löwy, Jizchak) 42
리스카(Liska, Vivian) 237

ㅁ

멜빌(Melville, Herman) 111
「필경사 바틀비(Bartleby, the Scrivener)」 111, 112
뮐러(Müller, Michael) 15, 190, 282

ㅂ
바그너(Wagner, Frank D.) 160
바흐오펜(Bachofen, Johann Jakob) 28, 29, 328
『모권(*Mutterrecht*)』 28
바흐친(Bakhtin, Mikhail) 64
박은경 253
박은주 82, 277, 334
베르크(Berg, Daniel) 53, 61
벤야민(Benjamin, Walter) 197, 198, 219
보리체크(Wohryzek, Julie) 39
볼파르트(Wohlfarth, Irving) 174
뷔르거(Bürger, Peter) 185
브라이도티(Braidotti, Rosi) 33, 163, 252
빙클러(Winkler, Markus) 242

ㅅ
스나이더(Snyder, Verne P.) 258
스톤(Stone, Merlin) 28
『하느님이 여자였던 시절(*When God was a Woman*)』 28

ㅇ
아감벤(Agamben, Giorgio) 15, 111, 270
아도르노(Adorno, Theodor W.) 174
아브라함(Abraham, Ulf) 92
앙지외(Anzieu, Didier) 82
야라우스(Jahraus, Oliver) 82, 104, 106, 118, 122, 138, 216, 268
예수 127, 128, 208, 209, 231
오순희 184
웰베리(Wellbery, David E.) 160, 163, 164, 180, 182
융(Jung, Carl Gustav) 327, 331
임석원 174

ㅈ
자허마조흐(Sacher-Masoch, Leopold von) 24, 29, 82, 137, 276
『모피 외투를 입은 비너스(*Venus im Pelz*)』 24, 82, 137, 230, 276
장혜순 119, 172
장희익 35
정성욱 65
정윤희 111, 112
조켈(Sokel, Walter H.) 157, 158, 166, 175, 235, 247, 248, 258, 261

ㅋ
카이와(Caillois, Roger) 34, 98, 199, 204, 207, 222
『놀이와 인간(*Les Jeux et les hommes*)』 34
카프카, 오틀라(Kafka, Ottla) 73
카프카, 프란츠(Kafka, Franz)
「가장의 근심(Die Sorge des Hausvaters)」 35, 90
『관찰/고찰(*Betrachtung*)』 30, 49
「굴(Der Bau)」 14, 17, 24, 38, 235, 344
「단식 예술가(Ein Hungerkünstler)」 14, 16, 17, 30, 38, 110, 189, 343
「법 앞에서(Vor dem Gesetz)」 13, 24, 192, 224, 342, 343
『변신(*Die Verwandlung*)』 11, 14, 15,

17, 24, 25, 27, 34, 38, 43, 71, 178, 190, 245, 267, 284, 306, 329, 340
「사냥꾼 그라쿠스(Der Jäger Gracchus)」 30, 164
『선고(*Das Urteil*)』 27, 65, 73, 133, 139, 165, 166, 178, 329
『소송(*Der Process*)』 20, 21, 30, 38, 104, 178, 267, 345
「시골길 위의 아이들(Kinder auf der Landstraße)」 30, 31, 38, 49, 339
「시골 의사(Ein Landarzt)」 14, 16, 17, 24, 27, 38, 103-105, 107, 117, 166, 228, 318, 335, 337
『실종자(*Der Verschollene*)』 20, 190
「아버지에게 드리는 편지(Brief an den Vater)」 12, 23, 39, 157
「어느 개의 연구(Forschungen eines Hundes)」 255
「여가수 요제피네 또는 생쥐 종족(Josefine, die Sängerin oder das Volk der Mäuse)」 14, 172
『유형지에서(*In der Strafkolonie*)』 192, 208, 342
「자칼과 아랍인(Schakale und Araber)」 14, 15, 181, 223
「잡종(Eine Kreuzung)」 15
「팽이(Der Kreisel)」 30, 164, 192, 193, 247, 296, 342, 343
「학술원에 드리는 보고(Ein Bericht für eine Akademie)」 14, 18
카프카, 헤르만(Kafka, Hermann) 41
크레머(Kremer, Detlef) 121, 133, 140, 141, 175
크리스테바(Kristeva, Julia) 26, 28, 29, 93, 134, 165, 266
크뇌첼레(Knötzele, Peter) 325
클라스트르(Clastres, Pierre) 90
클롭슈토크(Klopstock, Robert) 155, 166

ㅍ

프로이트(Freud, Sigmund) 24, 72, 123, 159, 250, 258

ㅎ

헤겔(Hegel, Georg Wilhelm Friedrich) 159
헤르만(Hermann, Karl) 73
호르크하이머(Horkheimer, Max) 174
호메로스(Homeros) 153, 163, 167, 174, 177, 183
『오디세이아(*Ὀδύσσεια*)』 167, 177, 183
호프만(Hoffmann, E. T. A.) 141
「모래 사나이(Der Sandmann)」 175
「팔룬의 광산(Die Bergwerke zu Falun)」 141
홍길표 303

[용어 및 명칭]

ㄱ
가이아 140
관계적 자아 32, 33, 37, 163, 181, 252
규율사회 21, 269

ㄴ
낱생명 35

ㄷ
다양체 19, 22, 162, 180, 187, 249, 328
다이달로스 253
동물-되기 18, 19, 35, 46, 113, 114, 191
디오니소스 14, 128-131, 135, 163, 179

ㅁ
마조히즘 24, 25, 230-233
모피 외투 24, 25, 82, 136-138, 143, 144, 226, 227, 276, 277, 282, 316
미궁 237-240, 253
미로 36, 218, 238-240, 264, 265, 293-295, 302, 324
미미크리 34

ㅂ
보생명 35
블랙 유머 35, 89

ㅅ
사물언어 197-199, 202, 203, 222, 223, 343
사티로스 129, 130, 135, 145, 341
사회다윈주의 23
상징계 26, 27, 93, 94
상호텍스트성 190, 192
샤먼 131, 305, 306, 310, 345
시뮬라크르 184, 187, 325
시점주의 33, 34, 44, 46, 122, 123, 147, 163, 289
신체텍스트 218, 220, 222, 343

ㅇ
아곤 34
아르테미스 135, 136, 280, 313, 321, 323, 324, 326, 346
아브젝시옹 26, 27, 94
아브젝트 26, 27, 81, 93, 94, 134, 135
아이-되기 31, 116, 142, 182, 205, 338
알레아 34
에로스 16, 105-107, 121, 142, 150, 174, 177, 310, 341
예외상태 21, 111, 270, 332
오드라데크 35-37, 90
오이디푸스 콤플렉스 24, 258
온생명 35, 37, 38
욕망의 기계 277, 328, 332
우라노스 140
우주적 자아 37
유대인 15, 42, 89
이빨 달린 질 140, 141
인간동물원 209-212
일링크스 34, 35, 98, 199

ㅈ
전오이디푸스 단계 27
전쟁-기계 91
절대적 타자 62, 182

정신분석학 4, 12, 24, 258, 266

ㅋ

케르베로스 325, 331, 335

ㅌ

타나토스 105-107, 121, 142, 177, 310, 341
탈영토화 91, 113, 114
텍스트 신체 21, 223

ㅍ

포스트구조주의 156
포스트모더니즘 200
포스트휴머니즘 33, 156, 252

ㅎ

헤카테 136, 313, 326-328, 331, 346
호모 사케르 15, 111, 270
혼종성 18, 102, 154, 155, 170, 237, 243, 300-302